Werte und Wertebildung in Familien, Bildungsinstitutionen, Kooperationen

Beiträge aus Theorie und Praxis

Herausgeber:
Deutsches Rotes Kreuz e. V.,
Projektteam Wertebildung in Familien –
Annegret Erbes / Charlotte Giese /
Heribert Rollik

Inhalt

Vorwort

Dieses Handbuch versteht sich als Abschlussveröffentlichung des bundesweiten trägerübergreifenden Praxisprojekts „Wertebildung in Familien“, das von 2008 bis 2013 vom Bundesministerium für Familie, Senioren, Frauen und Jugend gefördert und vom Generalsekretariat des Deutschen Roten Kreuzes realisiert wurde. Ziel des Projekts war es, Wertetransmission in Familien durch die Entwicklung von Angeboten der Familienbildung zu unterstützen. Das Ergebnis sind vielfältige Ansätze wertesensibilisierender Praxis in der Bildungsarbeit mit Familien. Daneben wurden unterschiedliche Ideen entwickelt, wie Fachpersonen aus pädagogischen Handlungsfeldern auf die Wertethematik aufmerksam gemacht werden können und wie ihnen der Einstieg in die wertesensibilisierende Praxis erleichtert werden kann.[1] Das vorliegende Buch liefert den theoretisch-wissenschaftlichen Hintergrund zu den existierenden Praxismaterialien und soll einen Beitrag dazu leisten, die Wertethematik und die Projektergebnisse auch für die Ausbildung von Pädagoginnen und Pädagogen an Universitäten, Hochschulen und Fachschulen nutzbar zu machen.

Im Mittelpunkt des bewusst thematisch breit konzipierten Sammelbandes stehen die folgenden Fragen:

- Was sind Werte und wie vollzieht sich Wertebildung?
- Was waren Ziele und Konzepte des Projekts „Wertebildung in Familien“ und wie lassen sich die Ergebnisse sichern und für andere Einrichtungen nutzbar machen?
- Welche Rolle spielen Werte in der Kooperation der Bildungspartner Kindertagesstätte, Schule, Eltern und Familienbildung und wie kann Wertebildung als gemeinsame Aufgabe noch besser gelingen?
- Welche weiteren Perspektiven oder Fragestellungen eröffnet das Thema Wertebildung?

Margit Stein zeigt in ihrem Beitrag, dass Familien als primäre Sozialisationsinstanzen zentrale Orte von intergenerationaler Wertetransmission sind. Sie erläutert, wie Werte von Eltern an Kinder weitergegeben werden und dass der Erziehungsstil der Eltern dabei eine zentrale Rolle spielt.

Wilfried Schubarth versteht Wertebildung als ein Querschnittsthema und konzentriert sich auf die Bereiche Jugendarbeit, Peergroup und Schule. Er erläutert die Chancen, die eine Initiierung wertebildender Prozesse eröffnet, geht aber auch auf damit verbundene Probleme ein.

Jutta Standop nimmt insbesondere die Grundschule als Ort der Wertebildung in den Blick und erläutert, wie sich Wertebildung in der Schulkultur, im Unterricht, im Aufbau tragfähiger Beziehungen und in der Elternarbeit vollziehen kann.

Heribert Rollik, der Leiter des Projekts „Wertebildung in Familien“, stellt das träger- und weltanschauungsübergreifende Projekt vor. Er geht insbesondere auf die innovative Struktur und die anspruchsvolle Konzeption des Projekts ein.

Friedrich Lösel und **Christine Ott-Röhn** von der Friedrich-Alexander-Universität Erlangen-Nürnberg haben das Projekt „Wertebildung in Familien“ in der Pilotphase evaluiert. Sie stellen in ihrem Beitrag das Untersuchungsdesign der Evaluation vor und präsentieren zentrale Evaluationsergebnisse.

Annegret Erbes führt die Ergebnisse aus Theorie und Praxis der Wertebildung sowie aus Experteninterviews in einem handlungstheoretischen Modell zusammen. Das Modell kann Einrichtungen, die sich explizit mit Wertebildung beschäftigen möchten, als ein möglicher Ausgangspunkt dienen.

Michael Otten wendet sich der Frage zu, wie aus konstruktivistischer Perspektive in den wertesensibilisierenden Angeboten des Werteprojekts Lernprozesse angestoßen werden.

Annegret Erbes skizziert, wie eine wertesensibilisierende Väterarbeit im Rahmen der Familienbildung aussehen kann und welche Werte für die Väterarbeit wichtig sind.

Wertebildung ist kein isolierter Prozess, sondern geschieht in Kooperation aller an wertebildenden Prozessen beteiligten Bildungspartner – hier Eltern, Familienbildung, Kindertagesstätte und Schule. Welche Werte sind für Kooperationen dieser Bildungspartner wichtig, was gilt es bei Wertebildung in Kooperation zu beachten, wie kann man sie fördern, und was empfehlen Expertinnen und Experten aus unterschiedlichen Handlungsfeldern?

Adelheid Smolka widmet sich dieser Fragestellung aus der Perspektive der Familienbildung und stellt Leitorientierungen und spezifische Rahmenbedingungen der Familienbildung vor. Sie erklärt Voraussetzungen für gelingende interinstitutionelle und interprofessionelle Kooperationen aus der Sicht der Familienbildung.

Klaus Zierer und **Lukas Otterspeer** folgen einem integrativen Ansatz zur Werteerziehung in der Schule. Sie geben Anregungen, wie Wertethemen auch gezielt in der Arbeit mit Eltern platziert werden können.

Anne Wihstutz beschreibt Ansätze für die Verbesserung der Kooperation zwischen Kindertagesstätte und Eltern aus der Perspektive der Ausbildung für Erzieherinnen und Erzieher.

Karin Garske nähert sich der Kooperation zwischen Kindertagesstätte und Eltern unter dem Aspekt der Fortbildung von Erzieherinnen und Erziehern. Sie diskutiert, wie Praktikerinnen und Praktiker mit erlebten Widersprüchen zwischen dem wertebezogenen beruflichen Auftrag und der Lebenswirklichkeit von Familien umgehen können.

Jutta Mägdefrau und **Felicitas Söhner** entwickeln auf der Basis von Interviews mit Eltern, Praktikerinnen und Praktikern aus Familienbildung, Schule und Kindertagesstätte sowie auf Basis der Empfehlungen von Adelheid Smolka, Karin Garske, Anne Wihstutz sowie Klaus Zierer und Lukas Otterspeer ein allgemeines Kooperationsmodell sowie ein Rahmenmodell wertesensibler Kooperation.

Haci Halil Uslucan zeichnet die interkulturelle Dimension von Wertebildung nach. Sein Beitrag basiert auf einer Untersuchung von Wertepräferenzen, die sich bei türkeistämmigen Zuwanderinnen und Zuwanderern, in der Türkei lebenden Türkinnen und Türken sowie Deutschen feststellen lassen.

Daniela Steenkamp erklärt die Handlungsperspektiven, die der Anti-Bias-Ansatz für vorurteilsbewusste Erziehung in Familien eröffnet, und legt besonderes Gewicht auf die Gestaltung eines vorurteilsbewussten Kinderzimmers sowie auf vorurteilsbewusste Kommunikation in Familien.

Albert Biesinger, Simone Hiller und **Andreas Stehle** geben einen Überblick über den Forschungsstand zur christlichen Erziehung in der Familie.

Tobias Gollan umreißt Wertekonzepte in der Psychologie und stellt das auf Basis empirischer Daten entwickelte Circumplex-Modell der Werte von Shalom H. Schwartz vor.

Erich Witte geht vor dem Hintergrund ethischer Positionen und empirischer Forschung der Frage nach, wie wir argumentieren, wenn wir Handlungen als richtig und gut rechtfertigen, und was bei Rechtfertigungsstrategien zu beachten ist. Sein Beitrag geht über die engere Wertethematik hinaus und beschließt damit das Buch.

Wir danken allen Autorinnen und Autoren für die Vielfalt der Beiträge und für die anregende und produktive Zusammenarbeit. Dem Bundesministerium für Familie, Senioren, Frauen und Jugend gilt unser Dank für die Förderung und die konstruktive Zusammenarbeit. Ein herzliches Dankeschön für das große Engagement sagen wir weiterhin allen Kooperationspartnerinnen und -partnern an den Projektstandorten, die das Projekt „Wertebildung in Familien" über viele Jahre erfolgreich möglich gemacht haben.

Annegret Erbes
im Namen des Projektteams „Wertebildung in Familien"
Berlin, im Mai 2013

Anmerkungen

1 Hierzu gehören eine Arbeitshilfe mit Praxisbeispielen, die von den Praktikerinnen und Praktikern des Werteprojekts entwickelt wurde, sowie das online verfügbare Angebotsmanual mit allen im Projekt „Wertebildung in Familien" entwickelten Angeboten (vgl. http://www.wertebildunginfamilien.de).

Überblick: Werte und Wertebildung

I. Kapitel

Wertetransmission als Aufgabe der Familie

Margit Stein

1 Einleitung

Eine der grundlegenden Fragen der Werteforschung befasst sich damit, wie Menschen für sich bestimmte Werthaltungen entwickeln und wie sich Werte im Laufe des Lebens verändern. Werte sind nicht angeboren, auch wenn Studien im internationalen Kontext zeigen, dass grundlegende Werte wie Nächstenliebe, Toleranz und Respekt sowie das Streben nach Sicherheit in allen Kulturen als verbindlich angesehen werden (Schwartz 1994).

Die eigene Wertorientierung bildet sich im Laufe des Lebens heraus. Die Entwicklung von bestimmten Werthaltungen ist nie abgeschlossen und wird durch die Begegnung mit neuen Menschen – etwa durch einen neuen Partner – und durch biografische Lebensereignisse – etwa eine schwere Erkrankung – beeinflusst. Wesentlichen Einfluss auf die Herausbildung einer eigenständigen Werthaltung haben die Eltern und die Herkunftsfamilie (Stein 2008; 2012b; 2013c).

Der vorliegende Beitrag befasst sich dezidiert mit dem Einfluss der Familie auf die Wertorientierung. Dabei stehen weniger strukturelle Bedingungen der Familie im Mittelpunkt – wie etwa die finanziellen Rahmenbedingungen (vgl. hierzu etwa Stein 2013b) und ihr Einfluss auf die Werte – als vielmehr die Werteerziehung als Aufgabe in der Familie.

Zunächst werden die beiden Begriffe „Wert" und „Familie" näher beschrieben, bevor in einem zweiten Schritt Studien zum Zusammenhang zwischen elterlichen und kindlichen Werten vorgestellt werden. Abschließend wird diskutiert, wie in der Erziehung ein Familienklima geschaffen werden kann, das die Herausbildung einer eigenständigen Wertorientierung von Kindern fördert.

2 Bestimmung wichtiger Begriffe

2.1 Der Begriff „Werte“

Jeder scheint auf den ersten Blick zu wissen, was unter Werten verstanden werden kann. Aussagen wie „Gesundheit ist der höchste Wert“ oder „du bist mir wertvoll“ zeugen davon, dass der Wertebegriff in unserer Alltagssprache vielfach Verwendung findet. Etymologisch leitet sich der Begriff Wert vom althochdeutschen Wort *werd* ab und bezeichnet zum einen Kriterien, anhand derer Menschen Handlungen und Ereignisse beurteilen, zum anderen aber auch Ziele, nach denen Menschen streben und die als „handlungsleitende Prinzipien die Leben der Menschen lenken“ (Schwartz 1996, 2, Übersetzung M. S.). Werte umfassen die direkten Ziele des menschlichen Handelns *(goal values* oder *terminal values)*, aber auch die als gewünscht und wertvoll beurteilten Mittel zur Erreichung von Zielzuständen *(instrumental values)* (Rokeach 1973).

Häufig werden die Begriffe Werte, Normen, Konventionen, Moral, Ethik, Charakter und Gewissen synonym gebraucht und nicht voneinander abgegrenzt, obwohl sie oftmals völlig Unterschiedliches beinhalten (Stein 2012d): So sind *Normen* quasi die Konkretisierungen der eher abstrakten Werte, das heißt die direkt aus den Werten abgeleiteten konkret anwendbaren Sollens- oder Verhaltensforderungen. *Konventionen* sind gesellschaftlich konstruierte Regeln und leiten sich anders als Normen nicht unbedingt aus Werten ab, sind also in der Gesellschaft durchaus verhandelbar und können geändert werden, wie etwa die sich wandelnden Konventionen der Begrüßung (Schwartz 1994; Stein 2008). Unter *Moral* versteht man insgesamt das Gebäude der Werte und Normen, denen sich Menschen verpflichtet sehen. *Ethik* ist das Nachdenken und Reflektieren über Werte und moralische Konzeptionen (Stein 2012d). Unter dem *Charakter* eines Menschen versteht man, inwiefern es ihm gelingt, die von ihm als wesentlich postulierten Werte und daraus abgeleitete Handlungsanforderungen (Normen) in tatsächliche Handlungen zu übersetzen, inwiefern er sich also gemäß seinen eigenen Werten verhält. Das *Gewissen* wiederum zeigt an, inwiefern die Werte und Normen umgesetzt wurden; das Befolgen der eigenen Wertmaßstäbe geht mit positiven Gefühlen oder anders ausgedrückt mit einem sogenannten guten Gewissen einher, das Missachten der eigenen Maßstäbe mit negativen Emotionen oder einem sogenannten schlechten Gewissen.

An einem Beispiel konkretisiert könnte etwa der eher abstrakte Wert „Respekt" in die Norm überführt werden, dass man Personen respekt- und taktvoll begegnet. Dies kann sich in bestimmten Höflichkeitskonventionen, wie bestimmten Grußformeln oder dem Händeschütteln ausdrücken. Wie diese Konventionen jedoch genau ausgeführt werden, ist verhandelbar. Eine auf Respekt bezogene Moral stellt die Gesamtheit der Handlungsweisen dar, die ausgeführt werden, um Respekt gegenüber Angehörigen, Bekannten und Fremden zu bekunden. Die Ethik würde darüber reflektieren, wie respektvoll gelebt werden kann. Ein charaktervoller Mensch setzt seine persönlich gesetzten Werte in Bezug auf Respekt in konkrete Handlungen um, die einen respektvollen Umgang konstituieren. Gelingt dies, wird das als positiv erlebt und es besteht ein „gutes Gewissen".

Die Grundlagen für die Ausprägung von Wertorientierungen im weitesten Sinne und für den Umgang mit unterschiedlichen Werten werden in der Familie gelegt. Die Entwicklung von Werthaltungen beginnt bereits mit der Geburt und ist ein nie abgeschlossener, lebenslanger Sozialisationsprozess.

2.2 Der Begriff „Familie"

Ähnlich wie beim Wertebegriff verbindet jeder mit dem Familienbegriff bestimmte Assoziationen, die jedoch oftmals wenig reflektiert sind und die ganze Bandbreite familiären Lebens kaum abbilden können. Oftmals wird – obwohl gegenwärtig etwa in den östlichen Bundesländern über 50 Prozent der Kinder in nichteheliche Lebensgemeinschaften hineingeboren werden (Stein 2012c; Stein/Stummbaum 2011) – Familie auf die Formel „Vater, Mutter, Kind" verkürzt. Dabei schwingt das klassische Familienbild mit, das von einer in lebenslanger monogamen, legal durch die Ehe abgesicherten Partnerbeziehung mit gemeinsamen Kindern ausgeht. Oftmals wird noch von einer klassischen Rollenverteilung ausgegangen, die die Frau als Hausfrau und Mutter sieht und dem Mann die Rolle des Familienernährers zuweist. Familie ist jedoch nicht auf diese einfachen Formeln verkürzbar (Boos-Nünning/Stein 2012; Stein/Stummbaum 2011).

Familie kann nach einer *moderneren Definition* sowohl strukturell als auch funktional gefasst werden als „eine Lebensform, die mindestens ein Kind und ein Elternteil umfasst und einen dauerhaften und im Innern durch Solidarität und persönliche Verbundenheit charakterisierten Zusammenhang aufweist“ (Peuckert 2007, 36).

Strukturell kann Familie nach dieser Minimaldefinition als Gruppe gesehen werden, die mindestens aus zwei Personen besteht, die mindestens zweier Generationen entstammen. Demnach wären sowohl Fünfgenerationenfamilien (Enkel – Kinder – Eltern – Großeltern – Urgroßeltern) Teil des Familienbegriffs als auch alleinerziehende Mütter mit ihren Kindern oder ein Kind, das bei den Großeltern aufwächst, sowie alle Arten von sogenannten Patchworkfamilien.

Auf einer *funktionalen Ebene* ist Familie ein soziales Beziehungsmuster, das sich als intimes, privates, dauerhaft angelegtes Beziehungssystem definiert, das im gemeinsamen Lebensvollzug entsteht und sich durch die vier Kriterien der Abgrenzung und Privatheit, der prinzipiell gedachten Dauerhaftigkeit, einer hohen emotionalen Nähe sowie der Beziehung zwischen mindestens zwei Generationen auszeichnet (Stein 2012c). Diese vier Kriterien umfassen Familien auch über die lokalen Grenzen hinaus und binden etwa auch Großeltern und frühere Ehepartner mit ein. Familie wird als ein soziales Gebilde angesehen, das in der Interaktion und Kommunikation erst entsteht *(doing family)* im Sinne einer multilokalen Herstellungsleistung.

Der Familie wird als primäre Sozialisationsinstanz die wesentliche Rolle bei der Erziehung der Kinder zugesprochen, wie sich bereits im Grundgesetz (§ 6) ausdrückt, das die Erziehung der Kinder zur elterlichen Pflicht erklärt. Gerade der Bereich des Erlebens und Erfahrens von Werten wird als besonders gewichtige elterliche Aufgabe thematisiert. Kaum jemand beeinflusst die Werteentwicklung von Kindern so grundlegend wie die Eltern, sowohl im Guten wie auch im Schlechten. Deshalb wird dieser Bereich zunehmend in der Wissenschaft thematisiert und verstärkt in anwendungsbezogenen Projekten aufgegriffen, etwa im Rahmen der Projekte des Deutschen Roten Kreuzes zur Wertebildung in Familien, die durch die Familienbildung in ihrem Erziehungsauftrag unterstützt werden.

3 Studien zum Zusammenhang zwischen den Werten von Eltern und Kindern

Untersuchungen belegen, dass der Vermittlung von Werten zwischen den Angehörigen unterschiedlicher Generationen, vor allem zwischen Eltern und Kindern, große Bedeutung zukommt. Es finden sich innerhalb der Familien zum einen zwischen den Eltern hohe Übereinstimmungen, was die Präferenz für bestimmte Werte betrifft. Zwei Gründe lassen sich dafür anführen: Menschen wählen Partner, die ähnliche Werte betonen *(assortive mating)*, und Partner beeinflussen sich in ihren Werten gegenseitig. Aber auch Eltern und Kinder sind sich in ihren Werten sehr ähnlich. Unter anderem Knafo/Schwartz (2004), Kohn/Slomczynski/Schoenbach (1996), White/Matawie (2004), Rohan/Zanna (1996) und im deutschsprachigen Raum die LifE-Studie („Lebensverläufe ins frühe Erwachsenenalter") thematisieren den Zusammenhang zwischen elterlichen und kindlichen Werten und fanden jeweils hohe Zusammenhänge zwischen den Werten, die Eltern wichtig waren, und den Werteausprägungen der Kinder.

Beispielhaft soll hier knapp auf die Ergebnisse der LifE-Studie eingegangen werden. Die LifE-Studie wurde als eine der längsten Studien in Deutschland über einen Zeitraum von 23 Jahren (1979 bis 2002) durchgeführt, in dem immer wieder dieselben Personen zu wichtigen Lebensbereichen befragt wurden. Für die Weitergabe von Werthaltungen und Einstellungen wurde im Rahmen von LifE exemplarisch der Einfluss des elterlichen Erziehungsverhaltens auf die Parteipräferenz, die politischen Interessen und die kirchliche Bindung von jungen Menschen längsschnittlich vom Alter von 15 Jahren bis ins Alter von 35 Jahren untersucht. Für alle drei Bereiche ist der Einfluss der Eltern sehr hoch. Fend (2009, 94; vgl. auch Fend/Berger/Grob 2009) schlussfolgert, dass die „Daten nicht nur den Impact der Eltern [belegen], sondern [...] auch auf Mechanismen [verweisen]. Sie bestehen einerseits in affektiven Loyalitäten [...]. Andererseits erfolgt die intergenerationale Transmission über kommunikative und argumentative Prozesse." Waren die Eltern den Kindern freundschaftlich und warmherzig zugetan und begründeten sie in Gesprächen ihre Überzeugungen und Werte, gelang es ihnen sehr gut, beispielsweise bezogen auf den politischen Bereich ihre Haltungen weiterzugeben – unabhängig vom Inhalt, also unabhängig, ob etwa eine rechtsradikale oder eine alternativ-ökologische Gesinnung weitergegeben werden sollte.

4 Elterliche Erziehung und ihr Einfluss auf die Werteentwicklung

Die hohe Übereinstimmung in der Ausprägung bestimmter Werte ist auf einer vordergründigen Ebene vermittelt über gemeinsam geteilte sozioökonomische und soziokulturelle Bedingungen (Stein 2013b). Jedoch deutet die LifE-Studie in dem Zitat von Fend bereits an, dass als wesentliche Determinante die Erziehung dient, die den Grad der Weitergabe elterlicher Werte an die nachfolgende Generation bestimmt. Erziehung in modernen Familien ist dabei zu definieren als ein bidirektionaler Prozess, der durch personale wie situative Faktoren beeinflusst wird.

4.1 Die Erziehungsarten

Es werden jeweils drei Erziehungsarten unterschieden (Stein 2009; 2013a), die auf jeweils unterschiedliche Weise die Werteerziehung in Familien beeinflussen und sich auch gegenseitig konterkarieren können.

	Intentionale Erziehung	Funktionale Erziehung	Extensionale Erziehung
Synonyme	Direkte Erziehung Bewusste Erziehung	Indirekte Erziehung Implizite Erziehung	Setting-Gestaltung
Definition in Bezug auf die Wertevermittlung	Absichtlich von den Eltern gebrachte Erklärungen oder Handlungen, um dem Kind bestimmte Werte zu vermitteln	Erzieherische Effekte, die auf die Werte des Kindes wirken, aber als Produkt einer anderen Tätigkeit erreicht werden	Bewusst gesetzte Impulse zum indirekten Lernen von Werten, zum Beispiel durch Setting-Gestaltung
Beispiel für den Wertebereich: Wert Altruismus	Die Eltern loben die Kinder, wenn diese einen Teil ihrer Schokolade an einen Spielkameraden abgeben, und erklären, warum es gut ist, anderen gegenüber hilfsbereit zu sein.	Die Kinder beobachten, dass die Eltern einen Teil ihres Geldes für wohltätige Zwecke spenden und eine kürzlich verwitwete Nachbarin zu einem Spieleabend einladen.	Die Eltern schicken die Kinder in einen Verein, etwa in den Jugendverband des DRK, und schaffen Bücher an, in denen Hilfsbereitschaft positiv gezeigt wird.

Tab. 1: Die drei Erziehungsarten und ihre beispielhaften Implikationen für die Werteerziehung (nach Stein 2009, 39)

Zu einem Konterkarieren der Erziehungsarten in Bezug auf die Werte kommt es immer dann, wenn sich die dezidiert gegebenen Botschaften der direkten oder intentionalen Erziehung mit den indirekten Wertebotschaften der indirekten Erziehungsarten (funktionale und extensionale Erziehung) widersprechen. Dies wäre beispielsweise dann der Fall, wenn die Eltern den Kindern erklären, dass Ehrlichkeit als Wert von hoher Bedeutung sei, aber selbst durch eigene Lügen Vorteile erlangen möchten.

4.2 Der Zusammenhang zwischen Erziehung und Werteentwicklung

Als moderierende Variable, die den Grad der Weitergabe elterlicher Werte an die nachfolgende Generation beschreibt, fungiert neben strukturellen Bedingungen, sozioökonomischen und soziokulturellen Prägungen im Elternhaus (Stein 2012a; 2012b) insbesondere der Erziehungsstil im Elternhaus, der sich auf alle drei Erziehungsarten bezieht und diese umfasst und prägt. Liebenwein (2008) fasst unter den Begriff des Erziehungsstils die Erziehungspraktiken (etwa Lob), die Erziehungseinstellungen (etwa autoritäre Haltung) und die Erziehungsziele (etwa Durchsetzungsstärke). Diese drei Aspekte determinieren den Erziehungsstil als „Muster von Erziehungsmaßnahmen" (Latzko 2006, 14) wesentlich. Erziehung wird genauer determiniert über divergierende Erziehungsstile und -ziele, unterschiedliche Disziplinierungs- und Erziehungspraktiken und das Bindungsverhalten zwischen Kind und Eltern (Stein 2012a; 2013d). Der Erziehungsstil ist konkret definiert als „interindividuell variable, aber intraindividuell vergleichsweise stabile Verhaltenstendenz von Erziehern, in erziehungsthematischen Situationen auf Verhaltensweisen von Kindern zu reagieren" (Latzko 2006, 14; Stein 2012a).

Der elterliche Erziehungsstil wird mehrdimensional erfasst auf Basis der Dimensionen Wärme versus Kälte im Umgang und zugestandene Autonomie bzw. Nachgiebigkeit versus ausgeübte Kontrolle (Baumrind 1971; 1991; Maccoby/Martin 1983). Je nach Ausprägung der Dimensionen sind vier elterliche Erziehungsstile unterscheidbar: der autoritativ-demokratische Erziehungsstil (hohe Wärme, hohe Kontrolle), der autoritäre Erziehungsstil (geringe Wärme, hohe Kontrolle), der permissiv-nachgiebige Erziehungsstil (hohe Wärme, geringe Kontrolle) und der vernachlässigende Erziehungsstil (geringe Wärme, geringe Kontrolle). Andere Autorinnen und Autoren, wie etwa Liebenwein (2008), unterteilen den autoritativ-demokratischen Erziehungsstil weiter in den autoritativen Stil, der sich durch hohe Wärme bei hoher Kontrolle auszeichnet, und den demokratischen Erziehungsstil, der ebenso durch hohe Wärme, aber nur mittlere Kontrolle geprägt ist. Hörner/Drinck/Jobst (2010) schließlich gehen ebenfalls von nur vier Erziehungsstilen aus, postulieren aber beim autoritativ-demokratischen Stil eine nur mittlere Kontrolle.

Die Erziehungsstile stehen mit unterschiedlichen Werteentwicklungen auf kindlicher Seite in Zusammenhang. Abbildung 1 zeigt die vier hauptsächlichen Erziehungsstile im Überblick und thematisiert bereits die Möglichkeiten der Weitergabe elterlicher Werte, die mit den vier Erziehungsarten verknüpft sind.

Abb. 1: Vierkategorienmodell der Erziehungsstile und Implikationen für die Werteentwicklung (nach Stein 2009, 54; vgl. auch Stein 2013a)

Der Erziehungsstil steht in engem Zusammenhang mit unterschiedlichsten Bedingungen auf der Eltern- und der Kinderseite – wie zum Beispiel mit dem Temperament, dem Geschlecht und dem Alter des Kindes, mit der Elternpersönlichkeit, mit der ökonomischen und strukturellen Situation in der Familie – und ist abhängig von soziokulturellen Faktoren (vgl. das Prozessmodell der Einflüsse auf den Erziehungsstil bei Kruse 2001; vgl. zu den soziokulturellen Einflüssen auf den Erziehungsstil Otyakmas 2007; Uslucan 2009). Einen großen Einfluss hat der Erziehungsstil aber auch auf die kindliche Entwicklung. In etlichen Studien hat sich hierbei der autoritativ-demokratische Erziehungsstil als am pädagogisch sinnvollsten herauskristallisiert, während der autoritäre, der permissiv-nachgiebige und der vernachlässigende Erziehungsstil mit weniger positiven Entwicklungen auf Kinderseite in Zusammenhang stehen (vgl. Stein 2012b).

Etliche Studien belegen einen großen Zusammenhang zwischen dem elterlichen Erziehungsstil und der Übernahme und Akzeptanz elterlicher Werte durch das Kind (Allen et al. 1994; Rohan/Zanna 1996; Knafo/Schwartz 2004; Fend 2009; Fend/Berger/Grob 2009). So zeigt etwa die LifE-Studie von Fend und Kollegen auf, dass es Eltern dann gelingt, ihre Haltungen an die Kinder weiterzugeben, wenn die Haltungen dialogisch-argumentativ ohne Druck transportiert werden. Der größte Zusammenhang zwischen Werten und Erziehungsstil besteht also bei Eltern mit *autoritativ-demokratischem Erziehungsstil*. Je wärmer und freundschaftlicher das Klima in den Familien ist, je offener und adaptiver die Kommunikations- und Interaktionsstrukturen angelegt sind, desto eher sind die Kinder bereit, Moralerwartungen und Wertvorstellungen der Eltern zu reflektieren und sich mit ihnen auseinanderzusetzen.

Dem steht der *vernachlässigende Erziehungsstil* gegenüber, der sich durch eine ablehnende Haltung dem Kind gegenüber auszeichnet, dem weder mit Wärme noch mit bestimmten Verhaltenserwartungen begegnet wird. Dieser vernachlässigende Erziehungsstil geht auf kindlicher Seite mit wenig hohen Werten im Bereich prosoziale Verantwortungsübernahme oder Autonomie einher, ist dafür hoch mit antisozialem oder grenzüberschreitendem Verhalten korreliert.

Eltern, die einen *permissiv-nachgiebigen Erziehungsstil* (hohe Wärme, geringe Kontrolle) pflegen, haben oftmals Kinder, die über ein großes

Selbstvertrauen bezüglich ihrer sozialen Fähigkeiten verfügen, jedoch weniger leistungsorientiert sind.

Kinder von *autoritären* Eltern verfügen zumeist über ein sehr schwaches Selbstwertgefühl und über geringe soziale Kompetenzen, operationalisiert über soziale Durchsetzungsfähigkeit und soziale Verantwortlichkeit (Grusec/Kuczynski 1997; Kochanska 1997; Kochanska/Thompson 1997; Patterson 1997; Grusec/Goodnow/Kuczynski 2000; Stein 2008).

5 Zusammenfassung

Auch wenn grundlegende Werte wie Nächstenliebe in allen Kulturen ähnlich bedeutsam sind, sind Werte nicht angeboren, sondern entwickeln sich in einem lebenslangen Prozess, jedoch insbesondere durch die elterliche Erziehung in der Familie. Die Werteerziehung erfolgt dabei auf direktem und indirektem Wege. Direkt beeinflussen Eltern die Werteentwicklung ihrer Kinder, indem sie bestimmte Verhaltensweisen als positiv herausstellen und verstärken und andere Verhaltensweisen negieren (intentionale Erziehung). Wesentlich wirkmächtiger für die Werteentwicklung ist jedoch die indirekte Erziehung (funktionale Erziehung oder extensionale Erziehung), bei der die Eltern oftmals unbewusst als Vorbild einer gelungenen Werteumsetzung fungieren oder ein Setting so gestalten, dass Werteerleben möglich ist, etwa durch die Wahl bestimmter Spielzeuge oder Bücher. Bezogen auf den elterlichen Erziehungsstil gelingt es am besten durch einen autoritativ-demokratischen Erziehungsstil, Werte zu vermitteln: Je wärmer und freundschaftlicher das Klima in den Familien ist, je offener und adaptiver die Kommunikations- und Interaktionsstrukturen, desto eher übernehmen Kinder die Wertvorstellungen der Eltern.

Das Wissen um die unterschiedliche Wertevermittlung bei divergierenden Erziehungsstilen liegt auch den Versuchen zugrunde, Eltern in der Familienbildung darin zu unterstützen, ihre Erziehungsverantwortung im Bereich der Wertevermittlung wahrzunehmen. Dies kann zum einen geschehen, indem unterschiedlichste Verfahren angewandt werden, um die eigene Werthaltung und das Erziehungsverhalten zu reflektieren, zum anderen indem versucht wird, das Erziehungsklima in den Familien möglichst integrativ und demokratisch auszurichten und einen autoritativen Erziehungsstil zu pflegen. Dies wird beispielsweise in Familienkonferenzen praktiziert, die den Kindern gleichberechtigte Mitsprache ermöglichen und die Partizipation aller Mitglieder der Familie stärken (Hörner/Drinck/Jobst 2010).

Kurzbiografie

Prof. Dr. Margit Stein

Jahrgang 1975, Diplomstudium der Psychologie und Pädagogik, Promotion in Sozialpädagogik, Habilitation in Pädagogik im Bereich Werteforschung, Professorin für Allgemeine Pädagogik und stellvertretende Direktorin des Zentrums für Lehrerinnen- und Lehrerbildung der Universität Vechta. Forschungsschwerpunkte: Entwicklung von Werten in Elternhaus, Schule und außerschulischen Einrichtungen, Kinderrechte, Übergänge von der Schule in die Arbeitswelt, Aufwachsen in ländlichen Lebenswelten.
margit.stein@uni-vechta.de

Literatur

Allen, Joseph P. et al. (1994): Longitudinal assessment of autonomy and relatedness in adolescent-family interactions as predictors of adolescent ego development and self-esteem. In: Child Development, 65 (1), S. 179–194.

Baumrind, Diana (1971): Current patterns of parental authority. In: Developmental Psychology Monographs, 4 (1, Teil 2), S. 1–103.

Baumrind, Diana (1991): Effective parenting during the early adolescent transition. In: Cowan, Philip A./Hetherington, Eileen Mavis (Hrsg.), Family Transitions. Advances in Family Research, 2, Hillsdale, S. 111–163.

Boos-Nünning, Ursula/Stein, Margit (Hrsg.) (2012): Familie als Ort von Erziehung, Bildung und Sozialisation. Münster.

Fend, Helmut (2009): Was die Eltern ihren Kindern mitgeben – Generationen aus Sicht der Erziehungswissenschaft. In: Künemund, Harald/ Szydlik, Marc (Hrsg.), Generationen. Multidisziplinäre Perspektiven. Wiesbaden, S. 81–104.

Fend, Helmut/Berger, Fred/Grob, Urs (Hrsg.) (2009): Lebensverläufe, Lebensbewältigung, Lebensglück. Ergebnisse der LifE-Studie. Wiesbaden.

Grusec, Joan E./Kuczynski, Leon (Hrsg.) (1997): Parenting and Children's Internalization of Values. A Handbook of Contemporary Theory. New York.

Grusec, Joan E./Goodnow, Jacqueline J./ Kuczynski, Leon (2000): New directions in analyses of parenting contributions to children's acquisition of values. In: Child Development, 71 (1), S. 205–211.

Hörner, Wolfgang/Drinck, Barbara/Jobst, Solvejg (2010): Bildung, Erziehung, Sozialisation. Grundbegriffe der Erziehungswissenschaft. Wiesbaden.

Knafo, Ariel/Schwartz, Shalom H. (2004): Identity formation and parent-child value congruence in adolescence. In: British Journal of Developmental Psychology, 22, S. 439–458.

Kochanska, Grazyna (1997): Mutually responsive orientation between mothers and their young children: Implications for early socialization. In: Child Development, 68 (1), S. 94–112.

Kochanska, Grazyna/Thompson, Ross A. (1997): The Emergence and Development of Conscience in Toddlerhood and Early Childhood. In: Grusec, Joan E./Kuczynski, Leon (Hrsg.), Parenting and Children's Internalization of Values. A Handbook of Contemporary Theory. New York, S. 53–77.

Kohn, Melvin L./Slomczynski, Kazimierz M./ Schoenbach, Carrie (1986): Social stratification and the transmission of values in the family: A cross-national assessment. In: Sociological Forum, 1 (1), S. 73–102.

Kruse, Joachim (2001): Erziehungsstil und kindliche Entwicklung. Wechselwirkungsprozesse. In: Walper, Sabine/Pekrun, Reinhard (Hrsg.), Familie und Entwicklung. Aktuelle Perspektiven der Familienpsychologie. Göttingen, S. 63–83.

Latzko, Brigitte (2006): Werteerziehung in der Schule. Regeln und Autorität im Schulalltag. Opladen.

Liebenwein, Sylva (2008): Erziehung und soziale Milieus. Elterliche Erziehungsstile in milieuspezifischer Differenzierung. Wiesbaden.

Maccoby, Eleanor E./Martin, John A. (1983): Socialization in the context of family: Parentchild interaction. In: Mussen, Paul H. (Hrsg.), Handbook of Child Psychology. Bd. 4: Hetherington, Mavis E. (Hrsg.), Socialization, Personality, and Social Development. NewYork, S. 1–101.

Otyakmaz, Berrin Özlem (2007): Familiale Entwicklungskontexte im Kulturvergleich. Berlin et al.

Patterson, Gerald R. (1997): Performance Models for Parenting: A Social Interactional Perspective. In: Grusec, Joan E./Kuczynski, Leon (Hrsg.), Parenting and Children's Internalization of Values. A Handbook of Contemporary Theory. New York, S. 193–226.

Peuckert, Rüdiger (2007): Zur aktuellen Lage der Familie. In: Ecarius, Jutta (Hrsg.), Handbuch Familie. Wiesbaden, S. 36–56.

Rohan, Meg J./Zanna, Mark P. (1996): Value Transmission in Families. In: Seligman, Clive/ Olson, James M./Zanna, Mark P. (Hrsg.), The Ontario Symposium on Personality and Social Psychology. Bd. 8: The Psychology of Values. Mahwah, S. 253–276.

Rokeach, Milton (1973): The Nature of Human Values. New York.

Schwartz, Shalom H. (1994): Are there universal aspects in the structure and contents of human values? In: Journal of Social Issues, 50 (4), S. 19–45.

Schwartz, Shalom H. (1996): Value Priorities and Behavior: Applying a Theory of Integrated Value Systems. In: Seligman, Clive/Olson, James M./ Zanna, Mark P. (Hrsg.), The Ontario Symposium on Personality and Social Psychology. Bd. 8: The Psychology of Values. Mahwah, S. 1–24.

Stein, Margit (2008): Wie können wir Kindern Werte vermitteln? Werteerziehung in Familie und Schule. München.

Stein, Margit (2009): Allgemeine Pädagogik. UTB basics. München.

Stein, Margit (2012a): Erziehungsziele von Eltern in Abhängigkeit soziostruktureller Merkmale und subjektiver Orientierungen – Eine Analyse auf Basis der Daten des World Values Survey. In: Bildung und Erziehung BuE, 65 (4), S. 427–444.

Stein, Margit (2012b): Familie als Ort der Werteentwicklung. Strukturelle, soziokulturelle und erzieherische Bedingungen. In: Boos-Nünning, Ursula/Stein, Margit (Hrsg.), Familie als Ort von Erziehung, Bildung und Sozialisation. Münster, S. 175–216.

Stein, Margit (2012c): Familie und Familienentwicklung in Zahlen. In: Boos-Nünning, Ursula/ Stein, Margit (Hrsg.), Familie als Ort von Erziehung, Bildung und Sozialisation. Münster, S. 17–58.

Stein, Margit (2012d): Werteerziehung. In: Sandfuchs, Uwe et al. (Hrsg.), Handbuch Erziehung. Bad Heilbrunn, S. 662–667.

Stein, Margit (2013a): App „Allgemeine Pädagogik". München.

Stein, Margit (2013b): Bestimmen die Verhältnisse das Bewusstsein? Zum Zusammenhang von sozioökonomischen Bedingungen und Wertorientierungen. In: Lesch, Karl Josef (Hrsg.), Die Ökonomisierung der Welt und das Schicksal des Humanen. Münster [in Druck].

Stein, Margit (2013c): Entwicklung von Werten, religiösen Werten und von Geschlechterrollen. Beitrag im Rahmen von Modul 1: Unterstützung der Kinder in zentralen Entwicklungsbereichen. In: Otto-Benecke-Stiftung (Hrsg.), Handbuch Weiterbildung von Migrationsfamilien [in Vorbereitung].

Stein, Margit (2013d): Erziehen und bilden: Aufgaben der Bildungseinrichtungen – Aufgaben der Eltern. Beitrag im Rahmen von Modul 3: Der Umgang mit den Bildungseinrichtungen. In: Otto-Benecke-Stiftung (Hrsg.), Handbuch Weiterbildung von Migrationsfamilien [in Vorbereitung].

Stein, Margit/Stummbaum, Martin (2011): Kindheit und Jugend im Fokus aktueller Studien. Bad Heilbrunn.

Uslucan, Haci Halil (2009): Erziehungsstile und Werte in muslimischen Familien. In: Forum Erwachsenenbildung, Bd. 2, S. 9–14.

White, Fiona A./Matawie, Kenan M. (2004): Parental Morality and Family Processes as Predictors of Adolescent Morality. In: Journal of Child and Family Studies, 13 (2), S. 219–233.

Wertebildung in Jugendarbeit, Peergroup und Schule[1]

Wilfried Schubarth

Alle reden über Werte – vor allem die ältere Generation, wenn sie zum Beispiel einen „Werteverlust" unter Jugendlichen beklagt und nach „Werten" ruft. Nun sind solche Klagen seit jeher ein Dauerthema; dennoch stellt sich immer wieder aufs Neue die Frage, welche Werte eine Gesellschaft zusammenhalten und wie diese Werte auf die heranwachsende Generation „übertragen" werden können. Die Wertedebatte wird manchmal jedoch etwas oberflächlich geführt, als würden ein bloßes Benennen der „richtigen" Werte und das Einfordern von Werten schon die Herausbildung von Werten befördern. Der Prozess der Wertebildung ist viel komplizierter. Ziel des Beitrags ist es deshalb, ausgehend von dem öffentlichen „Ruf nach Werten" den Prozess der Wertesozialisation und Wertebildung zu umreißen und darauf aufbauend Möglichkeiten der Wertebildung in pädagogischen Kontexten, insbesondere in Jugendarbeit, Peergroup und Schule, aufzuzeigen.

1 Von der Wertevermittlung zur Wertebildung

Der Ruf nach Werten ist verständlich, führen doch der rasche soziale Wandel sowie der „Wandel der Werte" zu einem wachsenden Bedarf an Verständigung zu Wertefragen (Schubarth 2010). Es herrscht weithin Konsens darüber, *dass* eine „Werteverständigung" und „Werteerziehung" notwendig sind, offen bleibt jedoch die Frage, *wie* dies am besten zu realisieren sei. Bekanntlich leben wir heute in einer offenen Gesellschaft, in der die Erwachsenen den Kindern und Jugendlichen nicht vorschreiben können, wie sie zu leben haben. Hinzu kommt, dass die Annahme von „Wertevermittlung" als Wertevorgabe bzw. Werteübertragung, beispielsweise in Form eines „Nürnberger Trichters", wissenschaftlich nicht haltbar ist. Werte lassen sich nicht einfach wie Fachwissen vermitteln, und eine bloße Wissensvermittlung über Werte führt noch lange nicht zur Wertebildung bei den Adressaten. In Abgrenzung von dem missverständlichen Begriff „Wertevermittlung" verwenden wir deshalb den Begriff „Wertebildung".

Wertebildung bezieht sich – in Anlehnung an den Sozialisationsbegriff von Hurrelmann (2006) – auf die Entstehung und Entwicklung von Werten bzw. Werthaltungen im Laufe der Persönlichkeitsentwicklung. „Wertebildung“ betont im Unterschied zu „Wertevermittlung“ den eigenen, aktiven Anteil des Individuums bei der Auseinandersetzung mit der Umwelt und deren vielfältigen, widersprüchlichen Werteangeboten. Zugleich verweist „Wertebildung“ auf die Möglichkeit und die Notwendigkeit pädagogischer Angebote zur Wertebildung für Kinder und Jugendliche. Ziel von Wertebildung ist das Erlernen moralischer Werturteilsfähigkeit und die Aneignung moralischer Werthaltungen.

Die Komplexität des Wertebildungsprozesses lässt sich am Beispiel des *Strukturmodells der Sozialisation* verdeutlichen, das auf die vielfältigen intendierten und nicht intendierten Sozialisationseinflüsse verweist (vgl. Hurrelmann 2006; Tillmann 2010). Dazu gehören die politischen, ökonomischen und kulturellen Rahmenbedingungen, die verschiedenen Sozialisationsinstanzen wie Familie, Schule und Peergroup sowie die personalen Bedingungen und Dispositionen. Pädagogische Institutionen wie die Schule sind dabei nur ein Faktor von mehreren, was pädagogischen Erziehungsbemühungen bestimmte Grenzen setzt. Die Alltagserfahrungen, die Jugendliche in den verschiedenen Lebensbereichen machen, sind für die Wertebildung von großer Bedeutung. Folglich ist nach den konkreten Sozialisationsbedingungen, in denen Kinder und Jugendliche heute aufwachsen, zu fragen. Diese sind – mit Blick auf Krisenprozesse in Umwelt und Wirtschaft sowie wachsende soziale Ungleichheiten – sehr unterschiedlich, für viele nicht optimal und für eine wachsende Minderheit prekär. Zugleich verweist das Sozialisationsmodell darauf, dass die vielfältigen Faktoren in einem engen Zusammenhang stehen und sich wechselseitig beeinflussen. So strahlt das politische Werteklima einer Gesellschaft in andere Bereiche aus. Umgekehrt können Institutionen und Personen das Werteklima einer Gesellschaft selbst mit beeinflussen. Hier sind auch die Möglichkeiten von Schule und Jugendarbeit anzusiedeln, die in ihrem eigenen Wirkungskreis ein förderndes Umfeld für Wertebildung schaffen können. Die Wirkungen werden dabei umso größer sein, je besser Schule und Jugendarbeit auf der Basis einer Werteverständigung mit anderen Institutionen kooperieren. Insofern ist – wie bei anderen Bildungs- und Erziehungsfragen – auch bei der Wertebildung ein *systemischer Ansatz* zu empfehlen, der die Bildungs- und Erziehungsaktivitäten der relevanten Bereiche wie Familie, Kindertagesstätte, Schule, Jugendhilfe oder Kommune zusammenführt.

2 Potenziale der Wertebildung in der Jugendarbeit

Jugendarbeit ist im Prinzip per se Wertebildung, da gute Pädagogik immer wertebildend wirkt. Gleichwohl tut sich Jugendarbeit mit dem Wertethema traditionell schwer. Das ist darin begründet, dass die Wertedebatte stark auf Schule fokussiert ist und dass die Jugendarbeit ihre Möglichkeiten der Wertebildung noch zu wenig wahrnimmt bzw. nicht offensiv vertritt. Hier ähnelt die Wertedebatte stark der Bildungsdebatte, die ebenfalls deutlich auf die Schule fixiert ist und die Bildungsansprüche und -potenziale der Jugendarbeit vernachlässigt. Hinzu kommt, dass Jugendarbeit aufgrund ihrer Prinzipien wie Freiwilligkeit, Partizipation oder Lebensweltorientierung traditionell jeglichem (staatlichem) Vermittlungsanspruch kritisch gegenübersteht und sich eher an den Interessen und Bedürfnissen der Jugendlichen orientiert. Außerdem gerät Jugendarbeit schnell in Gefahr, für alle möglichen gesellschaftlichen Probleme als Sündenbock bzw. „Feuerwehr" herhalten zu müssen, sodass eine Distanzierung von „Heilsversprechen der Wertevermittlung" angebracht ist.

Dennoch spielt das Wertethema in der Geschichte und den Theorien der Jugendarbeit eine beachtliche Rolle (vgl. zum Beispiel Rätz-Heinisch/Schröer/Wolff 2009; Hafeneger 2010). Im Kinder- und Jugendhilfegesetz (KJHG) ist das *Recht auf Förderung und auf Erziehung zu einer eigenverantwortlichen und gemeinschaftsfähigen Persönlichkeit* dokumentiert. Jugendarbeit soll zur Selbstbestimmung befähigen, zu gesellschaftlicher Mitverantwortung und zu sozialem Engagement anregen und hinführen. Als Schwerpunkte werden im KJHG benannt: außerschulische Jugendbildung (etwa politische, soziale, kulturelle, technische Bildung), Jugendarbeit in Sport, Spiel und Geselligkeit, arbeitswelt-, schul- und familienbezogene Jugendarbeit, internationale Jugendarbeit, Kinder- und Jugenderholung sowie Jugendberatung. Damit sind die Ziele sowie mögliche Formen der Wertebildungsangebote im Rahmen der Jugendarbeit klar umrissen. Die zahlreichen theoretischen Ansätzen zur Jugendarbeit, beispielsweise Aufklärung,

Mündigkeit, Emanzipation, Bedürfnis-, Subjekt-, Lebenswelt-, Sozialraumorientierung, „akzeptierende Jugendarbeit“ sind allesamt geeignet, Wertebildung bei Jugendlichen im Rahmen der Jugendarbeit theoretisch zu begründen. So geht es beim Konzept der Mündigkeit oder bei der „emanzipatorischen Jugendarbeit“ um Angebote zur Herausbildung von Eigenständigkeit und Autonomie oder bei der „subjektorientierten Jugendarbeit“ um Prozesse der sozialen Anerkennung, Selbstreflexion, Selbstbewusstseins und Selbstbestimmung – alles Elemente, die die Wertebildung im Sinne moralischer Werturteilsfähigkeit fördern.

Die *Potenziale der Jugendarbeit* für die Wertebildung liegen vor allem darin, dass Jugendarbeit – neben und ergänzend zu den Sozialisationsinstanzen Familie und Schule – ein Ort der Persönlichkeitsentfaltung, der Selbstfindung und der Selbstbildung ist. Die für Jugendarbeit typische Offenheit und Pluralität bieten reichhaltige Möglichkeiten, seinen Interessen und Neigungen nachzugehen, sich auszuprobieren, Werte im Alltag erfahrbar zu machen, Gruppen als „Wertemilieus“ zu erleben, sich an Jugendarbeiterinnen und Jugendarbeitern als „Lernmodelle“ zu orientieren bzw. zu reiben, Lern-, Kommunikations- und Reflexionsangebote wahrzunehmen, (Wert-)Konflikte eigenverantwortlich zu regeln, Verantwortung für sich und andere zu übernehmen und sein Selbstbewusstsein zu stärken. Dass diese Wirkungen tatsächlich nachweisbar sind, belegen unter anderem Studien zum Kompetenzerwerb im freiwilligen Engagement, die auf solche Effekte wie die Entwicklung sozialer, personaler, demokratischer Kompetenzen, den Erwerb sozialen Kapitals oder die Förderung des Reflexionsvermögens und der Handlungswirksamkeit verweisen. Die Kompetenzgewinne sind vor allem auf die offenen Bildungsprozesse in nonformalen und informellen Kontexten („Alltagsbildung“) zurückzuführen (vgl. Rauschenbach 2009). Hier sind auch die Potenziale der Gemeinwesenarbeit und der kommunalen Bildungslandschaften zu sehen (vgl. Lynen von Berg 2010; Müller 2010).

Trotz dieser Potenziale ergibt sich angesichts der Einsparungen in den letzten Jahren für die Jugendarbeit und ihr Wertebildungspotenzial ein ambivalentes Bild: Einerseits verfügt Jugendarbeit aufgrund ihrer Werthaltung, ihrer Konzepte und Methoden über ein großes Wertebildungspotenzial, andererseits verliert sie durch mangelnde Ressourcen, Inanspruchnahme und fehlende Wertschätzung zunehmend an Bedeutung. Dieses widersprüchliche Bild der Jugendarbeit wird auch durch unsere Feldstudien im Land Brandenburg bestätigt. Insbesondere im ländlichen Raum wird die Wertebildung Jugendlicher durch die dortige prekäre Situation der Jugendarbeit sowie durch Generationskonflikte und eine fehlende kommunalpolitische Sensibilität für Jugendliche erschwert (Schubarth/Speck/Lynen von Berg 2010). Folgende *Empfehlungen für eine gelingende Wertebildung* lassen sich daraus ableiten:

- Gewährleistung einer dauerhaften Infrastruktur für Jugendarbeit in (ländlichen) Kommunen (anstatt kurzfristiger Projektförderung)
- Qualifizierung der Professionellen zur Entwicklung von Wertesensibilität und Aneignung eines Methodenrepertoires für Wertebildung
- Bewusstmachen der Rolle der Jugendarbeiterinnen und Jugendarbeiter als personale Angebote und als Lernmodelle, auch in Fragen der Wertebildung
- Gewährleistung eines kontinuierlichen Beziehungsangebots und einer wertschätzenden Haltung gegenüber Jugendlichen
- Aufgreifen lebensnaher, realistischer Wertekonflikte, gemeinsame Erarbeitung und Einhaltung von Regeln (statt abstrakter, symbolischer Wertedebatten)
- Schaffung vielfältiger jugendgemäßer Erprobungs- und Teilhabemöglichkeiten
- Entwicklung eines Gesamtkonzepts der Wertebildung und Aufbau von Vernetzungsstrukturen im kommunalen Kontext

3 Wertebildung durch die Peergroup

Die Gruppe der Gleichaltrigen (Peergroup) hat für das Aufwachsen junger Menschen zunehmende Relevanz. Durch die Peergroup, für die gleiches Alter, gleiche Interessen und gleicher Status charakteristisch sind, erschließen sich Kinder und Jugendliche neue Lern- und Erfahrungsbereiche, die für ihre Identitätsentwicklung wichtig sind und die sie in anderen Sozialisationskontexten, beispielsweise in der Familie, nicht vorfinden. Dabei geht es vor allem um die Emanzipation vom Elternhaus, um das Erlernen neuer Rollen, um das Sich-

Ausprobieren und Experimentieren, um Akzeptanz- und Anerkennungserfahrungen sowie um Hilfs- und Unterstützungsleistungen seitens der Gruppe. Der Peergroup kommt im Rahmen der Wertesozialisation und Wertebildung enorme Bedeutung zu – sowohl in positiver wie negativer Hinsicht –, weil die Werteorientierungen der Gruppe die Einstellungen und Verhaltensweisen der jeweiligen Gruppenmitglieder stark beeinflussen (Hurrelmann/Quenzel 2012).

In pädagogischen Kontexten kommt es nun darauf an, die positiven Effekte des informellen Lernens durch die Peergroup (Peer Learning) gezielt zu nutzen. Insofern kann Peer Learning als Teil der intentionalen Wertebildung in pädagogischen Kontexten verstanden werden. Die Bandbreite von praktischen Ansätzen des Peer Learning reicht dabei von Themen wie Alkohol, Drogen, Sucht und Sexualität über Natur und Umwelt sowie ehrenamtliches Engagement bis hin zu Konflikten und Gewalt (vgl. Nörber 2003). Bekannte und bewährte Ansätze der Wertebildung durch Peer Learning sind die *Paten-Projekte (buddY-Projekt)* und die *Peer-Mediation*. Beide Ansätze dienen der Entwicklung sozialer Kompetenzen und basieren auf der Erkenntnis, dass Jugendliche zu Gleichaltrigen großes Vertrauen haben und sich gegenseitig helfen und unterstützen können, ob bei Konflikten, Gewalt, Mobbing oder Schulproblemen. So lernen Schülerinnen und Schüler, ihre Konflikte eigenverantwortlich zu regeln, sich beim Lesenlernen oder Hausaufgabenmachen gegenseitig zu helfen oder hilfsbedürftige Gleichaltrige zu beschützen bzw. zu unterstützen. In diesem Interaktionsprozess eignen sich die beteiligten Kinder und Jugendlichen wichtige Kompetenzen wie Kooperationsfähigkeit, Konfliktfähigkeit, Perspektivenwechsel oder Selbstwirksamkeit an. Zugleich wird neben den sozialen Kompetenzen auch die Lernmotivation verbessert. Damit können auch solche Schülerinnen und Schüler erreicht und in die Gruppe reintegriert werden, die sonst von der Lehrerschaft nicht mehr erreicht werden. All diese interaktiven und kommunikativen Lerngelegenheiten sind wertorientierte Aneignungsprozesse.

Vielfältige positive Wirkungen der Peer-Learning-Ansätze für die Kompetenzentwicklung und Wertebildung sind nachweisbar. Zugleich wird auf notwendige *Voraussetzungen* verwiesen, zu denen vor allem folgende zählen (vgl. Schülke 2012; Schubarth 2013):

- Die Verantwortungsübernahme durch Peers sollte Teil der gesamten Schulkultur sein.
- Grundlage ist ein ressourcen- und stärkenorientierter Ansatz mit einer positiven Grundhaltung gegenüber Schülerinnen und Schülern.
- Die Beteiligung der Schülerinnen und Schüler im Rahmen der Lern- und Schulkultur sollte einen hohen Stellenwert haben.
- Soziale und demokratische Lernprogramme sollten Bestandteil des Bildungs- und Erziehungsprozesses (Schulprogramm) sein.
- Zu den förderlichen Bedingungen gehört auch der schrittweise Wandel der Lehrerrolle vom Wissensvermittler zum Lerncoach, der Schülerinnen und Schüler beim Lernen berät und begleitet.
- Alle schulischen und außerschulischen Akteure, insbesondere die Eltern, sollten über die Peer-Ansätze informiert sein und diese gezielt unterstützen.

4 Notwendigkeit und Möglichkeiten der Wertebildung in der Schule

Der *Auftrag der Schule zur Wertebildung bzw. Werteerziehung* ist in den Gesetzen des Bundes und der Länder eindeutig festgeschrieben. Übergreifendes Ziel der Wertebildung ist es, das Erlernen moralischer Werturteilsfähigkeit und die Aneignung moralischer Werthaltungen zu fördern und damit – als allgemeines Bildungs- und Erziehungsziel – junge Menschen zu selbstständigen, mündigen sowie gemeinschaftsfähigen und verantwortungsbewussten Persönlichkeiten zu befähigen. In diesem Sinne hat Theodor Adornos Diktum von der notwendigen Befähigung zur autonomen Persönlichkeit, zur Reflexion, zur Selbstbestimmung und zum Nichtmitmachen als oberstes Ziel jeglicher „Erziehung nach Auschwitz“ nichts an Aktualität eingebüßt (vgl. Adorno 1971).

Die Schule hat als Institution vielfältige Möglichkeiten, zur Wertebildung beizutragen – diese werden allerdings bisher noch (zu) wenig genutzt. Mitunter herrscht sogar die Meinung, Schule solle sich „wertneutral“ verhalten und ausschließlich Wissen vermitteln. Vermutlich liegt hier ein Missverständnis zum Gebot der parteipolitischen Neutralität vor, weil Schule in der Geschichte häufig für politische Zwecke missbraucht wurde. Oder es handelt sich einfach um Unkenntnis bzw. Zurückweisung des Erziehungsauftrags der Schule. Doch Schule hat neben der Qualifikations-

und der Selektionsfunktion auch eine wichtige *Integrations- und Sozialisationsfunktion* (vgl. Fend 2006), das heißt, sie soll durch die Reproduktion von Werten und Normen zur Stabilisierung des politischen Systems beitragen.

Der *Bedarf an schulischer Wertebildung* ist in den letzten Jahren gewachsen. Verwiesen sei auf die Wertepluralität und Wertekonkurrenz in einer offenen (Medien-)Gesellschaft, das Aufwachsen in einer „individualisierten Risikogesellschaft", die nachlassende Bindungskraft traditioneller Institutionen wie Familie und soziales Umfeld, die wachsende soziokulturelle Heterogenität der Schülerschaft sowie Probleme des Sozialverhaltens wie Gewalt und Extremismus. Zugleich ist die Umsetzung des Wertebildungsauftrags der Schule erschwert durch die Tendenz der Pädagogisierung gesellschaftlicher Probleme, durch konjunkturelle Bildungsdebatten und die Fokussierung auf den Unterrichtsauftrag (PISA-Debatte) sowie durch die mangelnde Unterstützung der Schule seitens der Gesellschaft bei der Erfüllung ihres Erziehungsauftrags. Angesichts des steigenden Bedarfs an schulischer Wertebildung, insbesondere in schwierigen Milieus, sind die *Rahmenbedingungen für die Schulen* verbesserungsbedürftig. Wie das Beispiel der Rütli-Schule in Berlin vor Augen geführt hat, brauchen insbesondere Schulen in sozialen Brennpunkten mehr Beratungs- und Unterstützungssysteme, Fortbildung und Coaching, aber auch bessere Lernbedingungen für die Schülerschaft sowie bessere Arbeitsbedingungen für die Lehrerschaft.

Die Fachöffentlichkeit hat auf den wachsenden Bedarf an schulischer Wertebildung reagiert und zahlreiche *Modelle und Formen der Wertebildung entwickelt* (vgl. Lind 2000; Standop 2005; Latzko 2006; Becker 2008; Stein 2008; Mokrosch/Regenbogen 2009; Gugel 2010). Dabei wird zwischen indirekten und direkten Formen der Wertebildung unterschieden. Während indirekte Formen davon ausgehen, dass die Schule als Institution, vor allem als sozial-kommunikativer Erfahrungsraum, wertebildend wirkt, sind direkte Formen darauf angelegt, durch gezielte Maßnahmen die Wertebildung zu beeinflussen.

Zu den *Formen indirekter Wertebildung* sind vor allem zu zählen: das Schulethos, das Schul- und Klassenklima, die Vorbildwirkung der Lehrkräfte, insbesondere deren Authentizität und Glaubwürdigkeit, die Lehr-Lern-

Kultur, eine wertschätzende Schülerorientierung, ein werteorientierender Unterricht, Möglichkeiten des Erlebens von Partizipation und Demokratie, eine echte Schülermitbestimmung sowie ein aktives, gemeinschaftförderndes Schulleben. Die Wirksamkeit indirekter Wertebildung, vor allem einer demokratisch-partizipativen Schulkultur, ist sowohl durch die allgemeine empirische Bildungsforschung als auch durch die schulbezogene Gewaltforschung belegt. Schulen und Klassen mit einer guten Lernkultur, einem guten Sozialklima, einem eher partnerschaftlichen Lehrer-Schüler-Verhältnis und vielfältigen Partizipationsmöglichkeiten weisen auch weniger Gewalt auf, wirken somit auch wertebildend (vgl. Schubarth 2013). Ein praktisches Beispiel der indirekten Wertebildung ist die „Gerechte-Schule-Gemeinschaft", die als solidarische und lebendige Demokratie (Schule als „Polis") verfasst ist – ein Beispiel, das allerdings in Deutschland bisher noch wenig Resonanz gefunden hat (vgl. Schuster 2001).

Aus den empirischen Studien lässt sich schlussfolgern, dass all diejenigen Merkmale, die als Qualitätskriterien einer „guten Schule" und eines „guten Unterrichts" gelten, auch als förderliche Bedingungen für Wertebildung angesehen werden können. Eine im pädagogischen Verständnis „gute Schule" ist auch eine wertebildende Schule. Jeder Unterricht erzieht, deshalb ist auch jeder „gute Unterricht" ein wertebildender Unterricht im positiven Sinne. Wertebildung stellt somit ein zentrales Qualitätskriterium von Schule und Unterricht und eine wichtige Grundlage von Schulentwicklung dar (vgl. Ladenthin/Rekus 2008; Leipold 2010). Vielversprechende Ansätze, die das Demokratie-Lernen fördern können, sind in jüngster Zeit im Rahmen der *Demokratiepädagogik* entwickelt worden (vgl. Eikel/Haan 2007; Sliwka 2008; Beutel/Fauser 2009; Edelstein/Frank/Sliwka 2009; Himmelmann 2010).

Neben den indirekten Formen werden in der Fachdebatte eine Reihe von *direkten Formen der Wertebildung bzw. Werteerziehung* vorgeschlagen, die Schulen nutzen können, wenn sie ganz gezielt Wertebildung betreiben wollen (vgl. Stein 2008, 159–161). Diese Modelle sind nicht nur auf bestimmte Fächer wie Ethik, Sozialkunde, Religion oder politische Bildung beschränkt, sondern als übergreifende Schul- bzw. Unterrichtsprinzipien zu verstehen. So kann Schulen empfohlen werden, dass sie beispielsweise nach dem *materialen Werteansatz* auf der Basis eines öffentlichen Werteklimas an der Schule und orientiert am Grundgesetz grundlegende, allgemein verbindliche Werte diskutieren, benennen und einfordern (Wertvermittlungsmodell). Insbesondere im Fachunterricht (Geschichte, Literatur usw.) kann auch *Wertelernen* am außergewöhnlichen Vorbild praktiziert werden. Dabei können auch *Wertekonflikte* (Wertanalysemodell) sowie die Bedeutung von übergreifenden Werten wie Frieden, Gerechtigkeit und Nachhaltigkeit thematisiert werden (Sensibilisierung für Überlebensverantwortung). Darüber hinaus geht es um die Herausbildung eines eigenen Wertesystems (Wertklärungsmodell) und einer eigenen empathischen Werthaltung (Wertfühlungsmodell). Zur Wertebildung beitragen kann auch das *Wertdiskurs-* und das *Wertentwicklungsmodell*, das kognitive, motivationale und emotionale Prozesse einschließt, sowie das Wertelernen durch soziale Tätigkeiten. Wertebildend wirken auch Programme der Gewaltprävention, die insbesondere die Entwicklung von sozialen Kompetenzen fördern (vgl. Schubarth 2013).

Evaluationsstudien zeigen, dass kognitiv orientierte Wertemodelle zwar zu einem Wissenszuwachs, jedoch nicht zu Haltungs- bzw. Verhaltensänderungen führen. Die größten Erfolgsaussichten haben mehrdimensionale Ansätze, die auch erfahrungs- bzw. tätigkeitsorientierte Dimensionen einschließen (Stein 2008, 173; Uhl 1998). Damit wird die Annahme bestätigt, dass Wertebildung vor allem über die Verknüpfung des Erwerbs von Werturteilsfähigkeit mit der Reflexion und Einübung praktischer Tätigkeiten erfolgt. Diese Annahme liegt letztlich auch dem didaktischen Ansatz von Vorleben, Nachdenken (Reflexion) und Mitmachen zugrunde. Viel Potenzial bietet hier die Förderung von sozialem Engagement, zum Beispiel in Form des Service Learning oder des Compassion-Konzepts. Gesellschaftliches Engagement fördert nachweislich die Wertebildung bei Jugendlichen (vgl. Kenngott 2010).

5 Fazit und Ausblick

Die Wertedebatten, die immer wieder von Neuem aufflammen, bieten die Chance zu einem notwendigen, sachlich-konstruktiven Diskurs über Möglichkeiten und Grenzen der Wertebildung. Da Werte nicht aufoktroyiert und nicht „vermittelt" werden können, sondern vor allem das Ergebnis einer aktiven, reflektierten Auseinandersetzung mit der Umwelt und deren unterschiedlichen Werteeinflüssen sind, bedarf es vielfältiger pädagogischer Angebote, die das Erlernen moralischer Werturteilsfähigkeit und die Aneignung moralischer Werthaltungen ermöglichen. Dazu gibt es mittlerweile sowohl im Rahmen der Schule als auch in der Jugendarbeit und im Peer-Kontext eine breite Palette von indirekten und direkten Formen der Wertebildung, die vor allem als Gesamtstrategie mit Ansätzen auf unterschiedlichen Ebenen Aussicht auf Erfolg haben. Qualität und Quantität der schulischen und außerschulischen Wertebildungsangebote sind von personellen und institutionellen Rahmenbedingungen abhängig. Hier ist die Politik gefordert, entsprechende Voraussetzungen für eine erfolgreiche Wertebildung zu schaffen. Denn auch hier erweist sich das Leben, das heißt die Alltagserfahrungen der (jungen) Menschen, als wirkmächtigster Faktor der Wertebildung. Insofern muss sich beim „Ruf nach Werten" zuallererst die Erwachsenengesellschaft, darin eingeschlossen die Pädagoginnen und Pädagogen, selbstkritisch ihrer Werte und Werthaltungen vergewissern.

Kurzbiografie

Prof. Dr. Wilfried Schubarth

Lehrer- und Promotionsstudium an der Universität Leipzig, anschließend Tätigkeiten als wissenschaftlicher Mitarbeiter am Institut für Jugendforschung Leipzig (bis 1990) und am Deutschen Institut für Jugendforschung München (bis 1993). Von 1993 bis 1998 Habilitation im Bereich Erziehungswissenschaft an der Technischen Universität Dresden. Bis 2003 wissenschaftlicher Mitarbeiter an der Ernst-Moritz-Arndt-Universität Greifswald, 2003/2004 Berufung auf die Professur für Erziehungs- und Sozialisationstheorie an der Universität Potsdam. Leiter der AG „Studienqualität!“ am Zentrum für Lehrerbildung, Mitglied der Kommission „Studium und Lehre“, Gutachter bei Akkreditierungen sowie Vertrauensdozent der Hans-Böckler-Stiftung. Arbeitsschwerpunkte: Jugend- und Bildungsforschung, insbesondere Werte, Gewalt und Rechtsextremismus, Lehrerbildung und Hochschulevaluation.
wilschub@uni-potsdam.de

Anmerkungen

1 Der Beitrag ist eine gekürzte und modifizierte Fassung des Beitrags „Die Rückkehr der Werte: Die neue Wertedebatte und die Chancen der Wertebildung" aus dem Sammelband „Wertebildung in Jugendarbeit, Schule und Kommune. Bilanz und Perspektiven" (Schubarth 2010).

Literatur

Adorno, Theodor W. (1971): Erziehung nach Auschwitz. In: ders.: Erziehung zur Mündigkeit. Frankfurt a. M., S. 88–104.

Becker, Günter (2008): Soziale, moralische und demokratische Kompetenzen fördern. Weinheim/Basel.

Beutel, Wolfgang/Fauser, Peter (Hrsg.) (2009): Demokratie, Lernqualität und Schulentwicklung. Schwalbach.

Edelstein, Wolfgang/Frank, Susanne/Sliwka, Anne (Hrsg.) (2009): Praxisbuch Demokratiepädagogik. Sechs Bausteine für Unterrichtsgestaltung und Schulalltag. Weinheim/Basel.

Eikel, Angelika/de Haan, Gerhard (Hrsg.) (2007): Demokratische Partizipation in der Schule. Ermöglichen, fördern, umsetzen. Schwalbach.

Fend, Helmut (2006): Neue Theorie der Schule. Einführung in das Verstehen von Bildungssystemen. Wiesbaden.

Gugel, Günther (2010): Praxisbox Werte vermitteln. Grundlagen, Praxisfelder, Materialien. Mit CD-ROM und Bildkarten. Tübingen.

Hafeneger, Benno (2010): Werte und Wertebildung im historischen Wandel. In: Schubarth, Wilfried/Speck, Karsten/Lynen von Berg, Heinz (Hrsg.), Wertebildung in Jugendarbeit, Schule und Kommune. Bilanz und Perspektiven. Wiesbaden, S. 93–114.

Himmelmann, Gerhard (2010): Wertebildung und Demokratie-Lernen in der Schule. In: Schubarth, Wilfried/Speck, Karsten/Lynen von Berg, Heinz (Hrsg.), Wertebildung in Jugendarbeit, Schule und Kommune. Bilanz und Perspektiven. Wiesbaden, S. 189–198.

Hurrelmann, Klaus (2006): Einführung in die Sozialisationstheorie. Weinheim/Basel.

Hurrelmann, Klaus/Quenzel, Gudrun (2012): Lebensphase Jugend. Eine Einführung in die sozialwissenschaftliche Jugendforschung. Weinheim/Basel.

Kenngott, Eva-Maria (2010): Wertebildung in der Schule: Handlungsansätze und Beispiele. In: Schubarth, Wilfried/Speck, Karsten/Lynen von Berg, Heinz (Hrsg.), Wertebildung in Jugendarbeit, Schule und Kommune. Bilanz und Perspektiven. Wiesbaden, S. 199–209.

Ladenthin, Volker/Rekus, Jürgen (Hrsg.) (2008): Werterziehung als Qualitätsdimension von Schule und Unterricht. Münster.

Latzko, Brigitte (2006): Werteerziehung in der Schule. Regeln und Autorität im Schulalltag. Opladen.

Leipold, Ralph (2010): Wertebildung und demokratiepädagogische Schulentwicklung. In: Schubarth, Wilfried/Speck, Karsten/Lynen von Berg, Heinz (Hrsg.), Wertebildung in Jugendarbeit, Schule und Kommune. Bilanz und Perspektiven. Wiesbaden, S. 251–262.

Lind, Georg (2000): Ist Moral lehrbar? Ergebnisse der modernen moralpsychologischen Forschung. Berlin.

Lynen von Berg, Heinz (2010): Theoretische und methodische Grundlagen und Überlegungen zur Wertebildung in der Gemeinwesenarbeit. In: Schubarth, Wilfried/Speck, Karsten/Lynen von Berg, Heinz (Hrsg.), Wertebildung in Jugendarbeit, Schule und Kommune. Bilanz und Perspektiven. Wiesbaden, S. 265–287.

Mokrosch, Reinhold/Regenbogen, Arnim (Hrsg.) (2009): Werte-Erziehung und Schule. Ein Handbuch für Unterrichtende. Göttingen.

Müller, Heinz (2010): Wertebildung und kommunale Bildungslandschaften. In: Schubarth, Wilfried/Speck, Karsten/Lynen von Berg, Heinz (Hrsg.), Wertebildung in Jugendarbeit, Schule und Kommune. Bilanz und Perspektiven. Wiesbaden, S. 289–302.

Nörber, Martin (Hrsg.) (2003): Peer Education. Bildung und Erziehung von Gleichaltrigen durch Gleichaltrige. Weinheim/Basel/Berlin.

Rätz-Heinisch, Regina/Schröer, Wolfgang/Wolff, Mechthild (2009): Lehrbuch Kinder- und Jugendhilfe. Grundlagen, Handlungsfelder, Strukturen und Perspektiven. München/Weinheim.

Rauschenbach, Thomas (2009): Zukunftschance Bildung. Familie, Jugendhilfe und Schule in neuer Allianz. Weinheim/München.

Schubarth, Wilfried (2010): Die „Rückkehr der Werte": Die neue Wertedebatte und die Chancen der Wertebildung. In: Schubarth, Wilfried/Speck, Karsten/Lynen von Berg, Heinz (Hrsg.), Wertebildung in Jugendarbeit, Schule und Kommune. Bilanz und Perspektiven. Wiesbaden, S. 21–42.

Schubarth, Wilfried (2013): Gewalt und Mobbing an Schulen. Möglichkeiten der Prävention und Intervention. Stuttgart.

Schubarth, Wilfried/Speck, Karsten/Lynen von Berg, Heinz (Hrsg.) (2010): Wertebildung in Jugendarbeit, Schule und Kommune. Bilanz und Perspektiven. Wiesbaden.

Schülke, Carsten (2012): Schüler als Paten. In: Sandfuchs, Uwe et al. (Hrsg.), Handbuch Erziehung. Bad Heibrunn, S. 279–283.

Schuster, Peter (2001): Von der Theorie zur Praxis – Wege der unterrichtspraktischen Umsetzung des Ansatzes von Kohlberg. In: Edelstein, Wolfgang/Oser, Fritz/Schuster, Peter (Hrsg.), Moralische Erziehung in der Schule. Entwicklungspsychologie und pädagogische Praxis. Weinheim/Basel, S. 171–212.

Sliwka, Anne (2008): Bürgerbildung. Demokratie beginnt in der Schule. Weinheim/Basel.

Standop, Jutta (2005): Werte-Erziehung. Einführung in die wichtigsten Konzepte der Werteerziehung. Weinheim/Basel.

Stein, Margit (2008): Wie können wir Kindern Werte vermitteln? Werteerziehung in Familie und Schule. München/Basel.

Tillmann, Klaus-Jürgen (2010): Sozialisationstheorien. Eine Einführung in den Zusammenhang von Gesellschaft, Institution und Subjektwerdung. Reinbek.

Uhl, Siegfried (1998): Werte-Erziehung als Auftrag aller Fächer in der Schule. In: Gauger, Joerg-Dieter (Hrsg.): Sinnvermittlung, Orientierung, Werte-Erziehung. Bilanz und Perspektiven des Religions-, Philosophie- und Rechtskundeunterrichts an den Schulen der Bundesrepublik Deutschland. Sankt Augustin, S. 171–212.

Die Grundschule als ein Ort grundlegender Wertebildung

Jutta Standop

Aufgabe schulischer Wertebildung ist nicht, Kinder unhinterfragt zur Übernahme moralischer Grundsätze und Tugenden, wie zum Beispiel Pünktlichkeit und Disziplin, zu veranlassen. Sie meint auch nicht den bloßen Einsatz von Unterrichtstechniken oder das Einüben „guten Benehmens" von Schülerinnen und Schülern. Vielmehr handelt es sich um ein Prinzip, das die gesamte Schul- und Unterrichtskultur durchzieht und der Persönlichkeitsentwicklung dienen soll – vor dem Hintergrund des schulischen Auftrags, Heranwachsende bei der Entwicklung von Selbstständigkeit, der Fähigkeit zur Übernahme von Verantwortung, Politikfähigkeit, Demokratiefähigkeit und moralischer Urteilsfähigkeit zu unterstützen.

1 Wertebildung

Der Wertebegriff beschreibt eine Beziehung zwischen einem Subjekt und einem Objekt. Er umfasst alles, was Gegenstand einer Gefühlsreaktion, was Ziel des Wollens und Handelns wird. Als bewusst handelndes Wesen strebt der Mensch systematisch nach dem, was ihm wertvoll erscheint. Hinter diesem Werten stehen individuelle Bedürfnisse und Erfahrungen, die Subjektivität. Zugleich vollzieht sich das Werten des Individuums in einem sozialen Kontext, im Rahmen der überindividuellen Wertungen von Gemeinschaft und Kultur. Die persönliche Entwicklung des Einzelnen in seinem individuellen Umfeld mit einzigartigen Erfahrungen führt zu einer individuellen Ausprägung der Bedeutung der verschiedenen Werte für das Individuum.

1.1 Kindheit ist durch plurale Wertekonzepte geprägt

Die Vielfalt der in unserer Gesellschaft möglichen Lebensformen und die vielgestaltigen Einflüsse der unterschiedlichsten Kulturen konfrontieren Kinder schon früh mit verschiedensten Werten und Wertesystemen. Beispielsweise steigt nach wie vor die Zahl der Kinder, die im Laufe ihrer Schulzeit die Trennung ihrer Eltern erleben. Neben dem Verlust an Halt gebenden Familienstrukturen werden die Kinder hierdurch oft mit wertebezogenen Umorientierungen bzw. Umdeutungen ihrer Eltern konfrontiert (so zum Wert der Ehe). Auch mögliche Herabsetzungen von Werten wie Verlässlichkeit, Ehrlichkeit, Hilfsbereitschaft und Achtung erleben die Kinder häufig mit und erfahren einen mehrfachen Verlust: Neben dem Abschied von der Ursprungsfamilie und der räumlichen Trennung von einem Elternteil erfolgt die Erosion ursprünglich Halt gebender Werte, für die neue Orientierungen gefunden werden müssen. Die Lebensverhältnisse der Kinder werden heute zugleich in hohem Maße bestimmt durch Medien, Konsum und zunehmende Freizeitangebote. Insbesondere in diesen Bereichen existiert eine Fülle unterschiedlicher Werte bzw. Wertvorstellungen, die zugleich einem schnellen Wandel unterliegen.

1.2 Der Zusammenhang von Erziehung, Bildung und Wertebildung

Erziehungsprozesse sind niemals „wertfrei", vielmehr sind Erziehungsaufgaben und die zu ihnen gehörenden Handlungen aus Werten und Normen abgeleitet. Sie haben den Anspruch, Orientierungshilfe sowie Werterhellung zu leisten, und ihre Absicht ist die Wertverwirklichung in der autonomen, mündigen Persönlichkeit. Über moralische Bindung hinaus ist das Ziel von Erziehung die Ausbildung der Fähigkeit, das Konzept für ein *gutes*, an die Werterealisierung gebundenes Leben zu entwerfen. Kriterium des Erziehungserfolgs ist neben guten Gründen und überzeugenden Beispielen die dauerhafte Weckung des entsprechenden Wunsches bei den Heranwachsenden (vgl. Rinderle 2007). Hat Erziehung immer mit der angestrebten Selbstbestimmung des Subjekts gegenüber dem Gegenständlichen zu tun, kennzeichnet Bildung hingegen den Kern sowohl der Persönlichkeitsentwicklung als auch der Gemeinschaft (Klafki 1996). Neben der Verfügung über berufliche oder beruflich verwertbare Kenntnisse und Fertigkeiten umfasst Bildung insbesondere die Prägung und Formung der Persönlichkeit durch das Gelernte. Die Qualität von Wissen steht in unmittelbarer Beziehung zur Interpretation der Fakten, die dem jeweiligen Detail erst seine Bedeutung, seinen Wert verleiht. Zugleich betrifft Bildung den inneren Nachvollzug von Zusammenhängen als grundlegende Voraussetzung für das Verständnis von Faktenwissen. Erst ein solcherart verinnerlichtes Wissen führt über angelerntes Gedächtniswissen hinaus.

> Der Mensch [...] ist aufgerufen, selbständiges Denken und Urteilen in sich zu entfalten, er braucht nicht nur Wissen, sondern auch Kriterien, wofür es einzusetzen ist, er benötigt nicht nur Wendigkeit und Findigkeit, sondern auch Charakter und Verantwortungsbewusstsein, soll er sich in einer immer komplexeren Welt als „Mensch" zurechtfinden und behaupten können. (Wehnes 2001)

Wissen und Bildung sind auf persönliche Erfahrung angewiesen. Der Bildungsbegriff ist, im Gegensatz zum Wissensbegriff, für seine Realisierung auf die positive Wertorientierung des Individuums angewiesen. Bildung als Formung der Persönlichkeit durch das Gelernte bedarf der Werte, die gleichermaßen auf Erfahrung beruhen. Bildung und Wertebildung stehen somit in einem engen Zusammenhang.

2 Perspektiven schulischer Werteerziehung

Die Aufgabe der Schule besteht darin, jeden Menschen zu befähigen, seine Talente in höchstmöglichem Maße zu entwickeln und darüber hinaus seine kreative Leistungsfähigkeit einschließlich der Verantwortung für sein eigenes Leben und der Erreichung seiner persönlichen Ziele optimal zu nutzen. In einer materiell so reich ausgestatteten Lebenswelt wie der unsrigen liegen die Herausforderungen vor allem in der gelingenden Selbstbestimmung des Menschen gegenüber der unablässigen Folge von Angeboten, die auf ihn einströmen. Er ist genötigt zu entscheiden, zu verantworten und die Konsequenzen dafür zu tragen, welche Formen der Lebensführung er wählen, welchen Moralvorstellungen er folgen und welche Überzeugungen er vertreten will. Ein wichtiger zu lernender Aspekt von „Werturteilsfähigkeit" ist es, auf begründete Weise zu unterscheiden, das heißt abzuwägen, auszuwählen oder auch abzulehnen. Um dies zu ermöglichen, muss schulische Wertebildung die Heranwachsenden in einer solchen Weise pädagogisch unterstützen, dass sie fähig werden bzw. fähig bleiben, unbeirrbar an ihren Selbstwert zu glauben. Schulische Bildung hat ihr Fundament in der Respektierung der Menschenrechte, insbesondere der Würde des Menschen, und in Begriffen wie Humanität und Demokratie. Erst auf dieser Basis kann ein weiterführender, die Umwelt einbeziehender Dialog für eine erfolgreiche Wertefindung und -bindung aufbauen. Schulische Werteerziehung soll Kinder dabei begleiten,

„den Schritt von der impulsiven, bedürfnisgesteuerten Stellungnahme zum freien, bewussten Werten zu vollziehen" (Standop 2005, 71). Im öffentlichen Interesse ist die Schule zugleich verpflichtet zur Pflege der kulturellen Einheit, insbesondere der moralischen Grundübereinstimmung der Gesellschaft. Die zentralen gesellschaftlichen Werteerziehungs- und Wertebildungsziele ergeben sich aus den geltenden gemeinsamen Idealen, den Grundwerten der jeweiligen Kultur. Als höchste Priorität der gesellschaftlichen Wertehierarchie sind sie

- „die Werte, auf denen andere Werte *gründen*;
- die Werte, auf deren gemeinsamer Wertschätzung das Zusammenleben der Menschen *gründet*;
- die Werte, deren Anerkennung und Wirklichkeit-Werden *grundsätzlich* zum Gelingen des Menschen gehören" (ebd., 21, nach Dikow 1980).

Ein an den Grundwerten orientiertes Erziehungs- und Bildungsverständnis verpflichtet die Heranwachsenden auf vorweg definierte Haltungen. Gültige Zielsetzungen werden beispielsweise durch unser Grundgesetz vorgegeben. Die Anerkennung des Pluralismus als wesentliches Merkmal unserer Gesellschaft führt aber zu einer weiteren grundlegenden Bildungsaufgabe: Das Subjekt muss zwar in der Lage sein, die Pluralität des menschlichen Einfallsreichtums anzuerkennen, andererseits muss es fähig sein, sich um „gültige" Standpunkte zu bemühen. Der Pluralismus als die politische Einlösung des pädagogischen Gedankens der Mündigkeit hat dort seine Grenzen, wo seine Grundsätze infrage gestellt werden. Ebenso wie Kinder lernen sollen, die Meinungen anderer grundsätzlich zu respektieren, müssen sie der Aufgabe gewachsen sein, sich der Meinung anderer zu widersetzen, wenn diese sich zum Beispiel gegen die demokratischen Grundbedingungen einer auf Selbstbestimmung basierenden menschlichen Existenz richtet. Durchdachte Wertebildung beachtet daher immer den sozialen Kontext. Neben der selbstbestimmten Übernahme von Grundwerten, die für unsere Gesellschaft maßgeblich sind, ist ein wesentlicher Schritt auf dem Weg zur Mündigkeit die Entwicklung moralischer Urteilsfähigkeit, also der Fähigkeit, moralische Werte im Alltag angemessen einzusetzen. Werte können unterschiedlich interpretiert werden, und sie können in Konflikt zueinander geraten, beispielsweise wenn es sich als unmöglich erweist, zugleich ehrlich und einer Person oder Sache gegenüber loyal zu sein. Wichtiger als Kinder darauf zu verpflichten, bedingungslos Ja zu unseren Werten zu sagen, ist es, sie anzuleiten, ihre eigene Urteilsfähigkeit zu schulen (Althof 1991). Reifes moralisch-demokratisches Verhalten hängt nicht allein von den moralischen Idealen und Vorsätzen eines Menschen ab, sondern ist auf die Fähigkeit des Individuums angewiesen, seine Wertvorstellungen im Alltag widerspruchsfrei und urteilssicher einzusetzen. Forschungsergebnisse zeigen darüber hinaus, dass zwischen (moralischen) Einstellungen und Werthaltungen einerseits sowie den Handlungen von Menschen in Krisensituationen andererseits nahezu kein systematischer Zusammenhang besteht (Lind 2003). Individuelles Fehlverhalten bezieht sich aber nicht allein auf Moral oder Unmoral, oft mangelt es an einer angemessenen, effektiven Lösung von Problemen. Konflikte zwischen moralischen Anforderungen mit vergleichbarer Bedeutsamkeit werden dabei als besonders schwerwiegende Dilemmata erlebt (zum Beispiel Hilfsbereitschaft gegenüber einem Freund während einer Klassenarbeit im Konflikt mit der Einhaltung regelkonformen Verhaltens der Lehrperson gegenüber).

Moralische Urteilsfähigkeit bedarf einerseits des Wissens (des „Was") sowie andererseits der Fähigkeiten (des „Wie") und entwickelt sich beim Individuum durch die Bereitschaft zur Selbstreflexion und Verantwortungsübernahme. Die Vermittlung des „Was" richtet sich an das Vermitteln von Kenntnissen (moralisches Wissen), für die Förderung des „Wie" brauchen Kinder ein Feld zur Erprobung dieser Kenntnisse und zur Unterstützung ihrer moralischen Fähigkeiten. Neben einer pädagogisch-didaktisch entsprechend gestalteten Lernumwelt ist erfolgreiche Wertebildung auf professionelle Lehrende angewiesen. Von vorrangiger Bedeutung ist dabei empathisches Verstehen und Begleiten. Eine Einschränkung schulischen Unterrichts auf deskriptive, vermeintlich wertneutrale Positionen der Lehrfächer ist somit letztlich ebenso wenig durchhaltbar oder wünschenswert wie die Übertragung eigener Wertvorstellungen auf die Kinder. Wertebildung hat das Ziel, junge Menschen zu befähigen, sich selbst im Rahmen einer gemeinschaftlichen Ordnung zu bestimmen und zu verwirklichen sowie das eigene Leben verantwortungsbewusst zu gestalten.

3 Die Grundschule als Raum kindlicher Bildung und Entwicklung

Der Auftrag der gemeinsamen Elementarschule aller schulpflichtigen Kinder liegt in der Vermittlung grundlegender Schulbildung, um auf diese Weise jeder Schülerin und jedem Schüler prinzipiell jede Form weiterführender Bildung zu eröffnen. Der ganzheitliche Bildungsanspruch der Grundschule zielt auf die Pflege spielerischer, kreativer und sozialer Aktivitäten, einen auf Schülerselbsttätigkeit basierenden Wissenserwerb sowie Unterrichtsverfahren, die dem Grundsatz der Anschaulichkeit der Lebensnähe und der Entwicklungsadäquatheit genügen. Als Umgebung dient „ein Raum für kindliches Lernen, in dessen Beanspruchungen der Weg des Kindes in das Erwachsenwerden pädagogisch angelegt werden kann“ (Langeveld 1960, zit. nach Duncker 2007, 45). Beginnt mit dem Schuleintritt für die Kinder erstmals „die organisierte Zusammenfassung und verpflichtende Kollektivierung Gleichaltriger zum Zwecke gemeinsamen, systematischen und zielführenden Lernens“ (Schorch 2007, 37), stellen sich für die Grundschule neben organisatorischen Fragen insbesondere Fragen nach der Verwirklichung dieser Bildungs- und Erziehungsansprüche.

Einen „guten Anfang“ zu ermöglichen, bezieht sich aber nicht nur auf die klassischen Lernbereiche. In gleichem Maße sind Lernstrategien, Arbeitshaltungen, Lernmotivation, Interessenentwicklung sowie die Ausbildung eines günstigen Selbstkonzepts und eines positiven Selbstwertgefühls auf Unterstützung angewiesen. Grundlegende Bildung ist somit nicht nur kognitives Lernen im Wissens- und Fähigkeitsbereich, sondern bezieht sich auch auf motivationale Komponenten der Persönlichkeitsentwicklung.

Kindheit ist gesellschaftlich konstruiert, das heißt die gesellschaftlichen Bedingungen des Aufwachsens beeinflussen die kindliche Persönlichkeit. Aber Kindheit ist auch eine von den Kindern mitgestaltete Lebensphase (vgl. Knörzer/Grass/Schumacher 2007). Die vorgefundenen gesellschaftlichen Voraussetzungen und ihre „innere“ Realität werden von Kindern individuell verarbeitet. Identität als die Innensicht eines Individuums entwickelt sich unter dem Einfluss der wahrgenommenen Sicht der anderen im sozialen Umfeld. Im Prozess zunehmender Selbstreflexion im Kindheits- und Jugendalter steht die Frage „Wer bin ich und wer möchte ich sein?“. Neben der körperlichen Selbstwahrnehmung, den eigenen Fähigkeiten und Zielen geht es hierbei um die Klärung der eigenen Werthaltungen und sozialen Rollen, die die Heranwachsenden sich selbst zuweisen. Da während des Grundschulalters kognitive, affektive und psychomotorische Determinanten maßgeblich beeinflusst werden, bemüht sich die Grundschule um eine Balance zwischen Anforderung und Beschützen, Aufgabenstellung und freier Selbsttätigkeit sowie zwischen dem Zeigen der Welt und dem Handeln in ihr. Die spezifischen Entwicklungsaufgaben des Grundschulalters sind motorische Fertigkeiten sowie die Grundlegung kognitiver und sozialer Kompetenzen. Lern- und entwicklungspsychologische Forschungen (vgl. Oerter/Montada 2008) unterstützen nach wie vor die These vom Grundschulalter als „bildsamste[r] Phase im menschlichen Leben" (Schorch 2007, 18), gekennzeichnet durch größte Plastizität und Weltoffenheit.

> Neben dem Erwerb der Kulturtechniken gewinnen die Gestaltung von sozialen Beziehungen zu Gleichaltrigen und die Entwicklung der Identität, insbesondere bereichsspezifischer Selbstkonzepte an Bedeutung. Im Zusammenhang mit der sozial-kognitiven Entwicklung nimmt das Verständnis für Regeln und moralische Normen sowie das bewusste Erleben von Emotionen und deren Regulation zu. Verhaltensstrategien werden differenzierter, sie weisen einen höheren Grad an personbezogener Perspektivität und situativer Adaptivität auf. (Dreher 2005, 148)

In der Grundschulpädagogik finden zunehmend konstruktivistisch orientierte Lerntheorien Verbreitung. Lernen wird als aktive Veränderung bestehender Denkstrukturen in sozialen Kontexten betrachtet, das heißt neues Wissen wird auf der Basis vorhandener Schemata, Vorstellungen und Überzeugungen aktiv und eigenständig in Interaktion mit der Umwelt erworben. Lernende „konstruieren" somit ihr Wissen in einem bestimmten Handlungskontext unter der Beteiligung von Emotionen stets selbst (vgl. Mietzel 2003; Standop 2002). Vor dem Hintergrund dieses Verständnisses erweist sich Lernen als aktiver, situativer, konstruktiver, sozialer und selbst gesteuerter Prozess (vgl. Hanke 2007). Lernen an persönlich wichtigen Inhalten verbindet Kognition und Emotion und ermöglicht die vollständige Einbindung bzw. Beteiligung des Subjekts über ein Gefühl wie „Das ist für mich bedeutsam". Sinnorientierung heißt hierbei: Das Kind kann einen

Bezug zu seiner Lebenswelt herstellen, es erschließen sich ihm Zusammenhänge und es erfährt einen unmittelbaren Kompetenzzuwachs. Wertorientierung wird dadurch ermöglicht, dass Unterrichtsinhalte nicht nur unkommentiert „zur Kenntnis genommen", sondern in ihrer Bedeutung für das Leben, für die Gesellschaft geprüft und beurteilt werden (Standop 2005). Für das Subjekt bzw. das Selbst ist die wertschätzende Stellungnahme zu den Phänomenen seiner Umwelt eine Grundvoraussetzung, wenn es zur mündigen Teilhabe an der Gesellschaft befähigt werden soll.

4 Schulkultur – Wertebildung in der Grundschule

Gründen Werte auf eigenverantwortlichen Entscheidungen, besteht die Aufgabe der Wertebildung darin, Heranwachsende so zu begleiten, dass sie nicht in beliebiger Weise, sondern unter Berücksichtigung spezifischer Kriterien Werte ausbilden und beherzigen. Moralische Urteilsfähigkeit kann erfolgreich ausgebildet werden, wenn alle beteiligten Akteure Schule konsequent auf dieses Ziel hin gestalten. Forschungen zum Schulethos und Schulklima haben wiederholt die Bedeutung der beiden Faktoren für die Schulfreude und den Schulerfolg von Heranwachsenden festgestellt (vgl. Fend 1998). Schülerinnen und Schüler werden eindeutig und in bestimmendem Maße in ihrem sozialen Verhalten durch den normativen „Alltagsstil" einer Schule als Ganzes geprägt. Angemessene Wertebindungen kann schulische Bildung fördern, indem sie Respekt gegenüber unterschiedlichen Wertorientierungen anbahnt, Gemeinsamkeiten unterschiedlicher Werttraditionen aufzeigt und Empathie zulässt (Baumert et al. 2002). Strebt schulische Werteerziehung an, dass Kinder die Grundwerte achten, muss sie berücksichtigen, dass diese Achtung in erheblichem Maße über die persönliche Anerkennung der Lehrkraft wirksam wird, die ihrerseits die Grundwerte respektiert und nach ihnen handelt. Ebenso wird die Schule als Ganzes auf ihren Grundwertebezug durch die Heranwachsenden beurteilt. Es geht also nicht nur darum, welche Grundwerte in der Schule gelehrt werden, sondern es ist danach zu fragen, nach welchen Grundwerten die Schule selbst geleitet oder in der Schule gelebt wird. Sollen Schülerinnen und Schüler die Möglichkeit haben, ihre individuellen Lebenswege zu finden und zu wählen, von und mit anderen lernen und mit ihnen zusammen zu handeln, müssen in der Schule

Individualität, Vielfalt und Gemeinsamkeit gleichermaßen erfahrbar sein. Ebenso sollte sich eine Schule im Pluralismus als demokratische Schule zeigen. Dabei geht es um die realen Einflussmöglichkeiten von Kindern auf den Schulalltag und auf den Unterricht sowie um den gegenseitigen Respekt, den sich Erwachsene und Kinder zollen (vgl. Standop 2005). Eine solchermaßen als lebensweltlich gebundene Gemeinschaft gestaltete Schule ermöglicht ein auf die Ganzheit des Lebens gerichtetes Erfahrungslernen.

4.1 Grundlagen eines wertorientierten Unterrichts

Wertebildung findet über die tägliche Unterrichtsgestaltung Eingang in das Schülerleben. Systematischer Unterricht zielt darauf ab, über die wissenschaftlich orientierte und abstrakte Form der Lehre Distanz zum Leben, zu seiner Unmittelbarkeit, Naturwüchsigkeit und Spontaneität zu erzeugen. Gleichzeitig sollen Unterricht und Lebensferne auf Lebensnähe und Lebenswirklichkeit gerichtet sein. Durch selbstorganisierende Formen des Lernens und Zusammenlebens wird eine Veränderung des gegebenen Lebenserfahrungsraums angestrebt (vgl. Keck 2005). Unterricht präsentiert sich so durch personale Nähe der Lehrenden gegenüber ganzheitlich wahrgenommenen Schülerbedürfnissen. Emotionale Wärme in Verbindung mit einem klaren Regelsystem erweist sich als grundlegender Parameter eines Klassenklimas, das die Bedürfnisse und Erwartungen der Lernenden nach Struktur und Bindung erfüllt, sodass ihnen eine Konzentration auf die Lernaufgaben möglich ist. Positive soziale Interaktionen zwischen Lehrenden und Heranwachsenden unterstützen nicht nur die Selbstachtung der Schülerinnen und Schüler. Zugleich wird ein positives Zugehörigkeitsgefühl zur Klasse sowie zur Schule begünstigt und damit die Bereitschaft gefördert, sich mit anderen zur Klasse gehörenden Heranwachsenden zu identifizieren und die gemeinsame Arbeit zu unterstützen. Ein positives Klassenklima begünstigt die Entstehung von gegenseitigem Vertrauen, gleichzeitig unterstützen vertrauensvolle Interaktionen das Klassenklima. Von großer Bedeutung sind die Möglichkeiten zur Partizipation, denn Schülerinnen und Schüler möchten an unterrichtlichen Entwicklungsprozessen teilhaben, sie wollen Verantwortung übernehmen und sich eingebunden fühlen. Durch pädagogische Prinzipien wie Handlungsorientierung, Praxisnähe, Alltagsorientierung, Ganzheitlichkeit, Solidarität, Partizipation, Selbstbestimmung und Öffnung soll die kognitive Enge der reinen „Beschulung" überwunden und stattdessen eine Einheit von Erziehung und Unterricht erreicht werden. Wertebindungen und Verhaltensnormen sind eingebettet in eine lebendige Unterrichtskultur mit folgenden grundlegenden Parametern:

- Sozial-integrativer Führungs- und Unterrichtsstil der Lehrkräfte
- Grundkonsens bezüglich der Ordnungsregeln und der Disziplinierungsmethoden
- Einbeziehung der Heranwachsenden in Mitverantwortung
- Ausreichend Zeit für persönliche Gespräche
- Rückhalt der einzelnen Kinder in ihrer Klasse
- Gemeinsame Aktivitäten von Heranwachsenden und Lehrenden
- Kontinuierliche Lehrer-Eltern-Gruppen
- Schülerinstanzen zur Streitschlichtung
- Vorbild- und Führungsfunktion der Lehrkräfte

4.2 Wertebildung ist auf tragfähige Beziehungen angewiesen

Ein fundamentaler Gelingensfaktor für erfolgreiche Wertorientierung ist es, dass die Lehrperson die anzustrebenden Werte anerkennt und sich für sie engagiert. Forschungen zum Lernen an Modellen und psychoanalytische Beobachtungen zur Identifikation verdeutlichen, dass Lehrkräfte stets als wirksames Beispiel agieren (vgl. Bandura 1974). „Gewollt oder ungewollt werden die Unterrichtenden zu ‚Modellen', an denen sich die Kinder und Jugendlichen orientieren. Entscheidend ist daher ein reflektierter Umgang mit dieser Wirkung." (Standop 2005, 84) Der Aufbau tragfähiger zwischenmenschlicher Beziehungen ist für wertorientierte Erziehung eine wesentliche Grundlage. Konstruktive schulische Wertebildung bei Kindern kann sich nur einstellen, wenn diese ein aufgeschlossenes Verhältnis zu ihren Lehrkräften aufbauen können. Lehrende müssen dafür offen sein, die persönlichen Meinungen und Einstellungen der ihnen anvertrauten Heranwachsenden kennenzulernen und in die Förderung moralischer Urteilsfähigkeit einzubeziehen. Zugleich müssen die Lehrenden den Heranwachsenden Orientierungshilfe und Beispiel bieten können. Grundbedingung für ein derartiges Verhältnis ist es, die Anliegen und Interessen der Kinder ernst zu nehmen, ihnen Vertrauen zu schenken und ihr Vertrauen nicht zu enttäuschen.

> Ein Lehrer, der über psychosoziale Kompetenz verfügt, ist bereit, dem Lernenden sowohl in fachlichen als auch bei persönlichen Angelegenheiten kompetent zur Seite zu stehen. Er blamiert Lernende nicht vor anderen, nützt ihre Schwächen nicht aus, hält gegebene Versprechen ein, wirkt nicht arrogant, interessiert sich für die Belange der Lernenden, ist an ihrem Lernerfolg wirklich interessiert, nimmt sich Zeit für sie, kann auch Unwissenheit zugeben, ermutigt zu freier Meinungsäußerung, ist bei fachlichen Problemen ansprechbar u. v. m. (Breinbauer 1997, zit. nach Jürgens/Standop 2004, 175)

Die Lehrperson sollten nicht nur durch rationales und transparentes Verhalten, sondern auch in den angewandten Methoden zeigen, dass sie Vertrauen zu ihren Schülerinnen und Schülern hat. Wenn die Lehrkraft an ihre Schülerinnen und Schüler glaubt, ihnen zutraut, dass sie Verantwortung übernehmen, sich an sinnvolle Regeln halten, bestimmte Leistungen erbringen sowie sich selbst Ziele setzen und sich mit ihnen identifizieren, dann werden die Schülerinnen und Schüler diese Einstellung auch gegenüber anderen Kindern einnehmen. Wertebildung findet stets am Beispiel und durch eigene Erfahrung statt.

4.3 Kooperation zwischen Schule und Elternhaus

Ein wesentlicher Erfolgsfaktor für erfolgreiche schulische Wertebildung ist die Kooperation von Schule und Elternhaus. Insbesondere eine effektive Modellwirkung moralischen Verhaltens ist auf die Übereinstimmung von Schule und Elternhaus angewiesen. Aber auch Überlegungen und Fragestellungen, die sich im Anschluss an wertorientierte Fragestellungen in der Schule ergeben, werden im Elternhaus offener und bewusster aufgenommen, wenn Eltern über die Methoden und das Konzept der Schule/der Lehrperson informiert sind. Schulische Wertebildung sollte die „Mitarbeit" des Elternhauses nicht einfordern und wird in einer Reihe von Fällen vollständig auf eine Kooperation verzichten müssen. Dennoch sollte die Schule die Eltern über ihre Pläne sowie die Bedeutung der schulischen Werteerziehung informieren und sich um eine konstruktive Zusammenarbeit bemühen. Mit Kooperation ist *nicht* gemeint, dass die Eltern die Aufgaben der Lehrenden zu Hause weiterführen oder gar mit gut gemeinten Moralpredigten das Thema für die Kinder zu einem leidigen werden lassen. Vielmehr kann beispielsweise die Idee der altersgemäßen Verantwortungsübernahme in gewissem Maße auf Aufgaben im Elternhaus übertragen werden, und auch Eltern sollten sich in ihrem eigenen Verhalten ihrer Wirkung als Beispiel für ihre eigenen und für fremde Kinder und Jugendliche bewusst sein. Nahezu in jeder Hinsicht spielen persönliche Bindungen eine maßgebliche Rolle. Dies sollte ein entscheidendes Kriterium für Lehrende bei der Wahrnehmung ihres pädagogischen Selbstbildes sein.

Kurzbiografie

Prof. Dr. Jutta Standop

Lehramtsstudium für die Primarstufe an der Universität zu Köln, 1996 bis 2000 Tätigkeit als Grundschullehrerin, 1998 bis 2001 wissenschaftliche Mitarbeiterin an der Universität Bielefeld, 2001 Promotion zum Thema „Emotionen und kognitives schulisches Lernen aus interdisziplinärer Perspektive". 2006/2007 Verwaltung der Professur Schulpädagogik an der Universität Vechta. Seit November 2011 Professorin für Schulpädagogik mit den Schwerpunkten Erziehung und Bildung im Fach Bildungswissenschaften an der Universität Trier.
standop@uni-trier.de

Literatur

Althof, Wolfgang (1991): Entwicklung des moralischen Urteilens: Wertkonflikte in der Lebenswelt von Kindern und Jugendlichen. In: Rothbucher, Heinz/Wurst, Franz/Donnenberg, Rosemarie (Hrsg.), Wofür lohnt es sich zu leben? Salzburg, S. 140–144.

Bandura, Albert (Hrsg.) (1974): Psychological Modeling. Conflicting Theories. New York.

Baumert, Jürgen et al. (2002): Manifest. In: Killius, Nelson/Kluge, Jürgen/Reisch, Linda (Hrsg.), Die Zukunft der Bildung. Frankfurt a. M., S. 171–225.

Dreher, Eva (2005): Entwicklungspsychologie des Kindes. In: Einsiedler, Wolfgang et al. (Hrsg.), Handbuch Grundschulpädagogik und Grundschuldidaktik. Bad Heilbrunn, S. 146–154.

Duncker, Ludwig (2007): Die Grundschule. Schultheoretische Zugänge und didaktische Horizonte. Weinheim/München.

Fend, Helmut (1998): Qualität im Bildungswesen. Weinheim/München.

Hanke, Petra (2007): Anfangsunterricht. Leben und Lernen in der Schuleingangsphase. Weinheim/Basel.

Jürgens, Eiko/Standop, Jutta (2004): Psychosoziale Kompetenz aus der Perspektive der Schulentwicklungsforschung. In: Gebauer, Karl/Hüther, Gerald (Hrsg.), Kinder brauchen Vertrauen. Erfolgreiches Lernen durch starke Beziehungen. Düsseldorf/Zürich, S. 171–192.

Keck, Rudolf W. (2005): Schulleben. In: Einsiedler, Wolfgang et al. (Hrsg.): Handbuch Grundschulpädagogik und Grundschuldidaktik. Bad Heilbrunn, S. 236–245.

Klafki, Wolfgang (1996): Neue Studien zur Bildungstheorie und Didaktik. Zeitgemäße Allgemeinbildung und kritisch-konstruktive Didaktik. Weinheim/Basel.

Knörzer, Wolfgang/Grass, Karl/Schumacher, Eva (2007): Den Anfang der Schulzeit pädagogisch gestalten. Studien- und Arbeitsbuch für den Anfangsunterricht. Weinheim/Basel.

Lind, Georg (2003): Moral ist lehrbar. Handbuch zur Theorie und Praxis moralischer und demokratischer Bildung. München.

Mietzel, Gerd (2003): Pädagogische Psychologie des Lernens und Lehrens. Göttingen et al.

Oerter, Rolf/Montada, Leo (Hrsg.) (2008): Entwicklungspsychologie. Weinheim/Basel.

Rinderle, Peter (2007): Werte im Widerstreit. Freiburg/München.

Schorch, Günther (2007): Studienbuch Grundschulpädagogik. Bad Heilbrunn.

Standop, Jutta (2002): Emotionen und kognitives schulisches Lernen aus interdisziplinärer Perspektive. Emotionspsychologische, neurobiologische und schulpädagogische Zusammenhänge – ihre Berücksichtigung im schulischen Bildungsauftrag wie den Forschungen zum Unterrichtsklima und der Klassenführung. Frankfurt a. M. et al.

Standop, Jutta (2005): Werte-Erziehung. Einführung in die wichtigsten Konzepte der Werteerziehung. Weinheim/Basel.

Wehnes, Franz-Josef (2001): Theorien der Bildung – Bildung als historisches und aktuelles Problem. In: Roth, Leo (Hrsg.), Pädagogik. Handbuch für Studium und Praxis. München, S. 277–292.

Das Projekt „Wertebildung in Familien“

II. Kapitel

Das Projekt „Wertebildung in Familien" (2008 – 2013)

Heribert Rollik

1 Überblick

Die Beschäftigung mit Werten hat eine lange Tradition und bleibt trotzdem immer aktuell. Gemeinsame Wertvorstellungen stärken den sozialen Zusammenhalt einer Gesellschaft, und für jeden einzelnen Menschen sind Werte wie ein innerer Kompass, der Orientierung gibt. Insbesondere für die Erziehung von Kindern und das Zusammenleben in Familien sind reflektierte Wertvorstellungen von großer Bedeutung, denn sie berühren die zentralen Fragen: Wie wollen wir zusammen leben? Was wollen wir unseren Kindern mit auf den Weg geben? Wie können wir sie unterstützen, sich im Leben gut zurechtzufinden?

Das Projekt „Wertebildung in Familien" wurde vom Bundesministerium für Familie, Senioren, Frauen und Jugend (BMFSFJ) initiiert und vom Generalsekretariat des Deutschen Roten Kreuzes (DRK) realisiert. „Wertebildung in Familien" entstand aus der Zielsetzung des BMFSFJ, „werteorientierte Erziehung und Erziehungsverantwortung" für Kinder und Familien zu unterstützen. Bereits im Jahr 2006 hatte das BMFSFJ die Initiative für ein „Bündnis für Erziehung" ergriffen, aus dem dann das Projekt „Kinder brauchen Werte – Bündnisinitiative Verantwortung und Erziehung" mit dem Bundesforum Familie als Plattform erwuchs.

„Wertebildung in Familien" war ausdrücklich als Praxisprojekt geplant. Insgesamt hat das BMFSFJ von 2008 bis 2013 drei Projektphasen und bundesweit 15 Projekte zum Thema wertesensibilisierende Praxis der Familienbildung finanziell gefördert. Das DRK eignete sich besonders gut als Projektträger, da es der im Projekt angelegten Vielfalt mit seinen Grundsätzen Menschlichkeit, Unparteilichkeit, Neutralität, Unabhängigkeit, Freiwilligkeit, Einheit und Universalität sowie mit seiner fachlichen Kompetenz einen Rahmen geben konnte. Darüber hinaus blickt das DRK auf eine lange Tradition in der Sozialen Arbeit und in der Bildungsarbeit mit Familien zurück, es verfügt bundesweit über eine Vielzahl von Einrichtungen der Familienbildung und über ein dichtes überregionales Netzwerk von

Kontakten zu Trägern und Wohlfahrtsverbänden sowie zu den relevanten Initiativen, Landesministerien und Gremien der Familienbildung.

Die erste Projektphase begann im Mai 2008 und endete im Juni 2010. Unter dem Titel „Werte erlebbar machen – Wertebildung in Familien“ wurden in diesem Zeitraum erstmals niedrigschwellige Angebote entwickelt, um insbesondere auch bildungsfernere Familien sowie Familien mit Migrationshintergrund zu erreichen. Ziel war es, Familien in ihren wertebildenden Prozessen vor dem Hintergrund ihrer eigenen Werte, anknüpfend an ihre Bedürfnisse und Lebenswelten und mit verschiedensten Angeboten und Methoden zu unterstützen und zu stärken. Sensibilisierung für die Wertethematik in Verbindung mit gezielter Öffentlichkeitsarbeit an den Standorten sowie auf Bundesebene waren weitere strategische Pfeiler, um die Wertethematik noch stärker ins gesellschaftliche Bewusstsein zu bringen.

Die Vielfalt der 15 Projektstandorte – Familienbildungsstätten, Mehrgenerationenhäuser, Familienzentren und Eltern-Kind-Zentren – spiegelt die Fülle relevanter Handlungsfelder von Familienbildung wider. In jedem Bundesland wurde eine Einrichtung nach bestimmten fachlichen Kriterien ausgewählt und bei der Entwicklung von wertesensibilisierenden Angeboten *guter Praxis* begleitet. Die Projektkoordination unterstützte die Standorte mit konzeptioneller Beratung, stellte aber keine engeren Vorgaben, wie das Thema Wertebildung im Rahmen der Familienbildung an den Praxisstandorten umgesetzt werden sollte. Je nach Arbeitsfeld, Zielgruppen und Ressourcen entwickelten diese daher sehr unterschiedliche Konzepte und Angebote – vom Elternkurs bis zum Patenschaftsprogramm, vom Väterwochenende bis zur Waldgruppe.

In der mit eineinhalb Jahren recht kurzen Praxisphase wurde das Projekt auch international präsentiert, so zum Beispiel auf dem Wirtschafts- und Sozialgipfel der Vereinten Nationen am 8. Juli 2009 in Genf und nochmals am 3. Juli 2012 in New York oder bei der Weltfamilienorganisation auf dem World Family Summit WFS +5 vom 4. bis 7. Dezember 2009 in Istanbul. Als Produkt der Pilotphase erarbeitete das projektinterne Gremium „Arbeitskreis Grundlagen der Wertebildung“ eine Handreichung, die wichtige Informationen und Erfahrungen sowie eine Vielzahl von Praxisbeispielen von den Projektstandorten enthält; ebenfalls wurde eine umfangreiche Projektdokumentation veröffentlicht.

Die Evaluation der Pilotphase (2008 – 2010) von Friedrich Lösel und Christine Ott (Universität Erlangen-Nürnberg) kam zu guten Ergebnissen (vgl. Lösel/Ott-Röhn 2013).[1] Insgesamt wurden 89 verschiedene Maßnahmen durchgeführt, die insbesondere Familien mit niedrigem sozialem Status oder Menschen mit Migrationshintergrund erreichten. Die Zufriedenheit der Teilnehmenden mit den Angeboten wurde als hoch eingeschätzt. Mehr als 90 Prozent der Einrichtungen gaben an, ihre Ziele „vollständig" oder „ziemlich" erreicht zu haben. Des Weiteren berichteten auch die Mitarbeiterinnen und Mitarbeiter an den Projektstandorten, dass das Projekt bei ihnen Sensibilisierungs- und Reflexionsprozesse in Bezug auf ihre eigenen Werte ausgelöst habe. Diese Ergebnisse zeigten, dass die im Projekt „Wertebildung in Familien" entwickelten Angebote viele unterschiedliche Menschen erreichten und gut angenommen wurden.

Angesichts der erfolgreichen ersten Projektphase und der gesellschaftlichen Relevanz der Wertethematik bewilligte das BMFSFJ eine zweite Projektphase (2010 – 2011). Unter dem Titel „Wertebildung in Familien: Förderung wertesensibilisierender pädagogischer Praxis in der Bildungsarbeit mit Familien" ging das Projekt am 1. Juli 2010 in die zweite Runde. Sensibilisierung und Qualifizierung, Kooperation und Vernetzung, Konsolidierung und flächendeckender Ausbau sollten in diesem Abschnitt hervorgehoben und intensiver behandelt werden.

Neben der fortzuführenden großflächig angelegten Sensibilisierung, Entwicklung und Weiterentwicklung von Angeboten ging es insbesondere darum, andere Berufsgruppen wie Lehrkräfte sowie Erzieherinnen und Erzieher hinsichtlich des Wertethemas weiter zu professionalisieren: An den Standorten wurden Multiplikatorenschulungen konzipiert und von den Fachleuten des Werteprojekts durchgeführt. In Verbindung mit gezielter Öffentlichkeitsarbeit konnte auf diese Weise sehr effektiv in sozialen und pädagogischen Handlungsfeldern für die Wertethematik sensibilisiert und eine weitere Vernetzung erreicht werden. Das Kompetenzforum Wertebildung bot als neu gegründetes zentrales Gremium den Standorten, der Projektkoordination und der Projektleitung einen Rahmen für den regelmäßigen fachlichen und praxisreflektierenden Austausch.

Ein weiterer thematischer Fokus lag auf den Clustern Interkulturalität, Väterarbeit und Gender in ihren Bezügen zu wertebildenden Prozessen in

Familien. Die Standorte wurden zu Kompetenzzentren ausgebaut und die von ihnen entwickelten wertesensibilisierenden Angebote aufbereitet und zentral auf der Projekthomepage (www.wertebildunginfamilien.de) für andere Praktikerinnen und Praktiker veröffentlicht – Nachahmung ausdrücklich erwünscht! Um nationale und internationale Netzwerke zum Thema Wertebildung weiter auf- und auszubauen, wurde das Projekt auf verschiedenen Fach- und Publikumsveranstaltungen präsentiert. Kooperationen mit Hochschulen sollten die Präsenz der Wertethematik in Forschung und Lehre verstärken.

In der dritten Projektphase (2012 – 2013) wurden die Entwicklung und Weiterentwicklung von zielgruppenspezifischen Angeboten, der Ausbau nationaler und internationaler Netzwerke, die Kooperation mit Hochschulen, die Erweiterung des Angebotsmanuals, die gemeinsame Praxisreflexion im Kompetenzforum Wertebildung sowie die Öffentlichkeitsarbeit auf breiter Ebene insbesondere unter dem Aspekt der Nachhaltigkeit fortgesetzt und intensiviert. Mit der Präsentation auf dem 5. Weltspieltag in Berlin findet das Projekt „Wertebildung in Familien“ seinen offiziellen Abschluss. Hier haben noch einmal mehr als 100 000 Gäste Gelegenheit, die Ergebnisse und Best-Practice-Beispiele aus dem Projekt kennenzulernen.

2 Standorte

Die Projektstandorte wurden nach spezifischen fachlichen Kriterien ausgewählt: Zentrale Auswahlfaktoren waren beispielsweise die Qualität der eingereichten Konzepte, der Nachweis eines expliziten Engagements für die Wertethematik und die Bereitschaft zur Kooperation und Vernetzung innerhalb des Projekts und auch darüber hinaus. Das Auswahlverfahren wurde auf einen Modellprojektstandort je Bundesland begrenzt. Bei der Auswahl wurde auch darauf geachtet, eine ausgewogene Verteilung verschiedener Religionen und Weltanschauungen zu erreichen – so waren zum Beispiel ein katholischer, ein evangelischer und ein muslimischer Träger vertreten. Diversität zeigte sich nicht nur in den Trägern, Religionen und Weltanschauungen, sondern auch in der Palette der Angebote: Familienwochenenden, Eltern- und Großelternkurse, Väterarbeit, Patenschaften, Fortbildungen, Eltern-Kind-Gruppen und vieles andere mehr wurden organisiert. In der Tabelle sind die im Jahr 2008 ausgewählten Standorten mit ihren realisierten Angeboten aufgeführt.

Bundesland	Ort	Projekt und Träger	Projektschwerpunkte mit Wertebezug
Baden-Württemberg	Stuttgart	Städtisches Elternseminar; Jugendamt Landeshauptstadt	• Interkulturelle Arbeit • Migration
Bayern	Weilheim	Mütter- und Familienzentrum Weilheim e. V.	• Mutter-Kind-Kurse • Spielgruppen • Fokus: sozial-emotionale Entwicklung und Familien in benachteiligten Lebenslagen
Berlin	Berlin	KREATIVHAUS e. V. Theaterpädagogisches Zentrum und Kultur- und Begegnungsstätte	• Fort- und Weiterbildungen • Generationsübergreifende Mitspielaktionen • Medienberatung für Eltern
Berlin/ Nordrhein-Westfalen	Berlin/ Aachen	Deutscher Kinderschutzbund; Bundesverband	• Kursprogramm mit einem thematischen Schwerpunkt Werteentwicklung und Stärkung der Erziehungskompetenz von Großeltern
Brandenburg	Guben	Haus der Familie	• Methodenkoffer • Professionalisierung von Fachkräften (Fortbildung) • Deutsch-polnische Zusammenarbeit
Bremen	Bremen	Freundeskreis Haus der Familie e. V. in Bremen Haus der Familie Vegesack Sozialraumkoordination S 1	• Familienleben und Elternrolle • Ehe und Partnerschaft • Benachteiligte Väter und Familien • Alltag mit Kindern • Väterwochenenden
Hamburg	Hamburg	Elternschule Horner Geest	• Eltern-Kind-Kurse für Familien in belasteten Lebenslagen
Hessen	Frankfurt	FamilienGesundheits-Zentrum Neuhofstraße e. V.	• Eltern-Kind-Bindung • Sozial-emotionale Entwicklung • Väterarbeit • Gesundheit
Mecklenburg-Vorpommern	Stralsund, Güstrow, Neustrelitz	Verbundstandort des Deutschen Roten Kreuzes; DRK-Landesverband Mecklenburg-Vorpommern	• EFFEKT-Elterntraining • Beratung • Müttercafé • Geschlechtersensible Arbeit mit Mädchen und Jungen
Niedersachsen	Hannover	Evangelische Erwachsenenbildung Niedersachsen	• Elternbildungsarbeit • Elternkurse • Bindungstheorie • Christliche Rituale • Miteinander der Generationen

Nordrhein-Westfalen	Köln	Begegnungs- und Fortbildungszentrum muslimischer Frauen e. V.	• Familienberatung zu Wertekonflikten • Veranstaltung für Lehrkräfte in Köln zu muslimischen Werten und Mehrheitsgesellschaft
Rheinland-Pfalz	Bitburg	Katholische Familienbildungsstätte Bitburg e. V.	• Arbeit mit jungen Eltern • Fortbildung von Fachkräften zum sozialen und emotionalen Lernen als Grundlage zur Wertebildung
Saarland	Saarbrücken	SIGNAL, Deutsches Rotes Kreuz Landesverband Saarland	• Sprachförderung für Kinder mit Migrationshintergrund und deren Familien
Sachsen	Neustadt	Mehrgenerationenhaus; Arbeiter-Samariter-Bund, OV Neustadt/Sa e. V.	• Wertebildung in der Erziehungsarbeit • KOALI – Kooperationsveranstaltungen mit der Stadtbibliothek Neustadt
Sachsen-Anhalt	Halle	IRIS e. V. – Regenbogenzentrum, Beratungs-, Bildungs- und Begegnungsstätte	• Angebote für Eltern und junge Mütter • Erziehungskompetenz
Schleswig-Holstein	Bad Oldesloe	Mehrgenerationenhaus Familienzentrum OASE e. V.	• Junge Eltern und Werte • Lesungen • Zukunftswerkstatt • Kinderbuchentwicklung
Thüringen	Erfurt	Balu und Du e. V.	• Mentoringprogramm für Kinder, Jugendliche und junge Erwachsene

3 Fazit

Das Projekt „Wertebildung in Familien“ bot aufgrund seiner innovativen Struktur und Thematik Raum für innovative Arbeitsansätze sozialer Praxis, denn es gab vorher noch keine Projekte mit vergleichbarer träger-, weltanschauungs- und religionsübergreifender Struktur.

Das Management eines Projekts dieser Größenordnung erforderte die Betrachtung verschiedenster Einflussfaktoren und Ebenen: Ziele, Dauer, Aufwand, Kosten, Meilensteine und Termine galt es zu definieren und zu koordinieren. Die zentrale Projektleitung und -koordination im Generalsekretariat des DRK in Berlin wählte die 15 Projektstandorte aus, organisierte den Aufbau, den Ablauf und die Verantwortungs- sowie Aufgabenaufteilung im

Projekt. Sie begleitete die bundesweit verteilten Standorte mit konzeptioneller Beratung und führte die in den einzelnen Standorten erbrachten Ergebnisse zu einem Gesamtergebnis des Projekts zusammen. Kontinuierlicher Austausch, Reflexion, Behandlung relevanter fachspezifischer Fragen, aber auch motivierende Maßnahmen förderten diesen Prozess. Eine Plattform für einen fachspezifischen Austausch mit den Standorten im Projekt bot das Kompetenzforum Wertebildung. Hier konnten die Praktikerinnen und Praktiker in regelmäßigen Abständen ihre wertesensibilisierende Praxis gemeinsam reflektieren, fachlichen Input bekommen und auch speziellere Themen im Wertekontext behandeln. Das Projekt „Wertebildung in Familien" war jedoch nicht nur innovativ in Bezug auf seine träger- und weltanschauungsübergreifende Konzeption, sondern auch hinsichtlich seiner Relevanz für die Forschung, denn eine explizit wertesensibilisierende evaluierte Praxis hatte es in dieser Form bisher nicht gegeben (vgl. Lösel/Ott-Röhn 2013).

Gewicht und Relevanz einer expliziten Thematisierung und Fokussierung wertebildender Prozesse in pädagogischen Handlungsfeldern sind bekannt. So wurde Wertevermittlung im länderübergreifenden Lehrplan für Erzieherinnen und Erzieher ausdrücklich zur Querschnittsaufgabe in der Ausbildung gemacht, wobei die Herausforderung durch die Vielfalt von Werten in pluralistischen Gesellschaften auch als Chance für sozialpädagogisches Handeln gewertet wird.[2] Erzieherinnen und Erzieher sollen demnach bereits im Vorfeld eigene sowie verbreitete soziale Wertvorstellungen reflektieren und die entsprechende Vielfalt berücksichtigen. Eine ähnliche Perspektive wurde im Projekt „Wertebildung in Familien" zugrunde gelegt und auch von den Praktikerinnen und Praktikern der Familienbildung verfolgt.

Das Projekt „Wertebildung in Familien" hat einen wichtigen Beitrag dazu geleistet, die Bedeutung der Wertethematik für die pädagogische und soziale Praxis im Fachdiskurs bewusster und bekannter zu machen: auf der Ebene der pädagogischen Praxis durch die Entwicklung wertesensibilisierender Angebote für die Adressatinnen und Adressaten der Familienbildung; durch lokale, bundesweite und internationale Öffentlichkeitsarbeit und Vernetzung sowie durch Ansätze zur wertefokussierten Professionalisierung und Weiterbildung von Praktikerinnen und Praktikern, auch aus anderen Berufsfeldern, einschließlich der Kooperation mit Hochschulen. Nun geht es darum, die Ergebnisse nachhaltig zu sichern und weiter zu verbreiten.

Kurzbiografie

Heribert Rollik

Jahrgang 1954, Studium der Sozialarbeit und Sozialwissenschaften, seit 1981 im Deutschen Roten Kreuz Generalsekretariat zuständig für den Bereich Grundlagen der Familienhilfe; stellvertretender Teamleiter; Leiter Projekte in der Familienhilfe. 1. Vorsitzender der Bundesarbeitsgemeinschaft Familienbildung und Beratung e. V., Präsident des Deutschen Nationalkomitees für nationale und internationale Familienfragen, Mitglied im Vorstand der Weltfamilienorganisation, Sprecher der Arbeitsgemeinschaft Schuldnerberatung der Verbände (bis Ende 2011), Mitglied in verschiedenen Beiräten des Bundesministeriums für Familie, Senioren, Frauen und Jugend (BMFSFJ) zu Themen der Familienpolitik und Familienbildung. Leitung des verbändeübergreifenden bundesweiten Projekts „Wertebildung in Familien" in Zusammenarbeit mit dem BMFSFJ (2008 bis 2013), Leiter des bundesweiten Projekts „Bildungspatenschaften in der Familienbildung unter besonderer Berücksichtigung von Menschen mit Migrationshintergrund" in Kooperation mit dem BMFSFJ (2011 bis 2014). Veröffentlichungen sowie nationale und internationale Fachvorträge zu den Themen Familienpolitik und Familienbildung. 2009 Award der Weltfamilienorganisation für Verdienste um die Familien in Deutschland.

rollikh@drk.de

Anmerkungen

1 Zu den detaillierten Evaluationsergebnissen vgl. Lösel/Ott-Röhn 2013 sowie Lösel/Ott (2010).

2 Vgl. Länderübergreifender Lehrplan für Erzieherin/Erzieher. Entwurf, Stand: 01.07.2012, S. 5. http://www.boefae.de/wp-content/uploads/2012/11/laenderuebergr-Lehrplan-Endversion.pdf (10.04.2013).

Literatur

Lösel, Friedrich/Ott, Christine (2010): Evaluation des Projektes „Wertebildung in Familien". Abschlussbericht. http://www.wertebildungin-familien.de/tl_files/fotos/Dokumente/Projektdokumentation%20Phase%20I/Abschlussbericht_Evaluation.pdf (01.04.2013).

Lösel, Friedrich/Ott-Röhn, Christine (2013): Evaluation des Projekts „Wertebildung in Familien": Ergebnisse der Pilotphase. Im vorliegenden Band, S. 62–77.

Evaluation des Projekts „Wertebildung in Familien“: Ergebnisse der Pilotphase

Friedrich Lösel, Christine Ott-Röhn

1 Einleitung

Im Rahmen des Projekts „Wertebildung in Familien“ des Bundesfamilienministeriums wurde der Lehrstuhl Psychologie I der Universität Erlangen-Nürnberg mit der wissenschaftlichen Evaluation der Pilotphase betraut. Mit diesem Auftrag betraten wir insofern Neuland, als es hierzulande zwar zahlreiche Publikationen über Werte und deren Struktur, Funktion, Entwicklung und Erziehung gibt (zum Beispiel Edelstein/Oser/Schuster 2001; Giesecke 2005; Klages/Gensicke 2006; Mokrosch/Regenbogen 2009; Schmuck/Kruse 2005; Standop 2005; Stein 2008), aber kaum kontrollierte Evaluationen von Maßnahmen zur Wertevermittlung.

Der Evaluationsauftrag erforderte einen flexiblen methodischen Ansatz, da für die einzelnen Bundesländer recht unterschiedliche Praxisprogramme ausgewählt worden waren. Auch durch andere Rahmenbedingungen war die Bandbreite der möglichen Designs zur Wirkungsevaluation eingeschränkt, zum Beispiel war kein echt experimenteller Versuchsplan mit einer Kontrollgruppe möglich (vgl. Lösel 2007). Die an der Pilotphase teilnehmenden Institutionen führten an 17 Standorten ein breites Spektrum von Maßnahmen zum Thema Wertebildung durch (dazu Rollik 2013). Manche Standorte hatten eigene Konzepte entwickelt, andere griffen auf vorhandene Familienbildungsprogramme zurück oder adaptierten sie hinsichtlich der Wertethematik. Entsprechend dem jeweiligen Arbeitskontext an den Standorten reichten die Maßnahmen von Erziehungskursen für die Eltern über Beratungsangebote und offene Treffs für Familien bis zu Angeboten für Mitarbeiterinnen und Mitarbeiter der Einrichtungen. Gemeinsames Ziel der Praxisprojekte war es, die Beschäftigung mit Werten in Familien zu fördern und zu einer gesellschaftlich wünschenswerten Wertebildung beizutragen.

Um der Vielfalt der Projektmaßnahmen gerecht zu werden, entwickelten wir ein differenziertes Evaluationskonzept, das qualitative und quantitative Methoden sowie Prozess- und Wirkungsevaluationen umfasste. Wir wählten drei unterschiedliche Evaluationsstrategien: Im Rahmen der *generellen Evaluation* wurden alle Projektstandorte zu Beginn und zum Ende der Praxisphase mittels Fragebögen schriftlich befragt. Während zum ersten Messzeitpunkt insbesondere Merkmale der geplanten Maßnahmen und der Zielpopulation erfasst wurden, gaben die Projektstandorte zum zweiten Messzeitpunkt Auskunft über die Teilnehmenden, die Implementierung und die subjektiv eingeschätzte Wirksamkeit der von ihnen durchgeführten Maßnahmen. Die *spezielle Evaluation* richtete sich an die Mitarbeiterinnen und Mitarbeiter sechs ausgewählter Projektstandorte. Mit diesen wurden jeweils zu Beginn und zum Ende der Praxisphase Gruppendiskussionen durchgeführt. Da etliche Standorte besser vergleichbare, strukturierte Kurse (zum Beispiel Elterntrainings) durchführten, wurde hier eine *Kursevaluation* vorgenommen. Wir befragten die Teilnehmenden zu ihrer Zufriedenheit mit dem jeweiligen Angebot und nahmen – soweit möglich – auch eine Wirkungsevaluation nach Abschluss des jeweiligen Kurses vor (zum Beispiel Prä-Post-Vergleiche von Wertvorstellungen, Erziehungszielen und Erziehungsverhalten).

Die Evaluationserhebungen begleiteten die gesamte Pilotphase des Projekts und erstreckten sich über knapp eineinhalb Jahre. Im Rahmen einer Veranstaltung zur Zwischenbilanz, die im November 2009 stattfand, erhielten die Vertreterinnen und Vertreter der Projektstandorte Rückmeldung über die bis dahin vorliegenden Ergebnisse. Die Präsentation der Endergebnisse auf der Abschlussveranstaltung im Mai 2010 rundete die wissenschaftliche Begleitung des Projekts ab. Im Folgenden werden in knapper Form das Evaluationskonzept, ausgewählte Ergebnisse sowie Probleme und Perspektiven dargestellt. Nähere Informationen zu unserer Forschung und zu Theorien der Entwicklung und Vermittlung von Werten finden sich im Projektbericht (Lösel/Ott 2010). Über weitere qualitative Analysen berichtet Erbes (2013).

2 Generelle Evaluation

In der generellen Evaluation verwendeten wir selbst konzipierte Fragebögen. Teilweise wurde dabei auf Verfahren aus unserer repräsentativen Bestandsaufnahme zur Elternbildung in Deutschland zurückgegriffen (Lösel et al. 2006). Der Fragebogen des Prätests wurde Ende Februar 2009 an die Leiterinnen und Leiter der 17 Projektstandorte in 15 Bundesländern versandt. Erfragt wurden darin unter anderem Merkmale der Zielpopulation sowie Merkmale der Maßnahmen selbst. Die Art der Maßnahmen wurde anhand der Bewerbungsschreiben der Einrichtungen folgendermaßen klassifiziert:

- Kurse für Eltern und Kinder: Erziehungskurse wie MALIBU, EFFEKT oder SAFE
- Beratungsangebote: verschiedene Formen der Elternberatung
- Gruppen/Treffs: offen und geschlossen
- Patenschaftsprogramme: Betreuung von Familien bzw. Kindern durch Mentorinnen und Mentoren
- Einzelaktivitäten/-aktionen: Einmalige Maßnahmen, die nicht zum Standardangebot der Einrichtung gehörten; zum Beispiel Ausflug, Erlebnistag, Fest oder Workshop
- Angebote für Mitarbeiterinnen und Mitarbeiter der Einrichtung: Fortbildungen, Workshops und Supervision
- Sonstige Maßnahmen: Restkategorie, zum Beispiel Kurs nur für Kinder oder Großeltern

Für jede dieser Programmarten wurde ein eigener Fragebogen entwickelt, sodass neben allgemeinen Angaben auch maßnahmenspezifische Aspekte erfragt werden konnten. Nach Durchführung der Maßnahmen Ende Januar 2010 wurden dann verschiedene Einzelfragebögen an die Leiterinnen und Leiter der Projektstandorte verschickt. Anhand der Angaben, die die Projektstandorte im Prätest zu den geplanten Maßnahmen gemacht hatten, erhielten sie nun die entsprechende Zahl der jeweiligen Einzelfragebögen. Zum Beispiel versandten wir an eine Einrichtung, die einen Kurs, zwei Gruppen/Treffs und drei Einzelaktionen durchführen wollte, zum zweiten Messzeitpunkt einmal den Fragebogen „Kurs“, zweimal den Fragebogen „Gruppe/Treff“ sowie dreimal den Fragebogen „Einzelaktivitäten/-aktionen“. Für jede durchgeführte Maßnahme wurden jeweils gesondert die erreichten Teilnehmerinnen und Teilnehmer, die Implementierung und die subjektiv eingeschätzte Wirksamkeit erfasst.

Die Ergebnisse der generellen Evaluation zeigen, dass im Rahmen der Pilotphase insgesamt 89 Maßnahmen mit dem Ziel der Wertebildung durchgeführt wurden. Damit gab es rund ein Drittel mehr Maßnahmen als zum ersten Messzeitpunkt geplant. Bei den umgesetzten Maßnahmen handelte es sich am häufigsten um Einzelaktionen, gefolgt von Gruppen/Treffs, Kursen und Angeboten für Mitarbeiterinnen und Mitarbeiter. Vor allem Einzelaktionen fanden öfter statt als ursprünglich vorgesehen. Durch die Maßnahmen wurden insgesamt fast 5000 Personen erreicht. Zwar hatte die Mehrheit der Projektstandorte (72 Prozent) vor Beginn der Praxisphase angegeben, mit ihren Maßnahmen die gesamte Kernfamilie ansprechen zu wollen, doch wurden überwiegend einzelne Familienmitglieder erreicht. Häufig handelte es sich dabei um Mütter (69 Prozent der Maßnahmen) oder Kinder bzw. Jugendliche (53 Prozent der Maßnahmen). Väter konnten in knapp 40 Prozent der Maßnahmen einbezogen werden. Wie zum ersten Messzeitpunkt geplant, war die Mehrzahl der Angebote niedrigschwellig angelegt und erreichte auch sozial benachteiligte Personen. Zwar trauten sich viele Standorte keine exakte Einschätzung des sozialen Status der erreichten Zielgruppe zu, doch ergab sich bei den gemachten Angaben, dass an 76 Prozent der Maßnahmen auch Menschen mit niedrigem Einkommen sowie arbeitslose und ungelernte Personen teilnahmen. Zwischen den verschiedenen Arten von Maßnahmen gab es in dieser Hinsicht kaum Unterschiede. Sozial benachteiligte Menschen waren sowohl in Kursen und Beratungsangeboten als auch in Gruppen und Treffs in gleichem Maße vertreten. Das vor der Praxisphase von den Einrichtungen formulierte Ziel, durch die Hälfte der Maßnahmen auch Personen mit Migrationshintergrund erreichen zu wollen, wurde übertroffen. Bei 64 Prozent der Maßnahmen gab es solche Teilnehmenden. Einzelaktionen hatten mit 79 Prozent in dieser Hinsicht einen besonders hohen Wert. Knapp zwei Drittel (63 Prozent) der Teilnehmenden waren besonderen Belastungen ausgesetzt (zum Beispiel Alleinerziehung, finanziellen Belastungen oder psychosozialen Probleme). Auch hier deutete sich an, dass die Projektstandorte ihr zum ersten Messzeitpunkt formuliertes Ziel erreichten. Zum zweiten Messzeitpunkt wurde angegeben, dass bei über 90 Prozent der Maßnahmen die anvisierte Zielpopulation „voll“ oder „ziemlich“ erreicht wurde.

Die Umsetzung der Projektmaßnahmen verlief nach den Angaben der Standorte weitgehend planmäßig und erfolgreich. Nennenswerte Durchführungsprobleme wurden nur bei einem Prozent der Maßnahmen berichtet. Auch waren nach Einschätzung der Projektstandorte die Teilnehmenden aller Maßnahmen mit dem von ihnen besuchten Angebot „ziemlich“ oder „sehr“ zufrieden, wobei der Anteil von Maßnahmen mit sehr zufriedenen Teilnehmerinnen und Teilnehmern sogar die Mehrheit bildete (62 Prozent). Am höchsten wurde die Zufriedenheit bei den Einzelaktionen eingeschätzt (75 Prozent), doch auch die Besucherinnen und Besucher von Kursen, Beratungsangeboten und Gruppen bzw. Treffs wurden in über der Hälfte der Fälle als sehr zufrieden beurteilt.

Der gesamte zeitliche Aufwand für die Durchführung einer einzelnen Maßnahme (inklusive Vor- und Nachbereitung) lag im Mittel bei elf Arbeitstagen. Im Durchschnitt wurden pro Maßnahme knapp 1800 Euro aufgewendet. In die Planung und Umsetzung einer Maßnahme waren im Schnitt vier Mitarbeiter involviert, wobei für die eigentliche Leitung der Maßnahme im Mittel zwei Mitarbeiter abgestellt werden mussten. Der zeitliche Aufwand war bei den Einzelaktionen deutlich kürzer (7 Tage) als bei den Beratungsangeboten (19 Tage). Hinsichtlich des finanziellen und personellen Aufwands erforderten die Einzelaktionen die meisten Ressourcen. Sie kosteten durchschnittlich 3146 Euro und involvierten im Mittel sieben Mitarbeiterinnen und Mitarbeiter. Ein besonders günstiges Profil hinsichtlich Zeit, Kosten und Personal wiesen die Kursangebote auf.

Die Wirksamkeit der Projektmaßnahmen wurde von den Einrichtungen insgesamt positiv beurteilt. Aus ihrer Sicht profitierten 60 Prozent der Teilnehmerinnen und Teilnehmer in großem und 37 Prozent in durchschnittlichem Maße. Am besten schnitten aus der Sicht der Projektstandorte die Gruppen und Treffs sowie die Angebote für die eigenen Mitarbeiterinnen und Mitarbeiter ab (jeweils über 70 Prozent der Teilnehmenden profitierten stark). Darüber hinaus wurde angegeben, dass man in fast allen Projektmaßnahmen (94 Prozent) die gesetzten Ziele „vollständig“ oder „ziemlich“

erreichte. Zu den wichtigsten Zielen, die in der ersten Erhebung genannt wurden, zählten die Anregung der Teilnehmerinnen und Teilnehmer zur Reflexion eigener Wertvorstellungen, ein Dialog über Werte und die Auseinandersetzung mit den Werten anderer. Nur bei einem Prozent der Maßnahmen wurde angegeben, dass solche Ziele „eher nicht" erreicht wurden. Keine Einrichtung war der Meinung, ihre Ziele „gar nicht" erreicht zu haben. Im Hinblick auf die Zielerreichung bestanden zwischen den verschiedenen Maßnahmen kaum Unterschiede. Bei Kursen, Beratungsangeboten, Gruppen/Treffs, Patenschaftsprogrammen, Einzelaktionen und Angeboten für Mitarbeiterinnen und Mitarbeiter wurde jeweils eine vollständige oder eine ziemliche Zielerreichung von rund 90 Prozent angegeben.

Zu Beginn der Praxisphase berichteten die Einrichtungen auch darüber, welche Werte sie durch das Projekt fördern wollten. Zum zweiten Messzeitpunkt wurde genannt, welche Werte die Einrichtungen aus ihrer Sicht de facto fördern konnten. Die Rangreihen beider Erhebungen waren recht ähnlich. So wollten die meisten Einrichtungen zu Beginn der Praxisphase „Achtung, Respekt und Wertschätzung" fördern, und auch am Ende der Praxisphase wurden diese Wertvorstellungen am häufigsten genannt. Ebenso verhielt es sich mit den Werten „Toleranz und Offenheit" sowie „soziales Miteinander", die zu beiden Messzeitpunkten die Plätze zwei und drei der Rangreihe belegten. Jeweils zum zweiten Messzeitpunkt seltener genannte Werte waren Verantwortung, Solidarität, Unabhängigkeit, Ehrlichkeit, Vertrauen und gewaltfreie Erziehung.

Insgesamt fielen die Ergebnisse der generellen Evaluation recht positiv aus. Sie legen nahe, dass sich die Projektmaßnahmen planmäßig und erfolgreich durchführen ließen und auch Personen aus sozial benachteiligten Schichten sowie Menschen mit Migrationshintergrund erreichten. Welche Art von Maßnahme man nach den Angaben der Standorte als besonders erfolgreich ansehen kann, hängt von den jeweiligen Bewertungskriterien ab. So scheint beispielsweise aus ökonomischer Sicht die Durchführung von Kursen, die relativ wenig Zeit, Kosten und Personal erfordern und auch in der Wirksamkeit Erfolg versprechen, sinnvoll zu sein. Geht es hingegen darum, Menschen mit Migrationshintergrund zu erreichen, bieten besonders niedrigschwellige Angebote wie Einzelaktionen Vorteile.

Allerdings ist anzumerken, dass die oben genannten Ergebnisse ausschließlich auf den Angaben der beteiligten Projektstandorte beruhen. In solche Selbsteinschätzungen fließen üblicherweise auch Tendenzen der sozialen Erwünschtheit, der positiven Darstellung der eigenen Institution oder Ungenauigkeiten der Erinnerung ein.

3 Spezielle Evaluation

Die spezielle Evaluation bestand aus einer vertieften qualitativen Untersuchung von sechs Einrichtungen mit unterschiedlichem Arbeitsschwerpunkt und geografischem Standort. Es handelte sich dabei um das Städtische Elternseminar in Stuttgart (Baden-Württemberg), das Mehrgenerationenhaus „Haus der Familie e. V.“ in Guben (Brandenburg), das FamilienGesundheitsZentrum (ehemals FrauenGesundheitsZentrum) in Frankfurt (Hessen), die Katholische Familienbildungsstätte Bitburg e. V. (Rheinland-Pfalz), das Mehrgenerationenhaus OASE in Bad Oldesloe (Schleswig-Holstein) sowie die Pädagogische Werkstatt „Globales Lernen“ Gera e. V. (Thüringen). Zu Beginn und am Ende der Praxisphase der Projekte wurden mit den Mitarbeiterinnen und Mitarbeitern dieser Einrichtungen Gruppendiskussionen durchgeführt. Pro Standort beteiligten sich im Mittel sechs Mitarbeiterinnen und Mitarbeitern. Die Gruppendiskussion sollte vor allem die informelle Gruppenmeinung erfassen, also den Konsens über ein Thema, der durch die wechselseitige Beeinflussung der einzelnen Teilnehmerinnen und Teilnehmer entsteht. Dabei diskutieren die Teilnehmenden ausgehend von einem Grundreiz (der Einstiegsfrage) frei, also weitgehend ohne Einmischung der Forschenden, zu einem vorgegebenen Thema. Ziel war es herauszufinden, ob und wie sich durch das Projekt der Umgang der Mitarbeiterinnen und Mitarbeiter mit dem Thema „Werte“ in ihrer Arbeit verändert hat.

Zu Beginn der Praxisphase des Projekts wurde die Diskussionsrunde mit der Frage eröffnet, wie die Teilnehmerinnen und Teilnehmer „auf dieses Thema [Wertebildung] gestoßen sind, wie alles [die Projektbeteiligung] seinen Anfang genommen hat“. Am Ende der Praxisphase wurden die Teilnehmenden gefragt, „wie sie die Umsetzung des Werteprojekts durch ihre Einrichtung rückblickend beurteilen, was ihnen gut gelungen ist, was weniger gut, welche Strategien sich aus ihrer Sicht als effektiv erwiesen haben, welche als weniger effektiv". Ausgewertet wurden die Gruppendiskussionen mittels der dokumentarischen Methode nach Nohl (2006), wobei auf die Bildung sinngenetischer und soziogenetischer Typen verzichtet wurde. Die Gruppendiskussionen des ersten Messzeitpunktes fanden von Februar bis Mai 2009 statt, die des zweiten Messzeitpunktes im März und April 2010. Alle Gruppendiskussionen wurden in den Räumlichkeiten der jeweiligen Einrichtung durchgeführt.

Die Auswertung der Gruppendiskussionen vor dem Start der Praxisphase zeigte, dass an den Standorten recht unterschiedliche Vorstellungen darüber vorherrschten, wie wertebildende Prozesse in Familien unterstützt werden können. Während manche Einrichtungen eher eine direkte Vermittlung von Werten im Sinn hatten, wollten andere Standorte solche Prozesse in erster Linie durch eine Anregung zur Reflexion individueller Werthaltungen fördern. Bei unserem Versuch, die unterschiedlichen Ansätze zu kategorisieren, ergab sich ein Kontinuum mit den Polen „Werteerziehung" und „Wertesensibilisierung". Einrichtungen, deren Ansatz näher am Pol „Werteerziehung" lag, verstanden unter Wertebildung in erster Linie die Übermittlung traditioneller prosozialer Werte, wobei keine eindeutige Abgrenzung zu sozialen Normen und sogenannten Sekundärtugenden gegeben war. Methodisch stützten sich diese Einrichtungen vorwiegend auf lernpsychologische Strategien wie Verstärkung und Lernen am Modell. Einrichtungen, die eher dem Pol „Wertesensibilisierung" zuzuordnen waren, verbanden mit dem Projekt weniger eine inhaltliche Wertevermittlung als eine Bewusstmachung von Werten durch Reflexion und Interaktion. Sofern überhaupt bestimmte Werte in den Vordergrund gestellt werden sollten, handelte es sich selten um verhaltensnahe Konzepte (wie Hilfsbereitschaft und Rücksichtnahme), sondern mehr um abstrakte Kategorien wie Demokratie oder Toleranz. Auch die Methoden, mit denen diese Einrichtungen eine Wertesensibilisierung erreichen wollten (zum Beispiel durch Austausch über Werte), waren weniger konkret und ließen mehr Raum für eine zielgruppenspezifische Ausgestaltung.

Bei der Frage, wie diese Unterschiede zustande gekommen sein könnten, muss natürlich die unterschiedliche Klientel der Standorte berücksichtigt werden. Während sich die Einrichtung, die sich am nächsten am Pol „Werteerziehung" befand, in der Gruppendiskussion in erster Linie auf ihre Arbeit mit Vorschul- und Grundschulkindern bezog, war die Einrichtung, die am nächsten am Pol „Wertesensibilisierung“ angesiedelt war, ausschließlich in der Erwachsenenbildung tätig. Es ist deshalb zu folgern, dass der Begriff Wertebildung je nach Alter der Zielgruppe auf unterschiedliche Weise mit Leben gefüllt wurde. Dies ist auch insofern sinnvoll, als Kinder aufgrund ihres kognitiven Entwicklungsstandes noch nicht in der Lage sind, abstrakte Wertorientierungen zu verstehen und Selbstbindungsprozesse zu vollziehen. Modellpersonen bzw. Vorbilder, mit denen sich die Kinder identifizieren, haben maßgeblichen Einfluss darauf, ob sie sich „wertekonform“ bzw. meistens prosozial verhalten. Lernpsychologische Strategien versprechen daher hier den größten Erfolg. Erwachsene haben dagegen oft einen Prozess der Selbstbindung an Werte, der mit der Adoleszenz beginnt, durchlaufen und die internalisierten Werte steuern nun mehr oder weniger bewusst ihr Verhalten. Um mit einer erwachsenen Klientel am Thema Wertebildung zu arbeiten, ist es deshalb notwendig, dass die teilnehmenden Personen ein Bewusstsein dafür entwickeln, an welchen impliziten Werthaltungen sie ihr Handeln ausrichten. Erst in einem zweiten Schritt kann dann an etwaigen Veränderungen gearbeitet werden.

Trotz dieser Differenzierungen zeigte die Auswertung der Gruppendiskussionen, dass sich zum zweiten Messzeitpunkt alle Projektstandorte stärker dem Pol „Wertesensibilisierung“ annäherten. Offenbar war es im Verlauf der Praxisphase bei den Mitarbeiterinnen und Mitarbeitern zu Veränderungen im Verständnis von Wertebildung gekommen. Diese waren vermutlich teilweise den Erfahrungen mit den eigenen Wertebildungsansätzen zuzuschreiben. Die geringsten Veränderungen fanden sich bei der Einrichtung, die bereits zum ersten Messzeitpunkt am nächsten am Pol „Wertesensibilisierung“ gelegen hatte. Hier sahen sich die Mitarbeiterinnen und Mitarbeiter der Einrichtung, die ihren Schwerpunkt auf die Reflexion von Werten gelegt hatten, in ihrem geplanten Vorgehen weitgehend bestätigt. An Standorten, die sich vornehmlich auf eine inhaltliche Wertevermittlung konzentriert hatten, war vermutlich während der Projektphase die Erkenntnis gereift, dass dieser Ansatz zu eng sein kann. Dazu dürften nicht nur die praktischen Erfahrungen, sondern auch die Diskussionen mit den Vertreterinnen und Vertretern anderer Standorte bei den Projekttreffen beigetragen haben. Die Erkenntnisse, die die Standorte in der Praxisphase des Projekts sammelten, decken sich mit den eingangs genannten Publikationen, die auf eine begrenzte Effektivität inhaltlicher Wertevermittlung hinweisen.

Weitere wichtige Erkenntnisse, die die Mitarbeiterinnen und Mitarbeiter im Verlauf des Projekts sammeln konnten, bezogen sich auf bestimmte Merkmale erfolgreicher Angebote. Unabhängig vom jeweiligen Arbeitskontext der Einrichtungen wurde hier übereinstimmend die Wichtigkeit der Reflexion eigener Werte durch die Mitarbeiterinnen und Mitarbeiter genannt. Daneben wurden häufig die Kontinuität der Angebote sowie die gegenseitige Wertschätzung und Akzeptanz der Teilnehmenden betont. Auch machten fast alle Projektstandorte die Erfahrung, dass Angebote, die den Begriff Werte oder Wertebildung im Titel trugen, mitunter auf wenig Resonanz stießen und zu abstrakt blieben. Stattdessen erwies es sich als praktikabel, das Thema in lebensnahe Bezüge einzubetten, indem etwa Beispiele aus dem Alltag der Teilnehmenden aufgegriffen wurden. Einige Standorte kamen sogar zu dem Schluss, dass es „keiner speziellen Werteangebote" bedürfe, sondern es vielmehr darum gehe, das Thema im Rahmen bestehender Angebote aufzugreifen. Darin deutet sich indirekt an, dass es doch sinnvoll erscheint, konkrete, für das Alltagsverhalten relevante inhaltliche Werte zu behandeln.

Auch bei den Befunden zur speziellen Evaluation ist eine methodische Anmerkung erforderlich: Gruppendiskussionen sind ein wichtiges qualitatives Erhebungsverfahren, das durch subjektive Einschätzungen und gruppendynamische Prozesse beeinflusst wird. Wir haben aber eine weitgehend objektivierte und standardisierte Auswertung vorgenommen, sodass die Ergebnisse stichhaltig sein dürften.

4 Kursevaluation

In der Kursevaluation wurden die Teilnehmerinnen und Teilnehmer verschiedener Kursangebote mittels Fragebögen befragt. Es erfolgte einerseits eine Prozessevaluation, bei der es insbesondere um die Implementierung und Akzeptanz der Kursangebote ging. Andererseits führten wir eine Wirkungsevaluation durch, in der mögliche Veränderungen in den Werthaltungen, den Erziehungszielen und dem Erziehungsverhalten der Kursteilnehmerinnen und -teilnehmer untersucht wurden. Für die Wirkungsevaluation konnten insgesamt 40 Personen gewonnen werden, die sich auf die Programme EFFEKT (n = 10), KINDER BRAUCHEN WERTE (n = 7), MALIBU (n = 13) und SAFE (n = 10) verteilten. Die große Mehrheit der Befragten war weiblich (85 Prozent), und das Durchschnittsalter lag bei 34 Jahren. Im Schnitt hatten die Eltern zwei Kinder in einem mittleren Alter von drei Jahren. An der Prozessevaluation beteiligten sich zusätzlich 48 Teilnehmerinnen und Teilnehmer aus dem FamilienGesundheitsZentrum, für die der Fragebogen der Wirkungsevaluation aufgrund des Alters der Kinder wenig geeignet schien. Insgesamt konnte somit eine Gesamtstichprobe von 88 Personen zur Implementierung und Akzeptanz der Kursangebote befragt werden. Auch die Mehrheit dieser Gruppe war weiblich (77 Prozent), und das mittlere Alter lag erneut bei 34 Jahren.

Für die Prozessevaluation wurde ein Fragebogen von Hacker (2007) in einer leicht modifizierten Fassung eingesetzt. Die Wirkungsevaluation stützte sich auf die Angaben der Teilnehmerinnen und Teilnehmer zu Beginn und zum Ende des jeweiligen Kurses in drei Fragebögen zu eigenen Wertvorstellungen, zu Erziehungszielen und zum Erziehungsverhalten. Es handelte sich um die Werteskala von Hermann (2003), um einen Untertest aus dem Familiendiagnostischen Testsystem (Schneewind/Beckmann/Hecht-Jackl 1985) sowie um eine Kurzversion unserer deutschen Adaptation des Alabama Parenting Questionnaire (Shelton/Frick/Wootton 1996).

Die statistische Auswertung der Prozessevaluation deutete auf eine erfolgreiche Implementierung der untersuchten Kursangebote hin. Die überwältigende Mehrheit (99 Prozent) der befragten Teilnehmerinnen und Teilnehmer gab an, mit dem jeweiligen Kurs zufrieden oder sogar sehr zufrieden zu sein. Insbesondere die Kursleitung und die Kursorganisation wurden positiv bewertet. Den Alltagsbezug der Kursinhalte stuften die Befragten als etwas weniger günstig ein, doch gaben auch hier noch über drei Viertel (79 Prozent) an, die Inhalte als hilfreich oder sehr hilfreich für die Bewältigung ihres Alltags zu erleben. Die Effekte der Kursteilnahme auf ihr Verhalten beurteilte etwa ein Drittel (34 Prozent) als deutlich, die Mehrheit (52 Prozent) war jedoch der Ansicht, dass der Kurs ihr Verhalten nur manchmal unmittelbar beeinflusse. Die Erwartungen, die sie an den jeweiligen Kurs geknüpft hatten, sahen über drei Viertel (81 Prozent) als weitgehend oder vollständig erfüllt an. Als deutlicher Indikator für eine gelungene Implementierung und hohe Akzeptanz der Kursangebote konnte der Befund gewertet werden, dass alle Befragten den besuchten Kurs weiterempfehlen würden.

Die Wirkungsevaluation betraf Unterschiede zwischen der Beantwortung der Fragebögen zu Werthaltungen, Erziehungszielen und Erziehungsverhalten vor und nach den Kursen. Da es sich um eine kleine Stichprobe und eine Pilotuntersuchung handelte, wurde als Signifikanzniveau für die statistischen Tests $p < .10$ gewählt. Die Prä-Post-Vergleiche zeigten einige erwünschte Veränderungen. So wurden „soziale Hilfsbereitschaft" und „Kreativität" signifikant mehr betont als vorher, während der Wert „Härte" als weniger wichtig beurteilt wurde. Neben „traditionellen" Werten wie „Freundschaft" gewannen im Verlauf der Kurse auch „moderne" Werte wie „Toleranz" und „Umweltbewusstsein" tendenziell an Gewicht. Ein „gutes Gewissen" und „Konformismus" verloren hingegen tendenziell an Bedeutung. Wie die weitgehend unveränderten Rangreihen wichtiger und unwichtiger Werte zu Beginn und zum Ende der Kurse anzeigten, blieb das Kerngefüge der von den Teilnehmenden vertretenen Werte über die Zeit erhalten. So rangierten sowohl vor als auch nach den Kursen „Familie", „Partnerschaft" und „Freundschaft" auf den obersten Rängen. Diese Stabilität spricht für die Validität der verwendeten Messinstrumente, da sich solche langjährig gewachsenen Werthaltungen nicht durch eine kurze Intervention verändern sollten.

Die beobachtete zunehmende Relevanz einer prosozialen Orientierung schlug sich auch in den Erziehungszielen nieder: „Kameradschaftlichkeit" wurde im Verlauf der Kurse als Erziehungsziel signifikant bedeutsamer. Daneben gewann auch „Selbstständigkeit" tendenziell an Bedeutung. Die Prä-Post-Messungen zum Erziehungsverhalten zeigten eine signifikante Abnahme ungünstiger Erziehungspraktiken. Die Eltern berichteten nach dem Kurs von weniger körperlicher Disziplinierung ihrer Kinder, während die Beobachtung und moderate Kontrolle des kindlichen Verhaltens zunahm. Positive Erziehung und elterliches Engagement waren schon vor Kursbeginn stark ausgeprägt, sodass sich hier keine signifikanten Veränderungen ergaben. Insgesamt deutete sich an, dass die Kurse in die Richtung eines autoritativen (nicht autoritären) Erziehungsstils wirkten, der durch positive Zuwendung und adäquate Grenzen/Kontrolle gekennzeichnet ist (vgl. Baumrind 1989).

In der Wirkungsevaluation deuteten sich auch Unterschiede zwischen den untersuchten Kursangeboten an. So hatten beispielsweise EFFEKT und

SAFE relativ günstige Auswirkungen auf das Erziehungs*verhalten* der Kursteilnehmerinnen und -teilnehmer, während sich die Teilnahme an MALIBU mehr in Veränderungen der Erziehungs*ziele* niederschlug. Diese Unterschiede sollten aufgrund der kleinen Stichproben aber nicht verallgemeinert werden.

Aus methodischer Sicht stellte die Wirkungsevaluation den objektivsten Teil unserer Projektevaluation dar. Die Stichproben waren aber klein, die Befragten wurden durch die Kursleitungen ausgewählt und einige Kursstandorte beteiligten sich nicht an der Evaluation. Dies kann zu einer positiven Selektion beigetragen haben, sodass die Ergebnisse nicht verallgemeinert werden sollten.

5 Folgerungen und Perspektiven

Die Evaluation der Pilotphase des Projekts „Wertebildung in Familien" erbrachte insgesamt positive Befunde, und zwar sowohl hinsichtlich der Reichweite und Akzeptanz als auch der wahrscheinlichen Zielerreichung. Dies bietet unseres Erachtens nützliche Anknüpfungspunkte für die weitere Praxis der Wertevermittlung. Unsere Evaluationsmöglichkeiten waren allerdings wegen der vielfältigen Programme und Standorte sowie der finanziellen und organisatorischen Rahmenbedingungen begrenzt. Zum Beispiel konnte kein echt experimentelles Kontrollgruppendesign zur Wirkungsevaluation durchgeführt werden. Dies ist freilich nicht spezifisch für unsere Studie, sondern in den meisten Feldern der Programmevaluation der Fall. Statt auf einen oft nicht realisierbaren optimalen Ansatz zu warten, ist es jedenfalls besser, überhaupt systematisch Daten zur Prozess- und Wirkungsevaluation zu erheben (vgl. Bannenberg et al. 2013). Dass in der Pilotphase des Projekts eine Evaluation stattfand, ist deshalb positiv zu bewerten. In der Familienbildung und in verwandten Feldern existieren nämlich zahlreiche Programme, über deren Wirkung nichts ausgesagt werden kann (Lösel/Runkel [in Druck]).

Durch eine methodisch flexible Vorgehensweise konnte in unserer Evaluation ein breites Spektrum an Befunden herausgearbeitet werden (zu Details siehe Lösel/Ott 2010). Die Ergebnisse sollten dazu genutzt werden, Maßnahmen zur Wertevermittlung schrittweise weiterzuentwickeln. Dabei ist es hilfreich, praxisorientierte Leitlinien zur Evaluation zu berücksichtigen (vgl. Bannenberg et al. 2013). Seitens der Forschung sollte man vermehrt jene zahlreichen Faktoren untersuchen, die neben dem Inhalt von Programmen für ihre Wirkung bedeutsam sind (vgl. Lösel 2012). Mit einer einzelnen Evaluationsstudie ist es im Bereich psychosozialer Interventionen keinesfalls getan. Erforderlich sind längerfristige Strategien, die kumulative Erkenntnisse erbringen, die bei den üblichen kurzzeitigen Modellprojekten nicht möglich sind.

Kurzbiografien

Prof. Dr. Dr. h. c. Friedrich Lösel

Honorary Research Fellow am Institute of Criminology der University of Cambridge (Großbritannien), 2005 bis 2012 Direktor dieses Instituts. Professor emeritus für Psychologie am Institut für Psychologie der Friedrich-Alexander-Universität Erlangen-Nürnberg, Institutsvorstand von 1987 bis 2011. Davor Tätigkeiten an den Universitäten Bielefeld, Erlangen und Bamberg sowie in den DFG-Sonderforschungsbereichen „Prävention und Intervention im Kindes- und Jugendalter" und „Sozialisation und Kommunikation". Forschung unter anderem über Risiko- und Schutzfaktoren in der kindlichen Entwicklung, Delinquenz und Gewalt, Resilienz, Straftäterbehandlung, Persönlichkeitsstörungen und frühe Prävention in der Familie. Veröffentlichung von rund 350 Aufsätzen und 20 Büchern. Mitglied unter anderem in der Anti-Gewaltkommission der Bundesregierung, Präsident der European Association of Psychology and Law (EAPL), Präsident der Kriminologischen Gesellschaft und Mitglied der Expertengruppe der Bundeskanzlerin zum Dialog über Deutschlands Zukunft. Fellow der Academy of Experimental Criminology und Mitglied des Correctional Services Advisory and Accreditation Panel of England and Wales. Ausgezeichnet mit dem Lifetime Award der EAPL, dem Thorsten Sellin & Sheldon and Eleanor Glueck Award der American Society of Criminology (ASC), dem Jerry Lee Award der ASC, dem Deutschen Psychologie Preis und dem Stockholm Prize in Criminology.
fal23@cam.ac.uk; friedrich.loesel@psy.phil.uni-erlangen.de

Christine Ott-Röhn

Geboren 1980 in Nürnberg, 2003 bis 2008 Diplomstudium der Psychologie an der Friedrich-Alexander-Universität Erlangen-Nürnberg, 2009 bis 2013 wissenschaftliche Mitarbeiterin am Institut für Psychologie, Lehrstuhl für Klinische Psychologie und Psychotherapie (Prof. Dr. Dr. h. c. Friedrich Lösel). Seit 2009 Ausbildung zur Psychologischen Psychotherapeutin (Verhaltenstherapie) am Institut für Verhaltenstherapie, Verhaltensmedizin und Sexuologie Nürnberg, seit 2013 Psychologin am Klinikum Nürnberg, Klinik für Psychosomatische Medizin und Psychotherapie, psychosomatischer Konsiliar- und Liaisondienst.

sek-loesel@phil.uni-erlangen.de

Literatur

Bannenberg, Britta et al. (2013): Entwicklungsförderung und Gewaltprävention für junge Menschen. Impulse des DFK-Sachverständigenrates für die Auswahl & Durchführung wirksamer Programme. Ein Leitfaden für die Praxis. Bonn.

Baumrind, Diana (1989): Rearing competent children. In: Damon, William (Hrsg.), Child Development Today and Tomorrow. San Francisco, CA, S. 349–378.

Edelstein, Wolfgang/Oser, Fritz/Schuster, Peter (Hrsg.) (2001): Moralische Erziehung in der Schule. Entwicklungspsychologie und pädagogische Praxis. Weinheim.

Erbes, Annegret (2013): „Ich bin meine Didaktik" – Handlungstheoretische Ansätze einer wertesensibilisierenden pädagogischen Praxis in der Familienbildung. Im vorliegenden Band, S. 78-104.

Giesecke, Hermann (2005): Wie lernt man Werte? Grundlagen der Sozialerziehung. Weinheim.

Hacker, Stefanie (2007): Implementation und Evaluation eines sozial-kognitiven Kompetenztrainings für Kinder im Grundschulalter. Dissertation. Friedrich-Alexander-Universität Erlangen-Nürnberg.

Hermann, Dieter (2003): Werte und Kriminalität. Konzeptionen einer allgemeinen Kriminalitätstheorie. Wiesbaden.

Klages, Helmut/Gensicke, Thomas (2006): Wertesynthese – funktional oder dysfunktional? In: Kölner Zeitschrift für Soziologie und Sozialpsychologie, 58, S. 332–351.

Lösel, Friedrich (2007): Doing evaluation in criminology: Balancing scientific and practical demands. In: King, Roy D./Wincup, Emma (Hrsg.), Doing research on crime and justice. Oxford, S. 141–170.

Lösel, Friedrich (2012): Entwicklungsbezogene Prävention von Gewalt und Kriminalität: Ansätze und Wirkungen. In: Forensische Psychiatrie, Psychologie und Kriminologie, 6 (2), S. 71–84.

Lösel, Friedrich/Ott, Christine (2010): Evaluation des Projektes „Wertebildung in Familien". Abschlussbericht an das Bundesfamilienministerium. Erlangen: Institut für Psychologie der Universität Erlangen-Nürnberg.

Lösel, Friedrich/Runkel, Daniela (in Druck): Prävention von kindlichen Verhaltensproblemen in Familien: Ergebnisse und Schwierigkeiten der Evaluation. In: Lepperhoff, Julia/Correll, Lena (Hrsg.), Bildungsbegleitung von Familien durch die Eltern und Familienbildung. Weinheim.

Lösel, Friedrich et al. (2006): Bestandsaufnahme und Evaluation der Elternbildung. Berlin.

Mokrosch, Reinhold/Regenbogen, Arnim (Hrsg.) (2009): Werte-Erziehung und Schule. Ein Handbuch für Unterrichtende. Göttingen.

Nohl, Arnd-Michael (2006): Interview und dokumentarische Methode. Anleitungen für die Forschungspraxis. Wiesbaden.

Rollik, Heribert (2013): Das Projekt „Wertebildung in Familien" (2008 – 2013). Im vorliegenden Band,, S. 53–61.

Schmuck, Peter/Kruse, Andreas (2005): Entwicklung von Werthaltungen und Lebenszielen. In: Asendorpf, Jens B. (Hrsg.), Soziale, emotionale und Persönlichkeitsentwicklung. Göttingen, S. 191–285.

Schneewind, Klaus A./Beckmann, Michael/Hecht-Jackl, Antonia (1985): Das Familiendiagnostische Testsystem (FDTS). Universität München, Institut für Psychologie.

Shelton, Karen K./Frick, Paul J./Wootton, Jane (1996): Assessment of Parenting Practices in Families of Elementary School-Age Children. In: Journal of Clinical Child Psychology, 25 (3), S. 317–329.

Standop, Jutta (2005): Werte-Erziehung. Einführung in die wichtigsten Konzepte der Werteerziehung. Weinheim.

Stein, Margit (2008): Wie können wir Kindern Werte vermitteln? Werteerziehung in Familie und Schule. München.

„Ich bin meine Didaktik" – Handlungstheoretische Ansätze einer wertesensibilisierenden pädagogischen Praxis in der Familienbildung

Annegret Erbes

Ziel dieses Beitrags ist es, die Ergebnisse aus dem Projekt „Wertebildung in Familien" (vgl. Rollik 2013)[1] und aus der Projektevaluation (Lösel/Ott 2010; Lösel/Ott-Röhn 2013), Erkenntnisse aus dem Fachdiskurs sowie aus sechs leitfadengestützten Experteninterviews[2] zusammenzufassen und in einem handlungstheoretischen Modell wertesensibilisierender pädagogischer Praxis theoretisch zu verdichten. Es wird ein Weg aufgezeigt, wie Einrichtungen der Familienbildung – und andere Organisationen und Einrichtungen natürlich auch – sich explizit auf Wertesensibilisierung ausrichten und entsprechende Angebote für die jeweiligen Adressatinnen und Adressaten konzipieren und umsetzen können. Als Grundlage sollen einige Besonderheiten skizziert werden, die sich aus der Wertethematik für die pädagogische Praxis ergeben.

1 Werte – Wertebildung – Familienbildung

1.1 Werte und Wertebildung im Kontext von Familien

Werte sind die Basis, an der sich Individuen und Gesellschaften ausrichten. Es existieren vielfältige begriffliche Definitionen und Ansätze, die im Folgenden nicht einzeln diskutiert werden können (vgl. die Beiträge in diesem Band). Als erste begriffliche Annäherung kann gesagt werden, dass Werte für das stehen „was richtig und gut ist". Basale gemeinsam geteilte Werte sind die Grundlage für das Zusammenleben in Gesellschaften und Gemeinschaften. Ein Bewusstsein darüber und über weitere jeweils subjektive Wertepräferenzen ermöglicht es jedem einzelnen Menschen, sich zu orientieren, Entscheidungen zu treffen, das eigene Verhalten und das von anderen zu beurteilen und Situationen einzuschätzen (Stein 2008, 19). Ohne auf die unterschiedlichen Modelle, die die Werteforschung hervorgebracht hat, genauer einzugehen (vgl. etwa Gollan 2013; Rokeach 1973; Inglehart 1977; 1998; Hillmann 1989;

Klages 1984; 2002; Klages/Gensicke 1999), kann grob wie folgt differenziert werden: Der Wertebegriff hat gleichermaßen auf der Gemeinschafts- wie auf der Individualebene Funktionen. Er umfasst sowohl festgeschriebene und für alle Menschen verbindliche Grundwerte, die das Zusammenleben in Gesellschaften und Gemeinschaften regeln, als auch subjektive Wertepräferenzen von Individuen. Werte haben damit einerseits eine regulierende, gleichzeitig jedoch auch eine motivierende Funktion. Die Werte, an die wir uns gebunden haben, bewegen uns dazu, in einer bestimmten Weise zu denken und zu empfinden, und wir fühlen uns gut, wenn wir selbstkongruent leben und handeln können. Allerdings bedeuten bestehende Werthaltungen noch nicht automatisch, dass Menschen konsequent danach handeln. Werte sind abstrakt und müssen individuell gedeutet und auf Situationen bezogen werden. So wird es beispielsweise wahrscheinlich wenig Differenzen darüber geben, dass wir mutiges und verantwortungsvolles Handeln richtig finden und anderen Meinungen gegenüber tolerant sein wollen. Aber was bedeutet das in der konkreten Situation für uns und wie handeln wir entsprechend?[3] Über die Werte, die für alle Menschen und damit auch für uns selbst gültig und verbindlich sind, und über das, was uns persönlich in unserem Leben, im familiären Zusammenleben und in der Erziehung von Kindern wichtig ist, sollten wir uns sicher sein, und wir sollten für uns klären, was unsere abstrakten Werte in konkreten Situationen für jede und jeden von uns bedeuten – mit anderen Worten: Werte müssen reflektiert werden.

Eltern fragen sich, wie sie ihre Kinder dabei unterstützen können, gemeinschaftsfähige und selbstständige Menschen zu werden und ihre eigene Persönlichkeit zu entfalten. Eine sich immer schneller verändernde Gesellschaft und steigende Anforderungen an alle, auch an Eltern und die Erziehung, verunsichern jedoch. Viele Eltern brauchen Unterstützung in Fragen zur Erziehung – und dabei geht es letztlich immer auch um Werte, denn Werte sind die Grundlage von Erziehung und Bildung. Nach Gudjons (1995, 175–179) werden aus Grundwerten Normen abgeleitet und aus Normen Erziehungsziele. Diese analytische Betrachtungsweise macht den Stellenwert von Werten als basale Kategorie transparent. Werte zu reflektieren, heißt damit, sich auf wenige, aber auf die wesentlichen Dinge zu konzentrieren und daraus Handlungsorientierung im Alltag und insbesondere auch in Krisensituationen ableiten zu können. Es ist für jede Person sinnvoll, darüber nachzudenken, was ihr wichtig ist. In Fragen von Erziehung und Zusammenleben in Familien hat die Reflexion über Werte darüber hinaus jedoch noch zusätzliche Bedeutung, denn in der Erziehung geht es vor allen anderen Dingen um Wertefragen. Die Reflexion der eigenen Wertebasis kann Eltern somit dabei unterstützen, sich in der Elternsituation zu orientieren und bewusst zu machen, was sie an ihre Kinder weitergeben, welche Werte sie also transferieren möchten.

Familien sind neben anderen Institutionen oder Akteuren wie Schulen und Peers der Ort, an dem hauptsächlich Werte an Kinder transferiert werden (vgl. insbesondere Stein 2013; Schubarth 2013; Standop 2013). Wie lernen Kinder Werte? Die verschiedenen existierenden Modelle orientieren sich an unterschiedlichen Grundannahmen (vgl. zum Beispiel Piaget 1932; Kohlberg 1996; Bandura 1978; Bowlby 2010). Allgemein lässt sich sagen: Kinder reflektieren, was sie erleben.

> Kinder selbst sind aktive Konstrukteure ihrer Wertestrukturen. Sie setzen sich mit elterlichen Werten auseinander, gleichen diese mit eigenen Erfahrungen und gesellschaftlichen Gegenentwürfen ab, verwerfen oder akzeptieren verschiedene Werteoptionen und transformieren sie, bevor sie in die eigene Motivationsstruktur überführt werden. (Stein 2008, 38)

Kinder haben natürlich auch Einfluss auf die Werthaltungen ihrer Eltern – Wertetransmission ist ein bidirektionaler Prozess, der insbesondere von Faktoren wie Alter des Kindes, Qualität der Bindung und Erziehungsstil beeinflusst wird. Wie Kinder sich Werte aneignen, an welche Werte sie sich binden, kann also von außen angeregt, aber nicht direkt gesteuert werden, sondern hängt wesentlich davon ab, was sie wahrnehmen und erleben und wie sie dies in ihren inneren Prozessen verarbeiten. Der Begriff *Wertebildung* ist daher dem Begriff *Werteerziehung* vorzuziehen, da er beispielsweise herausstellt, dass Wertetransmission

- „unter Bezugnahme auf einen emanzipatorischen, erweiterten Bildungsbegriff ein zentraler Teil von Bildung“ ist;
- sich in Interaktion, Erleben und Reflexion prozesshaft vollzieht;
- der Aktivität von Individuen bedarf. (Schubarth 2010, 28)

Der Prozess der Wertebildung bei Kindern ist neben den von Eltern und Familien intendierten Erlebnissen und Erfahrungen wesentlich davon abhängig, was Kinder auch über die Familie hinaus erleben. „Wertebildung hat deshalb immer auch kritisch zu hinterfragen, in welcher Gesellschaft wir leben, welche Werte gelten bzw. miteinander konkurrieren und in welcher Gesellschaft wir künftig leben wollen." (ebd., 29)

Gemeinschaften brauchen eine gemeinsame und darüber hinaus Individuen ihre eigene Wertebasis. Die Reflexion von Werten auf der Individualebene ersetzt jedoch nicht die Schaffung der entsprechenden, an den gleichen Werten ausgerichteten Strukturen auf gesellschaftlicher Ebene, sondern beides gehört zusammen. Familie als wichtigster Ort der Wertetransmission steht damit besonders im Fokus. Somit lag es nahe, ein Projekt zu initiieren, das den Themenkomplex Familien und Werte zum expliziten Gegenstand macht: „Wertebildung in Familien".

1.2 Werte und Wertebildung im Kontext von Familienbildung

Hauptziel des Projekts „Wertebildung in Familien" war es, Prozesse der Wertebildung und Wertetransmission zwischen Eltern und Kindern zu unterstützen. Zu diesem Zweck richtete sich der Schwerpunkt in erster Linie auf die Sensibilisierung von Eltern für die Bedeutung von Werten in der Erziehung und im familiären Zusammenleben. Dies beinhaltete Wertereflexion und Stärkung von Wertekompetenz, Erziehungs- und Elternkompetenz, das Wissen darüber, wie Werte in Familien transferiert werden, sowie die Stärkung allgemeiner prosozialer Werte. Wertetransmission steht in engem Zusammenhang mit der Qualität der Eltern-Kind-Beziehung und Erziehungsstilen; ein autoritativer Erziehungsstil hat sich am meisten bewährt (vgl. Stein 2013). Da die Stärkung der Elternkompetenz und der Eltern-Kind-Beziehung in Verbindung mit der Reflexion von Werten die besten Voraussetzungen für familiale Wertetransmission darstellt, kam diesem Aspekt im Projekt ein besonderer Stellenwert zu.

Die Differenzierung der Begriffe *wertesensibel* und *wertesensibilisierend* erwies sich im Verlauf des Projekts als wesentlich: Eine eigene wertesensible Grundhaltung und ein professionelles Wertebewusstsein der Fachkräfte ist die Voraussetzung für eine explizit *wertesensibilisierende* Praxis in der Arbeit mit Adressatinnen und Adressaten der Familienbildung.

Familienbildung ist ein präventives Angebot der Jugendhilfe und möchte in erster Linie Eltern in ihrer Eltern- und Erziehungskompetenz unterstützen (vgl. insbesondere Stein 2013, Schubarth 2013, Standop 2013). In pluralen Gesellschaften wird Wertevielfalt gelebt – innerhalb bestimmter Grenzen existieren also viele unterschiedliche Werte nebeneinander. Familienbildung kann Familien unterschiedlicher Herkünfte und Weltanschauungen in ihren wertebildenden Prozessen unterstützen (Deutsches Rotes Kreuz Generalsekretariat 2010). Im verbändeübergreifenden Projekt „Wertebildung in Familien" wurde daher angestrebt, die Vielfalt von Werten, die Vielfalt von Familienformen und nicht zuletzt die Vielfalt von Ansätzen in der Familienbildung ausdrücklich anzuerkennen und abzubilden, um lebensweltorientierte und ressourcenorientierte, niedrigschwellige Angebote wertesensibilisierender Familienbildung zu entwickeln.

Was macht die Wertethematik zu einer besonders komplexen Herausforderung? Zunächst ist der Themenkomplex sehr groß und aufgrund der definitorischen Probleme und der begrifflichen Abstraktheit wenig konkret: Was grenzt einen Wert zu einer Norm oder einem Erziehungsziel ab? Wie kann eine Annäherung an das Thema stattfinden? Welche abstrakten und konkreten Ziele sollen mit den Angeboten für die Adressatinnen und Adressaten der Familienbildung erreicht werden, und wie lässt sich das praktisch realisieren?

Im Projekt „Wertebildung in Familien" zeigte sich, dass der Wertebegriff bei den Adressatinnen und Adressaten der Familienbildung nicht immer positive Resonanz erzeugte (vgl. auch Lösel/Ott 2010, 97). Dies könnte darin begründet sein, dass mit dem Begriff häufig vorwiegend traditionelle Pflicht- und Akzeptanzwerte verbunden werden, obwohl es im Projekt in erster Linie um prosoziale Werte und Werte im Kontext des Zusammenlebens und erzieherischen Handelns ging.

Die zentrale Herausforderung beim Fokus auf die Wertethematik in Angeboten der Familienbildung besteht allerdings in folgender Setzung: Wenn wir Werte als basale Kategorie begreifen, also nicht als ein weiteres Segment oder Handlungsfeld pädagogischer Arbeit, sondern als Basis jeglichen pädagogischen Handelns, gehen wir – zumindest gedanklich – auf eine tiefere Ebene: Denn zunächst sind Werte sozusagen immer in pädagogischem Handeln implizit enthalten bzw. begründen es – also ist jedes pädagogische Handeln immer gleichzeitig auch ein wertebezogenes Handeln. Eine explizit wertesensibilisierende pädagogische Praxis möchte jedoch über diese ohnehin existierenden Wertebezüge in der professionellen pädagogischen und sozialen Arbeit hinausgehen: Der Zusammenhang von Werten und Erziehung sowie die Bedeutung von Werten für das praktische Erziehungshandeln im Alltag sollen explizit gemacht und in den Vordergrund gerückt werden. Ziel ist es, bei Adressatinnen und Adressaten das Bewusstsein für Werte in ihrer sozialen und individuellen Bedeutung insbesondere für die Erziehung und das Bewusstsein für ihre eigene Wertekompetenz zu wecken, zu fördern bzw. zu stärken. Es geht darum, Strategien zu entwickeln, um etwas Implizites explizit zu machen und das wertebezogene Profil der jeweiligen Familienbildungseinrichtung zu schärfen. Die Praxisakteure im Projekt „Wertebildung in Familien" machten sich zu diesem Zweck zunächst explizit ihre eigenen Werte (erneut) bewusst und entwickelten daraufhin entsprechende Angebote der Familienbildung, die insbesondere auf Lebenswelt und Alltag der Adressatinnen und Adressaten ausgerichtet waren. Werte sollten schwerpunktmäßig in besonderer Weise erlebbar und erfahrbar gemacht werden, damit sie sich sozusagen selbst vermittelten, einen belehrenden Zugang lehnten die Einrichtungen jedoch ab. Stattdessen knüpften sie an die Lebenswelt und die Werte der Adressatinnen und Adressaten sowie an ihre jeweils eigenen institutionellen Ressourcen und Ausrichtungen an.

Die folgenden fünf Merkmale prägten zusammen das Profil des Projekts „Wertebildung in Familien":

- Auf eine einheitliche Definition von Werten oder Wertebildung wurde zugunsten gemeinsamer Reflexionen verzichtet.
- Die pädagogischen Fachkräfte und Einrichtungen reflektierten ihre Werte.
- Werte sollten in wertesensibilisierenden Angeboten in besonderer Weise erlebbar und reflektierbar gemacht werden.
- Werte wurden in den Einrichtungen in besonderer Weise gelebt.
- Der Wertebegriff wurde professionell genutzt.

In psychosozialen Arbeitsfeldern scheint die Überzeugtheit vom eigenen professionellen Tun in besonderem Maße die Grundlage für erfolgreiches berufliches Handeln zu sein. „[Ü]berzeugend bin ich nur, wenn ich selbst überzeugt bin und damit [...] auch einen Automatismus habe. [...] Ich bin meine Didaktik“, heißt es entsprechend in Interview 4. Diese Kernaussage trifft auch auf die Fokussierung des Wertethemas zu und bildet die Basis für alle weiteren Schritte, die im Folgenden entwickelt werden.

2 Die drei Säulen der Wertesensibilisierung in Einrichtungen

Möchten Institutionen, zum Beispiel Einrichtungen der Familienbildung, das Thema Werte in ihrer Arbeit explizit machen, können sie an den drei Säulen der Wertesensibilisierung ansetzen:

1. Werte reflektieren
2. Wertesensibilisierende Angebote für Adressatinnen und Adressaten konzipieren und umsetzen
3. Werte in der ganzen Einrichtung leben

Auf der Basis der grundsätzlichen Überzeugung vom eigenen beruflichen Handeln können innerhalb von Einrichtungen, hier von Einrichtungen der Familienbildung, über die im Folgenden gezeigten drei Säulen Wertorientierungen explizit gemacht werden. Im nächsten logischen Schritt geht es dann um die Bedeutung von Werten in Kooperationen.

2.1 Wertereflexion in der Einrichtung

Die Beschäftigung mit dem Thema Werte und die Umsetzung in professionelle pädagogische Arbeit setzt die Reflexion der eigenen Werte voraus. Nur auf einem reflektierten Wertefundament kann wertesensibilisierende pädagogische Praxis entwickelt werden – so die Überzeugung der Praxisstandorte. Die Reflexion von Werten – auch wenn dafür häufig andere Begriffe genutzt werden – gehört zur professionellen pädagogischen Arbeit. Fragen wie „Für was stehen wir?“, „Welches Menschenbild vertreten wir?“, „Wie gehen wir mit unseren Adressatinnen und Adressaten um?“ sind Voraussetzung für Identifikations- und auch Abgrenzungsprozesse gegenüber anderen Einrichtungen. Wertereflexion setzt bewusste, partizipativ und nachhaltig gestaltete regelmäßige Prozesse in den Einrichtungen voraus und erfordert entsprechende zeitliche und finanzielle Ressourcen, die in der Praxis jedoch nicht immer im erforderlichen Umfang gegeben sind. Die Standorte des Projekts „Wertebildung in Familien" hatten sich in der Regel bereits mit ihren Werthaltungen auseinandergesetzt, dabei jedoch nicht immer offensiv mit dem Wertebegriff gearbeitet. Zu Beginn des Projekts ging es nun darum, an den jeweiligen Standorten auf Teamebene bewusst eine gemeinsame Wertebasis zu schaffen und explizit zu machen. Hausethiken, Leitbilder und Überzeugungen wurden erneut auf Aktualität, Vollständigkeit und Identifikationspotenzial überprüft, um sich ausdrücklich auf gemeinsame Werte beziehen und diese in Angebote für Adressatinnen und Adressaten übersetzen zu können.

> Das leben wir eigentlich schon. Das ist für uns klar, aber wie transportieren wir es jetzt weiter? (Interview 2)

> Wir haben Respekt vor allen Menschen. Und das ist die Basis für alles, was wir hier miteinander tun. (Interview 4)

Im Folgenden soll anhand der Ergebnisse der Interviews genauer nachvollzogen werden, wie entsprechende Reflexionsprozesse in der Praxis verliefen und welche Ansätze oder Werkzeuge dafür eingesetzt wurden.

Alle interviewten Personen der Familienbildung berichteten, dass die Reflexion gleichermaßen auf Individual- wie auch auf Teamebene vollzogen wurde. Methodische Ansätze hierzu waren beispielsweise Biografiearbeit, Zukunftswerkstätten, Teamfortbildungen, Diskussionen mit Vorständen und Trägern sowie immer wieder Ratings und Rankings von Werten.

> Im Prinzip ist es so, dass wir eigentlich unsere eigenen Werte einmal überprüft haben. Wir sind dann am Anfang des Projekts ja auch als Team eingestiegen und haben gesagt: Wir wollen uns für bestimmte Werte, die uns wichtig sind, stark machen. [...] Wir haben am Anfang schon so eine Art Biografiearbeit gemacht, also haben erst noch mal mit unseren Kollegen darüber geredet: Erinnert ihr euch an eure Kindheit, dass wir einfach mal so angefangen haben: Was gab es da für Werte? Was war gut? (Interview 2)

Im Rahmen der Evaluation wurden die Verantwortlichen an den Projektstandorten unter anderem gefragt, welche Werte sie über das Projekt „Wertebildung in Familien" fördern wollten (Lösel/Ott 2010, 63). In der ersten Befragung wurden am häufigsten Respekt/Achtung/Wertschätzung (14,3 Prozent), Toleranz/Offenheit (10,7 Prozent), soziales Miteinander (8,9 Prozent), Verantwortung (8,9 Prozent), Solidarität (7,1 Prozent), Unabhängigkeit/Autonomie (7,1 Prozent), Ehrlichkeit (7,1 Prozent), Vertrauen (7,1 Prozent) und gewaltfreie Erziehung (5,3 Prozent) genannt (ebd.). Dies deckt sich weitgehend mit den Antworten auf die Frage nach den an den Standorten jeweils am häufigsten vertretenen Wertvorstellungen (ebd., 56) und veränderte sich zum Zeitpunkt der zweiten Befragung kaum (ebd., 78). In den sechs Interviews wurde diese Frage nicht direkt gestellt, im Gesprächsverlauf nannten die Befragten jedoch ähnliche prosoziale Werte.

Die Verständigung auf gemeinsam geteilte abstrakte Werte fiel den Praktikerinnen und Praktikern eher leicht. Schwieriger war dagegen die Interpretation, was diese Werte heruntergebrochen auf die Praxis und auf das Miteinander in der Einrichtung bedeuten. So förderte der Reflexionsprozess auch in bereits langjährig erfolgreich zusammenarbeitenden Teams Gemeinsamkeiten und manchmal auch Differenzen zutage:

> Denn da habe ich schon eben auch gemerkt, innerhalb der ganzen Sachen, die ich jetzt gemacht habe, dass es einfach total unterschiedliche Ansichten zu diesem Wertewort wie Toleranz, Akzeptanz, sonst was gibt. [...] Aber, also ich habe halt gemeint – vielleicht war das auch relativ naiv oder ich habe einfach nicht so weit gedacht, dass mit denen, wo ich zusammenarbeite tagtäglich [...] dass wir gleich [...] Also wir haben schon auch gleiche Wertevorstellungen, ja. Aber ich wäre nie auf die Idee gekommen, dass die unter diesem Wert was anders [...] oder irgendwie eine Nuance anders denken würden. (Interview 1)

Fragestellungen, die sich aus diesen Wertereflexionsprozessen ergaben, betreffen auch unmittelbar professionalisierungstheoretische Aspekte: Muss beispielsweise ein Wert, der im privaten Leben für wichtig gehalten wird, im Berufsleben gleichermaßen wichtig sein oder ist nicht die bewusste Differenzierung sogar ein Zeichen von Professionalität? Zwei Narrationen aus den Interviews belegen die unterschiedlichen Überzeugungen:

> Und dass es auch [...] dass meine Einstellung zu Werten und welche Werte ich für wichtig halte, dass die auch im Berufsleben Gültigkeit haben. (Interview 5)

> Wobei ich mir dann am Anfang irgendwie gedacht habe: Irgendwie die Werte, die mir persönlich wichtig sind, sind mir im Normalfall auch im Beruf wichtig. Aber so einfach ist es nicht (lacht), ja? Da gibt's schon noch Unterschiede. (Interview 1)

2.2 Wertesensibilisierende Angebote entwickeln

Möchten Einrichtungen der Familienbildung wertesensibilisierende Angebote entwickeln, sollten sich die Verantwortlichen zuvor über die Vorgehensweise, die Ansatzpunkte und die Ressourcen sowie über mögliche Zugänge und Prinzipien verständigen.

2.2.1 Vorgehensweise klären

Den Praktikerinnen und Praktikern kam es grundlegend darauf an, das von ihnen als wichtig Erachtete konsequent in der gesamten Einrichtung auf jeder Ebene, also innerhalb und außerhalb von Angeboten für Adressatinnen und Adressaten, umzusetzen und vorzuleben.

> Also diese Vorbildfunktion ist für mich das A und O, dass man ein Stückchen vorlebt. (Interview 2)

In der Pilotphase des Projekts unterschieden sich die gewählten Vorgehensweisen von Standort zu Standort. Laut Projektevaluation gab es ein Kontinuum zwischen den Methoden „Werteerziehung/Wertevermittlung" und „Wertesensibilisierung".[4] Erstere sollte über Modell- und Verstärkungslernen Werte direkter – wenn auch nicht über „Belehrung" im Sinne einer Unterrichtung – übertragen. Vor allem Einrichtungen, die mit Kindern zusammenarbeiteten, wählten diese Vorgehensweise (vgl. Lösel/Ott 2010). In einer zweiten Erhebung zeichnete sich eine Veränderung zugunsten des Pols „Wertesensibilisierung" ab (ebd., 99), weil sich der direktere Ansatz der „Wertevermittlung" als wenig erfolgreich erwiesen hatte.

2.2.2 Mögliche Ansatzpunkte auswählen

Zur professionellen Arbeit an der Wertethematik sind unterschiedlichste Herangehensweisen möglich: Das Spektrum reicht von erlebnispädagogischen Angeboten für Väter und Kinder bis zu Elternkursen, in denen es beispielsweise um praktische Fragen zu Erziehung und Elternschaft geht oder auf die Aufbereitung und Weitergabe von Ergebnissen der Entwicklungs- und Sozialisationstheorie rekurriert wird.[5]

2.2.3 Ressourcen der Einrichtung nutzen

Bei der Konzeption von Angeboten ist es ebenfalls wichtig zu schauen, wo und wie bereits an Wertethemen gearbeitet wird – vielleicht ohne dass explizit der Begriff Werte gebraucht wird. Im Projekt „Wertebildung in Familien" wurde deutlich, dass Wertebildung einerseits Gegenstand spezieller Angebote sein kann, gleichzeitig jedoch auch ein Querschnittsthema ist, das in alle Angebote einfließt oder einfließen kann.

> Wir haben viele unserer Kurse umstellt und noch mehr in den Bereich der wertesensibilisierenden Erziehung reingegangen, mehr Gespräche mit den Eltern geführt, *Eltern*-XXX eingeführt. Also wir haben viele der Punkte, die wir früher hatten, sehr viel intensiver betrieben, weil wir jetzt dieses Thema der Werte einfach mehr noch in den Vordergrund gerückt haben. (Interview 2)

> Wertediskussion läuft immer mit, es muss nicht überall explizit Werte draufstehen; mit jedem thematischen Arbeiten, das wir im Haus machen, ist ja dieser Prozess der Wertesensibilisierung verbunden, auch wenn wir es nicht drüberschreiben und sagen: „Wir sprechen heute über Werte" oder so was. Es ist aber jedes Mal im Hintergrund. [...] Und es ist jetzt natürlich mit dem Projekt natürlich noch mal explizit benannt. (Interview 3)

2.2.4 Mögliche Zugänge zum Wertethema

Die sich im Projekt „Wertebildung in Familien" bundesweit höchst unterschiedlich entwickelnde wertesensibilisierende Praxis wurde im Nachhinein grob in sechs Kategorien systematisiert. Sie sind analytisch nicht ganz präzise voneinander abgrenzbar. Das liegt daran, dass den Standorten keine Vorgaben gemacht wurden, welche Angebote sie entwickeln sollten, und sie daher vor dem Hintergrund ihrer jeweiligen Ressourcen, Ideen und

Adressatengruppen unterschiedlichste Ansätze konzipierten. Einige der im Projekt entwickelten Angebote könnten daher auch mehreren Kategorien zugeordnet werden. Dennoch kann die Übersicht helfen, die im Projekt „Wertebildung in Familien" gewählten direkten und indirekten Zugänge zur Wertethematik zu verdeutlichen:

1. Für bestimmte vorab definierte Werte sensibilisieren
2. Werte in einer gänzlich offenen Herangehensweise reflektieren
3. Situative Ansätze/Situationen schaffen und nutzen
4. Angebote/Kurse um ein Wertemodul erweitern
5. Werte als Thema direkt mit den Adressatengruppen thematisieren
6. Eltern-Kind-Beziehung, Eltern- und Erziehungskompetenz stärken

Diese Systematisierung stellt lediglich eine Bestandsaufnahme der Projektergebnisse dar. Selbstverständlich sind auch andere Formen der Systematisierung sowie viele weitere Zugänge zur Wertethematik denkbar.

2.2.5 Prinzipien der Konzeption und Durchführung von wertesensibilisierenden Angeboten der Familienbildung

Nach der ersten Projektphase benannten die Verantwortlichen der Projektstandorte einige Arbeitsprinzipien oder Überzeugungen, die für sie von besonderer Bedeutung für die wertesensibilisierende Arbeit in der Familienbildung sind (vgl. Deutsches Rotes Kreuz Generalsekretariat 2010, 12). Weitere Kriterien für wertesensibilisierende Angebote und Arbeit auf der Prozessebene führen Lösel/Ott (2010, 96–98) und Münchmeier (2010) an. Die von Schubarth (2010, 37) und Speck (2010, 62–63, mit Bezug auf Joas) entwickelten Empfehlungen für gelingende Wertebildung sind kompatibel. Bringt man die unterschiedlichen Quellen zusammen, entsteht ein Muster insbesondere handlungstheoretischer bzw. didaktischer Prinzipien für wertesensibilisierende Angebote:

1. Werte durch das soziale Miteinander innerhalb von Angeboten direkt erfahrbar machen

- Wertschätzung, Vertrauen, Akzeptanz
- Geschlechterdemokratie
- Respekt für Vielfalt
- Niedrigschwelligkeit/Chancengerechtigkeit

2. Prinzipien der Gestaltung und des Aufbaus von wertesensibilisierenden Angeboten
- Erfahrungsorientiertes, ganzheitliches und kooperatives Lernen in Gruppen ermöglichen
- Heterogenität in Gruppen nutzen
- Selbstbildungsprozesse unterstützen
- Emotionale und lebensweltliche Bezüge schaffen
- Prozessorientiert vorgehen
- Bedürfnis- und ressourcenorientiert ansetzen
- Austausch und Reflexion fördern
- Kontinuität ermöglichen
- Aktivierung und Partizipation fördern

3. Anforderungen an die Organisatoren wertesensibilisierender Angebote
- Sie haben ihre eigenen Werte und Haltungen reflektiert und können diese transparent machen und vorleben.
- Sie verfügen über fundiertes Wissen zur Wertethematik.
- Sie sind von ihrem professionellen Handeln überzeugt (Echtheit).

Vereinfachend könnte man also sagen, dass in wertesensibilisierenden Angeboten wesentliche allgemeine Arbeitsprinzipien pädagogischer und sozialer Arbeit, in diesem Fall der Familienbildung, zusätzlich im engeren Sinne auf die Wertethematik bezogen werden.

> Beteiligung ist ganz, ganz wesentlich. Ist ja auch so ein abgenudeltes Wort: Beteiligungsprozesse. Und Beteiligung heißt immer, den zu Beteiligenden auch in seinen anderen Vorstellungen, die nicht unbedingt mit meinen kompatibel sind, sehr ernst zu nehmen. Sonst muss ich über Beteiligung nicht sprechen, kann ich diesen Begriff nicht benutzen. Also das heißt, alle Angebote, die wir hier entwickeln, haben immer auch mit der Wahrnehmung und dann der gemeinsam Ideenentwicklung der Menschen zu tun, die dieses Haus nutzen. (Interview 4)

Das folgende konstruierte Beispiel soll exemplarisch zeigen, wie die im Projekt „Wertebildung in Familien" entwickelten Zugänge zur Wertethematik und die Handlungs- und Gestaltungsprinzipien auf Werteaspekte spezifiziert werden können: Eine Einrichtung konzipiert ein naturpädagogisches Angebot, um insbesondere für Kinder aus sozialen Brennpunkten den Wert von Natur erlebbar zu machen (Zugangskategorie 1 in der Systematisierung in Abschnitt 2.2.4). Wichtig bei der Gestaltung wäre es dann etwa, die Heterogenität der Gruppe bewusst für die Wertethematik zu nutzen, einen gegenseitig wertschätzenden Umgang zu pflegen und die Wünsche und Bedürfnisse der Teilnehmenden zu berücksichtigen. Im Idealfall ist das Angebot sogar gemeinsam mit den Kindern und Familien entwickelt worden. Schließlich muss auch die Person, die das Angebot durchführt, authentisch sein, ein fundiertes Wissen zur Wertethematik besitzen und bereit sein, als Rollenmodell zu fungieren.

Die Arbeitsprinzipien stellen gleichzeitig Qualitätskriterien für wertesensibilisierende Angebote dar, aus denen Indikatoren abgeleitet werden können. Da die meisten Einrichtungen der Familienbildung bereits in Qualitätsentwicklungsprozessen stehen, geht es dabei nicht um die Entwicklung von Qualitätskriterien für Familienbildung im weiteren Sinne, sondern explizit um den Aspekt der Wertesensibilisierung innerhalb der Angebote der Familienbildung. Die genannten Qualitätskriterien müssen also im engeren Sinne auf Wertebildungsaspekte bezogen werden, um im Anschluss anhand der Entwicklung entsprechender Indikatoren entscheiden zu können, ob ein Qualitätskriterium verwirklicht wurde. So lässt sich beispielsweise das Arbeitsprinzip „Heterogenität in Gruppen nutzen" im Kontext der Wertesensibilisierung wie folgt begründen: Mit unterschiedlichen Werthaltungen umzugehen und Unterschiede aushalten zu lernen, gehört zu den wesentlichen sozialen Kompetenzen. Indikatoren sind die bewusst heterogene Zusammensetzung der Gruppe und die Offenlegung und konkrete Nutzung gemeinsamer und unterschiedlicher Werthaltungen der Teilnehmenden.

2.3 Werte in der Einrichtung leben

Alle Akteure des Projekts „Wertebildung in Familien" teilten die Überzeugung, dass Werte insbesondere durch Vorleben erfahrbar gemacht werden, und zwar innerhalb der Angebote, aber auch darüber hinaus im Miteinander in den jeweiligen Einrichtungen (vgl. Abschnitt 2.1). Die für die Konzeption und Durchführung von Angeboten grundlegenden Prinzipien gelten für das Miteinander in Einrichtungen analog. Man kann, so die einhellige Meinung, nicht für etwas sensibilisieren, das man selbst nicht lebt bzw. von dem man selbst nicht überzeugt ist. In den Interviews wurde deutlich, dass dies auch für das Miteinander im Team und für gemeinsam getroffene Entscheidungen eine große Rolle spielt.

> [...] bei Werten fällt mir eben auch ein: Dieses Stückchen Solidarität, solidarisch sein mit den anderen Mitgliedern, Team-Mitgliedern [...] Dass wir untereinander auch ein hohes Maß an Mitempfinden haben [...] Ich denke, das ist auch ein ganz hoher Wert, dass man auch da mal schaut: Ich nehme nicht nur die pflegeleichten Familien, sondern ich nehme die Familien, die eigentlich es nötig haben [...] Ich denke, das ist auch ganz im Sinne dessen, dass wir uns mit bestimmten Werten beschäftigen, ohne eben andere zu vernachlässigen. (Interview 2)

Die Frage, welche Werte den Einrichtungen wichtig waren bzw. sind, wurde durch das Projekt „Wertebildung in Familien" erneut aktualisiert und expliziter gemacht. Intensiviert wurden die Auseinandersetzung mit Werten und die Frage, wie man „es umsetzen" (Interview 2) kann. So berichtete eine befragte Person, dass das Thema Werte zur „Firmenphilosophie" gemacht worden sei und auch in regelmäßigen Teamsitzungen besprochen werde (Interview 2). Alle Narrationen machen deutlich, dass Wertschätzung, Respekt, Solidarität, Glaubwürdigkeit und Echtheit auch im Miteinander der Fachkräfte in den Einrichtungen großen Stellenwert haben – ungeachtet dessen, ob es ehrenamtliche oder fest angestellte Mitarbeiterinnen und Mitarbeiter sind.

Die eigentliche Frage beim Thema Werte scheint weniger zu sein, welche Werte für richtig und wichtig gehalten werden, sondern vielmehr was dies in konkreten Situationen bedeutet – etwa bei Konflikten in Teams: Wie zeigt sich beispielsweise eine „tolerante" Haltung in einer Konfliktsituation im Team und welche Handlungsweise lässt sich daraus ableiten? Die folgende Narration zeigt einen möglichen Lösungsansatz:

> [...] dass ich bei irgendwelchen Gesprächen mit Leuten mir immer wieder klarmache: Du hast da keine Bewertung zu machen, sondern denjenigen einfach so zu sehen, wie er ist. Und wie soll ich das denn sagen? Und wirklich so aus tiefstem Herzen zu versuchen, den zu verstehen. (Interview 1)

Auch am Beispiel von Meinungsverschiedenheiten oder Wertekonflikten mit Eltern, hier im Kontext eines interkulturellen Konflikts dargestellt, tut sich die Frage auf, was Toleranz in der konkreten Situation bedeutet, ob es Toleranzgrenzen gibt und wo sie liegen:

> Die kommen auch aus anderen Kulturen, da gibt es ganz andere Werte – aber auch immer wieder da zu vermitteln, dass es auch ein Wert ist, andere zu tolerieren, aber auch festzustellen: Auch das ist schwer. Man hat dann auch den Wert Toleranz, aber es ist auch schwierig, mal deren Werte dann gleichzusetzen, auch dann nicht ein Urteil zu fällen. (Interview 2)

Im Projekt „Wertebildung in Familien" wurde nicht versucht, einfache Antworten auf komplexe Fragestellungen zu entwickeln. Im Gegenteil, die Komplexität von Wertethematiken wurde immer deutlicher. Das lag nicht nur an der Abstraktheit des Themas und den wenigen gesicherten Erkenntnissen darüber, sondern insbesondere an dem Anspruch, die eigenen Werteüberzeugungen im täglichen professionellen Handeln glaubwürdig zu machen.

3 Weitere Expertenempfehlungen für andere Einrichtungen

Auf die Frage, was die Praktikerinnen und Praktiker aus dem Werteprojekt anderen Einrichtungen empfehlen, die das Thema Werte ebenfalls stärker fokussieren und explizit machen möchten, gab es vielfältige weitere Anregungen. Sie konzentrieren sich auf fünf Felder:

- Eine für den Prozess verantwortliche Person im Team benennen
- Schwerpunkte ermitteln (etwa Team- oder Angebotsentwicklung)
- Wertebildung als Querschnittsthema in der ganzen Einrichtung begreifen und überall einbeziehen
- Kontinuierlich kleine Schritte für wichtig halten
- Das Team motivieren, Werte gemeinsam zu tragen

Im Zentrum der Antworten stand auch hier wieder die Selbstbefragung:

> Mit welchem eigenen kulturellen Hintergrund komme ich? Bin ich auch christlich identifiziert? Welche Werte in meinem eigenen [...] in meiner eigenen Biografie sind mir wichtig geblieben und, und, und. Wo stehe ich politisch? Was [...] wie wichtig ist mir Basisdemokratisches? Das sind alles wesentliche Dinge. Sich das gut noch mal zu vermitteln, darin sehe

ich eine große Chance. Und das ist dann auch ein Potenzial, das ich dann sozusagen ja schon mal mitbringe. Wenn ich mir klargemacht habe: Das ist schon alles sowieso vorhanden, wir können daraus schon schöpfen – dann, glaube ich, ist dieser Schritt in eine stärker wertesensibilisierende Praxis ein ganz kleiner. (Interview 4)

4 Die Bedeutung von Werten und Wertebildung in der Kooperation mit anderen Bildungspartnern

Der Anspruch, Werte erlebbar zu machen, hört nicht an der Schwelle der Einrichtung auf, sondern öffnet den Blick auch für die Frage, welche Bedeutung Werte in Kooperationen mit anderen an wertebildenden Prozessen beteiligten Bildungspartnern haben und wie Wertesensibilisierung als gemeinsame Aufgabe aller Bildungspartner aus Sicht der Familienbildung begriffen und umgesetzt werden kann.

Werte bilden die Basis für Erziehung und Bildung. Die Qualität der Kooperation zwischen den an wertebildenden Prozessen Beteiligten, im Folgenden der Bildungspartner Eltern, Kindertagesstätte, Schule und Familienbildung, ist der grundlegende Faktor für ihr Gelingen. Insbesondere die interinstitutionelle Zusammenarbeit verläuft allerdings nicht immer reibungslos und wird häufig als problematisch wahrgenommen. In den Interviews wurde der Frage nachgegangen, ob die gemeinsame Reflexion von Werten und ein deutlicherer Bezug auf gemeinsam geteilte Werte aller an Bildung und wertebildenden Prozessen Beteiligten sich positiv auf ihre Kooperation auswirken können.[6]

Ausgehend vom Wortstamm *cooperatio* (lat. Mitwirkung) existieren viele verschiedene Definitionen von Kooperation. Schweitzer (1998, 26) operationalisiert sein weites Verständnis von Kooperation anhand folgender Merkmale:

- Kooperation ist eine Handlung von mindestens zwei Parteien, von denen mindestens eine eine Fachperson ist.
- Beide Personen beziehen sich in einem Kontext professioneller Dienstleistung auf dasselbe, aber möglicherweise jeweils anders definierte Problem und wollen ein Ergebnis erzielen, das jedoch wiederum auch unterschiedlich definiert werden kann.

- Die entsprechenden Handlungen können unterschiedlich stark aufeinander abgestimmt erfolgen; dabei müssen die Beteiligten jedoch nicht Kenntnis voneinander nehmen.

Die Zusammenarbeit zwischen Familienbildung, Kindertagesstätte, Schule und Eltern wird hier zunächst in einem sehr weiten Verständnis ebenso als Kooperation bezeichnet wie die Zusammenarbeit der Institutionen untereinander. In den Interviews mit den Personen der Familienbildung wurde weder der Begriff Werte noch der Begriff Kooperation vorab definiert, die Befragten nutzten die Begriffe nach ihrem jeweiligen Verständnis. Die Interviewergebnisse werden im Folgenden dargestellt.

Eltern, Kindertagesstätte, Schule und Familienbildung haben gemeinsame Ziele und sollten daher möglichst gut kooperieren. Aus der Sicht der Familienbildung, die sich qua Aufgabenfeld in erster Linie an die Eltern richtet, wird insbesondere die Kooperation mit Schule und Kindertagesstätte für wichtig gehalten und positiv bewertet. Explizit wie implizit vertraten die Befragten die Ansicht, dass Kooperationen ihren Sinn über den Nutzen für die Adressatinnen und Adressaten entfalten und Vereinbarungen wenig zweckdienlich sind oder sogar uneffektive zusätzliche Arbeitsbelastungen bedeuten, wenn dieser Nutzen nicht gegeben ist. Zusammenarbeit gelingt demnach gut, wenn gemeinsame Interessen, Strategien, Ziele und Werte zusammenkommen. Insbesondere interinstitutionelle Kooperationen brauchen, so äußerten sich die Befragten einstimmig, Rahmenbedingungen und Strukturen, die die Kooperation ermöglichen und unterstützen, und sind stark davon abhängig, ob die beteiligten Personen harmonieren. Nähe und Nutzen scheinen damit die wesentlichen Pfeiler interinstitutioneller Kooperationen zu sein.

Ob interinstitutionelle Kooperationen zwischen Schule, Kindertagesstätte und Familienbildung erfolgreich ist, machen die befragten Fachkräfte von unterschiedlichen strukturellen, personenbezogenen und handlungsfeldbezogenen Aspekten abhängig.

a) Strukturelle Aspekte

Strukturellen Aspekten kommt eine große Bedeutung für gelebte effektive Kooperationen zu. Notwendig sind zunächst ausreichend Zeit, Kontinuität (insbesondere personelle Kontinuität) und genügend finanzielle Mittel. Unterschiedlich ausgeprägte gesellschaftliche Anerkennung und Durchsetzungsfähigkeit der Institutionen kann sich negativ auf die Zusammenarbeit auswirken. Bezogen auf die Akteure Kindertagesstätte, Familienbildung und Schule drückt sich das etwa in der Wertigkeit der Ausbildung, in Bezahlung und Arbeitsplatzsicherheit sowie in Pflicht- kontra Freiwilligkeitscharakter aus und wird zum Teil als Hierarchie erlebt.

b) Personenbezogene Aspekte

Kooperationen sind offenbar immer stark von den beteiligten Personen abhängig. Häufig funktionieren interinstitutionelle Kooperationen gerade dort, wo sich engagierte Akteure zusammenfinden und gemeinsame oder zumindest ähnliche Ziel- und Wertvorstellungen haben – und dies unabhängig von den jeweils beteiligten Institutionen.

c) Handlungsfeldbezogene Aspekte

Die an Bildung und wertebildenden Prozessen beteiligten Institutionen rekurrieren zum Teil auf unterschiedliche professionelle Paradigmen, die jedoch in der Kooperation im Sinne der Adressatinnen und Adressaten zusammengeführt und genutzt werden sollten. Fachliche Wertschätzung und Abgrenzung der Institutionen untereinander scheinen für das Gelingen von Kooperationen wesentlich zu sein. Um wertschätzend, zuständigkeits- und kompetenzanerkennend miteinander umgehen und gegenseitig von der Zusammenarbeit profitieren zu können, müssen die Interessen, Ressourcen, fachlichen Zugänge, Ziele, Strategien und Zuständigkeiten für alle Beteiligten transparent sein.

Als sich selbst am besten erklärend werden Kooperationen erlebt, wenn das Zusammenbringen von Ressourcen, professionellen Zugängen und Zielsetzungen der jeweils anderen Berufs- bzw. Personengruppe so wirken kann, dass es das Erreichen der gemeinsamen Zielsetzung unterstützt. Für alle Beteiligten muss spürbar werden, dass man zusammen weiterkommt als alleine, wie der folgende Interviewauszug anhand des Kooperationspotenzials von Familienbildung, Eltern und Schule illustriert:

> Also ich gehe mal von der Gruppe Eltern aus. Eltern spielen in der Tradition in Schule eine andere Rolle als in der Familienbildung. Wenn wir Schul... Wenn wir Erfolge für Kinder, Lernerfolge uns wünschen, dann heißt es, dass wir voneinander gut profitieren können, weil dieses unterschiedliche Know-how so zusammengeführt werden kann, dass wir zum Beispiel Eltern dahin orientieren, sich mehr als Begleiter auch im schulischen Bereich ihrer Kinder zu empfinden, Lehrer dabei unterstützen können, dass sie Eltern als wesentliche unterstützende Zielgruppe mehr als bisher und anders zulassen – nicht nur die, die sich als Klassensprecher zur Verfügung stellen, sondern jedes einzelne Elternpaar in seinem Bedürfnis, ein erfolgreiches Kind zu haben. Dass viele nicht wissen, wie sie das umsetzen können, mit ihren eigenen negativen Schulerfahrungen gar keine Unterstützer sein können, das ist noch mal eine andere Situation daneben. Aber die Erkenntnis, dass alle Erfolge – und Erfolge heißt ja immer: Wir wollen, dass Menschen sozial verantwortlich, relativ selbstbestimmt und fröhliche Erwachsene werden, erfolgreich im Sinne unseres Staates, unserer Vorstellung von demokratischem Miteinander und so weiter [...] Und eine zeitgemäße Form der Vernetzung zwischen Bildung und Familienbildung – ich bleibe mal jetzt hier bei diesem Bereich – bedeutet, genau an diesen Schnittstellen voneinander zu profitieren. (Interview 4)

Auch der folgende Interviewausschnitt zeigt das Potenzial der Familienbildung, einige der an wertebildenden Prozessen beteiligten Bildungspartner einander näherzubringen, zwischen ihnen zu vermitteln und sie zu vernetzen:

> Ich denke, wir sind auch so ein Stückchen ein Bindeglied, weil wir ja zu anderen Kindertagesstätten einen guten Kontakt haben. Wir haben auch zu Schulen guten Kontakt, zu Grundschulen guten Kontakt, weil wir da auch Angebote machen. Also von daher [...] und zu den Eltern ohnehin. (Interview 2)

Jedoch wurden auch bestehende handlungsfeldbezogene Zuschreibungen und Probleme illustriert, die laut der Befragten zwar durch Transparenz und wechselseitige Anerkennung in der Kooperation vermieden werden sollen, in der Praxis jedoch häufig anzutreffen sind:

> [...] das ist immer die Schwierigkeit, die wir sozusagen als Einrichtung immer haben, bei der Kommunikation, dass wir häufig nicht auf Augenhöhe miteinander kommunizieren konnten, weil die Kindertagesstätten sich immer so als die etwas abgehobene Position sahen, weil: „Ihr habt ja nur Kinder unter drei." Also, nicht? Das ist [...] da wurde uns so ein bisschen die Kompetenz nicht abgestritten, aber ab... es war so ein bisschen fragwürdig, „ah, ob die das überhaupt können?". (Interview 2)

Ebenso hinderlich wirkt es sich auf die interinstitutionelle Zusammenarbeit aus, wenn die Institutionen einander nicht als gleichwertige und gleich wichtige Kooperationspartner anerkennen oder wenn wahrgenommen wird, dass die eigenen grundlegenden Überzeugungen und Ansätze von einer anderen Bildungsinstitution durchkreuzt oder konterkariert werden.

Aus den Interviews geht hervor, dass für alle Arten von Kooperationen folgende Werte allgemein für wichtig gehalten werden:

- Vertrauen
- Offenheit
- Interesse
- Wertschätzung
- Kommunikation auf Augenhöhe
- Ernsthaftigkeit
- Echter Wille zur Kooperation
- Fokussierung der Gemeinsamkeiten statt der Gegensätze
- Transparenz
- Verbindlichkeit
- Freiwilligkeit
- Respekt

Gleiche oder möglichst ähnliche Werte und Ziele der beteiligten Kooperationsakteure erachteten die interviewten Familienbildnerinnen und Familienbildner neben den strukturellen, personen- und handlungsfeldbezogenen Aspekten interinstitutioneller Zusammenarbeit als die beste Voraussetzung für gelingende Kooperationen zwischen den Bildungspartnern Eltern, Kindertagesstätte, Schule und Familienbildung. Es ist nach Ansicht der Interviewten schon nicht immer einfach, dass Eltern und die jeweilige Bildungsinstitution sich auf gemeinsame Wertvorstellungen verständigen. Dies dann zwischen

Eltern und den anderen beteiligten Bildungsinstitutionen zu realisieren, wird als schwierig, wenngleich wünschenswert eingeschätzt:

> [...] und klar wäre es gut, wenn man auch ein gemeinsames Wertebild hätte, aber die Eltern mit den einzelnen Institutionen zusammen ist ja schon immer nicht [...] mal mehr, mal weniger gewünscht und gewollt, aber die Institutionen untereinander auch noch – das ist schon auch [...] Da mahlen die Mühlen langsam. (Interview 2)

Gelingende Kooperationen zeichnen sich dadurch aus, dass die Profile und Zuständigkeiten gut und gegenseitig verlässlich und transparent voneinander abgrenzbar sind, sodass Konkurrenzdenken und Unsicherheiten vermieden bzw. abgebaut und die Potenziale von Schnittstellen hervorgehoben werden können. Grundlage dafür bilden wiederum gemeinsame Ziele und Werte:

> Also die unterschiedlichen Schwerpunkte und damit auch die verschiedenen Profile deutlich zu machen, aber in der Basisorientierung und mit den [...] von den Grundideen her, von der Haltung her und so weiter muss das immer, immer sehr ähnlich bis gleich sein. (Interview 4)

Werte- und Zielkonflikte können demnach über Gespräche und Austausch gelöst werden. Bei Differenzen geht es darum, kreative und praktikable Lösungen zu suchen, um auf einen gemeinsamen Nenner zu kommen.

5 Fazit

Wertetransmission findet schwerpunktmäßig in Familien statt, ihr Gelingen ist wesentlich abhängig von der Qualität der Eltern-Kind-Beziehung und dem Erziehungsstil. Stärkung und Unterstützung familialer Wertetransmission war das Ziel des Projekts „Wertebildung in Familien", es wurden vielfältig unterschiedliche Ansätze einer explizit wertesensibilisierenden Praxis der Familienbildung entwickelt. Zu beachten ist dabei, dass Wertebildung ein selbstaktiver Prozess von Individuen ist, der nicht direkt von außen gesteuert werden kann. Die im Projekt entwickelten Angebote für Eltern und Familien setzten daher einerseits an der Eltern- und Erziehungskompetenz und andererseits am Erlebbarmachen und Vorleben von Werten an, um gleichermaßen sensibilisierende und reflexive Prozesse anzustoßen.

Auch die Fachkräfte gewannen vielfältige Erfahrungen und durchliefen unterschiedlichste Prozesse auf dem Weg zu einer explizit wertesensibilisierenden pädagogischen Praxis. Wenn man den Blick über die einzelne Einrichtung hinaus öffnet und Wertebildung als gemeinsame Aufgabe aller an wertebildenden Prozessen beteiligten Bildungspartner versteht, folgt daraus die Frage, welche Rolle Werte in Kooperationen spielen und wie Kooperationen verbessert werden können. Insgesamt ergeben sich folgende fünf miteinander in Verbindung stehende Cluster, die abschließend als handlungstheoretisches Modell dargestellt werden:

1. Überzeugen durch Überzeugtsein – „Ich bin meine Didaktik"
2. Werte reflektieren
3. Wertesensibilisierende Angebote entwickeln
4. Werte in der ganzen Einrichtung leben
5. Werte und Wertebildung in ihrer Bedeutung für Kooperationen mit anderen Bildungspartnern einbeziehen

Das Projekt „Wertebildung in Familien" hat neben Angeboten für Adressatinnen und Adressaten der Familienbildung durch gezielte Öffentlichkeitsarbeit und Fachveröffentlichungen, Kooperation mit Hochschulen, Fach- und Publikumsveranstaltungen über Jahre dazu beigetragen, für das Wertethema zu sensibilisieren. Es geht nun darum, die Ergebnisse nachhaltig zu sichern.

Handlungstheoretisches Modell einer wertesensibilisierenden Familienbildung

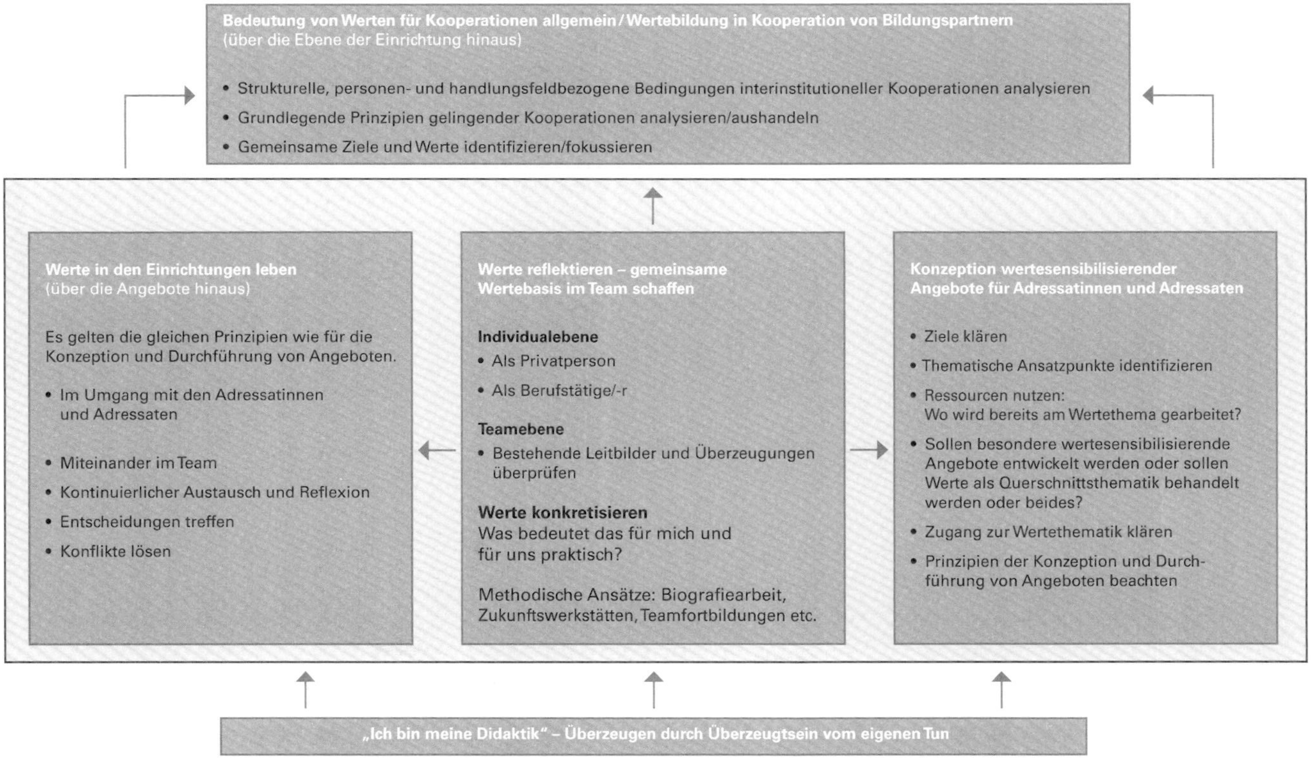

Kurzbiografie

Dr. Annegret Erbes

Jahrgang 1966, 1989 bis 1992 Studium Sozialarbeit, Abschluss Diplom-Sozialarbeiterin (FH). Tätigkeiten in verschiedenen Feldern Sozialer Arbeit. 1995 bis 2000 berufsbegleitend Aufbaustudium Erziehungswissenschaft; Abschluss: Diplompädagogin. 2001 bis 2006 wissenschaftliche Mitarbeiterin an der Pädagogischen Hochschule Freiburg, 2006 bis 2008 am Forschungsinstitut für Bildungs- und Sozialökonomie Berlin, Promotion 2007 an der Pädagogischen Hochschule Freiburg. Seit 2004 Mitglied der Redaktion der Freiburger Zeitschrift für GeschlechterStudien (Zentrum für Anthropologie und Gender Studies der Albert-Ludwigs-Universität Freiburg), seit 2009 Koordinatorin im Projekt „Wertebildung in Familien" (gefördert vom Bundesministerium für Familie, Senioren, Frauen und Jugend in Kooperation mit dem Deutschen Roten Kreuz Generalsekretariat).
erbesa@drk.de

Anmerkungen

1 Dazu gehören die Arbeitshilfe „Grundlagen wertesensibilisierender Familienbildung" (Deutsches Rotes Kreuz Generalsekretariat 2010), die nach der Pilotphase des Projekts erstellt wurde, und Ergebnisse aus den Workshops des zentralen Projektgremiums Kompetenzforum Wertebildung.

2 Die Interviews wurden im Sommer 2012 an sechs verschiedenen Projektstandorten geführt und anschließend transkribiert und ausgewertet (theoretisches Hintergrundwissen zu Experteninterviews allgemein liefern zum Beispiel Meuser/Nagel (2009)). Bei der Auswahl wurden eine ausgeglichene Altersstruktur, mehrjährige Berufspraxis, Ost-West-Verteilung und Unterschiedlichkeit der Einrichtungen berücksichtigt. Um die Anonymität der Interviewten sicherzustellen, werden an dieser Stelle keine weiteren Angaben über die Personen gemacht.

3 Auf die Diskrepanz zwischen Wertorientierung und tatsächlichem Handeln kann an dieser Stelle nicht näher eingegangen werden. Zur Wirkungsforschung vgl. beispielsweise Stein (2008, 95–124; 163–173).

4 Diese Begrifflichkeiten haben sich innerhalb des Projekts „Wertebildung in Familien" zur Beschreibung der Vorgehensweisen der Standorte etabliert. Der Begriff Wertevermittlung wird jedoch teilweise auch anders genutzt (vgl. etwa Mägdefrau/Söhner 2013).

5 Die während des Projekts „Wertebildung in Familien" entwickelten Angebote sind im Angebotsmanual zusammengestellt: http://www.wertebildunginfamilien.de/angebotsmanual.html.

6 Diesen letzten Teil der Interviews mit den Personen der Familienbildung haben Mägdefrau/Söhner (2013) reanalysiert.

Literatur

Bandura, Albert (1978): Lernen am Modell. Ansätze einer sozial-kognitiven Lerntheorie. Stuttgart.

Bowlby, John (2010): Bindung als sichere Basis. Grundlagen und Anwendung der Bindungstheorie. München/Basel.

Deutsches Rotes Kreuz Generalsekretariat (2010): Grundlagen einer wertesensibilisierenden Familienbildung. Eine Arbeitshilfe des Projekts „Wertebildung in Familien". Berlin.

Gollan, Tobias (2013): Das Wertekonzept in der Psychologie und die Wertetheorie nach Shalom H. Schwartz. Im vorliegenden Band, S. 288–303.

Gudjons, Herbert (1995): Pädagogisches Grundwissen. Überblick – Kompendium – Studienbuch. Bad Heilbrunn.

Hillmann, Karl-Heinz (1989): Wertewandel. Zur Frage soziokultureller Voraussetzungen alternativer Lebensformen. Darmstadt.

Inglehart, Ronald (1977): The Silent Revolution. Princeton.

Inglehart, Ronald (1998): Modernisierung und Postmodernisierung. Kultureller, wirtschaftlicher und politischer Wandel in 43 Gesellschaften. Frankfurt a. M.

Klages, Helmut (1984): Wertorientierungen im Wandel. Rückblick, Gegenwartsanalyse, Prognose. Frankfurt a. M.

Klages, Helmut (2002): Der blockierte Mensch. Zukunftsaufgaben gesellschaftlicher und organisatorischer Gestaltung. Frankfurt a. M./NewYork.

Klages, Helmut/Gensicke, Thomas (1999): Wertesurvey 1997. Wertewandel und bürgerliches Engagement in den neunziger Jahren. In: dies. (Hrsg.), Wertewandel und bürgerliches Engagement an der Schwelle zum 21. Jahrhundert. Speyer, S. 141–161.

Kohlberg, Lawrence (1996): Die Psychologie der Moralentwicklung. Frankfurt a. M.

Lösel, Friedrich/Ott, Christine (2010): Evaluation des Projektes „Wertebildung in Familien". Abschlussbericht. http://www.wertebildungin-familien.de/tl_files/fotos/Dokumente/Projektdokumentation %20Phase %20I/Abschlussbericht_Evaluation.pdf (01.04.2013).

Lösel, Friedrich/Ott-Röhn, Christine (2013): Evaluation des Projekts „Wertebildung in Familien": Ergebnisse der Pilotphase. Im vorliegenden Band, S. 62–77.

Mägdefrau, Jutta/Söhner, Felicitas (2013): Zur Bedeutung von Werten für interindividuelle, intra-, inter- und transinstitutionelle Kooperationen in pädagogischen Handlungsfeldern. Im vorliegenden Band, S. 209–245.

Meuser, Michael/Nagel (2009): Das Experteninterview – konzeptionelle Grundlagen und methodische Anlage. In: Pickel, Susanne et al. (Hrsg.), Methoden der vergleichenden Politik- und Sozialwissenschaft. Neue Entwicklungen und Anwendungen. Wiesbaden, S. 465–479.

Münchmeier, Richard (2010): Wertebildung in der Kinder-, Jugend- und Familienarbeit. Thesenpapier zum Vortrag auf der Tagung des Projekts „Wertebildung in Familien“ am 27. Mai 2010 in Berlin. http://www.wertebildungin-familien.de/tl_files/fotos/Dokumente/Praesentationen %20 Texte %20etc/Muenchmeier %20Wertebildung % 20Berlin %202010.pdf (01.04.2013).

Pettinger, Rudolf/Rollik, Heribert (2008): Familienbildung als Angebot der Jugendhilfe. Rechtliche Grundlagen – familiale Problemlagen – Innovationen. Bundesarbeitsgemeinschaft Familienbildung und Beratung e. V. Elmshorn.

Piaget, Jean (1932): The Moral Judgment of the Child. New York.

Rokeach, Milton (1973): The Nature of Human Value. New York.

Rollik, Heribert (2008): Das Projekt „Wertebildung in Familien“ (2008 – 2013). Im vorliegenden Band, S. 53–61.

Rupp, Marina/Mengel, Melanie/Smolka, Adelheid (2010): Handbuch zur Familienbildung im Rahmen der Kinder- und Jugendhilfe in Bayern. Bamberg.

Schubarth, Wilfried (2010): Die „Rückkehr“ der Werte. Die neue Wertedebatte und die Chance der Wertebildung. In: Schubarth, Wilfried/Speck, Karsten/Lynen von Berg, Heinz (Hrsg.), Wertebildung in Jugendarbeit, Schule und Kommune. Bilanz und Perspektiven. Wiesbaden, S. 9–41.

Schubarth, Wilfried (2013): Wertebildung in Jugendarbeit, Peergroup und Schule. Im vorliegenden Band, S. 25–38.

Schweitzer, Jochen (1998): Gelingende Kooperation. Systemische Weiterbildung in Gesundheits- und Sozialberufen. Weinheim/München.

Smolka, Adelheid (2013): Familienbildung in Zusammenarbeit mit Eltern, Kindertageseinrichtungen und Schulen. Im vorliegenden Band, S. 134–150.

Speck, Karsten (2010): Wertebildung und Partizipation von Kindern und Jugendlichen. In: Schubarth, Wilfried/Speck, Karsten/Lynen von Berg, Heinz (Hrsg.), Wertebildung in Jugendarbeit, Schule und Kommune. Bilanz und Perspektiven. Wiesbaden, S. 61–90.

Standop, Jutta (2013): Die Grundschule als ein Ort grundlegender Wertebildung. Im vorliegenden Band, S. 39–51.

Stein, Margit (2008): Wie können wir Kindern Werte vermitteln? Werteerziehung in Familie und Schule. München.

Stein, Margit (2013): Wertetransmission als Aufgabe der Familie. Im vorliegenden Band, S. 11–24.

Didaktische Implikationen für wertesensibilisierende pädagogische Arbeit unter konstruktivistischer Perspektive am Beispiel der im Projekt „Wertebildung in Familien" entwickelten Angebote der Familienbildung (Angebotsmanual)

Michael Otten

1 Einleitung

Im Rahmen des Projekts „Wertebildung in Familien" sind unterschiedliche Angebote für wertesensibilisierende pädagogische Praxis der Familienbildung an verschiedenen Projektstandorten in Deutschland entwickelt worden. Sie wurden gesammelt und als Angebotsmanual zentral auf der Projekthomepage (www.wertebildunginfamilien.de) veröffentlicht. Diese Angebote sind – vor allem aus einer didaktischen Perspektive – Gegenstand dieses Beitrags. Neben dem Bildungsbegriff und dem Bildungsverständnis werden die Zielvorstellungen, entsprechende Umsetzungsmöglichkeiten sowie didaktisch-methodische Implikationen und Strukturierungen innerhalb der Angebote fokussiert. Die Betrachtung erfolgt unter einer konstruktivistischen Perspektive, die ein wichtiges Kriterium erfüllt: „[...] sie ist auf mehreren analytischen Ebenen einsetzbar, auf der Ebene der Lernprozesse ebenso wie auf der Ebene der Organisation und deren Wechselwirkungen mit der individuellen Ebene" (Gerstenmaier/Mandl 2011, 169). In diesem Beitrag wird im Schwerpunkt die Ebene der Bildungsprozesse betrachtet.

2 Determinanten für die Konzeption wertesensibilisierender Bildungsangebote

Die im Manual enthaltenen Angebote folgen einem gemeinsamen Bildungsverständnis. Sie basieren auf einer kriteriengeleiteten Planung, deren Struktur im Folgenden erläutert wird.

> Kinder treten in eine Welt ein, in der es immer schon Werte, Normen und moralische Überzeugungen, Konformität und Widerstand [...] gibt. Alles, was das soziale Leben aktiviert und regelt, ist immer schon da, wird

> [...] verändert, aber nicht ständig neu erfunden. Das ist die Ausgangslage für jede vernünftige Reflexion [...]: Werte und Normen lernt das Kind über weite Strecken ohne Einwirkung von Pädagogen durch Sozialisation im Rahmen sozialer Teilhabe. (Giesecke 2005, 11)

> Werte werden vor allem dadurch gelernt, dass persönliche Bestrebungen auf Grenzen – nämlich auf Regeln und Normen – stoßen und sich daran abarbeiten müssen. [...] Damit es [das Kind, Anm. M. O.] diesen Zusammenhang versteht, muss es darüber reflektieren, sich Gedanken machen. Dafür braucht es die Hilfe von pädagogisch denkenden Erwachsenen [...], reicht bloße Sozialisation nicht aus. (ebd., 12)

Unter die Gruppe der „pädagogisch denkenden Erwachsenen" sind alle Erwachsenen zu fassen, die mit Kindern leben und agieren, wie Eltern und andere Bezugspersonen, wie beispielsweise Erzieherinnen und Erzieher, Lehrerinnen und Lehrer.

Die oben beschriebene Unterstützung kann auch in Bildungsprozessen der Familienbildung wie im Projekt „Wertebildung in Familien" angeboten werden. Der Konzeption der im Projekt entwickelten Angebote liegt – je nach individuellen standortspezifischen Voraussetzungen und Vorüberlegungen – eine Orientierung an folgenden Bestimmungsgrößen zugrunde: Bedarfsanalyse, Zielgruppenanalyse, Festlegung des Bildungsziels und Planung (vgl. Metzger 2011, 19).

In der *Bedarfsanalyse* werden Bedürfnisse und Bedarfe der Adressatinnen und Adressaten festgestellt. Solche Prozesse realisieren sich durch Recherchen, Befragungen und Beobachtungen seitens der pädagogischen Fachkräfte in den unterschiedlichen Einrichtungen. Vielfach ergeben sich ebenfalls aus der Arbeit mit Familien und anderen Personen Ansatzpunkte. Die Bedarfsanalyse dient auch dazu, die nötigen Kompetenzen und die Anforderungen an das pädagogische Personal zu definieren (vgl. ebd.). Während für manche der im Projekt „Wertebildung in Familien" entwickelten Angebote keine zusätzlichen Qualifikationen nötig sind, lassen sich andere Angebote nur durch Fachkräfte mit entsprechenden Erfahrungen und speziellen Zusatzausbildungen realisieren. Die Darstellungen der jeweiligen Angebote weisen anhand einer sechsfach gestuften Skala (Minimalanforderung „Berufsanfänger" bis Maximalanforderung „erfahrene pädagogische Fachkräfte") die notwendige Qualifizierung aus. Beispielsweise ist für die Durchführung eines Großelternkurses die Qualifikation zur Großelternkursleiterin bzw. zum Großelternkursleiter erforderlich, die in entsprechenden Trainings für den Kurs „Starke Großeltern – starke Kinder" des Deutschen Kinderschutzbundes erworben werden kann. Die Aktion „Werterucksack" sollte von einer Kursleiterin gemäß der Gesellschaft für Geburtsvorbereitung geleitet werden. Angebote wie „Schmunzelsteinchen", „Aktion: Die Wertetasche" und „Werte im Schildergarten" sind dagegen ohne Zusatzqualifikation umsetzbar.

Die *Zielgruppenanalyse* erfolgt anhand allgemeiner Kriterien wie Geschlecht und Alter sowie spezifischer Kriterien wie bisherige Erfahrungen mit bestimmten Adressatengruppen am jeweiligen Standort, Möglichkeiten der Aktivierung solcher Gruppen und besondere Interessen und Bedürfnisse potenzieller Teilnehmerinnen und Teilnehmer. Im Angebotsmanual sind Einheiten für Familien, Eltern, Großeltern, Mütter, Väter und Kinder enthalten. Besondere Bedeutung hat die Motivation der Personen, an den freiwilligen Angeboten teilzunehmen.

(Bildungs-)Ziele sind in die Gesamtkonzeption der jeweiligen Einrichtung und des Projekts „Wertebildung in Familien" eingebettet und basieren in der Regel auf der vorangehenden Bedarfs- und Zielgruppenanalyse (vgl. ebd., 21). Sie alle beziehen sich auf die Sensibilisierung für die Relevanz von Werten in Erziehung und Bildung von Kindern und im Familienleben insgesamt.

Die *Planung* einer Bildungseinheit umfasst als didaktische Grundstruktur einen Anfang, einen Hauptteil und einen Schluss. Transfermöglichkeiten (meist zum Ende) sollen gewährleisten, dass sich die Inhalte auch im Alltag bewähren. Die eingesetzten Methoden werden möglichst variiert (vgl. ebd., 22). Im Angebotsmanual wird nach folgendem Schema strukturiert:

- Zielgruppe
- Bezug zu Werten und Wertebildung
- Arbeitsweise/Stichworte
- Zusatzqualifikation nötig?
- Materialien/Zeitbedarf
- Kosten
- Ablauf/wesentliche Inhalte
- Literaturempfehlungen

- Tipps für die Umsetzung
- Sonstiges/Anmerkungen
- Ansprechpersonen/Einrichtung

Die Angebote zeichnen sich durch übereinstimmende Bildungsziele und ein gemeinsames Bildungsverständnis aus. Es werden auch Zielgruppen angesprochen, die im Kontext von Erziehungs- und Bildungsangeboten noch nicht immer als zentrale Adressatinnen und Adressaten verstanden werden, wie zum Beispiel Väter und Großeltern.

Der *Bildungsbegriff*, der den wertesensibilisierenden Angeboten zugrunde liegt, lässt sich durch folgende Merkmale charakterisieren:

- Am lebenslangen Lernen orientiert
- Aktivierend (anstelle von belehrend)
- Reflexiv-kommunikativ (zum Beispiel innerhalb von Gesprächen über themenbezogene Alltagserfahrungen)
- Produktiv-konstruktiv (im Rahmen von halboffenen und offenen Lernumgebungen und anhand einer Orientierung an gemeinschaftlich erstellten Produkten)
- Kooperativ-interaktionistisch (durch gemeinsame Erfahrungen in einer Gruppe)

3 Moderat konstruktivistische Ausrichtung der pädagogischen Angebote

Korrespondierend zu den Merkmalen des oben skizzierten Verständnisses können die Angebote zumeist nach einem moderat (auch: gemäßigt) konstruktivistischen Bildungsverständnis betrachtet werden.

Der Begriff Konstruktivismus wurde – ausgehend vom Neurobiologen Humberto Maturana – in zahlreiche weitere Disziplinen getragen, dort adaptiert und zum Teil neu interpretiert. Heutzutage finden sich daher etwa in der Medienwissenschaft, der Soziologie, der Psychologie und der Pädagogik konstruktivistische Grundannahmen und Paradigmen (vgl. Pörksen 2011, 14). Konstruktivistische Annahmen sind mittlerweile der Ausgangspunkt vieler Didaktiken in der schulischen und außerschulischen Bildungsarbeit mit Kindern, Jugendlichen und Erwachsenen. Dabei gibt es nicht ein einheitliches Verständnis von Konstruktivismus, sondern viele Varianten mit Gemeinsamkeiten und Unterschieden (vgl. ebd., 15). Für Bildungsprozesse greifen Didaktikerinnen und Didaktiker vor allem psychologische Begründungen und Annahmen auf, die vorwiegend einen Bezug zur Schematheorie von Jean Piaget haben (vgl. ebd., 17).

Als zentrale Leitmotive konstruktivistischer Theorien können zusammenfassend folgende Gemeinsamkeiten konstatiert werden (vgl. ebd., 21–25):

- Wirklichkeit gilt als Resultat von Konstruktionsprozessen.
- Es gibt keine beobachterunabhängige Realität.
- Beobachten wird als Unterscheidungs- und Bezeichnungsprozess (im Sinne von begrifflicher Bestimmung) verstanden.
- Konstruktivismus verabschiedet sich von absoluten Wahrheitsvorstellungen und proklamiert Differenz und Pluralität von Wirklichkeitskonstruktionen.
- Das Individuum lässt sich extern nur nach Maßgabe innerer Determination beeinflussen (Postulat der Autonomie).
- Konstruktivismus agiert mit zirkulären und paradoxen Denkfiguren: Das Resultat einer Denkoperation wird als Ausgangspunkt für das Weiterdenken genutzt.
- Eine steigende Anzahl von Entscheidungs- und Handlungsoptionen erhöht die Selbstverantwortlichkeit.

Vereinfacht formuliert, lassen sich konstruktivistische Ansätze für Bildungsprozesse folgendermaßen interpretieren: Die Lernenden konstruieren aufgrund ihrer individuellen Wahrnehmung und Interpretation der Umwelt „neues" Wissen. Diese Konstruktionen der Wirklichkeit beeinflussen größtenteils unwillkürlich, was jemand sieht, wie das Gesehene bewertet wird, welche Verhaltenspläne entwickelt werden und wie man sich schließlich tatsächlich verhält (vgl. Plassmann/Schmitt 2007, o. S.). Jeder Lernende konstruiert Wirklichkeit auf der Grundlage von Erfahrungen durch das Einsetzen eigener Werte, Überzeugungen und Vorerfahrungen in Abhängigkeit von gegenwärtigen kulturellen und sozialen Normen. Kinder eignen sich demnach Werte aktiv an. Sie werden durch Sozialisationsprozesse – schon in der frühen Kindheit – beeinflusst, Werte lassen sich aber keinesfalls *direkt* vermitteln. Lernen als Konstruktion stellt sich demonstrativ gegen ein Lernverständnis durch unkritische und unreflektierte Aneignung und Abbildung (im Sinne von behavioristischen Lerntheorien). Im Konstruktivismus sind Beeinflussungen von außen (Perturbationen) nur dann möglich, wenn die Lernenden offen dafür sind und Stimuli wirken lassen. Um moderat konstruktivistische Bildungsprozesse sinnvoll zu gestalten, sind Interaktionen mit anderen essenziell dafür, wie Lernen angenommen und weitergeführt wird. Lernen sollte sich also immer auch im Austausch mit anderen vollziehen.

Förderliche Arrangements im Sinne eines konstruktivistischen Lernverständnisses berücksichtigen unter anderem folgende Prinzipien (vgl. Kraus/Mittag 2009, 50–52):

- Freiräume durch verbindliche Strukturen
- Lernen unter Gleichen
- Sinnstiftendes Kommunizieren und Reflektieren
- Lernen in wechselnden sozialen Konstellationen
- Anwendungs- und handlungsorientiertes Lernen
- Lernen an der Bearbeitung bedeutsamer Aufgaben

Diese Kriterien werden im Folgenden auf wertesensibilisierende Angebote aus dem Manual bezogen, indem Rahmenbedingungen, Zielgruppen und didaktische Gestaltungsaspekte betrachtet werden.

Die Angebote ermöglichen Freiräume für die Teilnehmerinnen und Teilnehmer hinsichtlich der Lernorganisation im Rahmen der festgelegten Raum-, Zeit-, Inhalts- und Kostenstruktur: Im Rahmen der Angebotsstruktur haben die Teilnehmerinnen und Teilnehmer Freiräume: Sie können beispielsweise die zur Verfügung stehende Zeit frei nutzen und gestalten, finden Schonräume für persönliche Belange und können individuelle Beispiele, Wünsche und Bedürfnisse einbringen.

Die Teilnehmerinnen und Teilnehmer verbinden oft ähnliche Erfahrungen: Manche Angebote richten sich gezielt an Personen, die zwar an der Erziehung beteiligt sind, für die jedoch nicht überall gezielte Angebote bereitgestellt werden, wie zum Beispiel Väter und Großeltern. Für Väter werden etwa Vater-Kind-Wochenenden, autogenes Training für Väter und Kinder oder auch Kletteraktionen angeboten. Für Großeltern gibt es Angebote wie „100 Sätze, die nur Eltern sagen", „Großelternsein heute – eine starke

Sache!?" und „Wunderbares Klatschen und Tratschen". Mit solchen Angeboten soll ganz gezielt zum Beispiel der Austausch der Teilnehmenden untereinander gefördert werden. Die angesprochenen Personen verfügen oft über ähnliche Erfahrungen, stehen vor gleichen Herausforderungen, können sich aber auch gegenseitig unterstützen, gemeinsam Ressourcen generieren und Lösungen finden. Nicht selten lässt beispielsweise das Erziehungsengagement von Vätern nach Trennungen nach. Es findet keine Differenzierung zwischen dem Ende der Beziehung und dem Ende von Familienleben statt. Die Abwesenheit des Vaters stellt für Kinder demnach einen Risikofaktor dar (vgl. Fthenakis 1999, 247). Speziell für „Trennungsväter" wurde deshalb zum Beispiel ein Kletterwochenende organisiert. Es soll diese Väter dabei unterstützen, sich weiterhin um ihre Kinder zu kümmern und sich einzubringen: Die Angebote für Großeltern thematisieren zumeist Gemeinsamkeiten und Unterschiede in der Werteorientierung zwischen den Generationen, diese werden dort bewusst reflektiert. Innerhalb von Fortbildungsangeboten für pädagogische Fachkräfte und Lehrerinnen und Lehrer kommen Expertinnen und Experten zusammen, die ebenfalls ähnliche Herausforderungen im Beruf zu meistern haben.

In allen Angeboten gibt es Raum für Kommunikation zwischen den Teilnehmenden. Dabei wird stets die Selbstreflexion angeregt und das eigene Erziehungshandeln thematisiert: Anhand von Stellvertretern im Sinne von pädagogischen Reflexionsfiguren in Narrationen (zum Beispiel in „Die Geschichte von Esel, Vater und Sohn"[1]) werden allgemeine Sätze erarbeitet, um diese anschließend für die eigenen Erziehungs- und Wertebildungsprozesse der Teilnehmenden nutzbar zu machen. Nach der Beantwortung von Fragen zur Geschichte („Welche Werte sehen Sie in diesem Bild von Esel, Vater und Sohn?") wird ein Transfer mit Bezug auf das eigene Leben und/oder das berufliche Handeln initiiert („Welches der vier Bilder entspricht Ihren persönlichen Werten am ehesten?"). Die Motive, Handlungsstränge und Verhaltensweisen der Figuren aus der Geschichte dienen als Anregung für eine Diskussion über die Vielfalt von Werten und die Notwendigkeit, für das eigene Handeln eine eigene (klare) Werteentscheidung zu treffen. Fast alle Angebote zielen auf (Selbst-)Reflexion ab, die durch kommunikative Lernarrangements angeregt werden soll.

Das gemeinsame Denken und Handeln innerhalb der Angebote eröffnet Potenziale. Lernpartnerschaften und -kooperationen sind essenziell dafür, sich eigene Standpunkte und Einstellungen im Hinblick auf Werte und Normen bewusst zu machen: Innerhalb der Aktivitäten gibt es in nahezu allen Angeboten mindestens eine Kommunikationsphase. Unter Berücksichtigung der Fähigkeiten der Teilnehmenden wird in unterschiedlichen sozialen Konstellationen (Einzel- und Partnerarbeit, Kleingruppen, Plenum) der Austausch mithilfe von pädagogisch ausgewählten und zum Teil didaktisch aufbereiteten Materialien angeregt. Eigene Einstellungen können so bewusst(er) werden, Standpunkte anderer bieten Potenzial zur Identifizierung, aber auch zur Distanzierung. Das Agieren in sozialen Kontexten führt oft zu einer Verbalisierung und Argumentation eigener Wertvorstellungen. Diese dienen als Anregung, Orientierung zur (Weiter-)Entwicklung und Vergewisserung eigener Sichtweisen. Manche Angebote sind auch nach einer festgelegten Schrittfolge der unterschiedlichen Sozialformen ausgerichtet, um gezielt produktive Denkprozesse zu fördern (siehe dazu das Angebot „Werterucksack").

Alle Angebote stellen die Prozesse in den Vordergrund, in manchen Angeboten entstehen in (gemeinsamen) Prozessen auch Produkte: Die Beteiligten denken in den Angboten über Erziehung, Werte und eigenes Handeln nach. Der Prozess innerhalb der Gruppe ist unabhängig von der tatsächlich zu ermittelnden Ergiebigkeit bzw. dem Output bedeutsam. Das freiwillige Einlassen auf ein Angebot signalisiert die Bereitschaft, die Bedeutung von Werten für Erziehung und Zusammenleben in der Familie zu reflektieren. Als (didaktisches) Mittel zum Zweck unterstützen Materialien den Denkprozess und wirken dabei wie ein Katalysator. Durch den Einsatz von Geschichten, Filmen und Gegenständen werden Konfrontationen mit Entscheidungssituationen und Problemen ermöglicht. Es werden unter anderem Plakate, kleine Ausstellungen und Gegenstände (beispielsweise „Schmunzelsteinchen") gestaltet. Die so entstandenen Produkte sind – im Gegensatz zu den Diskussionsergebnissen – über einen längeren Zeitraum nutzbar.

Das Ziel der Angebote ist eine hohe Wertschöpfung für das eigene Handeln durch Auseinandersetzung mit individuell bedeutsamen Aufgaben und Themen: Stehen bei der Thematisierung von ausgewählten Aspekten innerhalb der Wertediskussion zunächst beispielhaft scheinbar „fremde" Probleme und Situationen im Mittelpunkt, vollzieht sich im Laufe der Beschäftigung ein Wechsel zu den individuellen Ausgangslagen und Erfahrungen der Teilnehmenden. Diese werden ermuntert, eigene bedeutsame autobiografische Erlebnisse und Erfahrungen einzubringen, um so einen Transfer der erarbeiteten Ergebnisse zu erreichen. Eine Fokussierung eigener authentischer Probleme und Herausforderungen ist daher immer gewollt. Je nach Adressatengruppe variieren die individuell bedeutsamen Probleme: Mütter, Väter, Großeltern und Kinder thematisieren Aspekte familiären Zusammenlebens, während Fachkräfte in Fortbildungen eher berufliche Kontexte reflektieren. Kinder konzentrieren sich auf entwicklungstypische Fragen und Herausforderungen unter Berücksichtigung und in Abhängigkeit von reellen Entwicklungsständen, Fähigkeiten und Bedürfnissen.

4 Didaktische Implikationen der Lernkultur innerhalb der Angebote

Bildung und Wissen erlangen im Zuge der Entwicklung zu einer Wissensgesellschaft eine immer größere Bedeutung. Lebenslanges Lernen ist eine wichtige Antwort auf die gegenwärtigen gesellschaftlichen Wandlungsprozesse. Als lebenslanges Lernen wird der Prozess beschrieben, Wissen und Kompetenzen regelmäßig auf einen aktuellen Stand zu bringen und weiterzuentwickeln (vgl. Arnold/Pachner 2011, 302).

Oft lernen Menschen in unterschiedlichen Lehr-Lern-Kontexten in eher traditionellen Lernkulturen neben den offenkundigen Inhalten auch, dass Lernen häufig ein geführtes Lernen ist und kaum etwas mit den eigenen Themen und Lebensaufgaben zu tun hat (vgl. ebd., 305). Diese Erfahrungen sind jedoch kontraproduktiv und können die Bereitschaft zum lebenslangen Lernen hemmen oder gar verhindern.

Die Durchführenden der unterschiedlichen Angebote im Manual verstehen ihre Rolle als „Ermöglicher“ und nicht als Erzeuger von Lernprozessen (vgl. Arnold/Gómez Tutor 2007, zit. nach Arnold/Pachner 2011, 304). Damit sind sie in erster Linie dafür verantwortlich, Inhalte adressatenorientiert anzubieten, indem Aufgaben- und Problembearbeitungen moderiert, die Methoden- und Selbstlernkompetenz der Lernenden gezielt gefördert und die Zielgruppen bei ihren individuellen Erschließungs- und Aneignungsprozessen unterstützt werden (vgl. Arnold 1999, zit. nach Arnold/Pachner 2011, 306).

Echte Lernkulturen – im Gegensatz zu Lehrkulturen – nutzen Lernarrangements, die nachhaltiges und transferorientiertes Lernen ermöglichen wollen. Lernen muss eine Anbindung an die Lebenssituation herstellen, eine Situierung aufweisen (Lernprojekte der Lerner) und den Transfer des Gelernten auf relevante Anwendungsfelder anregen (vgl. ebd., 304).

Die Angebote werden handlungs- und adressatenorientiert konzipiert, dabei sind zwei Gestaltungsmerkmale zentral (vgl. ebd., 305–306):

a) Didaktische Komplexion: In welche relevanten familiären und handlungsbezogenen Problemstellungen sind die Lernsituationen zu integrieren?

b) Didaktisches Arrangement: Welche systematischen Rahmenbedingungen müssen gegeben sein, damit die Selbsterschließung bzw. die individuelle Auseinandersetzung gelingen kann? Dazu können Aufgaben- und Problemstellungen genutzt werden, die bereits gezielt die individuelle Aneignung und den Transfer anbahnen, die konkrete Umsetzung und Gestaltung jedoch dem Lernenden selbst überlassen (eigene Konstruktion) (vgl. ebd., 306).

5 Dramaturgie der Bildungsprozesse innerhalb der Angebote für Erwachsenenzielgruppen

Neben den Angeboten für Familien und einzelne Familienmitglieder mit Kindern sind im Projekt „Wertebildung in Familien“ auch gezielt Angebote nur für Erwachsene konzipiert worden. Die Rahmenbedingungen für ein erwachsenengerechtes Lernen unterscheiden sich zum Teil von denen, die bei Kindern und Jugendlichen relevant erscheinen, daher berücksichtigen die Angebote grundsätzlich – je nach Angebot in unterschiedlicher Weise – folgende Erkenntnisse (vgl. Arnold 1996, zit. nach Negri 2010, 83):

- Bildungsziele, -inhalte und -themen können von den Teilnehmenden mitbestimmt werden.
- Eigene Anregungen können von den Teilnehmenden eingebracht werden, da das gelernt wird, was brauchbar und nützlich erscheint.
- Die Lernorganisation ist zeit- und methodenflexibel, lässt mehrere Lernwege offen.

- Lern-, Aktivitäts- und Selbsterschließungsmethoden werden bewusst eingesetzt.
- Lebenssituationen und/oder Lebenserfahrungen stellen einen wichtigen Bezugspunkt dar, da Menschen von ihrer Biografie geprägt sind.
- Soziale und kommunikative Lern- und Reflexionsprozesse werden gezielt gefördert.
- Handlungsbezogene Frage- und Problemstellungen werden konsequent beachtet.

Unter Beachtung dieser Gelingensbedingungen kristallisiert sich ein Grundrhythmus in Bezug auf die Dramaturgie des Bildungsangebots heraus. Hinter Dramaturgie verbirgt sich die bewusste und schrittweise Ermöglichung des Lern- bzw. Reflexionsprozesses durch das gezielte Anbieten zentraler Momente von Problemlösung und Reflexion. Aufgrund des oben benannten Prinzips werden vor allem aktivierende, sinnvolle und lebensnahe Angebote unterbreitet. Dabei sollen die erwachsenen Teilnehmerinnen und Teilnehmer eigene Fragestellungen einbringen. Das im Folgenden beschriebene Grundmuster muss situativ variiert, modifiziert und adaptiert werden:

1. Schritt: Zu Beginn des Lernprozesses steht ein *Impuls* beispielsweise in Form von Narrationen (Geschichten) und Filmen, die das Verstehen von Problemen/Ausgangslagen unterstützen sollen.
2. Schritt: Anschließend wird die *Erarbeitung von Lösungen* initiiert. Durch Leitfragen und Aufgaben werden Hilfen angeboten. Es kann eine erste Annäherung an eigene Standpunkte ermöglicht werden.
3. Schritt: Zuletzt steht die *Reflexion eigener Werte und Wertvorstellungen* im Mittelpunkt. Dieser Transfer von vermeintlich fremden Problemkonstellationen und Handlungsherausforderungen soll eine Nutzbarkeit für das eigene Handeln in der Familie und/oder im Beruf befördern.

6 Fazit

Alle Angebote zielen auf die Sensibilisierung für (eigene) Werte innerhalb von Familienleben und Erziehungsprozessen. Die Teilnahme ist freiwillig und bietet eine Umgebung, in der im Austausch mit anderen über ausgewählte Aspekte von Werten nachgedacht und gesprochen werden kann. Dazu halten die Angebote viel Raum und Zeit bereit, sich eigene Standpunkte bewusst zu machen und eigene Handlungsweisen zu reflektieren. Bildungsprozesse werden demnach nicht erzeugt, sondern durch die Organisation und pädagogische Ausrichtung ermöglicht. Unter Berücksichtigung konstruktivistischer Prinzipien nutzt jeder Teilnehmende die Zeit individuell und erhält bestenfalls Ideen und Anregungen, eigene Erziehungsprozesse positiv zu gestalten und Probleme und Herausforderungen zu lösen. Das Spektrum der Angebote ist ganz bewusst sehr vielseitig, um auch Zielgruppen anzusprechen, die in der Familienbildung teilweise noch wenig berücksichtigt werden und entsprechende pädagogische Angebote nicht oder nur begrenzt wählen können. Die didaktische Struktur der Angebote zeichnet sich durch drei Phasen aus: Ausgehend von einem Impuls, der eine Hinführung zu ausgewählten Aspekten von Werten in Erziehung und Familie ermöglicht, kann jeder Teilnehmende Bezüge zu eigenen Aufgaben und Erfahrungen herstellen. Im günstigsten Fall können so Ressourcen aktiviert und genutzt werden, die für die Bewältigung und Gestaltung des eigenen Familienlebens dienlich sind.

Kurzbiografie

Michael Otten

Grund-, Haupt- und Realschullehrer mit den Fächern Deutsch, Sachunterricht und Englisch, unterrichtete an einer Grundschule und im Strafvollzug. Seit 2009 Organisation und Leitung von Workshops in der Lehrerfortbildung zu den Schwerpunkten didaktische Grundlagen von Bildungsprozessen, Kompetenzorientierung und Unterrichtsmethoden. Lektor an der Universität Bremen für Didaktik und Methodik der Interdisziplinären Sachbildung/Sachunterricht (2010 bis 2012), seit Oktober 2012 wissenschaftlicher Mitarbeiter im Bereich Didaktik des Sachunterrichts an der Universität Vechta. Seit 2009 Promotion zu subjektiven Theorien von Lehrkräften in der Grundschule zum Lernbereich Mobilität.

michael.otten@uni-vechta.de

Anmerkungen

1 Die Geschichte ist als PDF-Datei innerhalb des Angebotsmanuals auf der Homepage des Projekts www.wertebildunginfamilien.de verlinkt.

Literatur

Arnold, Rolf/Pachner, Anita (2011): Konstruktivistische Lernkulturen für eine kompetenzorientierte Ausbildung künftiger Generationen. In: Eckert, Thomas et al. (Hrsg.), Bildung der Generationen. Wiesbaden, S. 299–307.

Fthenakis, Wassilios E. (1999): Engagierte Vaterschaft. Die sanfte Revolution in der Familie. LBS-Initiative Junge Familie (Hrsg.). Opladen.

Gerstenmaier, Jochen/Mandl, Heinz (2011): Konstruktivistische Ansätze in der Erwachsenenbildung und Weiterbildung. In: Tippelt, Rudolf/ von Hippel, Aiga (Hrsg.), Handbuch Erwachsenenbildung/Weiterbildung. Wiesbaden, S. 169–178.

Giesecke, Hermann (2005): Wie lernt man Werte? Grundlagen der Sozialerziehung. Weinheim/ München.

Kraus, Alexander/Mittag, Juliane (2009): Konstruktivistische Zielperspektiven der Ausbildung von Ausbildungsbeauftragten im Referendariat. In: Reich, Kersten (Hrsg.), Lehrerbildung konstruktivistisch gestalten. Wege in der Praxis für Referendare und Berufseinsteiger. Weinheim/Basel, S. 46–53.

Metzger, Marius (2011): Erwachsenenbildung in der Sozialen Arbeit. Wiesbaden.

Negri, Christoph (2010): Lernen Erwachsener. In: ders.: Angewandte Psychologie für die Personalentwicklung. Konzepte und Methoden für Bildungsmanagement, betriebliche Aus- und Weiterbildung. Heidelberg, S. 80–87.

Plassmann, Ansgar A./Schmitt, Günter (2007): Konstruktivismus. http://www.lern-psychologie.de/kognitiv/konstruktivismus.htm (19.02.2013).

Pörksen, Bernhard (2011): Schlüsselwerke des Konstruktivismus. Wiesbaden.

Väterarbeit in der Familienbildung – Eckpunkte wertesensibilisierender Arbeit mit Vätern[1]

Annegret Erbes

1 Einleitung

Unter dem Titel „Wertebildung in Familien: Förderung wertesensibilisierender pädagogischer Praxis in der Bildungsarbeit mit Familien" ging das Projekt „Wertebildung in Familien" am 1. Juli 2010 in die zweite Phase. Insbesondere die thematischen Cluster Väterarbeit, Gender und Interkulturalität wurden in ihrem Bezug auf wertebildende Prozesse in Familien vertieft. Der vorliegende Text behandelt den thematischen Schwerpunkt Väterarbeit und bündelt theoretische/empirische Inputs der Väterforschung sowie Arbeitsergebnisse aus einem Treffen des Kompetenzforums Wertebildung.[2]

Vaterschaft befindet sich im Wandel. Lag traditionell der Schwerpunkt auf der Ernährerfunktion, so verstehen sich Väter heute in steigendem Maße als Erzieher und Betreuer ihrer Kinder, als „engagierte Väter". Die rechtliche Gleichstellung der Frau und die Frauenemanzipation zogen Anstrengungen zur Gleichstellung in Bildung und Erwerbsleben nach sich, hierzu kamen Forderungen nach egalitärer Arbeitsteilung und geteilter Elternschaft. Väter zeigten zudem auch die Bereitschaft, sich stärker im Familienleben zu engagieren (Cyprian 2007, 23; Gesterkamp 2007, 98; Krok/Zerle 2008, 17; Zerle/Krok 2008). Das Engagement von Vätern hängt jedoch entscheidend von den strukturellen Rahmenbedingungen und dem gesamtgesellschaftlichen Klima ab (vgl. Döge 2006): So wirkt es sich erheblich auf die männliche Beteiligung aus, wenn beispielsweise die Situation auf dem Arbeitsmarkt den Raum für Experimente stark einschränkt (vgl. Vaskovics/Rost 1999). Außerdem fehlt es an Orientierungsmustern, wenngleich klar ist, dass die Vorstellungen von „guten Vätern" stark von Milieus geprägt sind und es „die Väter" ebenso wenig gibt wie „die Männer" (Gesterkamp 2007, 97).

2 Ergebnisse der Väterforschung

Im Schwerpunkt befasst sich die Väterforschung mit der Bedeutung von Vätern für die Entwicklung von Kindern. Zu den wenigen repräsentativen Untersuchungen, die im deutschsprachigen Raum bisher zu diesem Thema durchgeführt worden sind, gehört die Studie von Fthenakis/Minsel (2002) (vgl. Mühling/Rost 2007, 14). Orientierungslinien der Väterforschung sind zum Beispiel ihre Rolle in Familien, Aufgabenteilung oder Beteiligung an der Kindererziehung, Trennung und Scheidung. Ferner existieren psychoanalytisch oder feministisch orientierte Arbeiten zum Übergang zur Vaterschaft sowie Arbeiten zu problematischen Vaterfiguren (etwa gewalttätige Väter). Interkulturelle und intergenerationelle Perspektiven setzten auch in der Väterforschung neue Impulse (vgl. Fthenakis/Minsel 2002, 13–16; Walter 2008, 6; Walter 2002). Die Bindungsforschung nach Bowlby und auch die Familienforschung konzentrierten sich zunächst auf die Beziehungen von Müttern und Kindern, Vaterbeziehungen hingegen fanden kaum wissenschaftliche Beachtung.

2.1 Allgemeine Ergebnisse

Viele Ergebnisse empirischer Studien der Väterforschung gehören heute mehr oder weniger zum Alltagswissen oder scheinen – anders als noch vor einigen Jahrzehnten – selbstverständlich zu sein. Dennoch lohnt es sich, einen kurzen Blick darauf zu werfen.

Es konnte immer wieder nachgewiesen werden, dass sich umfassendes Engagement von Vätern positiv auf die gesamte Entwicklung von Kindern auswirkt, insbesondere auf soziale und problembewältigende Kompetenzen und schulische Leistungsfähigkeit (vgl. Pleck, zit. nach Fthenakis et al. 1999, 121–122). Als ursächlich für die Variabilität väterlichen Engagements können Motivation, Kompetenzen und Selbstvertrauen, Unterstützung und Belastungen sowie Kontextbedingungen ausgemacht werden (vgl. Fthenakis et al. 1999, 109). Faktoren, die das Engagement von Vätern begünstigen, sind beispielsweise die Erwünschtheit des Kindes, überschaubare berufliche Eingebundenheit, Zutrauen der Partnerin, dass der Mann die Vaterrolle gut bewältigen wird, und Einbindung des Vaters in die Beziehung zum Kind (Gatekeeper-Funktion) (vgl. ebd., 88). Väterliches Engagement ist abhängig vom Alter des Kindes: Im Kleinkindalter sind häufig Mütter engagierter, im Schulalter der Kinder holen Väter jedoch oft auf. Je höher das Bildungsniveau, desto häufiger und lieber lesen Väter ihren Kindern vor oder machen mit ihnen zusammen Hausaufgaben. Das Ausmaß, in dem sich Väter mit ihren Kindern beschäftigen, hängt stärker von ihrem Verständnis der eigenen Rolle als Vater ab als von ihrem Beschäftigungsstatus und -umfang. Je positiver Väter ihre Partnerschaft bewerten, desto stärker engagieren sie sich in der Kinderbetreuung – bei diesem Befund ist allerdings sicherlich insbesondere die Abhängigkeit von weiteren Parametern (Bildungsstand, soziale Lage, Ethnizität) zu betrachten –, und der Schluss gilt auch umgekehrt: Je mehr sich Väter an der Betreuung und Versorgung der Kinder sowie am Haushalt beteiligen, desto positiver werden sie von ihren Partnerinnen wahrgenommen (vgl. ebd., 91).

2.2 Ergebnisse zu Geschlechterbeziehungen

Insbesondere die Psychologie beschäftigt sich mit der Bedeutung der Geschlechterbeziehungen zwischen Eltern und Kindern, wobei der Schwerpunkt lange auf der Mutter-Kind-Beziehung lag. Leisten Väter und Mütter jeweils einen ganz eigenen Beitrag zur sozial-emotionalen, kognitiven und geschlechtlichen Sozialisation von Kindern? Oder sind Wärme, Einfühlungsvermögen, innere Beteiligung, Aufsicht als die wichtigen Bestandteile von Elternschaft universell? Ist es wichtig, dass die Bezugspersonen von Kindern männlichen und weiblichen Geschlechts sind? Auf diese komplexen Fragen gibt es keine einfachen Antworten.

> Als gesichert gilt mittlerweile, dass Väter wichtige Beiträge liefern sowohl zur gesunden Entwicklung von Kindern wie auch zu Fehlentwicklungen. Säuglinge und Kleinkinder können ebenso enge Bindungen zu Vätern aufbauen wie zu Müttern. Auch wenn Väter nicht direkt anwesend sind, können sie im Leben ihrer Kinder dennoch eine wichtige Rolle spielen. (BMFSFJ 2006, 191)

Kinder brauchen stabile positive emotionale Bindungen zu mindestens einer erwachsenen Person, jedoch: „Weder das Geschlecht der Erziehungspersonen noch ihre Verwandtschaftsbeziehung zum Kind taugen als bedeutsame Variable bei der Vorhersage einer positiven Entwicklung“ (ebd., 192). Frauen und Männer sind nicht bereits qua Geschlecht besser oder schlechter für Erziehungsaufgaben geeignet.

Möchte man die Rolle von Vätern in der Erziehung von Kindern im Ganzen betrachten und angemessen beschreiben, so sollten jedoch die distinktiven Charakteristika von Müttern und Vätern im Kontext ihrer Gemeinsamkeiten in den Blick genommen und ins Verhältnis gesetzt werden, wie Lamb auf der Basis empirischer Befunde ausführt:

> Contrary to the expectations of many developmental psychologists, the differences between mothers and fathers appear much less important than the similarities. Not only does the prescription of mothering largely resemble the description of fathering (particularly the version of "involved" fathering that has become increasingly prominent in the late 20th century), but the mechanisms and means by which fathers influence their children appear very similar to those that mediate maternal influence on children. […] The important dimensions of parental influence are those that have to do with parental characteristics rather than gender-related characteristics. (Lamb 2010, 10–11)

Vielleicht sind dies die wichtigsten Erkenntnisse der Väterforschung: Väter können ebenso feinfühlig wie Mütter mit ihren Kindern interagieren, und zwar vom ersten Lebenstag des Kindes an. Die Bindung zwischen kleinem Kind und Vater kann ebenso intensiv und ebenso eng sein wie diejenige zwischen Mutter und Kind. Die enge Bindung zwischen Kind und Vater nutzt der kindlichen Entwicklung, hierin liegt die primäre Begründung für die Förderung *aktiver* Vaterschaft.

2.3 Ergebnisse zu Trennung und Einelternfamilien

Da man die große Bedeutung von Vätern für die kindliche Entwicklung erfasst hat, versteht man umgekehrt auch besser, dass Vaterabwesenheit für Kinder grundsätzlich einen Risikofaktor darstellt, der jedoch durch andere gute Bindungen/Beziehungen in seiner Wirkung abgeschwächt werden kann. Die Anpassung an die Trennung bzw. temporäre Trennung vom Vater kann besser gelingen, wenn sie entsprechend unterstützt wird (vgl. Fthenakis et al. 1999, 252). Bei der Erforschung der Folgen von Vaterabwesenheit gilt zu bedenken, dass Einelternfamilien sich in vielen Punkten von Zweielternfamilien unterscheiden, sehr oft insbesondere hinsichtlich der finanziellen Situation. Es besteht die Gefahr, dass sich Risikofaktoren häufen, deren einzelne Wirkung – und so auch die Wirkung speziell der Vaterabwesenheit – sich kaum mehr isoliert betrachten lässt. Nicht selten lässt das Engagement von Vätern nach Trennungen nach, findet keine Differenzierung zwischen dem Ende einer Beziehung und dem Ende von Familie statt. Mehr strukturelle Unterstützung bei der Erhaltung der Vater-Kind-Beziehung nach Trennungen könnte hier positive Wirkungen entfalten.

2.4 Ergebnisse zu aktiven, „neuen" Vätern

Ein zentraler Befund des DJI-Kinderpanels ist, dass Kinder sich vor allem mehr Zeit mit ihren Vätern wünschen (vgl. Alt/Lange/Zerle 2008), und etliche Ergebnisse vorliegender Studien zeigen, dass Männer und Väter ebenso zunehmend ihre Einstellungen zu Familie und Beruf zugunsten der Familie verändern (Volz/Zulehner 2009, 88; Döge 2006, 16; Zerle/Krok 2008; hessenstiftung 2012). Jedoch ist der Anteil, den Frauen für die Haus- und Familienarbeit aufwenden, noch immer etwa doppelt so hoch wie der Anteil der Männer (Döge 2006, 28). So zeigen Heitkötter/Thiessen (2009), dass Väter sich zwar wünschen, mehr Zeit für ihre Kinder zu haben, dass die für die Erwerbsarbeit von Vätern aufgebrachte Zeit nach der Geburt des Nachwuchses jedoch erheblich zunimmt.

Obwohl Männer in Untersuchungen vielfach gleiche Rollenverteilungen in der Familie begrüßen, kann de facto davon noch nicht gesprochen werden. Die häufigsten hierfür genannten Ursachen sind ein höherer finanzieller Verdienst, mangelnde Unterstützung des Arbeitgebers sowie Angst vor einem Karriereknick (Institut Allensbach und Oberndorfer/Rost, zit. nach Mühling 2007, 117). Aus diesem Grund kommt es nach der Geburt eines oder mehrerer Kinder noch immer häufig zur Retraditionalisierung geschlechtlicher Rollen, auch wenn die Eltern andere Vorstellungen von Familie haben.

2.5 Ergebnisse zu Vätern mit Migrationshintergrund

Tunç kritisiert die normative Aufladung der Leitbilder für „neue Väter". Er diagnostiziert insbesondere eine Skandalisierung migrantischer Väter im öffentlichen Diskurs und eine Vernachlässigung dieser Gruppe in der Väterforschung:

> Im Mainstream aktueller Väterdiskurse dominiert ein Bild des Vaters, der jung, weiß, mittleren Alters und der Mittelschicht zugehörig ist, der keinen Migrationshintergrund und keine Behinderung hat sowie selbstverständlich heterosexuell ist. In diesen Diskussionen und Aktivitäten rund um neue Väter bzw. engagierte Väter mangelt es an Beispielen von Vielfalt, insbesondere bezüglich positiver Bilder von Männern mit Migrationshintergrund. (Tunç 2010, 43)

Um die Forschungslücken im Themenfeld Väter und Migration effektiv zu schließen, sei es sehr wünschenswert, die vielfach gerne und oft wie selbstverständlich genutzte differenztheoretische Perspektive durch einen intersektionalen Forschungsansatz zu ersetzen, wie er zum Beispiel schon von Krüger-Potratz (2005, 152–153) empfohlen wurde. Intersektionale Ansätze untersuchen Überschneidungen und gegenseitige Beeinflussung unterschiedlicher Kategorien, darunter etwa Alter, Bildungsstand, Geschlecht, Migrationshintergrund, und geben nicht einer Kategorie den Vorrang. So wird es möglich, komplexe Wechselwirkungen zwischen verschiedenen Kategorien abzubilden. Ein intersektionell angelegtes Forschungsdesign fragt nicht in erster Linie nach den Unterschieden zwischen Vätern mit und ohne Migrationshintergrund, sondern danach, wie wichtig die Unterschiede eigentlich sind und in welchem Verhältnis sie zu Gemeinsamkeiten stehen – ob die Gemeinsamkeiten möglicherweise gewichtiger sind als die Unterschiede, welche Wechselwirkungen zum Beispiel mit den Kategorien Alter und Bildung bestehen und Ähnliches. Es wird auf diese Weise möglich, die Differenzen innerhalb verschiedener Kategorien zu beschreiben, sie zueinander ins Verhältnis zu setzen und Zusammenhänge aufzuzeigen.

3 Väterarbeit in der Familienbildung

Die Veränderung geschlechtlicher Rollen hat weitreichende Folgen für Familien. Nahmen in traditionell geprägten Familienbildern Mütter und Väter unterschiedliche familiäre Aufgaben und Rollen wahr und gab es ein deutlicher konturiertes, homogeneres gesellschaftliches Wertefundament, so sind familiäre Rollen und Werthaltungen heute stärker Produkte von Selbstreflexions- und Aushandlungsprozessen, Familie wird zur „alltäglichen Herstellungsleistung" (Schier/Jurczyk 2007). Es ist die Aufgabe der Familienbildung, Familien hierbei zu unterstützen. Zum Angebotsspektrum moderner Familienbildung gehört deshalb neben der Vermittlung von Kenntnissen und Fertigkeiten insbesondere die Stärkung familiärer Ressourcen. Es werden Bildungs-, Kontakt- und Austauschmöglichkeiten für Eltern angeboten, die

> [...] wesentlich zur Selbstvergewisserung und Reflexion beitragen ebenso wie zu nachbarschaftlicher und sozialräumlicher Vernetzung. Mit den Angeboten wird ein präventiver Ansatz verfolgt. Familienbildung grenzt sich mit den Unterstützungsangeboten familialer Erziehungs- und Bildungsarbeit sowie zur Alltagsbewältigung in Familie und Partnerschaft von klassischer Ehe-, Lebens- und Familienberatung und therapeutischen Angeboten ab. (Heitkötter/Thiessen 2009, 423)

Da sich Väter vielfach von den Elternangeboten der Familienbildung nicht angesprochen fühlen, geht es in der Familienbildung heute verstärkt um die Entwicklung einer Angebotsstruktur für Väter.

Familienbildung bezieht sich auf die gesellschaftliche und kulturelle Vielfalt einer individualisierten Gesellschaft. Neben professionalisierungstheoretischen Herausforderungen und dem erforderlichen Ausbau von Vernetzung und Kooperation aller mit Bildung, Beratung und Betreuung befassten Institutionen steht die Familienbildung aktuell insbesondere vor der Herausforderung, niedrigschwellige Angebote zu konzipieren und benachteiligte und bildungsferne Familien mit den Angeboten besser zu erreichen. Ziel sind also „systematische Öffnungen entlang der Differenzachsen von Schicht, Geschlecht und Ethnizität" (ebd., 431). Problematisch ist jedoch, dass die Angebote der Familienbildung hauptsächlich Eltern, insbesondere Mütter, aus mittleren sozialen Milieus ansprechen (vgl. etwa Mengel 2007, 117). Väter aus benachteiligten Schichten stehen damit sozusagen vor einer doppelten Schließung, nämlich einmal aufgrund von Geschlecht und zusätzlich aufgrund des sozialen Milieus. Die Erarbeitung niedrigschwelliger Angebote erscheint daher umso dringlicher.

„Väterarbeit muss an der speziellen Situation und den Bedürfnissen und Problemen von Vätern ansetzen" (Bullinger 1999, 16), Gelegenheiten ergeben sich schwerpunktmäßig in transitorischen Situationen, also bei Veränderungen und Umbrüchen im Lebensverlauf wie zu Beginn der

Vaterschaft (vgl. Verlinden 2008, 1). Wie der Leiter des Väterzentrums Berlin, Eberhard Schäfer, bei einem Treffen des Kompetenzforums Wertebildung 2011 in Bonn betonte, gehören zu den Zielen der Väterarbeit die Stärkung des Selbstbewusstseins der Väter, die Stärkung von Partnerschaftlichkeit, Beziehungs- und Konfliktfähigkeit sowie die Information und Beratung zu rechtlichen und anderen Fragen. Niedrigschwelligkeit, Humor, Väter- und auch Mütterfreundlichkeit, Kommunikation und Beratung auf Augenhöhe, Spiel mit Geschlechtsrollenstereotypen, Einbezug von Kindern, Vernetzung/Öffentlichkeitsarbeit sind seiner Meinung nach wichtige Eckpunkte, die die Arbeit mit Vätern umreißen. Dazu kämen die professionellen Grundhaltungen Vätern gegenüber: die Überzeugungen, dass Väter sich so gut wie Mütter um Kinder kümmern können, dass Väter das Beste für Kinder wollen und dass Väter keine Beschulung brauchen, sondern Raum, um sich auszutauschen (vgl. Schäfer 2007). Baisch (2003) zeigt in seiner Studie zur Väterbildung in Hamburg, dass Väter sich vor allem angesprochen fühlen, wenn sie darauf hoffen können, konkrete Hilfen für den Umgang mit ihren Kindern zu erhalten. Ein weiteres Väter gewinnendes Thema ist laut Baisch die Vereinbarkeit von Familie und Beruf. Die Möglichkeit, sich mit anderen Vätern auszutauschen und exklusive Zeit mit dem Kind bzw. den Kindern und ohne Partnerin zu verbringen, motiviere Väter ebenfalls, an familienbildnerischen Angeboten teilzunehmen.

4 Wertebildung durch Väterarbeit

Gleichwürdigkeit, Integrität, Authentizität, Verantwortung und Gemeinschaft sind Juul (2010, 18) zufolge Werte, die Familien und Partnerschaften tragen. „Von diesem Fundament aus kann jeder seine individuellen philosophischen, religiösen, politischen, kulturellen und spirituellen Anschauungen entwickeln." (ebd.) Es geht also darum, einerseits als Familie ein gemeinsames Wertefundament zu entwickeln und zu leben und andererseits von diesem Fundament aus die eigene Rolle innerhalb des Systems Familie zu finden. Hier existieren insbesondere für „neue" Väter kaum Rollenmodelle, was die Väterarbeit noch dringlicher erscheinen lässt.

Wertebildung ist ein selbstaktiver Bildungsprozess und funktioniert auf der Basis von Beziehung. Die Stärkung der Beziehungs- und Erziehungskompetenz ist daher ein wichtiges allgemeines Ziel wertesensibler Erziehung und auch der Väterarbeit. Im Kompetenzforum Wertebildung wurden im Plenum und in Arbeitsgruppen Fragen zum Zusammenhang von Väterarbeit und Wertebildung diskutiert. Zwei Kernfragen wurden offenbar: Um welche Werte geht es in der Väterarbeit? Welches Profil hat wertesensibilisierende Väterarbeit? Die beiden Fragen sind analytisch nicht ganz klar voneinander abzugrenzen und können daher im Folgenden nur schematisch skizziert werden.

a) Um welche Werte geht es in der Väterarbeit?[3]

Die Väterarbeit möchte Vätern Raum, Zeit und Anregung geben, ihre eigene Person sowie ihre Erfahrungen, Wünsche und Vorstellungen bezogen auf Partnerinnen, Kinder und die Familie als Ganzes zu reflektieren. Reflexionen können in jeder Form und zu allen Gelegenheiten stattfinden, ob spontan im Austausch mit anderen Vätern oder in einer Beratung. Auf der Mikrobene bezieht sich Väterarbeit also in erster Linie auf soziale Werte, Erziehungs*ziele* und Erziehungs*stile*.

Professionelle Arbeit zur Stärkung der Beziehung zwischen Vätern und Kindern basiert auf den Grundsätzen professioneller Beratungsarbeit. Dazu zählen zum Beispiel die Prinzipien Wahrnehmung und Wertschätzung, Empathie und Toleranz. Hinzu kommen alle Themen, Werte, Fragen, die für die Väter wichtig sind. Väter (und Mütter natürlich auch) sind „Meister der Kniebeuge" (Thomä 2009): Sie müssten einerseits über die Fähigkeit verfügen, auf Augenhöhe mit ihren Kindern zu interagieren, und andererseits über die Kompetenz, Kinder zu führen (ebd.; vgl. auch Juul 2010, 129–166). In dieser Bewegung seien alle wichtigen Werte enthalten, ohne sie einzeln aufzählen zu müssen. Der Wert der väterlichen Erziehung ist es, dass der Vater sein Kind erzieht und versorgt und so Kind, Familie und Gesellschaft zeigt, dass dies normal und selbstverständlich ist für einen Mann.

Auf einer strukturellen Ebene ist es Ziel der Väterarbeit, für Väter relevante gesellschaftliche und politische Entwicklungen aus ihrer Perspektive zu reflektieren und ihre jeweilige Sicht einzubringen. Hier sind insbesondere die Werte *Gleichstellung von Männern und Frauen in der Erziehung* (auch in der Zuschreibung von Erziehungskompetenz) und *Bedeutung von Vätern für die kindliche Entwicklung* wichtig, die beide je nach Anlass ausdifferenziert werden könnten.

b) Eckpunkte eines Profils wertesensibilisierender Väterarbeit?

In der Praxis der wertesensibilisierenden Arbeit geht es um das *Was* (welche Werte sollen erlebbar gemacht werden?) und um das *Wie* (wie können Werte erlebbar gemacht, Reflexion und Sensibilisierung angeregt und unterstützt werden?). Viele Einrichtungen, die am Projekt „Wertebildung in Familien“ teilgenommen haben, legten auf die Arbeit mit Vätern besonderes Gewicht. Insbesondere erlebnispädagogische Ansätze wie Wochenenden, Zeltlager und Kletteraktionen, teilweise auch mit explizit interkultureller Ausrichtung, erwiesen sich als geeignet, Väter und Kinder gleichermaßen anzusprechen.[4]

Im Kompetenzforum Wertebildung wurden weitere Fragestellungen zur wertesensibilisierenden Väterarbeit aufgegriffen. Ein wichtiges Problem in der Arbeit mit Vätern, so zeigen die Erfahrungen aus der Praxis übereinstimmend mit den Befunden der Forschung, ist noch immer, Zugänge zu ihnen zu finden. Die Fachkräfte hielten es vor allem für wichtig, Väter in den ersten Lebensjahren der Kinder, auch Elternzeitväter, zu erreichen.

Ein weiterer thematischer Schwerpunkt war die Frage, ob und wenn ja wie Väterarbeit mit gewalttätigen Vätern in von Gewalt geprägten familialen Milieus aussehen und gelingen könnte. Einig waren sich die Praktikerinnen und Praktiker, dass eine solche Väterarbeit nicht in den Räumen der Familienbildung stattfinden sollte, sondern zum Beispiel aufsuchenden Charakter haben müsste. Neben naheliegenden Empfehlungen wie Aktivierung von Netzwerken und Abbau von Tabus wurde mehr Männerengagement für den familiären und sozialen Frieden als probates Mittel gegen männliche Gewalt in Familien eingeschätzt, und es wurden Vorschläge erarbeitet, wie insbesondere durch effektive Kooperationen ein solches Engagement unterstützt werden könnte.

„Eltern sind wir überall, egal in welchem Land“, so lautete das Fazit der Arbeitsgruppe, die sich mit interkultureller Öffnung der Väterarbeit beschäftigte. Die Fachkräfte gelangten zu der Einschätzung, dass Familienbildung noch stärker für den Wert von Familie und von Interkulturalität sensibilisieren und sich noch stärker auf Väter einlassen müsse. Neben den sich aus der Praxis ergebenden Kooperationsmöglichkeiten wurde insbesondere der Stellenwert einer entsprechenden Öffentlichkeitsarbeit herausgearbeitet, hierbei erhielt die Nutzung nichtdeutscher Medien für interkulturelle Väterarbeit einen besonderen Stellenwert.

5 Ausblick

Professionelle Väterarbeit konnte sich zwischenzeitlich auf breiter Ebene etablieren, ihre Relevanz ist unstrittig. Allerdings fehlt es noch an Zugängen zu Vätern, insbesondere aus benachteiligten Milieus, sowie an passgenauen Konzepten für die pädagogische und soziale Arbeit. Diese zu entwickeln bzw. weiterzuentwickeln, war eines der Ziele im Projekt „Wertebildung in Familien" und wird in der Väterforschung in den nächsten Jahren Aufgabe bleiben.

Kurzbiografie

Dr. Annegret Erbes

Jahrgang 1966, 1989 bis 1992 Studium Sozialarbeit, Abschluss Diplom-Sozialarbeiterin (FH). Tätigkeiten in verschiedenen Feldern Sozialer Arbeit. 1995 bis 2000 berufsbegleitend Aufbaustudium Erziehungswissenschaft; Abschluss: Diplompädagogin. 2001 bis 2006 wissenschaftliche Mitarbeiterin an der Pädagogischen Hochschule Freiburg, 2006 bis 2008 am Forschungsinstitut für Bildungs- und Sozialökonomie Berlin, Promotion 2007 an der Pädagogischen Hochschule Freiburg. Seit 2004 Mitglied der Redaktion der Freiburger Zeitschrift für GeschlechterStudien (Zentrum für Anthropologie und Gender Studies der Albert-Ludwigs-Universität Freiburg), seit 2009 Koordinatorin im Projekt „Wertebildung in Familien" (gefördert vom Bundesministerium für Familie, Senioren, Frauen und Jugend in Kooperation mit dem Deutschen Roten Kreuz Generalsekretariat).

erbesa@drk.de

Anmerkungen

1 Dieser Beitrag ist die gekürzte und leicht bearbeitete Fassung des bereits 2011 auf der Projekthomepage www.wertebildunginfamilien.de veröffentlichten Beitrags „Väterarbeit: Ergebnisse empirischer Forschung, Väterarbeit in der Familienbildung und Eckpunkte wertesensibilisierender Arbeit mit Vätern in der pädagogischen Praxis". http://www.wertebildunginfamilien.de/tl_files/fotos/Dokumente/Praesentationen%20Texte%20etc/Erbes_Endversion_Vaetertext_24042013.pdf (11.03.2013)

2 Im Projektgremium Kompetenzforum Wertebildung trafen sich die teilnehmenden Fachkräfte zur gemeinsamen theoretisch gestützten Reflexion und Weiterentwicklung der wertesensibilisierenden Praxis. Im Februar 2011 fand in Bonn ein Treffen zur Weiterentwicklung und Reflexion der wertesensibilisierenden Väterarbeit statt. Eberhard Schäfer vom Väterzentrum Berlin war als Experte eingeladen und hat die Entstehung dieses Textes begleitet (vgl. Schäfer/Richter 2007; Schäfer/Abou-Dakn/Wöckel 2008).

3 Die Aussagen zur Teilfrage a) stammen von Eberhard Schäfer vom Väterzentrum Berlin; vgl. Anmerkung 2.

4 Vgl. das Angebotsmanual auf der Projekthomepage www.wertebildunginfamilien.de.

Literatur

Alt, Christian/Lange, Andreas/Zerle, Claudia (2008): Kinder und ihre Väter: zwei Sichtweisen auf eine Familie? In: DJI-Bulletin 83/84, Nr. 3, 4/2008, S. 21–23.

Baisch, Volker (2003): Modellprojekt Väterbildung an Hamburger Elternschulen und Familienbildungsstätten. Herausgeber: Behörde für Soziales und Familie in Hamburg. Hamburg.

BMFSFJ (Hrsg.) (2006): Facetten der Vaterschaft. Perspektiven einer innovativen Väterpolitik. Berlin.

Bullinger, Hermann (1999): Väter auf der Suche nach Orientierung. In: GfG-Rundbrief 1/99, S. 7–18.

Cyprian, Gudrun (2007): Väterforschung im deutschsprachigen Raum – ein Überblick über Methoden, Ergebnisse und offene Fragen. In: Mühling, Tanja/Rost, Harald (Hrsg.), Väter im Blickpunkt. Perspektiven der Familienforschung. Opladen/Farmington Hills, S. 23–48.

Döge, Peter (2006): Männer als aktive Väter. Studie zum Rollenwandel von Männern in der Bundesrepublik Deutschland. IAIZ-Schriftenreihe, Bd. 4. Berlin.

Fthenakis, Wassilios E. (2001): Die Rolle des Vaters. Forschungsergebnisse und Perspektiven für eine neue Familienpolitik. In: Rohr, Richard et al. (Hrsg.), Vater, Sohn und Männlichkeit. Innsbruck/Wien, S. 77–99.

Fthenakis, Wassilios E./Minsel, Beate (2002): Die Rolle des Vaters in der Familie. Schriftenreihe des Ministeriums für Familie, Senioren, Frauen und Jugend, Bd. 213. Stuttgart.

Fthenakis, Wassilios E. et al. (1999): Engagierte Vaterschaft. Eine sanfte Revolution in der Familie. Opladen.

Gesterkamp, Thomas (2007): Männer zwischen Laptop und Wickeltisch. In: Mühling, Tanja/Rost, Harald (Hrsg.), Väter im Blickpunkt. Perspektiven der Familienforschung. Opladen/Farmington Hills, S. 97–113.

Heitkötter, Martina/Thiessen, Barbara (2009): Familienbildung: Entwicklungen und Herausforderungen. In: Mertens, Gerhard et al. (Hrsg.), Handbuch der Erziehungswissenschaft. Bd. III/1: Familie – Kindheit – Jugend – Gender. Paderborn, S. 423–436.

hessenstiftung (Hrsg.) (2012): Studie „Wertvolle Väter", durchgeführt von der IGS Organisationsberatung GmbH im Auftrag der hessenstiftung – familie hat zukunft. Bensheim.

Juul, Jesper (2010): Was Familien trägt. Werte in Erziehung und Partnerschaft. Ein Orientierungsbuch. Weinheim/Basel.

Krok, Isabelle/Zerle, Claudia (2008): Was wünschen sich junge Männer und junge Väter von Politik und Arbeitgebern? In: DJI-Bulletin 83/84, Nr. 3,4/2008, S. 16–19.

Krüger-Potratz, Marianne (2005): Interkulturelle Bildung. Eine Einführung. Münster.

Lamb, Michael (2010): How Do Fathers Influence Children's development? Let me Count the Ways. In: ders. (Hrsg.), The Role of the Father in Child Development. Hoboken, NJ., S. 1–26.

Mengel, Melanie (2007): Familienbildung mit benachteiligten Adressaten. Eine Betrachtung aus andragogischer Perspektive. Wiesbaden.

Mühling, Tanja (2007): Wie verbringen Väter ihre Zeit? Männer zwischen ‚Zeitnot' und ‚Qualitätszeit'. In: Mühling, Tanja/Rost, Harald (Hrsg.), Väter im Blickpunkt. Perspektiven der Familienforschung. Opladen/Farmington Hills, S. 115–160.

Mühling, Tanja/Rost, Harald (2007): Einleitung. In: dies. (Hrsg.), Väter im Blickpunkt. Perspektiven der Familienforschung. Opladen/Farmington Hills, S. 9–21.

Petri, Horst (1999): Das Drama der Vaterentbehrung. Chaos der Gefühle – Kräfte der Heilung. Freiburg/Basel/Wien.

Schäfer, Eberhard (2007): Familienbildung muss vätergerecht werden. Frühe Kindheit 3/07. http://www.liga-kind.de/fruehe/307_schaefer.php (15.07.2011).

Schäfer, Eberhard/Richter, Robert (2007): Das Papa-Handbuch. Alles, was Sie wissen müssen zu Schwangerschaft, Geburt und dem ersten Jahr zu dritt. München.

Schäfer, Eberhard/Abou-Dakn, Michael/Wöckel, Achim (Hrsg.) (2008): Vater werden ist nicht schwer? Zur neuen Rolle des Vaters rund um die Geburt. Gießen.

Schier, Michaela/Jurczyk, Karin (2007): „Familie als Herstellungsleistung" in Zeiten der Entgrenzung. In: Aus Politik und Zeitgeschichte 34/2007, S. 10–17. http://www.bpb.de/apuz/30290/familie-als-herstellungsleistung-in-zeiten-der-entgrenzung?p=all (01.03.2013).

Thomä, Dieter (2009): Der Vater – ein Meister der Kniebeuge. Ein Plädoyer für aktive Vaterschaft. Frühe Kindheit 1/09. http://liga-kind.de/fruehe/109_thomae.php (01.03.2013).

Tunç, Michael (2010): Alles fremd und doch auch ähnlich? Väter mit Migrationshintergrund. In: Frühe Kindheit: Väter in neuer Verantwortung. Dokumentation der Jahrestagung der Deutschen Liga für das Kind, 15.–16.10.2010 in München, Nr. 6/2010, S. 42–47.

Vaskovics, Lazlo/Rost, Harald (1999): Väter und Erziehungsurlaub. Schriftenreihe des Bundesministeriums für Familie, Senioren, Frauen und Jugend, Bd. 179. Stuttgart.

Verlinden, Martin (2008): Väter – Zaungäste oder Teilnehmer der Familienbildung. Vortrag im Bildungszentrum des Sächsischen Landesjugendamts am 03.06.2008 in Meissen.

Volz, Rainer/Zulehner, Paul M. (2009): Männer in Bewegung. Zehn Jahre Männerentwicklung in Deutschland. Baden-Baden.

Walter, Heinz (2002): Deutschsprachige Väterforschung – Sondierungen in einem weiten Terrain. In: ders. (Hrsg.), Männer als Väter. Sozialwissenschaftliche Theorie und Empirie. Gießen, S. 13–78.

Walter, Heinz (2008): Väterforschung. In: DJI-Bulletin 83/84, Nr. 3,4/2008, S. 6–9.

Zerle, Claudia/Krok, Isabelle (2008): Null Bock auf Familie? Der schwierige Weg junger Männer in die Vaterschaft. Gütersloh.

Werte und Wertebildung in Kooperation von Eltern, Kita, Schule und Familienbildung

III. Kapitel

Familienbildung in Zusammenarbeit mit Eltern, Kindertageseinrichtungen und Schulen

Adelheid Smolka

Der vorliegende Beitrag befasst sich mit der Frage, wie Familienbildung, Eltern, Kindertageseinrichtungen und Schulen miteinander kooperieren können und welche Rolle Werte für diese Zusammenarbeit spielen. Dazu werden zunächst die spezifischen Rahmenbedingungen und Leitorientierungen der Familienbildung erläutert. Im Anschluss werden die wesentlichen Rahmenbedingungen für die Zusammenarbeit mit den genannten Partnern – Eltern einerseits und Kindertageseinrichtungen und Schulen andererseits – skizziert. Abschließend geht der Beitrag auf die Voraussetzungen und Bedingungen für eine gelingende interinstitutionelle und interprofessionelle Kooperation aus Sicht der Familienbildung ein.

1 Rahmenbedingungen und Leitorientierungen der Familienbildung

1.1 Rechtliche und strukturelle Rahmenbedingungen

Nach § 16 SGB VIII ist die Familienbildung eine Aufgabe der Kinder- und Jugendhilfe. Die Träger der öffentlichen Jugendhilfe sind verpflichtet, entsprechende Leistungen bereitzustellen. Dabei gilt – wie für alle Leistungen nach dem SGB VIII – das Subsidiaritätsprinzip. Es besagt, dass die öffentliche Jugendhilfe von eigenen Maßnahmen absehen soll, wenn freie Träger geeignete Angebote bereithalten. Sie ist nach § 79 SGB VIII jedoch verantwortlich für die Planung, Organisation und Sicherstellung eines bedarfs- und flächendeckenden Gesamtangebots an Familienbildung für alle Familien.

Ungeachtet ihrer klaren Verortung in der Kinder- und Jugendhilfe richtet sich die Familienbildung insbesondere an Eltern bzw. Erziehende. Deshalb ist neben dem SGB VIII auch die Erwachsenenbildung ein wichtiger Bezugspunkt. Sie leistet nicht zuletzt auch in methodischer und lerntheoretischer Hinsicht wertvolle Beiträge (Rupp/Mengel/Smolka 2010, 49). Zudem besitzen familienbildende Inhalte in vielen Einrichtungen der Erwachsenenbildung eine lange Tradition (Strätling 1990, 218).

Das Handlungsfeld der Familienbildung ist sowohl hinsichtlich seiner Inhalte und Themen als auch hinsichtlich seiner Organisationsstrukturen sehr vielfältig. Neben den klassischen Familienbildungsstätten, die sich aus den Mütterschulen als den ersten Formen institutionalisierter Familienbildung entwickelt haben, und den Einrichtungen der Erwachsenenbildung widmen sich eine ganze Reihe weiterer Einrichtungen in öffentlicher oder freigemeinnütziger Trägerschaft diesem Bereich. Ihre unterschiedlichen Strukturen und Schwerpunkte wirken sich auch in inhaltlicher bzw. normativer Sicht aus, da „alle Akteure, unabhängig von Größe, Reichweite und dem Grad ihrer Professionalität oder Institutionalisierung [...] für sich in Anspruch [nehmen], eine wertorientierende Familienbildung zu leisten" (Köser 2008, 8).

Entsprechend gibt es unterschiedliche Vorstellungen davon, was unter Familienbildung zu verstehen ist (Rupp/Mengel/Smolka 2010, 56–57). So lassen sich zum Beispiel Auffassungen von Familienbildung als „Optimierung elterlichen Erziehungsverhaltens" (Minsel 1999, 603) ausmachen, die auf ein *technologisches* Verständnis von Bildung hinweisen, das weniger die Interessen der Lernenden selbst als vielmehr die der Kinder bzw. der Gesellschaft in den Vordergrund stellt. Ein *humanistisches* Verständnis von Familienbildung setzt sowohl bei den Kindern als auch bei den Erwachsenen auf Entwicklung und Entfaltung und versteht sich als Aushandlungsprozess. Entsprechend hat Familienbildung die Aufgabe, „Alternativen für die Lebensführung als Orientierung zu vermitteln und Möglichkeiten der persönlichen Bewertung zu eröffnen, damit Familienmitglieder ihr Zusammenleben selbstverantwortet gestalten können" (BMFSFJ 1996, 15). Zudem soll sie „Gelegenheiten bieten, Erziehungsziele und -stile zu reflektieren, damit Eltern Verhaltenssicherheit gewinnen können" (ebd.). Einem weiteren, eher emanzipativ zu nennenden Verständnis von Familienbildung zufolge „begleitet und unterstützt [diese, Anm. A. S.] die Erziehungsverantwortlichen in ihren unterschiedlichen Lebenslagen, stärkt deren Ressourcen zur Gestaltung des Familienlebens und der Erziehung von Kindern" (Das Paritätische Bildungswerk 2003, 11). Sie agiert außerdem „in allen gesellschaftlichen Lebensbereichen mit dem Ziel, ein kinder- und familienfreundliches Umfeld zu schaffen" (ebd.).

1.2 Leitorientierungen

Ungeachtet ihrer strukturellen und inhaltlichen Heterogenität geht Familienbildung von folgenden zentralen Leitorientierungen aus (vgl. Rupp/Mengel/Smolka 2010, 59–60):

Familienbildung ist primärpräventiv: Grundlegende Ziele der Familienbildung sind die Förderung der Erziehungskompetenzen und die Stärkung der Beziehungen in den Familien. Dies schließt auch die Förderung von Alltagskompetenzen (wie zum Beispiel Haushaltsführung, Zeitmanagement, finanzielle Fragen oder Medienkompetenz) ein. Ein primärpräventiver Ansatz bedeutet in diesem Kontext, vorausschauend Unterstützung bei der allgemeinen Lebensbewältigung und insbesondere im Kontext der einzelnen Familienphasen zu leisten. Die Praxis stellt dies vor die Herausforderung, Eltern anzusprechen, die aktuell kein „richtiges Problem" haben. Da Familienbildung aber auch Familien mit Risiken oder Belastungen einbezieht, ergeben sich andererseits Übergänge zur Sekundärprävention und zur Intervention (Rupp/Mengel/Smolka 2010, 60).

Familienbildung ist ressourcenorientiert: Eltern und Erziehende verfügen über individuelle Stärken, Potenziale und Erfahrungen und möchten, dass diese wertgeschätzt und genutzt werden. Eine professionelle Unterstützung hilft ihnen dabei, ihre Ressourcen und Fähigkeiten im Erziehungsalltag zu entdecken, gezielt einzusetzen und auszubauen. Dies geschieht in der Familienbildung insbesondere durch die Förderung von Eigenaktivität und Selbsthilfe in Form von Empowerment (Rupp/Smolka 2006). Das Selbstvertrauen der Eltern und die Beziehung zu den Kindern werden gestärkt, wenn sich Mütter und Väter bei der Förderung ihrer Kinder als kompetent erleben können.

Familienbildung ist niedrigschwellig: Niedrigschwelligkeit als ein zentrales Konzept von Familienbildung bedeutet, die Angebote nicht nur thematisch, sondern auch organisatorisch und didaktisch so zu gestalten, dass sie für die jeweilige Zielgruppe ansprechend sind: Familienbildung ist demnach niedrigschwellig, wenn sie bedarfsgerecht ist und sich an den Bedürfnissen und Wünschen der Adressaten orientiert, deren Lebenssituation in den Blick nimmt und Eltern als Expertinnen und Experten in eigener Sache wertschätzt; und sie ist niedrigschwellig, wenn sie an Orten unterbreitet wird, die Familien kennen und gerne aufsuchen (Rupp/Mengel/Smolka 2010, 223–236).

1.3 Familienbildung als Kooperationsaufgabe

Die Familienbildung gibt es also nicht. Familienbildung ist ein sehr komplexes Handlungsfeld, dessen Rahmenbedingungen sich in der Praxis – und besonders auch in der Kooperation mit anderen Akteuren – immer wieder als Herausforderung erweisen:

- Innerhalb der Jugendhilfe gilt § 16 SGB VIII immer noch häufig als der „vergessene" Paragraf; die präventiven Aktivitäten und Leistungen der Familienbildung werden gegenüber anderen Aufgaben als nachrangig gesehen.
- Im Unterschied zu anderen Bereichen der Jugendhilfe hat Familienbildung keine eigene „fachliche Tradition" (Merchel 2010, 198), die als gemeinsamer fachlicher Bezugspunkt der hier tätigen Träger und Einrichtungen genutzt werden könnte.
- Die Position der Familienbildung zwischen Kinder- und Jugendhilfe und Erwachsenenbildung mit ihren je spezifischen Schwerpunkten und Förderprinzipien erschwert in der Praxis vor Ort eine integrierte Angebotsgestaltung.

Kooperation – ohne die Familienbildung kaum denkbar ist – ist auch im SGB VIII verankert. Hier setzt man explizit auf vernetzte Strukturen und verpflichtet in § 81 SGB VIII allgemein alle institutionellen Akteure zur strukturellen Zusammenarbeit. In § 22 a Abs. 2 SGB VIII wird diese Kooperationsverpflichtung für Kindertageseinrichtungen konkretisiert und auch auf Eltern und Erziehungsberechtigte bezogen. Die Zusammenarbeit zwischen institutionellen Akteuren als Anbietern und individuellen Akteuren als Nachfragern bzw. Nutzern von Familienbildung ist analytisch jedoch von jener Kooperation zu unterscheiden, die zwischen professionellen bzw. institutionellen Akteuren stattfindet.

2 Eltern, Kindertageseinrichtungen und Schulen als Kooperationspartner

2.1 Eltern als Zielgruppe der Jugendhilfe

Im System der Kinder- und Jugendhilfe kommen Eltern „in sehr unterschiedlichen und teilweise widersprüchlichen Rollen vor" (Krüger 2012, 79). Nach herrschender Auffassung ist Jugendhilfe, so Krüger, derjenige „Bereich der Erziehung, der nicht Schule oder Familie ist, oder anders ausgedrückt: Jugendhilfe realisiert die Erziehungsansprüche junger Menschen, die durch Elternhaus, Schule und berufliche Bildung allein nicht sichergestellt werden oder erst durch deren Versagen entstehen" (ebd., 76). Insofern seien Eltern gegenüber der Jugendhilfe häufig „als Personensorgeberechtigte Anspruchsinhaber für Hilfen zur Erziehung, mit denen vornehmlich ihre Kinder unterstützt werden" (ebd.). Diese Ansprüche setzten sie notfalls auch gegen den öffentlichen Jugendhilfeträger durch. Insbesondere wenn es um Fragen der Kindeswohlgefährdung geht, würden Eltern nicht selten auch zu Gegnern der Jugendhilfe (ebd.). Krüger kommt zu dem Ergebnis, dass Eltern als eigenständige Zielgruppe der Jugendhilfe nur in den §§ 16 ff. SGB VIII, also im Zusammenhang mit Familienbildung und -beratung, erwähnt werden.

2.1.1 Eltern als individuelle Akteure und als Koproduzenten von Familienbildung

Im Unterschied zu Einrichtungen und Organisationen treten Eltern und Familien der Familienbildung als individuelle Akteure gegenüber. Das sich ergebende Verhältnis zwischen ihnen und den Anbietern von Familienbildung entspricht ganz allgemein zunächst dem Grundmuster von personenbezogenen sozialen Dienstleistungen. Zu deren zentralen Merkmalen gehört das „Uno-actu-Prinzip", nach dem das Produkt in einem gemeinsamen Prozess zwischen Anbieter und Nachfrager erstellt wird (Kessl/Otto 2011, 390). Zudem gilt: „Dialog und Koproduktion sind wesentliche Grundprinzipien von psychosozialer Hilfe." (Widulle 2012, 58) Das angestrebte Ergebnis – in der Familienbildung beispielsweise die Förderung der elterlichen Erziehungskompetenz – kann nur bei gleichzeitiger Präsenz und durch aktive Mitwirkung der Eltern oder Erziehenden selbst erreicht werden.

2.1.2 Bedingungen für die Koproduktion von Familienbildung

Der Prozess der Koproduktion von Familienbildung ist vonseiten der Eltern dadurch gekennzeichnet, dass diese grundsätzlich freiwillig an den entsprechenden Angeboten teilnehmen und keine spezifischen Anspruchsvoraussetzungen nachweisen müssen. Aufgrund ihrer heterogenen Lebenslagen, Familienphasen und Milieuzugehörigkeiten haben die Eltern nicht nur vielfältige Erfahrungen und Interessen (vgl. Mühling/Smolka 2007), sondern bringen auch unterschiedliche Erwartungen und Wertorientierungen mit.

Vonseiten der Familienbildung ist zu berücksichtigen, dass ihr wie allen Bereichen der Sozialen Arbeit ein bestimmtes Menschenbild zugrunde liegt (Widulle 2012) und dass jedes Familienbildungsangebot ein Bild vom „Zustand" von Familie enthält – wenn auch häufig nur implizit (Rupp/Mengel/Smolka 2010, 43). Dabei überwiegen negative Bewertungen im Sinne von Problemen und Krisen (Pettinger/Rollik 2005, 19). Doch die Frage, als wie funktionsfähig, unterstützungsbedürftig oder auch defizitär Familie wahrgenommen wird, „hat unmittelbare Konsequenzen für die Planung, Durchführung und Bewertung organisierter Lernprozesse mit dieser Zielgruppe" (Schiersmann/Thiel 1981, 22). Insofern enthält Familienbildung immer normative Elemente. Sie muss sich also diesbezüglich verorten und die eigene Position reflektieren (Rupp/Mengel/Smolka 2010, 43). Dazu bedarf es auch eines fachlich reflektierten Begriffs von „Erziehung, die ohne eine Vorstellung vom Soll-Zustand nicht auskommt" (ebd.).

Familienbildung reduziert Mütter und Väter nicht auf ihre Funktion als Erziehende, sondern nimmt sie als erwachsene Lernende wahr, die in vielfältige Lebenszusammenhänge eingebunden sind. Es gehört zu den wesentlichen Anforderungen an Bildungsprozesse mit Erwachsenen, die jeweiligen Vorstellungen und Orientierungen zum Gegenstand von Reflexion zu machen und sich auf Austausch und Aushandlungsprozesse einzulassen (Rupp/Mengel/Smolka 2010, 41–43). Vor diesem Hintergrund betont auch der Deutsche Verein für öffentliche und private Fürsorge (2007, 11) eine wertschätzende und anerkennende Haltung gegenüber Eltern und den vielfältigen Erscheinungsformen von Familie sowie das Erkennen und die Aktivierung vorhandener Ressourcen als Grundbedingungen für die Zusammenarbeit mit Eltern. Zum einen tragen geteilte Überzeugungen und Orientierungen zum Gelingen von Koproduktionsprozessen bei und zum anderen entsteht durch die Anerkennung subjektiver Erfahrungswelten grundlegender Respekt voreinander (Widulle 2012).

Eltern agieren in der Familienbildung auch selbst als Gestalter und Anbieter, beispielsweise im Rahmen von Eltern- und Selbsthilfeinitiativen. Im Sinne eines partizipativen Ansatzes bemühen sich zudem zahlreiche Konzepte, Mütter und Väter in die konkrete Umsetzung einzubeziehen, zum Beispiel zur Kontaktaufnahme oder als Begleitung für andere Eltern.

2.2 Kindertageseinrichtungen und Schulen als institutionelle Kooperationspartner

Während Eltern also immer (individuelle) Koproduzentinnen und Koproduzenten von Familienbildung als sozialer Dienstleistung sind, unabhängig davon, wo diese stattfindet oder wer sie anbietet, ist das Verhältnis zwischen Familienbildung und Kindertageseinrichtungen bzw. Schulen als organisationalen Akteuren durch andere Bedingungen charakterisiert. Eine Kooperation zwischen institutionellen bzw. organisationalen Akteuren muss nicht nur die individuelle Ebene in den Blick nehmen, sondern auch strukturelle und organisationsbezogene Rahmenbedingungen und Restriktionen berücksichtigen.

Van Santen/Seckinger haben herausgearbeitet, dass interinstitutionelle Kooperation und Vernetzung immer „durch die Gleichzeitigkeit mehrerer Beziehungsebenen gekennzeichnet" sind (van Santen/Seckinger 2005, 211). So bestehen immer Beziehungen zwischen

- den kooperierenden Organisationen,
- den kooperierenden Personen und ihrer Herkunftsorganisation,
- den kooperierenden Personen und dem Netzwerk,
- den kooperierenden Organisationen und dem Netzwerk sowie
- den jeweils kooperierenden Personen untereinander.

Diejenigen Personen, die die unterschiedlichen Organisationen vertreten, haben dabei eine zentrale Bedeutung: Zum einen müssen sie zwischen den Interessen des Netzwerks und denjenigen ihrer Herkunftsorganisation vermitteln, zum anderen agieren sie gleichzeitig als Individuum sowie als Vertretung ihrer Organisation. Dabei stimmen die jeweiligen Ziele und Handlungskontexte nicht unbedingt überein (ebd.). „Eine gelingende Kooperation erfordert jedoch eine Zielkongruenz zwischen der Herkunftsorganisation und deren VertreterIn." (ebd., 213)

2.2.1 Merkmale und Rahmenbedingungen

Kindertageseinrichtungen gehören wie die Familienbildung in den Aufgabenbereich der Kinder- und Jugendhilfe und sind insofern Teil desselben Systems. Ihr Förderungsauftrag umfasst Erziehung, Bildung und Betreuung des Kindes und bezieht sich auf dessen soziale, emotionale, körperliche und geistige Entwicklung (§ 22 Abs. 1 SGB VIII). In Ablösung der traditionellen Elternarbeit wird in der Zusammenarbeit zwischen Eltern und Erzieherinnen und Erziehern als „Erziehungspartnerschaft“ bzw. als „Ko-Konstruktion“ heute die Gleichberechtigung beider Seiten in der (gemeinsamen) Erziehung und Förderung des Kindes betont (Thiersch 2006, 87). Für Erzieherinnen und Erzieher ist damit eine tiefgreifende Veränderung ihres Berufsbildes verbunden, die eine Reflexion ihrer beruflichen Rolle sowie ihrer Sicht auf die Eltern „fort vom frontalen Blick auf die Eltern, hin zum Schulterschluss mit den Eltern“ (Vorholz/Mienert 2007, 8) erfordert. Erzieherinnen und Erzieher, von denen sich viele ursprünglich für diesen Beruf entschieden hatten, weil sie mit Kindern arbeiten wollten (ebd., 14), müssen heute in einem komplexen Geflecht aus ökonomischem Dienstleistungsverhältnis, vertrauensvoller Erziehungspartnerschaft mit Erwachsenen und organisationsbezogenen Entwicklungsprozessen agieren.

Für die Familienbildung sind Kindertageseinrichtungen wichtige Kooperationspartner, da sie einen breiten Zugang zu Eltern aller sozialen Schichten haben. 93 Prozent aller Kinder im Alter von drei bis fünf Jahren besuchen in Deutschland eine Kindertageseinrichtung (Statistisches Bundesamt 2012).[1] Die besonderen Vorzüge des institutionellen Settings der Kindertageseinrichtungen beschreibt Diller folgendermaßen:

> Das tägliche Abholen und Bringen der Kinder ermöglicht eine kontinuierliche, selbstverständliche Anwesenheit der Eltern, die nicht begründet werden muss. Wenn man bedenkt, dass Eltern in der Regel über einen Zeitraum von drei oder mehr Jahren kontinuierlich in die Einrichtung kommen, wird deutlich, welche ‚Beziehungsqualitäten‘ aufgebaut werden können und welchen präventiven Stellenwert die Kindertageseinrichtungen prinzipiell haben. (Diller 2005, 18)

Diese positive Einschätzung korrespondiert mit der Sicht der Eltern, die Erzieherinnen und Erzieher als bedeutsame und vertrauenswürdige Ansprechpersonen in Erziehungsfragen schätzen (Mühling/Smolka 2007).

Die Kooperation zwischen Familienbildung und Kindertageseinrichtungen wird seit Längerem in zahlreichen Projekten erprobt und weiterentwickelt. Kindertageseinrichtungen werden zu Orten für Kinder und Familien und zu Eltern-Kind- bzw. Familien-Zentren ausgebaut, wobei es insbesondere um eine stärkere Öffnung der Einrichtung, um Familienorientierung und Vernetzung geht (Diller 2005; Schlevogt 2012).

Familienbildung und *Schulen* folgen aufgrund ihrer Zugehörigkeit zu unterschiedlichen gesellschaftlichen Teilsystemen vollkommen unterschiedlichen Handlungslogiken. Das Bildungssystem in der Verantwortung der Schulverwaltung hat eine ausgeprägte Differenzierungs- bzw. Selektionsfunktion, und Schule ist dafür verantwortlich, „gesellschaftlich anerkannte Normen und Werte zu vermitteln und damit zur Stabilisierung der Gesellschaft beizutragen" (Böllert 2008, 19). Strukturell gesehen ist Schule ein in sich geschlossenes System „mit einem eigenen Erziehungs- und Bildungsauftrag und ein vornehmlich am Unterricht ausgerichteter Lernort" (Deutscher Verein für öffentliche und private Fürsorge 2001, II.3. Abs. 1). Lehrkräfte werden in ihrer Ausbildung kaum auf Elternarbeit vorbereitet und sehen sich vielfach als „reine Unterrichtsexperten" (Uhlendorff 2009, 29). Entsprechend ist die Elternarbeit „viel zu einseitig auf das Geschehen in der Schule und kaum auf die Unterstützung der Familien ausgerichtet" (Sacher 2012, 241). Zurückgeführt wird das problematische Verhältnis zwischen Schule und Eltern zudem auf konkurrierende Rollenerwartungen, Wertvorstellungen und pädagogische Orientierungen (Bauer 2006, 112).

Das Verhältnis zwischen Schule und Jugendhilfe (und somit auch der Familienbildung) wird im Zwölften Kinder- und Jugendbericht als ein historisch und strukturell bedingtes „Nicht-Verhältnis" (BMFSFJ 2005, 293) bezeichnet. Aus Sicht der Familienbildung wäre eine Kooperation jedoch sinnvoll, da Schulen – ebenso wie Kindertageseinrichtungen, aber noch weitaus länger als diese – alle Kinder und Jugendlichen und damit potenziell auch deren Eltern erreichen (Stange 2012, 523). Sie entwickelt daher mittlerweile selbst Konzepte für die Zusammenarbeit und geht aktiv auf Schulen zu (zum Beispiel LAG Familienbildung NRW 2012).

Insgesamt zeigen die Ausführungen, dass die Akteure Familienbildung, Kindertageseinrichtungen und Schulen sich in ihrer Wahrnehmung der Eltern deutlich unterscheiden und die Zusammenarbeit von Kindertageseinrichtungen bzw. Schulen einerseits und Familienbildung andererseits unterschiedlich weit entwickelt ist.

2.2.2 Begründungen und Anknüpfungspunkte für eine Zusammenarbeit zwischen Familienbildung, Kindertageseinrichtungen und Schulen

Begründungen für die Notwendigkeit einer Zusammenarbeit von Familienbildung, Kindertageseinrichtungen und Schulen finden sich auf verschiedenen Ebenen. Im Sinne der Bedarfsorientierung der Familienbildung ist eine Zusammenarbeit mit Kindertageseinrichtungen und Schulen zielführend, weil Eltern Erzieherinnen und Erzieher sowie Lehrkräfte als Ansprechpersonen in Erziehungsfragen schätzen, weil Kindertageseinrichtungen und Schulen zu den Orten gehören, „an denen sich Eltern nicht nur häufig aufhalten, sondern an denen sie sich auch explizit mehr familienbildende Angebote wünschen" (Mühling/Smolka 2007, 64) und weil vielen Eltern schulbezogene Fragen besonders auf den Nägeln brennen (ebd., 26).

Auch für die Auseinandersetzung mit Werten wird der Kooperation zwischen den verschiedenen Bildungsorten maßgebliche Bedeutung zugemessen:

> Was als Elemente eines guten Lebens angesehen, wie mit Wertekonflikten umgegangen und wie Wertebildung ermöglicht wird, hängt von einer Vielzahl von Rahmenbedingungen ab, die institutionenübergreifend, lebensphasen- und lebenslagenbezogen arrangiert werden müssen. Im Rahmen abgestimmter Gesamtkonzepte von Jugendhilfe, Schule, Familie und anderen Partnern lässt sich dies eher realisieren als in segmentierten Veranstaltungen ohne Alltags-, Lebenswelt- und Gegenstandsbezug. (Müller 2010, 300)

Strukturelle Anknüpfungspunkte für eine Kooperation zwischen Schule und Familienbildung werden beispielsweise im Kontext des Ausbaus von Schulen zu Ganztagseinrichtungen gesehen (Jugendministerkonferenz 2003). Inhaltlich naheliegend für eine breite Zusammenarbeit der Akteure sind Bildungsübergänge, beispielsweise der Übergang vom Kindergarten in die Grundschule (Schefels 2012), da aus der Transitionsforschung bekannt ist, dass hier nicht nur von den Kindern, sondern auch von den Eltern bzw. der ganzen Familie Anpassungsleistungen erbracht werden müssen (Griebel/Niesel 1999).

Grundsätzlich gehört die Familienbildung, so die Auffassung des Zwölften Kinder- und Jugendberichts, „als Schnittstelle zu Kindertageseinrichtungen und Schulen in ein kohärentes Bildungssystem" (BMFSFJ 2005, 226). Und zu einer präventiven Elternunterstützung im Sinne der Familienbildung ist „ein umfassendes Konzept der Elternansprache, der Elterngewinnung, der Elternbildung, der Information und der Beratung" vonnöten (Deutscher Verein für öffentliche und private Fürsorge 2007, 11).

3 Voraussetzungen und Bedingungen für interinstitutionelle und interprofessionelle Kooperation aus Sicht der Familienbildung

Welche Voraussetzungen und Bedingungen sollten nun aus Sicht der Familienbildung gegeben sein, damit Kooperation und Vernetzung mit Kindertageseinrichtungen und Schulen sowie anderen institutionellen Akteuren (besser) gelingen kann?

Alle Kooperationspartner brauchen (mehr) Wissen übereinander: Um Vorurteile, Ängste und möglicherweise auch unrealistische Erwartungen abzubauen, ist es unerlässlich, dass alle Kooperationspartner über die anderen Einrichtungen und deren Strukturen, Rahmenbedingungen, Aufgabenbereiche und Handlungslogiken Bescheid wissen. Denn den Fachkräften in Kindertageseinrichtungen und Schulen ist die Arbeitsweise des Jugendamts bzw. der Familienbildung häufig nicht bekannt (Fröhlich-Gildhoff/Kraus-Gruner 2011, 211). Folglich wird auch das Potenzial für eigene Entlastung bzw. Unterstützung durch eine Kooperation mit der Familienbildung als kompetentem Partner für die Arbeit mit Eltern und anderen Erziehungsberechtigten nicht gesehen. Denkbar sind zum Beispiel entsprechende Qualifizierungsmaßnahmen sowie Angebote (gemeinsamer) Fortbildung (Thimm 2008).

Aus der Zusammenarbeit muss sich ein Nutzen ergeben: Eine Zusammenarbeit wird nur dann mit Engagement verfolgt werden, wenn alle Beteiligten für sich bzw. ihre Organisation einen Nutzen darin sehen. Dieser Nutzen kann für jede Seite ganz unterschiedlich ausfallen (Mutschler 1998). So können sich für die Familienbildung aus einer Zusammenarbeit mit Kindertageseinrichtungen erleichterte Zugänge zu bestimmten Elterngruppen ergeben, während pädagogische Fachkräfte wiederum von den spezifischen Kompetenzen der Familienbildung in der Arbeit mit Eltern profitieren können. Die Frage nach dem Nutzen einer Kooperation stellt sich für die Beteiligten auch vor dem Hintergrund, dass Vernetzungsarbeit in der Regel nicht zur „eigentlichen" Aufgabe gehört, sondern mit zusätzlichem Aufwand verbunden ist, der sich wiederum meist erst längerfristig auszahlt. Notwendig ist daher auch eine Bereitstellung entsprechender zeitlicher bzw. personeller Ressourcen von Trägerseite (Fröhlich-Gildhoff/Kraus-Gruner 2011).

Wesentlich ist ein wertschätzender Umgang auf Augenhöhe: Als elementare Voraussetzung für organisationsübergreifende Zusammenarbeit gilt, dass die Beteiligten ihr eigenes professionelles Selbstverständnis reflektieren, dieses gegenüber den Partnern kommunizieren und sich mit deren Professionalität auseinandersetzen. Kooperation lebt von Differenz, mit der aber auf wertschätzende Weise umgegangen werden muss. Im Kontext der Familienbildung treffen zudem nicht nur Personen aufeinander, die verschiedenen Professionen und Organisationen angehören, sondern die sich auch hinsichtlich ihrer Arbeitsverhältnisse unterscheiden. Kooperation erfordert daher die Bereitschaft zu einer Zusammenarbeit auf Augenhöhe – nicht nur zwischen unterschiedlichen Professionen, sondern auch zwischen haupt-, neben- und ehrenamtlich Tätigen.

Voraussetzung für Kooperation ist eine Reflexion der eigenen Begrifflichkeiten und normativen Vorstellungen: Es gibt keine wertfreie Erziehung oder Bildung, es geht immer um „Wertmaßstäbe für individuelle Lebensentscheidungen und gesellschaftliches Zusammenleben" (Müller 2010, 290). Gelingende Kooperation setzt voraus, dass sich die Beteiligten – individuell, aber auch als Organisation – mit den eigenen (normativen) Vorstellungen von Bildung und Erziehung auseinandersetzen. Denn eine Bestimmung dessen, was (Familien-)Bildung ist und was sie (beispielsweise in einer bestimmten Kommune) sein soll, ist untrennbar mit spezifischen Vorstellungen vom „zu bildenden" oder „sich bildenden" Gegenüber sowie von dem, was bei „Bildung" geschieht, geschehen kann und geschehen soll, verbunden (Rupp/Mengel/Smolka 2010, 56). Unabdingbar ist ein erweiterter Bildungsbegriff, der Bildung als ganzheitlichen und lebensbegleitenden Prozess begreift und neben formaler auch nonformale und informelle Bildung gleichberechtigt einschließt. Im Hinblick auf Familien und Eltern ist es nicht nur notwendig, deren heterogene Lebenslagen, Milieuzugehörigkeiten und Belastungssituationen als Tatsache in den Blick zu nehmen, sondern auch, die eigenen Bilder und normativen Vorstellungen in Bezug auf Elternschaft und Familie gemeinsam zu reflektieren.

Lokalperspektive und sozialräumliche Öffnung machen Kooperation zu einem gemeinsamen kommunalen Projekt: Der Ort, an dem Träger und Einrichtungen und die Lebenswelt(en) der Familien aufeinandertreffen, ist der Sozialraum. Hier (bzw. im Stadtteil, im Quartier oder in der Kommune) liegt folglich der gemeinsame Ansatzpunkt, denn der Sozialraum „bietet die Chance, ein Gesamtsystem von Bildung, Erziehung und Betreuung zu entwickeln und als tragende Struktur zu verankern" (Deutscher Verein für öffentliche und private Fürsorge 2007, 7). Welche Implikationen diese Perspektive beispielsweise für eine Schule hat, erläutert Deinet:

> Schule muss als Ort auch für Eltern in ganz anderer Weise erlebbar und gestaltbar sein, etwa in Form von Elterncafés, gemeinsamem Frühstück oder ähnlichen Angeboten, die auch Angebote von Jugendhilfe [genauer: der Familienbildung, A. S.] an Schulen sein können, die niedrigschwellig und gruppenorientiert sind. (Deinet 2012, 90)

Kooperation braucht strukturelle Verankerung: Soll Kooperation über kurzfristige anlassbezogene Kontakte und persönliche Bekanntschaften hinausgehen und zu einer längerfristigen Vernetzungsstruktur ausgebaut werden, muss sie strukturell und institutionell verankert werden. Zielführend ist die Entwicklung einer kommunalen Konzeption für die (Familien-)Bildungsarbeit mit den dort lebenden Familien sowie die Schaffung einer übergeordneten Instanz für die Koordination der (sozialräumlichen) Zusammenarbeit zwischen den Akteuren bzw. für die Weiterentwicklung der vorhandenen Angebots- und Kooperationsstrukturen (Rupp/Mengel/Smolka 2010; Stange 2012). Unterstützend wirkt ein entsprechender Beschluss von politischer Seite, der sich als gemeinsamer Auftrag an alle Akteure richtet.

Kurzbiografie

Dr. Adelheid Smolka

Studium der Soziologie, der Psychologie und der Sozialen Verhaltenswissenschaften an der Fernuniversität Hagen und an der Otto-Friedrich-Universität Bamberg. Seit 2000 wissenschaftliche Mitarbeiterin am Staatsinstitut für Familienforschung an der Universität Bamberg. Arbeitsschwerpunkte: Familiensoziologie, Strukturen und Konzepte der Eltern- und Familienbildung, Unterstützungsstrukturen für Familien in besonderen Lebenslagen, wissenschaftliche Begleitung von Praxisprojekten, qualitative Methoden der Sozialforschung.

adelheid.smolka@ifb.uni-bamberg.de

Anmerkungen

1 Bei Kindern mit Migrationshintergrund liegt die entsprechende Quote mit 87 Prozent etwas niedriger.

Literatur

Bauer, Petra (2006): Schule und Familie – Reflexionen zur Gestaltung einer schwierigen Partnerschaft. In: Bauer, Petra/Brunner, Ewald J. (Hrsg.), Elternpädagogik. Von der Elternarbeit zur Erziehungspartnerschaft. Freiburg, S. 107–128.

BMFSFJ (1996): Familienbildung als Angebot der Jugendhilfe. Aufgaben und Perspektiven nach dem Kinder- und Jugendhilfegesetz (Sozialgesetzbuch VIII). Schriftenreihe, Band 120. Stuttgart/Berlin/Köln.

BMFSFJ (2005): Zwölfter Kinder- und Jugendbericht. Berlin.

Böllert, Karin (2008): Bildung ist mehr als Schule – Zum kooperativen Bildungsauftrag von Familie, Schule, Kinder- und Jugendhilfe. In: Böllert, Karin (Hrsg.), Von der Delegation zur Kooperation. Bildung in Familie, Schule, Kinder- und Jugendhilfe. Wiesbaden, S. 7–32.

Das Paritätische Bildungswerk (Hrsg.) (2003): Innovation in der Familienbildung. Projekt zur Qualitätsentwicklung als Beitrag der Familienbildungsstätten in Nordrhein-Westfalen zum einrichtungsübergreifenden Wirksamkeitsdialog 2001–2004. Zwischenbericht über die Arbeitsergebnisse. Dortmund.

Deinet, Ulrich (2012): Lebenswelten als Bildungswelten. Gemeinwesen, Stadtteil, Sozialökologie von Lernen und Bildung. In: Stange, Waldemar et al. (Hrsg.), Erziehungs- und Bildungspartnerschaften. Grundlagen und Strukturen von Elternarbeit. Wiesbaden, S. 82–91.

Deutscher Verein für öffentliche und private Fürsorge e. V. (2001): Empfehlungen und Arbeitshilfe für den Ausbau und die Verbesserung der Zusammenarbeit zwischen Kinder- und Jugendhilfe mit der Schule. http://www.deutscher-verein.de/05-empfehlungen/empfehlungen_archiv/2000/pdf/Empfehlungen_und_Arbeitshilfe_fuer_den_Ausbau_und_die_Verbesserung_der_Zusammenarbeit_der_Kinder-und_Jugendhilfe_mit_der_Schule.pdf (19.12.2012).

Deutscher Verein für öffentliche und private Fürsorge e. V. (2007): Diskussionspapier des Deutschen Vereins zum Aufbau Kommunaler Bildungslandschaften. http://www.jena.de/fm/41/bildungslandschaften.pdf (19.12.2012).

Diller, Angelika (2005): Eltern-Kind-Zentren. Die neue Generation kinder- und familienfördernder Institutionen. Grundlagenbericht im Auftrag des BMFSFJ. München.

Fröhlich-Gildhoff, Klaus/Kraus-Gruner, Gabriele (2011): Familienbildung und Resilienzförderung durch Vernetzung in Kindertageseinrichtungen – Projekterfahrungen und -ergebnisse. In: Robert, Günther/Pfeifer, Kristin/Drößler, Thomas (Hrsg.), Aufwachsen in Dialog und sozialer Verantwortung. Wiesbaden, S. 203–215.

Griebel, Wilfried/Niesel, Renate (1999): Vom Kindergarten in die Schule: Ein Übergang für die ganze Familie. In: Bildung, Erziehung, Betreuung von Kindern in Bayern 1999, H. 2, S. 8–13.

Jugendministerkonferenz (2003): Stellenwert der Eltern- und Familienbildung – Stärkung der Erziehungskompetenz der Eltern. Beschluss der Jugendministerkonferenz am 22./23. Mai 2003. http://www.familienbildung.de/download/pdf/Jugendministerkonferenz%202003.pdf (19.12.2012).

Kessl, Fabian/Otto, Hans-Uwe (2011): Soziale Arbeit und soziale Dienste. In: Evers, Adalbert et al. (Hrsg.), Handbuch Soziale Dienste. Wiesbaden, S. 389–403.

Köser, Silke (2008): Werte in der Familienbildung. In: Bundesforum Familie (Hrsg.), Werte erlebbar machen im Miteinander der Generationen. Praxisbeispiele aus der Familienbildung. Berlin, S. 7–9.

Krüger, Rolf (2012): Das System Jugendhilfe heute und der Stellenwert von Eltern. In: Stange, Waldemar et al. (Hrsg.), Erziehungs- und Bildungspartnerschaften. Grundlagen und Strukturen von Elternarbeit. Wiesbaden, S. 76–81.

Landesarbeitsgemeinschaften der Familienbildung in NRW (Hrsg.) (2012): Familienbildung während der Grundschulzeit. Sorgsame Elternschaft „fünf bis elf". http://www.familienbildung-in-nrw.de/content/innovationsprojekte/familienbildung__schule (19.12.2012).

Merchel, Joachim (2010): Planung in den zentralen Leistungsfeldern der Kinder- und Jugendhilfe. In: Maykus, Stephan/Schone, Reinhold (Hrsg.), Handbuch Jugendhilfeplanung. Grundlagen, Anforderungen und Perspektiven. Wiesbaden, S. 189–219.

Minsel, Beate (1999): Eltern- und Familienbildung. In: Tippelt, Rudolf (Hrsg.), Handbuch Erwachsenenbildung, Weiterbildung. Opladen, S. 603–609.

Mühling, Tanja/Smolka, Adelheid (2007): Wie informieren sich bayerische Eltern über erziehungs- und familienbezogene Themen? Ergebnisse der ifb-Elternbefragung zur Familienbildung 2006 (ifb-Materialien 5-2007). Bamberg.

Müller, Heinz (2010): Wertebildung und kommunale Bildungslandschaften. In: Schubarth, Wilfried/Speck, Karsten/Lynen von Berg, Heinz (Hrsg.), Wertebildung in Jugendarbeit, Schule und Kommune. Wiesbaden, S. 289–304.

Mutschler, Roland (1998): Kooperation ist eine Aufgabe Sozialer Arbeit. In: Blätter der Wohlfahrtspflege 3+4/98, S. 49–52.

Pettinger, Rudolf/Rollik, Heribert (2005): Familienbildung als Angebot der Jugendhilfe. Rechtliche Grundlagen – familiale Problemlagen – Innovationen. http://www.bmfsfj.de/bmfsfj/generator/Publikationen/familienbildung/01-Redaktion/PDF-Anlagen/gesamtdokument,property=pdf,bereich=familienbildung,sprache=de,rwb=true.pdf (19.12.2012).

Rupp, Marina/Smolka, Adelheid (2006): Empowerment statt Pädagogisierung – Die Bedeutung niedrigschwelliger Konzepte für die Familienbildung. In: Bauer, Petra/Brunner, Ewald J. (Hrsg.), Elternpädagogik. Von der Elternarbeit zur Erziehungspartnerschaft. Freiburg, S. 193–214.

Rupp, Marina/Mengel, Melanie/Smolka, Adelheid (2010): Handbuch zur Familienbildung im Rahmen der Kinder- und Jugendhilfe in Bayern (ifb-Materialien 7-2010). Bamberg.

Sacher, Werner (2012): Erziehungs- und Bildungspartnerschaften in der Schule: zum Forschungsstand. In: Stange, Waldemar et al. (Hrsg.), Erziehungs- und Bildungspartnerschaften. Grundlagen und Strukturen von Elternarbeit. Wiesbaden, S. 232–243.

Schefels, Regine (2012): Bildungsbegleitung in der Eltern- und Familienbildung. Bedeutung, Stellenwert und Erfordernisse einer familienorientierten Bildungsbegleitung. http://www.elternchance.de/RedaktionBMFSFJ/RedaktionElternChance/Pdf-Anlagen/Wiss-Hintergrund-Elternchance,property=pdf,bereich=elternchance,sprache=de,rwb=true.pdf (19.12.2012).

Schiersmann, Christiane/Thiel, Heinz-Ulrich (1981): Leben und Lernen im Familienalltag. Ein situations- und handlungsorientiertes Didaktikmodell für den Bildungsurlaub mit Familien. Frankfurt a. M.

Schlevogt, Vanessa (2012): KiFaz, Eltern-Kind-Zentrum oder Haus der Familie. In: Kindertageseinrichtungen aktuell spezial 1/2012, S. 6–8.

Stange, Waldemar (2012): Elternarbeit als Netzwerkaufgabe. In: Stange, Waldemar et al. (Hrsg.), Erziehungs- und Bildungspartnerschaften. Grundlagen und Strukturen von Elternarbeit. Wiesbaden, S. 518–555.

Statistisches Bundesamt (2012): Kindertagesbetreuung in Deutschland 2012. Begleitmaterial zur Pressekonferenz am 6. November 2012 in Berlin. Wiesbaden.

Strätling, Barthold (1990): Eltern- und Familienbildung. In: Textor, Martin (Hrsg.), Hilfen für Familien. Ein Handbuch für psychosoziale Berufe. Frankfurt a. M., S. 215–237.

Thiersch, Renate (2006): Familie und Kindertageseinrichtungen. In: Bauer, Petra/Brunner, Ewald J. (Hrsg.), Elternpädagogik. Von der Elternarbeit zur Erziehungspartnerschaft. Freiburg, S. 80–105.

Thimm, Karlheinz (2008): Personelle Kooperation und Fortbildung. In: Coelen, Thomas/Otto, Hans-Uwe (Hrsg.), Grundbegriffe Ganztagsbildung. Das Handbuch. Wiesbaden, S. 809–818.

Uhlendorff, Harald (2009): Kooperation zwischen Bildungseinrichtungen und Eltern. http://www.pedocs.de/volltexte/2010/2798/pdf/KS8_Uhlendorff_Kooperation_Eltern_D_A.pdf (19.12.2012).

van Santen, Eric/Seckinger, Mike (2005): Fallstricke im Beziehungsgeflecht: die Doppelebenen interinstitutioneller Netzwerke. In: Bauer, Petra/Otto, Ulrich (Hrsg.), Mit Netzwerken professionell zusammenarbeiten. Bd. 2: Institutionelle Netzwerke in Steuerungs- und Kooperationsperspektive. Tübingen, S. 201–219.

Vorholz, Heidi/Mienert, Malte (2007): Von der Elternarbeit zur Erziehungspartnerschaft. http://www.mamie.de/pdf/Erziehungspartnerschaft02Raabe.pdf (19.12.2012).

Widulle, Wolfgang (2012): Gesprächsführung in der Sozialen Arbeit. Grundlagen und Gestaltungshilfen. Wiesbaden.

Werteerziehung: Eine Aufgabe für Schule und Familie

Klaus Zierer, Lukas Otterspeer

1 Einleitung

Werteerziehung ist angesichts aktueller Verwerfungen eine zentrale pädagogische Aufgabe: Die Schere zwischen Arm und Reich sowie der technische Fortschritt und seine Folgen sind Beispiele für entsprechende Herausforderungen. So unstrittig die Notwendigkeit einer Werteerziehung auch ist, es ist nicht einfach zu entscheiden, *welche Werte von wem auf welchem Weg vermittelt werden sollen.* Damit sind grundlegende Fragen einer Werteerziehung angesprochen. Schule als staatlich organisierte Bildungsinstitution nimmt hierbei sicherlich eine zentrale Rolle ein. Sie ist aber nicht losgelöst von anderen Einrichtungen zu sehen, sondern mit diesen in besonderer Art und Weise verwoben: Kindertagesstätten, Vereine, Kirchen und Familien beispielsweise leisten ebenso einen Beitrag zu einer Werteerziehung, der im günstigsten Fall mit den Intentionen einer schulischen Werteerziehung zusammenfällt. Dies gelingt aber nur dann, wenn entsprechende Kooperationen zwischen diesen Bildungseinrichtungen existieren. Vor allem der Kooperation zwischen Schule und Familie kommt in diesem Zusammenhang eine größere Bedeutung zu, stellen doch beide sowohl aus quantitativer als auch aus qualitativer Sicht die wichtigsten Bildungsinstitutionen dar. Insofern lautet das Thema des vorliegenden Beitrags „Werteerziehung: Eine Aufgabe von Schule und Familie". Er setzt sich das Ziel, hierzu grundlegende Positionen auszuführen.

In einem ersten Schritt wird die Bedeutung von Werten in der Erziehung erläutert. Diese Perspektive ist notwendig, um pädagogisches Handeln im Kontext einer Werteerziehung verorten zu können. Daran anknüpfend wird in einem zweiten Schritt ein Blick in Nachbardisziplinen geworfen, die wichtige Hinweise für pädagogisches Handeln geben. Im Hinblick auf eine Werteerziehung sind dies zum einen die Psychologie, die Auskunft über das Lernen gibt, und zum anderen die Soziologie, die gesellschaftliche Entwicklungen in den Blick nimmt. Darauf aufbauend werden in einem dritten Schritt Wege einer Werteerziehung erläutert. Dabei wird sich zeigen, dass diese Verfahren wichtig sind, wenn es um Fragen der Kooperation zwischen Schule und Familie geht. Beide Seiten müssen in den Prozess einer Werteerziehung involviert sein, und beide Seiten müssen sich über Ziele, Inhalte und Methoden abstimmen. Dieser Gedanke der *Kooperation als Conditio sine qua non* für eine Werteerziehung wird im Schlusskapitel nochmals aufgegriffen.

2 Zur Bedeutung von Werten in der Erziehung

Pädagogischem Handeln liegt stets ein Menschenbild zugrunde. Dieses kann explizit sein, wenn die pädagogisch handelnde Person ihr Handeln bewusst auf ein bestimmtes Menschenbild bezieht und ihre Vorgehensweise somit rechtfertigt. Es kann aber auch implizit sein, wenn pädagogisches Handeln ohne bewussten Bezug auf eine bestimmte Konzeption des Menschen erfolgt, sich aus den Handlungen der Pädagogin oder des Pädagogen jedoch bestimmte Vorstellungen über den Menschen ableiten lassen. Die Vorstellungen vom Menschen, die pädagogisches Handeln also prägen, sind nicht universell gegeben und zeitlos. Vielmehr sind sie abhängig von Wertungen und müssen sich in Diskursen herauskristallisieren. Egal ob in einer Kindertagesstätte, in einer Schule oder in einer Familie – überall existiert ein entsprechendes Bild vom Menschen, das von den Beteiligten auszuhandeln ist und Erziehungsprozesse leitet und beeinflusst. Mit diesem Bild vom Menschen sind aus pädagogischer Sicht bereits zwei wichtige Fragen angesprochen, nämlich die nach den Inhalten und den Methoden einer Werteerziehung. So sind in einer Gesellschaftsordnung, wie sie in Deutschland existiert und die sich einer christlich-abendländischen Tradition verschreibt, unter anderem die Würde des Menschen, die Freiheit der Person, die Gleichheit vor dem Gesetz, die Glaubensfreiheit, die Meinungsfreiheit grundlegende Werte, die in der Schule vermittelt werden müssen. Vor dem Hintergrund des nicht nur wissenschaftstheoretischen, sondern auch didaktischen Postulats, wonach der Inhalt die Methode bestimmt, sind damit bereits methodische Entscheidungen getroffen: Es versteht sich von selbst, dass reflexive und kritisch-konstruktive Methoden eingesetzt werden müssen.

3 Bezugswissenschaftliche Grundlagen

Pädagogik im Allgemeinen und Werteerziehung im Besonderen lassen sich nicht von sich aus bestimmen, sondern sind auf den Austausch mit Nachbardisziplinen und Bezugswissenschaften angewiesen. Beispielsweise erforscht die Psychologie, wie Lernen vonstattengeht und welche Entwicklungsstufen Menschen durchlaufen. Die Soziologie untersucht, welche gesellschaftlichen Rahmenbedingungen existieren, wo sich aktuelle Problemlagen auftun, welche Interessen und Wünsche virulent sind oder welche Milieus es gibt. Alle diese Erkenntnisse sind relevant, um Erziehungs- und Unterrichtsprozesse planen und durchführen zu können, liefern sie doch wichtige Hinweise für Ziel-, Inhalts- und Methodenentscheidungen. Im Folgenden werden daher wesentliche Ansätze aus der Psychologie und Soziologie vorgestellt, die im Hinblick auf eine Werteerziehung von Bedeutung sind.

3.1 Psychologische Grundlagen

Spätestens mit den Studien von Jean Piaget erfuhr die Entwicklung des moralischen Urteils erhöhte Aufmerksamkeit in der Psychologie. Vor allem den Arbeiten von Lawrence Kohlberg ist es zu verdanken, dass diese Erkenntnisse weiterentwickelt und auch für schulische Kontexte nutzbar gemacht wurden. Kohlberg entwarf ein bis heute in seinen Grundlinien bewährtes und nützliches Stufenmodell zur Entwicklung der moralischen Urteilsfähigkeit. Diese definiert er als „das Vermögen,Entscheidungen und Urteile zu treffen, die moralisch sind, das heißt, auf inneren Prinzipien beruhen und in Übereinstimmung mit diesen Urteilen zu handeln" (Kohlberg 1964, 425, zit. nach Lind 2009, 46). Das Stufenmodell umfasst drei Niveaus mit jeweils zwei Entwicklungsstufen (vgl. dazu Kohlberg 1996, 126–132; Oser/Althof 2001, 48–68 und Zierer/Lamers 2012, 122–124):

Auf *präkonventionellem Niveau* liegt der Beweggrund moralischer Entscheidungen in der Vermeidung möglicher Strafen, im Gehorsam gegenüber Autoritäten sowie in der Durchsetzung eigener Interessen. Auf die Interessen anderer wird lediglich in Wechselwirkung mit den eigenen Interessen Rücksicht genommen.

Auf Stufe 1 dominiert eine Orientierung an Bestrafung und Gehorsam. Die Einordnung einer Handlung als gut oder böse ist abhängig von den physischen Konsequenzen. Als Werte gelten hier Strafvermeidung und Gehorsam.

Für Stufe 2 ist eine instrumentelle Orientierung an den eigenen Bedürfnissen charakteristisch. Die Bedeutung von Gerechtigkeit und gerechter Verteilung wird zwar berücksichtigt, dennoch sind weniger allgemeine Gerechtigkeitsprinzipien als vielmehr die eigenen Interessen maßgeblich.

Auf *konventionellem Niveau* steht die Erhaltung wichtiger Sozialbeziehungen im Vordergrund, wobei das moralische Urteil in den sozialen Erwartungen begründet liegt.

Für Stufe 3 ist eine Orientierung an den Interessen von wichtigen Sozialpartnern, insbesondere von Familienmitgliedern, Freunden und von weiteren Primärgruppen, kennzeichnend. Ist eine Berücksichtigung der Interessen aller persönlich bekannten Personen in gleichem Maße nicht möglich, bleibt ein noch nicht lösbarer Konflikt.

Mit Stufe 4 geht eine Erweiterung der Orientierung von wichtigen Sozialpartnern auf übergreifende Systeme wie Staat und Religionsgemeinschaft einher. Zum obersten Gebot wird die Erfüllung eines gegebenen Ordnungs- und Rechtssystems.

Das *postkonventionelle Niveau* zeichnet sich durch die Erkenntnis aus, dass das System, in das der Mensch verflochten ist, selbst veränderlich ist. Dies hat zur Folge, dass das System nicht mehr zweifelsfrei als richtig und verteidigungswert angesehen wird. Auf diesem Niveau wird die Egozentrizität abgelegt und es ist ein Bestreben nach Prinzipien erkennbar, die ihre Gültigkeit über die eigene Gemeinschaft hinaus tragen und nach Universalität streben.

Auf Stufe 5 wird das System in Form eines Gesellschaftsvertrags verstanden, der von den Beteiligten variiert werden kann. Auf dieser Stufe gewinnen utilitaristische Überlegungen an Bedeutung, indem erkannt wird, dass soziale Systeme zum Nutzen der Mitglieder bestehen, und eine Maximierung dieses Nutzens angestrebt wird. Das demokratische Modell rückt insbesondere bei der Entscheidungsfindung in den Vordergrund, sodass hier eine andere Dimension der Gerechtigkeit zum Tragen kommt. Als unumstößlich werden die Menschenrechte angesehen.

Für Stufe 6 ist eine Suche nach universalen moralischen Prinzipien charakteristisch, die, wie die goldene Regel oder der kategorische Imperativ von Immanuel Kant, ideell sind. Diese Stufe konnte durch empirische Untersuchungen kaum belegt werden und wurde auch von Kohlberg mehrfach umformuliert.

Untersuchungen haben gezeigt, dass Grundschulkinder ihr Handeln mehrheitlich auf präkonventionellem Niveau rechtfertigen. Die meisten Jugendlichen und Erwachsenen befinden sich auf den Entwicklungsstufen des konventionellen Niveaus. Einige Erwachsene setzen sich auf postkonventionellem Niveau mit Handlungsmaximen auseinander (vgl. Oser/Althof 2001, 75–83). Tabelle 1 fasst Kohlbergs Stufenmodell zusammen.

Präkonventionelles Niveau	**Stufe 1:** Orientierung an Strafe und Gehorsam	Grundschulkinder
	Stufe 2: Orientierung an der Gegenseitigkeit des Handelns	
Konventionelles Niveau	**Stufe 3:** Orientierung an interpersoneller Eintracht	Die meisten Jugendlichen und Erwachsenen
	Stufe 4: Orientierung an Gesetz und legaler Autorität	
Postkonventionelles Niveau	**Stufe 5:** Orientierung an sozialen Verträgen und individuellen Rechten	Einige Erwachsene
	Stufe 6: Orientierung an allgemeingültigen ethischen Prinzipien	

Tab. 1: Stufen der moralischen Urteilsfähigkeit nach Lawrence Kohlberg

Das skizzierte Modell der Entwicklung moralischer Urteilsfähigkeit nach Kohlberg gibt einer Werteerziehung eine empirisch gesicherte Grundlage. Es ermöglicht entwicklungsgerechte Erziehungs- und Unterrichtsprozesse. Lernen wird hier im Sinne Kohlbergs als der Übergang von einer Entwicklungsstufe zur nächsten begriffen. Durch den Umbau und die Ausdifferenzierung von kognitiven Strukturen kann der oder die Lernende ein bestimmtes Problem auf einer höheren Entwicklungsstufe moralischer Urteilsfähigkeit lösen.

Das entwicklungspsychologische Stufenmodell von Kohlberg rückt Georg Lind noch stärker in einen pädagogischen Kontext, erweitert es aber auch in theoretischer Hinsicht zum „Zwei-Aspekte-Modell" (vgl. Lind 2009, 39–45). Demnach umfasst Moralität die „Fähigkeit, in Bezug auf die eigenen moralischen Ideale konsistent und in Bezug auf die jeweilige Situation angemessen (differenziert) zu urteilen und zu handeln" (ebd., 33). Für die Anwendung moralischer Prinzipien, wie sie beispielsweise im eben beschriebenen Stufenmodell zur Entwicklung der moralischen Urteilsfähigkeit nach Kohlberg dargestellt wurden, werden kognitive Fähigkeiten benötigt, und aus ihrem Zusammenspiel resultiert moralisches Verhalten (vgl. Abbildung 1):

Abb. 1: Zwei-Aspekte-Modell nach Georg Lind

Ausgangspunkt für diese theoretischen Überlegungen sind Untersuchungsergebnisse von Lind, wonach (nahezu) alle Menschen, auch wenn sie gegen Werte, Normen oder gegen das Gesetz verstoßen, über moralische Grundsätze verfügen (vgl. Lind 2009, 39–45). Es mangelt also nicht an moralischen Grundsätzen, sondern an der kognitiven Fähigkeit, moralische Konfliktsituationen überhaupt zu erkennen und darin entsprechend zu handeln.

Dem Ansatz von Lind folgend hängt es von der Qualität der kognitiven Struktur ab, ob und inwiefern moralische Prinzipien zu adäquatem Handeln führen. Das Individuum muss in der Lage sein, die affektiv vorhandenen moralischen Prinzipien gedanklich auf die konkrete Handlungssituation anzuwenden. Es reicht demnach nicht aus, den Lernenden bestimmte Werte zu vermitteln und ihr „Gefühl" für Recht und Unrecht zu stärken. Wie oben grafisch dargestellt, muss Werteerziehung neben moralischen Prinzipien auch zur Bildung moralischer Fähigkeiten beitragen.

3.2 Soziologische Grundlagen

Werte sind in unserer Gesellschaft nicht selbstverständlich gegeben. In den Worten Ludwig Wittgensteins ausgedrückt, umfasst die Gesellschaft eine Vielzahl heterogener *Sprachspiele*. Sprachspiele stehen für Diskurse, die sich hinsichtlich ihres Inhalts und ihrer Argumentationslogik unterscheiden. Dabei hängt es vom jeweiligen Diskurs ab, welche Wertsetzungen relevant sind. Der Begriff der Postmoderne hat sich, geprägt durch Jean-François Lyotard, zur Beschreibung dieser Pluralität durchgesetzt. Sie ist gekennzeichnet durch die Koexistenz unterschiedlicher religiöser Strömungen und Weltanschauungen. Der Rückgang von wertprägenden Institutionen, zum Beispiel der Kirche, sowie der durch die Globalisierung wachsende Einfluss anderer Kulturen und ihrer Wertsetzungen auf postmoderne Gesellschaften, sind als Gründe dafür zu nennen (vgl. Stein 2010, 49). Insgesamt zeichnet sich aus soziologischer Sicht eine Veränderung der Wertelandschaft ab, die in mindestens drei sich zum Teil widersprechenden und miteinander konkurrierenden Richtungen interpretiert werden kann.

Eine Interpretationsrichtung umfasst den *Werteverfall*. Die Aussage „Früher war doch alles besser!" dürfte den meisten Menschen aus dem eigenen Alltag bekannt sein. Die Shell Jugendstudie 2010, die eine Repräsentativerhebung mit 2500 Jugendlichen zwischen 12 und 25 Jahren umfasst, stellt allerdings fest, dass „Leistungsorientierung und das Suchen nach individuellen Aufstiegsmöglichkeiten im Verbund mit einem ausgeprägten Sinn für soziale Beziehungen im persönlichen Nahbereich" (Shell Deutschland Holding 2010, 15) die heranwachsenden Generationen prägen. Für 77 Prozent der befragten Jugendlichen ist Familie Bedingung für ein glückliches Leben und somit besonders wichtig (vgl. ebd., 197). Zudem betonen 94 Prozent der Jugendlichen die Relevanz von Freundschaften (vgl. ebd., 197). Für 78 Prozent der Jugendlichen ist ein gesundheitsbewusstes Leben wichtig (vgl. ebd. 203). Anhand der Ergebnisse der Shell Jugendstudie 2010 lässt sich die Wahrnehmung einer sinkenden Werteorientierung in der Gesellschaft folglich nicht bestätigen.

Der *Wertewandel* steht im Mittelpunkt einer anderen Perspektive auf die Veränderung der Wertelandschaft. Diese Perspektive beschreibt die Verschiebung von „Konformitätswerten hin zu Selbstverantwortlichkeitswerten" (Stein 2010, 50). Die Ergebnisse der Shell Jugendstudie 2010 untermauern diese Position: Von den befragten Jugendlichen meinen nur 4 Prozent „in starkem Maße, es wäre im Leben am vernünftigsten, einfach im Strom der anderen mitzuschwimmen (11 % eher). Dagegen ist es für 62 % besonders wichtig, unabhängig zu sein (83 % eher), und für 70 % ist es besonders wichtig, eigenverantwortlich zu leben und zu handeln (90 % eher)“ (Shell Deutschland Holding 2010, 29).

Als dritte Richtung ist der *Wertepluralismus* zu nennen. Das Individuum kann sich nicht mehr an gegebenen Werten orientieren, sondern muss sich selbstverantwortlich zwischen miteinander konkurrierenden Wertsetzungen einen eigenen Weg bahnen. Der Wertepluralismus begegnet jedem heranwachsenden Menschen in seinen zahlreichen und differenzierten Rollen als Kind, Jugendliche/-r, Bruder/Schwester, Freund/-in, Schüler/-in, Partner/-in, Konsument/-in usw. Er wird beispielsweise deutlich, wenn in der Schule oder bei einem Freund zu Hause andere Regeln gelten als in der eigenen Familie. Auch durch die Medien sind die Heranwachsenden mit unterschiedlichen Wertsetzungen konfrontiert.

Welcher dieser Interpretationen man auch immer mehr Aufmerksamkeit schenken möge, alle haben für Erziehungs- und Unterrichtsprozesse entscheidenden Einfluss. Sie zeigen auf, wie wichtig Werteerziehung im Sinne moralischer Urteilsfähigkeit ist. Der Werteverfall ist gekennzeichnet durch die Erosion ehemals selbstverständlicher Werte. Moralische Urteilsfähigkeit gibt dem Individuum in dieser Situation Halt und Orientierung. Bezüglich des Wertewandels kann festgehalten werden, dass moralische Urteilsfähigkeit selbst Bedingung dieser Transformation ist. Erst durch die Fähigkeit, moralische Urteile eigenständig zu fällen, kann sich ein Wechsel von Konformitätswerten hin zur Selbstständigkeit vollziehen. Diese Selbstständigkeit ist notwendig, soll sich das Individuum im beschriebenen Wertepluralismus moralisch verhalten.

4 Wege der Werteerziehung

In ihren Zielsetzungen und Vorstellungen zur Umsetzung sind Konzepte der Werteerziehung oft gegensätzlich. Im Allgemeinen lassen sich drei Wege einer Werteerziehung unterscheiden: Der *romantische Ansatz, der technologische Ansatz* und der *progressive Ansatz* (vgl. Oser/Althof 2001, 89–123).

Diese Konzeptionen werden im Folgenden dargestellt. Sie unterscheiden sich hinsichtlich des ihnen zugrunde liegenden Menschenbildes und der daraus folgenden Werte, Normen und Methoden. Schulische Bildungs- und Erziehungsarbeit steht angesichts dieser Vielfalt vor dem Problem, nach welchem Konzept der Werteerziehung sie ihr Handeln ausrichten soll. Ein *integrativer Ansatz* (vgl. Tellings/Zierer 2010, 122–125), der versucht, dieses Dilemma durch eine „eklektische" Haltung aufzulösen, wird als vierter Ansatz ebenfalls vorgestellt.

Dem *romantischen Ansatz* liegt die Annahme zugrunde, dass das Gute im Menschen veranlagt ist, wohingegen das Böse im Individuum durch gesellschaftliche Einflüsse entsteht. Man erkennt bereits an diesen Ausführungen die Nähe zu Jean-Jacques Rousseau und seiner negativen Erziehung: Der Mensch ist von Natur aus gut! Insofern sieht der romantische Ansatz im „Kind den vollständigen, nicht entfremdeten und gesellschaftlich nicht deformierten Menschen" (Standop 2010, 105). Aufgabe pädagogischen Handelns ist folglich, durch möglichst wenig Eingriffe, die sich in erster Linie auf die Abwehr schädlicher Einflüsse beziehen, die im Menschen liegenden positiven Potenziale zur Entfaltung zu bringen. Bestes Beispiel sind gegenwärtig Jugendschutzrichtlinien des Gesetzgebers, die verhindern sollen, dass Kinder und Jugendliche zu früh gewisse Erfahrungen sammeln, die ihren Entwicklungsprozess nachhaltig hemmen könnten.

Zu kritisieren ist der romantische Ansatz aufgrund seines Postulats, Moral sei eine ausschließlich persönliche Angelegenheit und entwickle sich von selbst nach dem Plan der Natur, wenn es nur gelinge, alles Unheil vom heranwachsenden Menschen fernzuhalten. Damit übersieht der Ansatz, „dass grundlegende moralische Normen dazu da sind, das Zusammenleben der Menschen zu ermöglichen, und dass manche Auffassungen unter diesem Gesichtspunkt nicht zu rechtfertigen sind" (Oser/Althof 2001, 94).

Der *technologische Ansatz* kehrt das Postulat des romantischen Ansatzes in das Gegenteil: Hier wird im Sinne John Lockes davon ausgegangen, dass der Mensch eine Tabula rasa ist. Der Mensch ist also nicht von Natur aus gut, sondern es ist Aufgabe der Erzieherin oder des Erziehers, den Menschen zu einem guten Menschen zu machen. Dies geschieht häufig, indem die durch gesellschaftliche Konventionen gegebenen Werte den

Lernenden „eingeflößt“ werden und den Heranwachsenden somit ein Stempel aufgedrückt wird. Reiz-Reaktions-Ketten, wie man sie in der Psychologie aus dem Behaviorismus kennt, und das damit verbundene Lernen am Modell spielen hierbei eine große Rolle. Das wesentliche Ziel dieses Ansatzes kann somit darin gesehen werden, den Menschen zur sozialen Ordnung zu disziplinieren (vgl. Standop 2010, 111). Auch dieser Ansatz lässt sich aktuell vielfach beobachten, wenn beispielsweise Fußballstars zu Helden einer vermeintlichen Fairness werden oder wenn für Kinder und Jugendliche Musik- und Filmsternchen eine Vorbildfunktion im Hinblick auf Aussehen, Denken und Handeln übernehmen.

Kritikpunkt am technologischen Ansatz ist die fehlende Differenzierung zwischen einer reflektierten Internalisierung von Werten und einer opportunistischen Anwendung der jeweiligen Handlungsmaximen. Der technologische Ansatz zielt nicht auf die Mündigkeit der zu erziehenden Person ab. Insofern kann eine am technologischen Ansatz orientierte Werteerziehung zum Ergebnis haben, dass Lernende zwar gemäß geltender Werte handeln, diese jedoch nicht nachvollzogen und nicht verstanden haben.

Der *progressive Ansatz* ist kognitivistisch bzw. konstruktivistisch begründet und basiert auf der oben beschriebenen moralpsychologischen Entwicklungstheorie Kohlbergs. Werte sind hier nicht dem Menschen von Natur aus eingepflanzt und auch nicht durch noch so geschickte technologische Griffe und Methoden einprägbar. Vielmehr entstehen Werte im Diskurs einer Gemeinschaft und müssen jedes Mal aufs Neue argumentativ ausgehandelt werden (vgl. Habermas 1983). Moralische Urteilsfähigkeit ist hierfür entscheidend. Infolgedessen richtet eine entsprechende Werteerziehung ihr Hauptaugenmerk auf deren Förderung. Ziel ist es, dass der oder die Lernende eine höhere Entwicklungsstufe moralischer Urteilsfähigkeit erreicht. Aktuell wird dieser Ansatz an allen Methoden ersichtlich, die Kinder und Jugendliche zur kritisch-konstruktiven Auseinandersetzung mit Werten anregen.

Mit dieser Ausrichtung ist bereits der Ausgangspunkt für eine Kritik an diesem Ansatz gegeben. Denn es ist unstrittig, dass die moralische Urteilsfähigkeit immer vom Entwicklungsstadium abhängt und insofern nur langsam, wenn auch sicher eine diskursive Auseinandersetzung mit Werten möglich ist.

Wie soll Werteerziehung mit den heterogenen Zielsetzungen der beschriebenen Ansätze umgehen? Verliert sich Werteerziehung in der Pluralität existierender Konzepte? Deutlich dürfte geworden sein, dass keiner der vorgestellten Ansätze für sich alleine stehen kann. Denn jeder stößt auf Begrenzungen und Verkürzungen. In gleicher Weise kann aber auch keinem der genannten Ansätze völlige Untauglichkeit attestiert werden, sodass sich die Frage nach einer Verbindung und Integration dieser Positionen aufdrängt. Wie kann diese aussehen und nach welchen Prämissen ist sie zu gestalten? Ein *integrativer Ansatz* (vgl. Tellings/Zierer 2010, 122–125) zielt darauf ab, dieses Problem zu lösen.

Ausgangspunkt für einen *integrativen Ansatz* ist die Einsicht, dass kein Ansatz der Werteerziehung für sich Allgemeingültigkeit beanspruchen kann, sondern jeder Ansatz für eine bestimmte Phase im Leben eines Menschen Bedeutung hat. Grundlage hierfür ist eine „eklektische" Haltung, die von Offenheit, Toleranz, Mäßigung und Bescheidenheit getragen wird (vgl. Zierer 2009). Damit ist gemeint, dass „man für neue Ideen, aber auch für Kritik aufgeschlossen sein soll; dass man einsehen soll, dass Auffassungen, die man zurückweist, wohl auch etwas Gutes haben; dass man nicht glauben soll, die Weisheit gepachtet zu haben, sondern den eigenen Beitrag als etwas sieht, das vielleicht ein Teil werden kann in einem integrativen Ganzen, das selbst wiederum mehr ist als die Summe seiner Teile" (Tellings/Zierer 2010, 122–123). Dementsprechend geht der integrative Ansatz vertikal-additiv vor und betrachtet die unterschiedlichen Ansätze der Werteerziehung aus einer Entwicklungsperspektive. Ziel ist die widerspruchsfreie Integration des romantischen, technologischen und progressiven Ansatzes, um deren Bedeutung für bestimmte Phasen des Lebens anerkennen und nutzen zu können.

Der romantische Ansatz hat Relevanz, da ohne dessen Annahme, dass der Mensch *auch* die Anlage zum Guten besitzt, Werteerziehung von vornherein ad absurdum geführt wird. Insofern bildet sie die Grundlage für einen integrativen Ansatz.

Der technologische Ansatz hat in den ersten Lebensjahren, also im Elementar- und Primarbereich, in denen die kognitive Entwicklung des Kindes noch nicht so ausgereift ist und Lernen häufig durch Nachahmung passiert, Priorität. Das Kind „braucht Struktur und Klarheit, feste Regeln und Rituale und soll sich sicher fühlen in einer Welt, die moralisch von den Erwachsenen geprägt wird" (Tellings/Zierer 2010, 123).

Der progressive Ansatz muss spätestens im Sekundarbereich einsetzen, also sobald das Kind in der Lage ist, Rollen zu übernehmen, den Standpunkt zu wechseln und sich kritisch mit der eigenen Auffassung, aber auch mit der, die in Schule, Familie, Kultur und Gesellschaft vorherrscht, auseinanderzusetzen.

Der integrative Ansatz umfasst folglich Aspekte – nicht die Reinform! – romantischer, technologischer und progressiver Werteerziehung. Diese scheinen sich, wie weiter oben dargestellt wurde, auf den ersten Blick zu widersprechen. Dieser Widerspruch kann jedoch beseitigt werden, wenn über alle Lebensphasen hinweg eine gemeinsame und verbindliche Vorstellung vom moralischen Menschen zugrunde gelegt wird. Dieses grundlegende Menschenbild ist in unserer Gesellschaft mit den eingangs genannten Werten umschrieben: die Würde des Menschen, die Freiheit der Person, die Gleichheit vor dem Gesetz, die Glaubensfreiheit, die Meinungsfreiheit und viele andere mehr. Diese Aspekte müssen von Anfang an jede Form der Werteerziehung bestimmen. Mit Blick auf den romantischen Ansatz ist davon auszugehen, dass genau diese Eigenschaften das Gute im Menschen ausmachen, dass sie im Individuum als Gabe veranlagt sind und ihre Entfaltung eine lebenslange Aufgabe ist. Im Sinne des technologischen Ansatzes werden viele Werte in den ersten Lebensjahren durch Vorbilder vermittelt. Diese müssen sich folglich auch an den genannten Werten orientieren, sie zum Maßstab ihres Handelns machen und sich daran messen lassen. Dies schließt die Transparenz der eigenen Werte ein und verlangt von Anfang an eine entsprechende Reflexion und Diskussion mit allen Beteiligten. Gemäß dem progressiven Ansatz müssen dieser Diskurs und diese Reflexion bezüglich geltender Werte mit zunehmendem Alter verstärkt gefördert werden, obschon sie von Anfang an Berücksichtigung finden müssen. Demokratie und Freiheit, um lediglich zwei Werte nochmals herauszugreifen, sind vor diesem Hintergrund nichts Unveränderliches, sondern müssen von jeder Generation aufs Neue verhandelt und bestimmt werden. Je nach Alter und Entwicklungsstufe hat ein Ansatz folglich seinen Schwerpunkt. Ein Ausblenden dieser Gegebenheiten würde jede Werteerziehung reduktionistisch werden lassen.

Der integrative Ansatz einer Werteerziehung macht in besonderer Weise auf die Notwendigkeit der Kooperation von Schulen, Kindertagesstätten, Vereinen, Kirchen, Familien und anderen Bildungseinrichtungen aufmerksam, geht er doch davon aus, dass erstens verschiedene Institutionen für eine Werteerziehung wichtig sind und zweitens zwischen diesen ein Grundkonsens mit Blick auf das Menschenbild einer Werteerziehung hergestellt werden muss. Werteerziehung auf der Basis eines integrativen Ansatzes kann nur gelingen, wenn sich alle daran Beteiligten über entsprechende Ziele, Inhalte und Methoden austauschen und verständigen.

5 Wege der Kooperation

Soll Werteerziehung langfristige Lernprozesse initiieren, ist eine Zusammenarbeit zwischen den Bildungspartnern notwendig. Im Folgenden werden Kooperationsmöglichkeiten zwischen Schule und Eltern aufgezeigt. Dabei bieten sich insbesondere Elternabende für eine solche Kooperation an, da sie institutionalisierter Schnittpunkt der schulischen und familiären Erziehung sind. Indem Rituale für den Austausch über Fragen der Werteerziehung durch die Lehrkraft etabliert werden, kann das Thema zum selbstverständlichen Bestandteil des Austausches zwischen Lehrkräften und Eltern werden. Ein mögliches Ritual wäre ein fester Zeitraum des Elternabends, beispielsweise die erste halbe Stunde, der durch die Lehrkraft methodisch unter der Prämisse der Werteerziehung gestaltet wird. Im Sinne des beschriebenen integrativen Ansatzes bieten sich verschiedene Zugänge an, die im Wesentlichen drei Stufen umfassen:

1. Austausch über die persönlichen Wertsetzungen der Schule und der Eltern
2. Schärfung der persönlichen Wertvorstellungen
3. Diskussion über die persönlichen Wertvorstellungen anhand der Dilemma-Diskussion zur Förderung moralischer Urteilsfähigkeit

Ein Austausch über die persönlichen Wertsetzungen der Schule und der Eltern kann in Form eines Brainstormings beginnen. Die Frage ist, welche Werte allgemein als wichtig empfunden werden. Damit wird ein wichtiger Schritt unternommen, um einerseits das zugrunde liegende

Menschenbild explizit zu machen und andererseits ein gemeinsames reflektiertes Menschenbild zu verhandeln. Während diese Aufgabe aus Sicht der Schule in regelmäßigen Abständen im Lehrerkollegium durchzuführen wäre (vgl. Zierer 2010b), moderiert die Lehrkraft die Suche nach Wertvorstellungen aufseiten der Eltern im Elternabend und hält diese an der Tafel fest. Die Pluralität herrschender Wertvorstellungen, aber auch Übereinstimmungen bezüglich der Relevanz bestimmter Werte können somit deutlich werden.

Ausgehend von den genannten Werten, etwa von denjenigen, die eine breite Zustimmung finden, oder denjenigen, die zu eklatanten Widersprüchen führen, kann das Wertequadrat nach Friedemann Schulz von Thun (2006) zum Einsatz kommen und zur *Schärfung der persönlichen Wertvorstellungen* dienen.

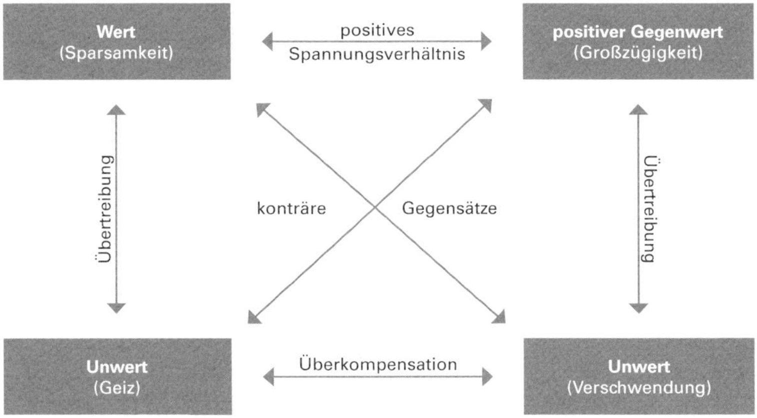

Abb. 2: Das Wertequadrat am Beispiel des Wertes „Sparsamkeit"

Ein Beispiel dazu (vgl. Schulz von Thun 2006, 38–40 und dazu Zierer 2010a, 80–81): Der Wert „Sparsamkeit" steht zu seinem Gegenwert „Großzügigkeit" in einem positiven Spannungsverhältnis, das durch die obere Linie ausgedrückt wird. Übertreibt man es mit der Sparsamkeit, kann dieser Wert zu einem Unwert, nämlich zu Geiz verkommen, und äquivalent dazu neigt man zu Verschwendung, wenn man es mit der Großzügigkeit übertreibt. Diese Übertreibungen sind durch die senkrechten Linien dargestellt. Die diagonalen Linien stellen die konträren Gegensätze zwischen einem Wert und einem Unwert dar, und die untere Linie zwischen den beiden Unwerten „stellt gleichsam den Weg dar, den wir beschreiten, wenn wir dem einen Unwert entfliehen wollen, aber nicht die Kraft haben, uns in die geforderte Spannung der oberen Pluswerte hinaufzuarbeiten" (Schulz von Thun 2006, 39). Gelangt man von dem einen zum anderen Unwert, also vom Geiz zur Verschwendung, handelt es sich um eine Überkompensation (vgl. ebd., 39).

Zweck dieses Vorgehens ist nicht das eindeutige und allgemeingültige Abgrenzen von Werten. Abhängig vom gewählten Wert und den beteiligten Diskutanten kann sich die Ausgestaltung eines Wertequadrats unterscheiden. Im Vordergrund steht die kritisch-konstruktive Beschäftigung mit Werten, das Veranschaulichen ihrer inneren Nähe zueinander und die Thematisierung des Problems der eindeutigen Bestimmung angesichts der unterschiedlichen Wertvorstellungen (vgl. Zierer 2010a, 82). Dabei soll deutlich werden, dass ein Wert nicht immer und überall positiv ist und dass seine Auslegung von der jeweiligen Kultur und dem jeweiligen Kontext sowie von Raum und Zeit abhängt.

Hinsichtlich einer Vernetzung schulischer und familiärer Werteerziehung wäre es interessant, die Methodik des Wertequadrats sowohl im Unterricht als auch in der Lehrerkonferenz und auf einem Elternabend mit dem gleichen Wert parallel durchzuführen. Die jeweiligen Ergebnisse können Impulse für die innerfamiliäre und innerschulische Wertereflexion geben und einen Reflexionsprozess der Eltern bezüglich ihres Menschenbildes anstoßen. Auch dürfte es für Eltern sowie für Kinder und Jugendliche interessant sein, die Perspektive des anderen auf das gleiche Problem zu erfahren. Werte, die in einer Klassengemeinschaft aktuell präsent sind, wie zum Beispiel Freundschaft, können aufgegriffen und im Rahmen der Methodik des Wertequadrats erschlossen werden.

Einen Schritt weiter geht die Methode der Dilemma-Diskussion zur Förderung moralischer Urteilsfähigkeit. In dieser geht es explizit um die Diskussion persönlicher Wertvorstellungen, indem ein moralischer Konflikt zwischen zwei Werten in einer Geschichte verpackt Ausgangspunkt für Argumentationen wird. Hierzu ein Beispiel (vgl. Zierer 2010a, 42):

> Jürgen und Franz sind neun Jahre alt und die besten Freunde. Eines Tages sieht Jürgen, wie Franz einen jüngeren Schüler verprügelt und erst aufhört, als dieser ihm seinen Geldbeutel gibt. Als Franz Jürgen sieht, bittet er ihn als seinen besten Freund, nichts weiterzusagen. Jürgen gibt Franz sein Versprechen. Am nächsten Tag kommt die Polizei in die Schule und fragt, wer gesehen hat, wie der jüngere Schüler verprügelt und ausgeraubt wurde. Auch Jürgen wird von der Polizei befragt, weil der jüngere Schüler Jürgen gesehen und wiedererkannt hat. Jürgen sagt, was er gesehen hat.

Abb. 3: Das Dilemma „Jürgen und Franz"

Eine Dilemma-Diskussion durchläuft zusammengefasst folgende fünf Schritte (vgl. Zierer 2010a, 27–55):

1. Darbietung des moralischen Dilemmas
Die Teilnehmenden sollen das Dilemma gedanklich erfassen und es in eigenen Worten wiedergeben können.
2. Erste Standortbestimmung
Die Teilnehmenden sollen Stellung zum Dilemma beziehen und ihren Standpunkt gegenüber der Gruppe vertreten können. Das Ergebnis dieser Standortbestimmung wird an der Tafel festgehalten.
3. Argumentative Auseinandersetzung mit dem moralischen Dilemma
Die Teilnehmenden werden gemäß der durchgeführten Standortbestimmung in mindestens eine Pro- und eine Kontra-Gruppe aufgeteilt. In den Gruppen haben sie die Aufgabe, Argumente und Begründungen für ihren Standpunkt auszuarbeiten und sich für die drei überzeugendsten Argumente zu entscheiden.
4. Zweite Standortbestimmung
Die diskutierten Argumente werden in diesem Schritt präsentiert und durch die Teilnehmenden bewertet. Auch hier wird das Ergebnis der Bewertung an der Tafel festgehalten.

5. Reflexion

In der abschließenden Reflexionsphase können die Teilnehmenden ihre Erfahrungen aus der Dilemma-Diskussion artikulieren. Die Differenz zwischen der ersten und zweiten Standortbestimmung (an der Tafel festgehalten) regt dabei zu Äußerungen und Reflexionen an. Lob für Beiträge und Leistungen, aber auch Tadel für Disziplinlosigkeiten können durch die Diskussionsleitung ausgesprochen werden.

Diese Methode wurde bisher in verschiedenen Kontexten, von der Grundschule bis zur Erwachsenenbildung (vgl. Zierer 2010a; Lind 2009), erfolgreich eingesetzt und kann daher auch im Zuge der Kooperation von Schule und Eltern im Rahmen einer Werteerziehung angewendet werden. Es ist allerdings darauf hinzuweisen, dass eine Dilemma-Diskussion einen Zeitaufwand von rund 60 Minuten benötigt und deshalb nicht als wiederkehrendes Ritual in der ersten halben Stunde eines Elternabends durchgeführt werden kann.

Angesichts des beschriebenen integrativen Ansatzes einer Werteerziehung kann sich eine Lehrkraft nicht auf das Tradieren eines bestimmten Wertekatalogs beschränken. Entsteht beispielsweise bei Eltern der Eindruck, dass schulische Werteerziehung auf die Vermittlung nicht mehrheitsfähiger Werte abzielt, könnten abhängig von ihrer eigenen kulturellen Prägung Ressentiments gegenüber der Arbeit der Lehrkraft entstehen. Diese Ressentiments führen im schlechtesten Fall zu einer Ablehnung schulischer Werteerziehung. Im Falle eines integrativen Ansatzes einer Werteerziehung können diese Widersprüche und Konflikte jedoch zu einer Annäherung und kritisch-konstruktiven Weiterentwicklung der Werteerziehung aufseiten von Schule und Familie zum Wohl des Kindes genutzt werden.

6 Resümee

Die eingangs gestellte Frage, *welche Werte von wem auf welchem Weg vermittelt werden sollen,* ist abschließend folgendermaßen zu beantworten: In keiner Bildungseinrichtung, also weder in Schule, Kindertagesstätte, Kirche, Verein oder Familie, steht ausschließlich die Vermittlung eines unantastbaren und unveränderlichen Wertekatalogs im Vordergrund. Denn überall muss es letztendlich um die Selbstverantwortung des Individuums durch die Förderung der moralischen Urteilsfähigkeit gehen. Die Grundwerte unseres Grundgesetzes, insbesondere die Würde des Menschen, die Freiheit der Person, die Gleichheit vor dem Gesetz, die Glaubensfreiheit und die Meinungsfreiheit, sind hierfür unabdingbar und in diesem Sinne universell, tragen sie doch in sich das eben angesprochene kritische Moment. Wer diese Werte ernst nimmt, muss erstens vom Glauben an das Gute im Menschen getragen werden (romantischer Ansatz), sich seiner Vorbildrolle vollends bewusst sein (technologischer Ansatz) und den Mut aufbringen, Bestehendes zu hinterfragen und neu zu denken (progressiver Ansatz). Insofern ist ein integrativer Ansatz zentrales Element einer Werteerziehung. Er macht in diesem Sinne auch die Notwendigkeit einer Kooperation zwischen allen beteiligten Bildungspartnern deutlich. Denn nur im Zusammenspiel und im Austausch aller kann ein gemeinsames Ziel erzieherischer und unterrichtlicher Prozesse gefunden werden und Werteerziehung gelingen. Das im vorliegenden Beitrag vorgestellte drei Stufen umfassende Modell für die Kooperation von Schule und Familie liefert hierzu einen wichtigen Beitrag.

Kurzbiografien

Prof. Dr. Klaus Zierer

Jahrgang 1976, seit 2011 Professor für Erziehungswissenschaften mit dem Schwerpunkt Allgemeine Didaktik/Schulpädagogik an der Carl von Ossietzky Universität Oldenburg. 1996 bis 2001 Studium Lehramt an Grundschulen, 2003 Promotion. Tätigkeit als Grundschullehrer von 2004 bis 2009. 2009 Habilitation mit einer international vergleichenden Arbeit über eklektisches Vorgehen in Lehrbüchern der Didaktik und des Instructional Design an der Ludwig-Maximilians-Universität München. Im Rahmen der Habilitation Visiting Research Fellow an der University of Oxford, Department of Education. Seit 2010 Associate Research Fellow am dort angesiedelten ESRC Centre on Skills, Knowledge and Organisational Performance.
klaus.zierer@uni-oldenburg.de

Lukas Otterspeer

2012 Abschluss des Studiengangs Master of Education (Realschule) mit den Fächern Technik, Wirtschaft sowie Werte und Normen an der Carl von Ossietzky Universität Oldenburg. Seit August 2012 wissenschaftlicher Mitarbeiter am Institut für Pädagogik der Universität Oldenburg. Promotionsvorhaben zur Bildungsberichterstattung der Wochenzeitung „DIE ZEIT".
lukas.otterspeer1@uni-oldenburg.de

Literatur

Habermas, Jürgen (1983): Moralbewusstsein und kommunikatives Handeln. Frankfurt a. M.

Kohlberg, Lawrence (1996): Die Psychologie der Moralentwicklung. Frankfurt a. M.

Lind, Georg (2009): Moral ist lehrbar. Handbuch zur Theorie und Praxis moralischer und demokratischer Bildung. München.

Oser, Fritz/Althof, Wolfgang (2001): Moralische Selbstbestimmung. Modelle der Entwicklung und der Erziehung im Wertebereich. Stuttgart.

Schulz von Thun, Friedemann (2006): Miteinander reden: 2 – Stile, Werte und Persönlichkeitsentwicklung. Differentielle Psychologie der Kommunikation. Reinbek.

Shell Deutschland Holding (2010): Jugend 2010. Eine pragmatische Generation behauptet sich. Frankfurt a. M.

Standop, Jutta (2010): Traditionelle Ansätze einer Werteerziehung. In: Zierer, Klaus (Hrsg.), Schulische Werteerziehung. Kompendium. Baltmannsweiler, S. 104–121.

Stein, Margit (2010): Interdisziplinäre Zugänge und theoretische Grundlagen schulischer Werteerziehung. Soziologische Sicht. In: Zierer, Klaus (Hrsg.), Schulische Werteerziehung. Kompendium. Baltmannsweiler, S. 49–58.

Tellings, Agnes/Zierer, Klaus (2010): Integrative Ansätze einer Werteerziehung. In: Zierer, Klaus (Hrsg.), Schulische Werteerziehung. Kompendium. Baltmannsweiler, S. 122–125.

Zierer, Klaus (2009): Eklektik in der Pädagogik. In: Zeitschrift für Pädagogik, 2009, H. 6, S. 21–30.

Zierer, Klaus (2010a): Können Kinder Moral lernen? Eine Evaluationsstudie zur Moralerziehung in der Grundschule. Baltmannsweiler.

Zierer, Klaus (2010b): Werte sind hinterfragbar. Das Wertequadrat und sein Einsatz in der Grundschule. In: Grundschule, 2010, H. 6, S. 46–48.

Zierer, Klaus/Lamers, Dorthe (2012): Dilemma-Diskussion und Wertequadrat als Methoden einer ethischen Erziehung. In: Kahlert, Joachim/Multrus, Ute (Hrsg.), Ethik. Didaktik für die Grundschule, Berlin, S. 120–134.

Die Zusammenarbeit von Eltern und Kita-Personal aus der Sicht der Fortbildung

Karin Garske

1 Einleitung

Trotz ihres philosophisch-abstrakten Begriffsinhalts beeinflussen Werte durch ihre handlungsleitende Wirkung die soziale Wirklichkeit auf sehr konkrete Weise. Ein schwer fassbares Konzept, das nur im eigenen Selbst zu existieren scheint, wirkt sich auf unser alltägliches Handeln aus und besitzt damit auch für die pädagogische Praxis entscheidende Bedeutung.

Gelegenheiten herzustellen, in denen ein Kind das Fahrradfahren lernt, ist bereits kompliziert. Ungleich schwerer erscheint es, Gelegenheiten zu schaffen, die einen inneren Selbstbindungsprozess an Werte ermöglichen. Eine „wertebewusste" oder „wertesensible" Pädagogik umzusetzen, ist somit für Eltern und für Erzieherinnen und Erzieher eine große Herausforderung.

Der vorliegende Beitrag zeigt, wie sich Selbstbindungsprozesse an Werte in der Kindheit vollziehen und welchen gesetzlichen Auftrag Kindertagesstätten dabei erfüllen. Außerdem wird untersucht, wie die Lebenslagen der Familien sich auf ihre gelebten Werte auswirken können und in welchem Spannungsfeld sich die Gestaltung von Gelegenheiten zur Wertebindung in der Kindertagesstätte vollzieht. Die dargestellten Aspekte zur wertebewussten Pädagogik in der Kindertagesbetreuung beziehen sich nicht nur auf die Kooperation mit den Eltern und Familien, sondern auch auf die Zusammenarbeit mit anderen Bildungspartnern, wie zum Beispiel der Schule oder der Familienbildung.

2 Geteilte soziale Werte und gesellschaftlicher Zusammenhalt

Geteilte soziale Werte wirken sich auf den Zusammenhalt einer Gesellschaft oder einer sozialen Gruppe, aber auch auf die Identität jedes einzelnen Menschen in dieser Gemeinschaft positiv aus. Das Regelsystem, das auf gemeinsam getragenen Werten eines maßgeblichen Teils der Bevölkerung beruht, ordnet das Zusammenleben in einer Gesellschaft. Neben dieser Funktion für die Gemeinschaft hat die Selbstbindung an Werte für das Selbstbild einer Person, das heißt für die Gewinnung von Identität, eine wesentliche Bedeutung.

Der Begriff „Werte" wird je nach Perspektive unterschiedlich definiert und gebraucht. Dieser Beitrag folgt der Definition, die in der „Berliner Erklärung der Steuerungsgruppe des Bundesforums Familie zur wertorientierenden Erziehung" (Bundesforum Familie 2008, 2–3) und in von Hentig (2001, 69–71) herangezogen wird: Werte sind universalisierbare ethische Prinzipien, das heißt allgemeingültige Maximen der Lebensführung. Hier geht es um Prinzipien, die der Einzelne für sein Leben und das Leben allgemein als bedeutsam und sehr positiv bewertet (etwa: die Gerechtigkeit ist mir viel wert). Werte sind mit einem positiven Gefühl verbunden (das Gute). Werte werden um ihrer selbst willen von uns geschätzt, sie sind Zwecke und keine Mittel. Alle Handlungen im Alltag, die diese Zwecke verfolgen, sind moralische Handlungen. Moralisches Handeln ist das Mittel zum Zweck. Werte sind vielen Menschen gemeinsam. Ein Wert, den niemand mit mir teilt, ist eine persönliche Eigenheit, aber kein Wert. Werte sind gleichermaßen Maßstäbe für soziales Handeln und Grundlagen für den Zusammenhalt einer Gesellschaft. Es stellt sich nun die Frage, wie Menschen zu diesen Werten gelangen.

3 Die moralische Motivation als Grundlage eines Selbstbindungsprozesses an Werte

Wie vollzieht sich der Prozess der Selbstbindung von Kindern und Jugendlichen an Werte? Zu dieser Frage existieren derzeit zwei wesentliche Erklärungsansätze: der psychoanalytisch-bindungstheoretische Ansatz und neuere kognitionswissenschaftliche Ansätze. Die Ansätze unterscheiden sich vor allem hinsichtlich des Alters, in dem sich junge Menschen Werte aneignen. Für die pädagogische Praxis bieten beide Erkenntnisstränge in ihrem Nebeneinander Unterstützungsmöglichkeiten sowohl für die frühe und mittlere Kindheit als auch für das Jugendalter.

3.1 Der psychoanalytisch-bindungstheoretische Ansatz

Das psychoanalytisch-bindungstheoretische Erklärungsmodell geht davon aus, dass die Eltern entscheidend und sehr früh in der Kindheit die Grundlagen für die Moralentwicklung legen. Beschrieben wird ein Zusammenhang zwischen der Qualität früher Bindungen an Bezugspersonen und einer eigenständigen und urteilsbezogenen Normfolgungsbereitschaft von Kindern – der Motivation, sich an Werte zu binden (Grossmann/Grossmann 2007, 155–156; Keller/Malti/Dravenau 2007, 145; Ziegenhain et al. 2007, 122). Gute Voraussetzungen für die freiwillige Selbstbindung an Werte bieten demnach „sichere Bindungen" zu den primären Bezugspersonen. Die feinfühlige Mutter verhält sich gegenüber dem Kleinkind gewissermaßen als moralisches Modell. Vertraut das Kind den nahen Bezugspersonen, erfährt es sie als zugewandt, anerkennend und empathisch sowie in ihren Wertebindungen als authentisch, dann ist es motiviert, sich ebenfalls an diese vorgelebten Werte zu binden.

Die Bindung an Werte und Moral setzt auch die Fähigkeit, sich zu binden, voraus. Der psychoanalytisch-bindungstheoretische Erklärungsansatz sieht in den frühen Erfahrungen die grundlegende Voraussetzung für den in der mittleren Kindheit einsetzenden Selbstbindungsprozess. In der frühen Kindheit wird also der Grundstein gelegt, um sich an Werte binden zu können und zu wollen.

3.2 Moralische Motivation im Jugendalter – ein kognitionswissenschaftlicher Ansatz

Der kognitionswissenschaftliche Ansatz wird gestützt durch die Studie von Nunner-Winkler/Meyer-Nikele/Wohlrab (2012) zu den demokratierelevanten Orientierungen und Handlungsdispositionen. Moralische Motivation kennzeichnen sie als ein Bestreben, das „Rechte" zu tun, unabhängig von zu erwartenden Nachteilen wie Strafe, soziale Ablehnung oder Vergeltung mit Gleichem und auch unabhängig von erwarteten Vorteilen wie Lob, soziale Akzeptanz oder Gegenleistungen. Kern dieser Motivation ist es, das Rechte zu tun, weil es das Rechte ist. Moralische Motivation bedeutet die Fähigkeit, zu diesen spontanen altruistischen und auch egoistischen Impulsen Stellung zu nehmen und nur in Übereinstimmung mit den Impulsen zu handeln, die mit dem jeweils moralisch Gebotenen verträglich sind. Die moralische

Motivation bildet gewissermaßen einen Filter, der nur akzeptable innere Impulse passieren lässt (Nunner-Winkler 2007, 187–189).

Nunner-Winkler/Meyer-Nikele/Wohlrab (2012) gehen in ihrer Studie zur Anerkennung moralischer Normen davon aus, dass erst der im Jugendalter erreichte soziokognitive Entwicklungsstand es ermöglicht, eine Systemperspektive einzunehmen und so Haltungen, Einstellungen und Regelungen auf gesamtgesellschaftliche Folgen hin zu überprüfen. Jugendliche gewinnen nach dieser Auffassung eine neue kognitive Autonomie, die es erlaubt, zu den eigenen vorreflexiv erworbenen Orientierungen eine neue Position zu beziehen. Diese im Jugendalter erarbeiteten Haltungen bleiben häufig ein Leben lang bestehen und verändern sich auch dann nicht, wenn gesellschaftlicher Wandel oder soziale und geografische Mobilität erlebt wurden (vgl. Nunner-Winkler/Meyer-Nikele/Wohlrab 2012, 87).

Für die Studie wurden Jugendliche im Alter von 15 bis 16 Jahren aus unterschiedlichen Lebenskontexten befragt. Insbesondere bezogen auf die moralische Motivation führte die Untersuchung zu einem überraschenden Ergebnis:

> Die Qualität früher Familienerfahrungen, bemessen an der Nutzung bzw. Vermeidung körperlicher Gewalt, an emotionaler Vernachlässigung bzw. Zuwendung und am Einsatz eines autoritären oder laissez-fairen bzw. autoritativen Erziehungsstils wies keinen Zusammenhang mit der Stärke der moralischen Motivation auf. (ebd., 90)

Diese Ergebnisse widersprechen den Erkenntnissen des psychoanalytisch-bindungstheoretischen Ansatzes. Der Widerspruch sollte wissenschaftlich genauer analysiert werden, da er möglicherweise ein Schlüssel für neue Erkenntnisse ist. Ein Blick auf das Untersuchungsdesign der Studie mag erste Erklärungsansätze liefern: So wurde offenbar die Bindungsqualität bei den erfragten Familienerfahrungen nicht berücksichtigt.

Die kognitionswissenschaftliche Studie zu den demokratierelevanten Orientierungen Jugendlicher deckt darüber hinaus signifikante Unterschiede zwischen Mädchen und Jungen auf. Die Jungen schnitten hier deutlich schlechter ab. Eine hohe Geschlechtsrollenidentifikation ging bei Jungen mit einer signifikant niedrigen moralischen Motivation einher. Überraschenderweise konnte festgestellt werden, dass ein Anstieg der männlichen

Geschlechtsrollenidentifikation im Alter von 17 Jahren parallel mit einem Abbau moralischer Motivation einhergeht. Die Autorinnen erklären das Phänomen mit den in unserer Gesellschaft vorgegebenen männlichen Geschlechtsrollenstereotypen: „In unserer Kultur sind diese Inhalte beim männlichen Stereotyp moralabträglich, beim weiblichen sehr moralförderlich." (ebd., 91)

Ein weiteres sehr wichtiges Ergebnis der Studie ist die Bedeutung der Peergroup und der in ihr geteilten Übereinkünfte über moralisches Handeln, sichtbar beispielsweise bei der Gewaltanwendung in verschiedenen Schulkontexten:

> Selbst Jugendliche mit schlechten Familienerfahrungen zeigten in pazifistischen Schulkontexten wenig eigenes Gewalthandeln, sogar weniger als Jugendliche mit guten Familienerfahrungen in einem wenig pazifistischen Milieu; dort allerdings begingen erstere überproportional viele Gewalthandlungen." (ebd., 92)

Die Forschergruppe schließt daraus, dass der Einfluss des Peergroup-Klimas, zum Beispiel in der Schule oder in einer anderen Institution, den Einfluss der frühkindlichen Erfahrungen übersteigen kann (vgl. ebd.).

4 Werteorientierungen im gesetzlichen Auftrag der Kindertagesbetreuung

Die Kindertagesbetreuung ist ein familienergänzendes Angebot der Kinder- und Jugendhilfe. Sie ist gedacht als ein Angebot für Familien, damit diese ihrer Erziehungsverantwortung im gesellschaftlichen Kontext gut nachkommen können.

Rahmen, Zielsetzung und Auftrag der Kindertagesbetreuung wird bestimmt durch das Kinder- und Jugendhilfegesetz (SGB VIII), das die Prinzipien des Grundgesetzes auf die Kinder- und Jugendhilfe bezieht. Betrachtet man genauer, welche Ideale und Visionen der gesetzliche Auftrag der Kindertagesstätten beinhaltet, stehen diese in einer direkten Verbindung zu den Menschenrechten. In Kürze lassen sich Paradigmen schlagwortartig benennen, wie zum Beispiel Gleichheit der Menschen unter Beachtung ihrer Verschiedenheit, Partizipation von Kindern, Eltern und Familien (vgl. Art. 3 Abs. 3 GG), Beachtung der Lebensverhältnisse der Kinder in den Familien (vgl. § 22

Abs. 1–3 SGB VIII). In § 22 Abs. 3 SGB VIII wird zudem auf die Vermittlung von orientierenden Werten und Regeln verwiesen: „Er [der Förderauftrag, Anm. K. G.] schließt die Vermittlung orientierender Werte und Regeln ein." Die offene Formulierung „orientierende Werte" sagt nichts über die Inhalte der Werte aus, jedoch ist klar, dass die „orientierenden Werte" nicht im Widerspruch zu den in diesem Paragrafen selbst benannten Werten stehen.

In den Kindertagesstättengesetzen und zum Teil in den Bildungscurricula der Bundesländer finden sich Konkretisierungen, wie ein Beispiel aus Brandenburg zeigt. Im „Zweiten Gesetz zur Ausführung des Achten Buches des Sozialgesetzbuches – Kinder- und Jugendhilfe (Kindertagesstättengesetz – KitaG)" heißt es dazu:

> *§ 3 Aufgaben und Ziele der Kindertagesstätte*
> (1) Kindertagesstätten erfüllen einen eigenständigen alters- und entwicklungsadäquaten Betreuungs-, Bildungs-, Erziehungs- und Versorgungsauftrag. Die Bildungsarbeit der Kindertagesstätte unterstützt die natürliche Neugier der Kinder, fordert ihre eigenaktiven Bildungsprozesse heraus, greift die Themen der Kinder auf und erweitert sie. Sie ergänzen und unterstützen die Erziehung in der Familie und ermöglichen den Kindern Erfahrungen über den Familienrahmen hinaus. [...]
>
> *§ 6 Beteiligung der Eltern*
> (1) Die Eltern und andere Erziehungsberechtigte sind an der Konzeptionsentwicklung und Fragen ihrer organisatorischen Umsetzung in der Arbeit der Kindertagesstätte zu beteiligen. Hospitationen von Eltern in der Kindertagesstätte, ihre Anwesenheit während der Eingewöhnungsphase und ihre Beteiligung bei gemeinsamen Unternehmungen sind zu fördern.

Die Kindertagesstätten haben also einen gesetzlichen Auftrag, Werte und Regeln – oder anders: die Basisnormen unserer demokratischen Gesellschaft – zu vermitteln.

5 Lebenslagen von Familien

Aus der Perspektive der sozialpädagogischen Fortbildung ist im Kontakt mit vielen Erzieherinnen und Erziehern sowie Leiterinnen und Leitern von

Kindertagesstätten in den letzten Jahren der Eindruck entstanden, dass sich nahezu alle sozialen Konsequenzen gesamtgesellschaftlicher Veränderungsprozesse in Kindertagesstätten abbilden. Beispielsweise tauchen in den Abschlusskolloquien von Langzeitqualifizierungen Themen auf, die sich aus sozialen Problemen wie den folgenden ableiten lassen:

- Armut
- Exklusion von Familien anderer ethnischer Zugehörigkeiten
- Fehlende Anerkennung von Menschen in ihren Lebenswelten
- Prekäre Arbeitsverhältnisse
- Entgrenzung von Arbeit und Privatleben
- Flexibilitätsanforderungen an Arbeitnehmer/-innen
- Steigende Selbstverantwortung der Eltern für den Kompetenzgewinn ihrer Kinder
- Unsicherheit und Orientierungslosigkeit bei Erziehungs-, Beziehungs- und Bildungsfragen in Familien

Diese Probleme wiederum können verschiedenste Folgen haben:

- „Schwierige" Verhaltensweisen von Kindern
- Trennungen und Scheidungen
- Erschwerte Übergangsprozesse von Kindern durch geforderte hohe Mobilität von Familien
- Zu wenig Zeit für die Familie
- Psychische Erkrankungen von Erwachsenen und Kindern
- Kindeswohlgefährdung durch Gewalt und Vernachlässigung

Die sozial-emotionalen Auswirkungen struktureller Veränderungen gelangen über die betroffenen Kinder, Eltern, Familienmitglieder, Fachkräfte und technischen Kräfte in die Einrichtungen und bestimmen die Deutungen und Handlungen aller Beteiligten.

Die Orientierung an den Bedürfnissen, die sich aus den realen Lebenskontexten und -bedingungen der Familien ergeben, fand und findet in der noch sehr verbreiteten traditionellen Kultur der Kindertagesstätten nur untergeordnete Beachtung. Hier konzentrieren sich die pädagogischen Bemühungen der Fachkräfte vielmehr auf kleinkindpädagogische Ziele. Konzeptionell sind sie auf die Lebensphasen der Kinder ausgerichtet und am Wertekanon des in Deutschland verankerten traditionellen Familienbildes orientiert (vgl. Diller 2010, 140). Der Gegensatz zwischen der traditionellen Kitakultur einerseits und den realen Bedürfnissen der Familien andererseits eröffnet ein komplexes Spannungsfeld, das sich stark auf die Praxis der Wertevermittlung auswirkt.

6 Kindertagesbetreuung in einem Wertespannungsfeld

Empirische Untersuchungen wie auch Erfahrungen aus der Praxis geben Hinweise darauf, dass die Selbstbindungen an zentrale Werte der humanen, modernen, demokratischen Gesellschaft teilweise zu erodieren scheinen (vgl. Imbusch/Heitmeyer 2012, 320). Als zentrale Werte werden beispielsweise die Gleichheit oder Gleichwertigkeit der Menschen und das Interesse (Bedürfnis, Recht) an psychischer und physischer Unversehrtheit identifiziert:

> […] dass die Gleichwertigkeit aller Menschen und die Sicherung ihrer physischen und psychischen Unversehrtheit zu den zentralen Werten einer modernen und humanen Gesellschaft gehören. Diese Prinzipien drücken den Willen einer Gesellschaft aus, ein möglichst angstfreies Zusammenleben von Individuen und Gruppen unterschiedlicher ethnischer, religiöser, kultureller oder sozialer Herkunft mitsamt ihrer alltäglichen Lebenspraxis zu realisieren. (Heitmeyer 2012, 15)

Wie wirken sich fundamentale Moralprinzipien auf das Handeln der Individuen aus? Nunner-Winkler/Meyer-Nikele/Wohlrab (2012) schreiben dazu:

> Diese Modelle operationalisieren zwei basale Moralprinzipien: Gleichheit (jedem wird ein gleiches Vetorecht eingeräumt) und ein geteiltes Interesse an Schadensvermeidung (Normen gründen in der interessegeleiteten Zustimmung aller). Aus diesen Prinzipien lässt sich eine Minimalmoral ableiten. Es gelten die negativen Pflichten (du sollst nicht lügen, stehlen …), die die Unterlassung einer direkten Schädigung anderer fordern, sowie die positiven Pflichten („do your duty"), die die in einem Kooperationszusammenhang übernommenen Pflichten getreulich zu erfüllen gebieten. (ebd., 86)

Der oben beschriebenen zunehmenden Konzentration auf zentrale Werte und eine „Minimalmoral“, wie die Autorinnen es bezeichnen, liegt ein gesellschaftlicher Veränderungsprozess zugrunde, den Heitmeyer (2012, 19–21) als Ergebnis einer Längsschnittuntersuchung beschreibt. Demnach haben sich im letzten Jahrzehnt gesamtgesellschaftlich wirksame Phänomene wie soziale Entsicherung und Richtungslosigkeit ausgeprägt, die die Zukunftsvorstellungen betroffener Gruppen bestimmen. Zu dieser Ausprägung tragen laut der Studie „erregende Signalereignisse“ entscheidend bei (vgl. ebd., 19). Darunter fasst Heitmeyer beispielsweise die Terroranschläge vom 11. September 2001, die Einführung von Hartz IV im Jahr 2005, die Finanzkrise gefolgt von der Wirtschafts- und Fiskalkrise sowie die einsetzende Schuldenkrise. Diese Entwicklungen beeinflussen – so die Studie – auch die Einstellungen und gelebten Werte bzw. die „Minimalmoral“ von Individuen oder sozialen Gruppen. So ergab die Studie beispielsweise zunehmende „ökonomistische Einstellungen“: „Im Jahr 2011 sind fast 37 Prozent der Befragten der Auffassung, bestimmte soziale Gruppen seien nützlicher als andere, und fast 30 Prozent finden, dass eine Gesellschaft sich Menschen, die wenig nützlich sind, nicht leisten kann.“ (ebd., 21) Dies verweist, so Imbusch/Heitmeyer (2012, 322–336), auf eine Lockerung der Bindung an zentrale Werte wie beispielsweise Gleichwertigkeit und Unversehrtheit.

Mit dem hier skizzierten sozialen Wandel steigt der gesellschaftliche und individuelle Orientierungsbedarf (vgl. Imbusch/Heitmeyer 2012, 321). Von den Entwicklungen in negativer Weise betroffene Eltern, Familien oder Individuen (insbesondere Menschen in prekären Lebenssituationen) fühlen sich möglicherweise in ihren Grundbedürfnissen nicht mehr abgesichert und/oder können aus den gesamtgesellschaftlichen Ereignissen, den politischen öffentlichen Debatten und dem Umgang von Institutionen mit ihnen ein Handeln auch im Sinne einer „Minimalmoral“ nicht mehr ablesen. Die Sorge um die eigene Existenz und eine aufkommende Orientierungslosigkeit bezüglich dessen, was in der Gesamtgesellschaft noch Übereinkunft ist, können zur Verunsicherung führen, gerade hinsichtlich der Selbstbindung an Werte.

Das, was im sozialen Miteinander immer schmerzlicher vermisst wird, tragen politische und gesellschaftliche Institutionen vermehrt als Gegenstand von Projekten, Aufträgen oder Anregungen an die Kindertagesstätten heran. Die pädagogischen Fachkräfte sehen sich verstärkt konfrontiert mit Anforderungen, die Bund und Länder, Stiftungen, Schulen oder Bildungscurricula hinsichtlich der Wertevermittlung stellen. Aus der Praxisperspektive wirken die formulierten Forderungen jedoch häufig isoliert, unverbunden oder ungeordnet. Schlagwortartig lassen sich folgende Themen oder Anforderungen benennen:

- Partizipation und Inklusion
- Wertschätzender Umgang miteinander
- Anerkennung der Eltern als eigenständige Persönlichkeiten
- Zugang zur Bildung für alle
- Förderung der Wertebildung
- Förderung der Resilienz

Manche in negativer Weise von den oben skizzierten Entwicklungen betroffene Familien erleben in ihren Lebenswirklichkeiten jedoch nicht das, was Kindertagesstätten auf der Grundlage ihres Auftrags praktizieren und vermitteln wollen. Diese Familien tragen den von ihnen erlebten Widerspruch dann in das Mikrosystem Kindertagesstätte – eine spannungsreiche Situation, die die Entwicklung handlungstheoretischer Konzepte erforderlich macht.

Zudem sind Erzieherinnen und Erzieher nicht selten selbst in wenig sicheren Arbeitsverhältnissen beschäftigt – viele haben Teilzeitverträge, sind befristet angestellt und/oder erhalten eine geringe Bezahlung. Es fehlt insgesamt zurzeit an Wertschätzung und Anerkennung für Erzieherinnen und Erzieher, obwohl die Bedeutung früher Bildung belegt und in der Öffentlichkeit anerkannt ist. Dazu kommen Rahmenbedingungen, die für die konsequente Umsetzung des Erziehungsauftrags der Kindertagesstätten ungenügend sind: Es steht in vielen Bundesländern zu wenig mittelbare Arbeitszeit zur Verfügung, um die geforderten Aufgaben wie Beobachtung und Dokumentation, Qualitätsentwicklung, Entwicklungsgespräche mit den Eltern im nötigen Umfang und mit der gebotenen Qualität erfüllen zu können. Der Personalschlüssel und die Fachkraft-Kind-Relation sind noch immer unzureichend, im internationalen Vergleich belegt Deutschland hier nur einen mittleren Platz (vgl. Viernickel/Schwarz 2009, 2, 5, 22–24). Die Fachkräfte haben häufig eine Ausbildung mit anderen Paradigmen und Inhalten absolviert und sind für die in den letzten zehn Jahren qualitativ angestiegenen fachlichen Anforderungen nicht ausreichend vorbereitet.

In den Kindertagesstätten handeln Fachkräfte und Familien im Spannungsfeld zwischen hohen ideellen Anforderungen von Politik und Öffentlichkeit einerseits und der Alltagswirklichkeit der Familien andererseits. Viele Erzieher/-innen und Kindheitspädagoginnen und -pädagogen haben diesen Beruf gewählt, weil sie sich an Werte gebunden fühlen. Sie haben eine Vision davon, was sie Kindern ermöglichen und mit auf den Weg geben möchten. Gerade diese Fachkräfte setzen sich oft stark mit dem erlebten Kontrast auseinander und leiden oftmals auch darunter, einzelnen formulierten Aufträgen nicht den eigenen Ansprüchen gemäß gerecht werden zu können.

Laut SGB VIII müssen Kindertagesstätten sowohl die zentralen Werte der demokratischen Gesellschaft verfolgen als auch die Familien bei ihrem Erziehungsauftrag – unter anderem dem der Wertebildung und -erziehung – unterstützen. Die gesellschaftliche Wirklichkeit zeigt allerdings, dass nicht in allen sozialen Gruppen die gesellschaftlichen Basisnormen in gleichem Maße handlungsleitend sind. Welch großes Konfliktpotenzial dies für die pädagogischen Fachkräfte birgt, lässt sich zum Beispiel anhand der demokratischen Basisnorm „Gleichheit“ illustrieren: Da sich insbesondere Eltern des Mittelstandes häufig unter Druck sehen, die Bildungschancen ihrer Kinder zu erhöhen, wünschen sie sich von den Kindertagesstätten Bildungsangebote wie zum Beispiel „Frühenglisch“. Diesem Wunsch wird häufig dadurch entsprochen, dass eine muttersprachliche Fachkraft beauftragt wird, die regelmäßig ins Haus kommt und von den Eltern finanziert wird. Es können dann jedoch nur die Kinder teilnehmen, deren Eltern dafür bezahlen. Kinder, deren Eltern es sich nicht leisten können oder wollen, bleiben ausgeschlossen. Hier erleben einige Kinder Exklusion, und die teilnehmenden Kinder erleben, dass Exklusion von den Erwachsenen akzeptiert wird.

7 Wie Kindertagesstätten die Selbstbindungsprozesse an Werte unterstützen können

Wie können Kindertagesstätten dem beschriebenen Dilemma zwischen gesetzlichem Wertebildungsauftrag und familienspezifischen Realität begegnen? Im Selbstverständnis, in der pädagogischen Konzeption und in der Interaktion liegen Potenziale, die genutzt werden können, um mit den beschriebenen Problemen umzugehen. Voraussetzung ist es, den Kontrast zwischen dem, was einige Familien in der sozialen Wirklichkeit erleben, und Werten, die den Bildungs- und Erziehungsauftrag der Kindertagesstätte bestimmen, zu erkennen, offenzulegen und zu thematisieren, damit die Kinder sich nicht unreflektierten, schwer zu verstehenden und zu überwindenden Gegensätzen zwischen den Orientierungen in ihren Familien und in ihrer Kindertagesstätte ausgesetzt sehen. Das grundlegende Spannungsfeld kann allerdings nicht von den Kindertagesstätten selbst, sondern nur über den Diskurs auf der politischen und der gesetzgebenden Ebene gelöst werden. Alle in diesem Abschnitt aufgeführten Empfehlungen zur Unterstützung der Kinder und Familien in ihren Selbstbindungsprozessen an Werte durch die Kindertagesstätten sind daher lediglich als mögliche Ansätze zu verstehen.

7.1 Erweitertes Selbstverständnis von Kindertagesbetreuung

Die Selbstbindung an Werte in den Familien kann unterstützt werden, wenn sich das Selbstverständnis der Kindertagesbetreuung erweitert: Die traditionelle kleinkindpädagogische Orientierung auf die Lebensphasen der Kinder sollte sich verschieben zugunsten der Perspektive, Kinder als ganzheitliche Individuen, also unter Berücksichtigung ihrer Familien und deren Lebenskontexte und Wertvorstellungen, zu sehen. Gefordert sind ein verstärkt systemischer Blick und eine starke Initiative seitens der Kindertagesstätte, um die Kleinkindpädagogik gemeinsam mit den Eltern und entsprechend den verschiedenen Bedürfnissen und Möglichkeiten von Familien zu gestalten.

Hilfreich dafür kann der „Family Worker" des Early-Excellence-Konzepts sein (vgl. Whalley 2008, 21). Der Auftrag, Eltern zu beteiligen, erschöpft sich nach diesem Konzept nicht darin, Eltern zu Teamsitzungen mit konzeptionellen Inhalten einzuladen. Sie kämen nur für Eltern infrage, die einen gewissen Bildungsstandard, ein theoretisches und schriftkulturelles Verständnis und letztlich auch Zeit für einen solchen Termin haben. Es bedarf vielmehr sehr unterschiedlicher Formen von Beteiligung, die immer wieder neu für die Familien der Kindertagesstätte erdacht und umgesetzt werden müssen. Auch indirekte Beteiligungsformen sind denkbar: Wenn etwa Bedürfnisse von den Familien selbst nicht formuliert werden können, müssen die Fachkräfte aus Beobachtungen darauf schließen. Möglicherweise benötigen Familien Familienbildungsangebote, die sie über bestimmte Erziehungsfragen informieren, bevor sie sich dann in der Lage fühlen, eine Position zu beziehen und diese in der Kindertagesstätte zu vertreten.

Damit solche Ansätze erfolgreich umgesetzt werden können, müssen sich die Sichtweisen nicht nur in den Kindertagesstätten, sondern auch in den Familien und in der Öffentlichkeit verändern. Dies benötigt Zeit und eine gute Vorbereitung der Fachkräfte, zum Beispiel in der Aus- und Fortbildung. Eine fachpolitische Steuerung, die geeignete Rahmenbedingungen zur Verfügung stellt, ist ebenfalls notwendig. Auch eine begleitende externe Supervision bietet sich an. Ob der zurzeit bestehende Kostendruck, der auch auf der Kinder- und Jugendhilfe lastet, dies ermöglicht, bleibt allerdings offen.

7.2 Weiterentwicklung der pädagogischen Konzeption

Weiteres Potenzial für eine bewusste Auseinandersetzung sowohl mit den eigenen Werten als auch mit dem beschriebenen Spannungsfeld liegt in der stetigen Weiterentwicklung der pädagogischen Konzeption. Die Konzeption, über die jede Kindertagesstätte in Deutschland verfügt, verbindet die Erziehungsziele des pädagogischen Teams mit den Leitlinien des Jugendhilfeträgers der Einrichtung, dem gesetzlichen Auftrag und den Bedürfnissen und Vorstellungen der Familien. Eine Konzeption muss stetig fortgeschrieben werden, um die Veränderungen im Sozialraum und in der Gesamtgesellschaft sowie deren Einfluss auf die Kindertagesstätte für alle Beteiligten und für die Öffentlichkeit sichtbar abzubilden. Die jeweiligen Erziehungsziele, Bildungs- und Wertvorstellungen gilt es regelmäßig zu hinterfragen und auf ihre Aktualität und Umsetzung in der Alltagspraxis zu prüfen.

Bleiben die Erzieherinnen und Erzieher mit den Familien und dem Träger darüber im Gespräch, führt das im besten Fall dazu, dass sich alle Beteiligten über die Bindungen an Werte bewusst(er) werden und ihr Alltagshandeln verstärkt darauf ausrichten. Dieses Wertebewusstsein sensibilisiert für die Wahrnehmung eventueller Unstimmigkeiten zwischen den formulierten Wertvorstellungen und der Realität in Kindertagesstätte oder Familienleben. Die Diskussion solcher aufgedeckten Widersprüche erleichtert den Kindern eine Selbstbindung an Werte, da sie die Widersprüche nicht mehr allein mit sich selbst austragen müssen.

Für eine wertebewusste Pädagogik in Kindertagesstätten birgt die Konzeptionsentwicklung als Prozess vermutlich das größte Potenzial. Es bleibt allerdings in vielen Fällen ungenutzt. Die Ursachen dafür sind vielfältig. Häufig fehlt dafür im Tagesablauf der Kindertagesstätte die Zeit und die Leitung verfasst die Konzeption nach bestem Wissen und Gewissen allein. Die so bedeutsame Diskussion und Aushandlung der Beteiligten geht dabei jedoch verloren. In anderen Fällen erschweren unterschiedliche Vorstellungen oder ein schwelender Teamkonflikt den Konzeptionsprozess. Gerade wenn es viele abweichende Vorstellungen gibt, befürchten die Fachkräfte oft, dass ihre Auffassung nicht ausreichend berücksichtigt wird. Darunter leidet dann ihre Motivation, sich an einem Aushandlungsprozess zu beteiligen. In diesen Fällen wäre eine Moderation von außen sinnvoll, diese ist allerdings kostenintensiv und kommt deshalb häufig nicht in Betracht. Mit mehr verfügbarer Zeit sowie (finanzierter) Moderation, Mediation oder Supervision ließe sich auf nachhaltige Weise eine anhaltende Auseinandersetzung rund um gelebte Wertvorstellungen bei Fachkräften, Eltern und Trägern erreichen.

7.3 Interaktionsformen

In der Interaktion zwischen Kindern und Fachkräften, aber auch in der Interaktion zwischen den Kindern untereinander liegen weitere Möglichkeiten, um Kinder bei ihrer Selbstbindung an Werte zu unterstützen. Sie können ihre Wirkung aber nur dann in vollem Umfang entfalten, wenn diese Aufgabe mit den oben skizzierten Maßnahmen gleichzeitig auf der Metaebene thematisiert wird. Bleiben Widersprüche zwischen den Wertvorstellungen von Kindertagesstätte und Familien unreflektiert, wird es Kindern schwerer fallen, sich an bestimmte Werte zu binden, und sie werden zudem für den Prozess der Wertebindung weniger motiviert sein.

Für die Zeit bis zum sechsten Lebensjahr, die sogenannte vorreflexive Entwicklungsphase, liegt wichtiges Potenzial in *authentischen, sicheren Bindungsmodellen*. Kinder müssen in ausreichendem Maße Gelegenheit haben, eine sichere Bindung zu ihren Erzieherinnen und Erziehern aufzubauen. Die Eltern sollten – gegebenenfalls mit effektiven Hilfsangeboten – dabei unterstützt werden, sich selbst in ihrer Bedeutung als Bindungsperson wahrzunehmen. Wichtig ist es, dass die Bindungspersonen authentisch, sich also ihrer eigenen Werte bewusst sind, denn Kinder lesen Werte an den Handlungen ihrer Mitmenschen ab.

Da männliche Rollenstereotype die Entwicklung moralischer Motivation beeinflussen, sollten sich pädagogische Fachkräfte und Eltern mit dem Thema geschlechtsspezifische Vorbilder und Erziehung auseinandersetzen und ihre eigene Haltung sowie die Situation in Kindertagesstätte und Familie hinterfragen. Denkbar ist es beispielsweise, mehr Männer für die pädagogische Arbeit in der Kindertagesstätte zu gewinnen, zum Beispiel auch über eine ehrenamtliche Tätigkeit.

Peergroups bieten weiteres großes Potenzial, um die Selbstbindung der Kinder an Werte zu fördern. Unter Peergroup versteht man eine Gruppe nicht miteinander verwandter Kinder, die sich selbst gewählt zusammenfinden. Anders als im Familienleben kommen Kinder in der Kindertagesstätte regelmäßig in Peergroups zusammen. Hier üben sie, Teil einer Gruppe zu sein, Gehör und Anerkennung zu finden, Regeln auszuhandeln. Die erworbenen Strategien ermöglichen es ihnen, sich später als Jugendliche in eine Gruppe partizipierend und sinnstiftend einzubringen. Jugendliche mit dieser Fähigkeit können in der Regel auch auf die werterelevanten Prozesse der Peergroup Einfluss nehmen. In der Konsequenz bedeutet das für eine wertebewusste Pädagogik in der Kindertagesstätte, Gelegenheiten zu schaffen, in denen Kinder lernen, sich als Peergroup zu konstituieren, sich als Individuum in eine solche Gruppe einzubringen und sich an Aushandlungsprozessen der Gruppe zu beteiligen.

8 Fazit

Es muss eine gesamtgesellschaftliche Aufgabe sein, die Selbstbindung von Erwachsenen und Kindern an gemeinsam getragene Werte zu unterstützen. Die Kindertagesstätten können dazu einen wichtigen Beitrag leisten. Die Möglichkeiten der Kindertagesstätten lassen sich primär als „Unterstützung der Familien beim Umgang mit den erlebten Spannungsfeldern" beschreiben. An erster Stelle kommt es darauf an, Transparenz zu schaffen und auftretende Widersprüche im Wertebewusstsein in der Kindertagesstätte einerseits und in den familiären Lebenszusammenhängen andererseits wahrzunehmen und zur Sprache zu bringen.

Die größten Potenziale, die die Kindertagesstätten besitzen, liegen in einem stärker familienergänzenden Selbstverständnis, in einer im Austausch aller Beteiligten permanent weiterentwickelten pädagogischen Konzeption und in einer wertebewussten und authentischen Interaktion. Veränderungen in diesen drei Feldern wirken sich direkt und positiv auf das Alltagshandeln in der Kindertagesstätte und schließlich auf den Wertebindungsprozess aus.

Damit vorhandene Potenziale genutzt werden können, müssen gewisse Rahmenbedingungen geschaffen werden. Die Veränderungsprozesse bedürfen einer klaren fachpolitischen Steuerung und möglichst auch einer professionellen externen Begleitung. Wünschenswert wäre eine großflächige Unterstützung der Kindertagesstätten bei ihren Veränderungsprozessen im Sinne einer stärkeren Ausrichtung auf die Bedürfnisse der Familien. Dies mag angesichts des enormen Kostendrucks in der Kinder- und Jugendhilfe zu optimistisch klingen. Jedoch birgt der Kostendruck die Gefahr, dass Reformen in Kindertagesstätten einer wenig nachhaltigen, nur halbherzigen Unterstützung durch kurze, finanziell und inhaltlich wenig untersetzte Maßnahmen erliegen.

Kurzbiografie

Dr. Karin Garske

Ausbildung zur Erzieherin, anschließend Studium der Erziehungswissenschaften mit dem Schwerpunkt Kleinkindpädagogik an der Freien Universität Berlin. 2002 Promotion zum Thema Leitung von Kindertageseinrichtungen. Wissenschaftliche Referentin im Projekt Bildungs- und Lerngeschichten des Deutschen Jugendinstituts. Vertretung einer halben Professur im Lehrgebiet „Bildungsmanagement mit Schwerpunkt Bildung und Erziehung im Elementarbereich" an der Fachhochschule Koblenz, Standort Remagen. Koordination des Projekts „Wertebildung in Familien". Seit 2009 Tätigkeit als hauptamtliche Dozentin im Sozialpädagogischen Fortbildungsinstitut Berlin/Brandenburg SFBB, Fachbereich Kindertagesbetreuung/Kindertagespflege.

karin.garske@sfbb.berlin-brandenburg.de

Literatur

Bundesforum Familie (Hrsg.) (2008): Berliner Erklärung der Steuerungsgruppe des Bundesforums Familie zur wertorientierenden Erziehung. http://www.kinder-brauchen-werte.de/images/stories/Kinder%20brauchen%20Werte/Ergebnisse/be_klein.pdf (11.02.2013).

Diller, Angelika (2010): Familienzentren und Co. Veränderte Organisationsformen und ihr Beitrag zur Veränderung des Verhältnisses von familialer und öffentlicher Erziehung. In: Cloos, Peter/Karner, Britta (Hrsg.), Erziehung und Bildung von Kindern als gemeinsames Projekt. Zum Verhältnis familialer Erziehung und öffentlicher Kinderbetreuung. Baltmannsweiler, S. 137–153.

Grossmann, Klaus E./Grossmann, Karin (2007): Die Entwicklung zwischenmenschlicher Moral in Bindungsbeziehungen. In: Hopf, Christel/Nunner-Winkler, Gertrud (Hrsg.), Frühe Bindungen und moralische Entwicklung. Aktuelle Befunde zu psychischen und sozialen Bedingungen moralischer Eigenständigkeit. Weinheim/München, S. 151–175.

Heitmeyer, Wilhelm (2012): Gruppenbezogene Menschenfeindlichkeit (GMF) in einem entsicherten Jahrzehnt. In: Heitmeyer, Wilhelm (Hrsg.), Deutsche Zustände. Folge 10. Berlin, S. 15–41.

Imbusch, Peter/Heitmeyer, Wilhelm (2012): Krisenzeiten – Desintegrationsdynamiken und soziale Konflikte. In: Heitmeyer, Wilhelm/Imbusch, Peter (Hrsg.), Desintegrationsdynamiken. Integrationsmechanismen auf dem Prüfstand. Wiesbaden, S. 319–338.

Keller, Monika/Malti, Tina/Dravenau, Daniel (2007): Bindung, Sozialisation und die Entwicklung sozio-moralischen Denkens von der Kindheit bis zum Jugendalter: Befunde einer Längsschnittuntersuchung. In: Hopf, Christel/Nunner-Winkler, Gertrud (Hrsg.), Frühe Bindungen und moralische Entwicklung. Aktuelle Befunde zu psychischen und sozialen Bedingungen moralischer Eigenständigkeit. Weinheim/München, S. 125–150.

Nunner-Winkler, Gertrud (2007): Frühe emotionale Bindung und Selbstbindung an Moral. In: Hopf, Christel/Nunner-Winkler, Gertrud (Hrsg.), Frühe Bindungen und moralische Entwicklung. Aktuelle Befunde zu psychischen und sozialen Bedingungen moralischer Eigenständigkeit. Weinheim/München, S. 177–202.

Nunner-Winkler, Gertrud (2008): Zum Verständnis von Moral – Entwicklungen in der Kindheit. In: Fried, Lilian (Hrsg.), Das wissbegierige Kind. Neue Perspektiven in der Früh- und Elementarpädagogik. Weinheim/München, S. 101–118.

Nunner-Winkler, Gertrud/Meyer-Nikele, Marion/Wohlrab, Doris (2012): Anerkennung moralischer Normen. In: Heitmeyer, Wilhelm/Imbusch, Peter (Hrsg.), Desintegrationsdynamiken. Integrationsmechanismen auf dem Prüfstand. Wiesbaden, S. 83–99.

Viernickel, Susanne/Schwarz, Stefanie (2009): Schlüssel zu guter Bildung, Erziehung und Betreuung – Wissenschaftliche Parameter zur Bestimmung der pädagogischen Fachkraft-Kind-Relation. http://www.Kitaundco.de/pdf_show.php?id=12 (12.02.2013).

von Hentig, Hartmut (2001): Ach, die Werte. Über eine Erziehung für das 21. Jahrhundert. Weinheim/Basel.

Whalley, Margy und das Pen Green Center Team (2008): Eltern als Experten ihrer Kinder. Das „Early Excellence"-Modell in Kinder- und Familienzentren. Berlin.

Ziegenhain, Ute et al. (2007): Moralferne Kinder und Jugendliche – Fallanalyse eines jugendlichen Straftäters. In: Hopf, Christel/Nunner-Winkler, Gertrud (Hrsg.), Frühe Bindungen und moralische Entwicklung. Aktuelle Befunde zu psychischen und sozialen Bedingungen moralischer Eigenständigkeit. Weinheim/München, S. 105 124.

Wertebildung als gemeinsame Aufgabe von Eltern und Kindertagesstätten. Die Perspektive der Ausbildung

Anne Wihstutz

1 Grundlagen

Die Gemeinsame Konferenz der Jugend- und Kultusminister hat als Grundlage der Kinder-, Jugend- und Bildungspolitik der Länder den „Gemeinsamen Rahmen der Länder für die frühe Bildung in Kindertageseinrichtungen" (2004) entwickelt. Dieser benennt als einen der sechs Bildungsbereiche „Personale und soziale Entwicklung, Werteerziehung/religiöse Bildung".

Sämtliche Bundesländer haben auf dieser Grundlage Bildungspläne und -programme entwickelt, die als Regulierungsinstrumente zur Steuerung des Bildungsverlaufs, zur Konkretisierung von Bildungsinhalten und zur Absicherung von Bildungsqualitäten dienen. Gemeinsam ist ihnen ein Bildungsverständnis, das von der Selbstaneignungsfähigkeit und dem Subjektstatus eines jeden Kindes ausgeht. Bildung wird als Selbstbildung des Kindes verstanden. In diesem Prozess entwickelt das Kind ein Bild von sich selbst, von der Welt und von sich selbst in dieser Welt. Dabei nimmt es die Umwelt als Anregung auf und wirkt selbst auf die Gestaltung dieser Umwelt ein.

Den rechtlichen Rahmen bilden das SGB VIII (Kinder- und Jugendhilfegesetz – KJHG), hier insbesondere § 22 Abs. 3 SGB VIII, die Allgemeine Erklärung der Menschenrechte und im Besonderen die UN-Kinderrechtskonvention.

Kinder haben das Recht auf Förderung ihrer Entwicklung und auf Erziehung zu einer eigenverantwortlichen und gemeinschaftsfähigen Persönlichkeit. Kindertageseinrichtungen haben einen eigenen sozialpädagogischen Auftrag zur ganzheitlichen Erziehung, Betreuung und Bildung von Kindern. Der Förderauftrag bezieht sich auf die soziale, emotionale, körperliche und geistige Entwicklung des Kindes und schließt die Vermittlung orientierender Werte und Regeln ein (§ 22 Abs. 3 SGB VIII).

Im SGB VIII ist die Trägervielfalt und Trägerpluralität als Nebeneinander von öffentlichen und nicht öffentlichen Trägern von Gemeinden, Städten und Landkreisen vorgesehen. Die Trägerautonomie der freien Träger erlaubt es diesen – im Unterschied zu den öffentlichen Trägern –, ihrer Arbeit in den Einrichtungen religiöse oder weltanschauliche Profile und Wertorientierungen zu geben.

1.1 Von welchen Werten sprechen wir?

Wertebildung in Kindertagesstätten kommt nicht umhin, sich die Frage zu stellen, von welchen Werten die Rede ist. Werte verstanden als Grundwerte formulieren „grundlegende, höchste, letzte soziokulturelle Werte" (Hillmann 2003, 188). In ihnen enthalten sind Aussagen, die die spezifische Struktur des Zusammenlebens ermöglichen, ihr einen Sinn verleihen, sie organisieren, rechtfertigen und schließlich stabilisieren (vgl. Hillmann 2003). Es geht um die grundlegende Frage, wie wir leben und wie wir leben wollen. Welche Gesellschaft streben wir an? Welche Werte wollen wir Kindern als Grundwerte vermitteln?

Vor dem Hintergrund eines spezifischen Demokratieverständnisses stellt sich im Zusammenhang mit dem Wertepluralismus die Frage, an welchen Grundwerten sich öffentliche Bildungseinrichtungen wie Kindertagesstätten und Schulen orientieren sollen. Diese Frage ist eng mit den gesellschaftlichen Macht- und Herrschaftsverhältnissen verknüpft, denn die vorherrschenden Ideen, Glaubensvorstellungen und Weltanschauungen einer Gesellschaft fließen in die höchsten, letzten soziokulturellen Grundwerte maßgeblich ein.

1.2 Exkurs: Das Kindheits- und Menschenbild in der UN-Kinderrechtskonvention

In der UN-Konvention zu den Rechten des Kindes wird ein Menschenbild skizziert, das

> [...] Kinder nicht einfach als unmündige, unfertige Wesen sieht, die der Verfügungsgewalt ihrer Eltern oder eines Staates ausgeliefert sind. Wie jedem Menschen, so sind auch jedem Kind auf dieser Welt individuelle Rechte zu eigen. Erziehungsberechtigte und staatliche Stellen haben ihre Interessen stellvertretend zu wahren und zu schützen. (Deutsches Komitee für UNICEF 2001, 7)

Im Zusammenhang mit Fragen der Wertebildung und Werteerziehung sind vor allem folgende Artikel der UN-Kinderrechtskonvention von Bedeutung:

In Artikel 2 [Achtung der Kinderrechte; Diskriminierungsverbot] Abs. 1 verpflichten sich die Vertragsstaaten, jedem Kind, „unabhängig von der Rasse, der Hautfarbe, dem Geschlecht, der Sprache, der Religion, der politischen oder sonstigen Anschauung, der nationalen, ethnischen oder sozialen Herkunft, des Vermögens, einer Behinderung, der Geburt oder des sonstigen Status des Kindes, seiner Eltern oder seines Vormunds", die Rechte zu gewährleisten (Übereinkommen über die Rechte des Kindes). Hier wird das Prinzip der Gleichbehandlung angesprochen.

Das Wohl des Kindes, sein Schutz und seine Förderung bilden die Grundlage für die Zusammenarbeit der Einrichtungen mit Eltern und Erziehungsberechtigten (Artikel 3 [Wohl des Kindes]).[1]

Dabei müssen staatliche Einrichtungen das Recht der Eltern, Kinder in ihrer Entwicklung zu leiten und zu führen, respektieren (Artikel 5 [Respektierung des Elternrechts]). In der Zusammenarbeit zwischen Kindertagesstätten und Eltern ist darauf zu achten, dass Eltern mit ihren Anliegen ernst genommen werden und ihre Perspektivendarstellung respektiert wird. Es ist eine Aufgabe der pädagogischen Fachkräfte, den Vorstellungen und der gelebten sozialen Praxis von Eltern in einer professionellen pädagogischen Haltung gegenüberzutreten, die diese als gleichwertig und gleichberechtigt anerkennt.

Demgegenüber sichern die Vertragsstaaten jedem Kind zu, darauf hinzuwirken, dass es Zugang zu entsprechenden Informationen hat, um sich ein eigenes Urteil bilden und dieses zum Ausdruck bringen zu können. Die pädagogischen Fachkräfte unterstützen das Kind darin, sich eine eigene Meinung zu bilden (Artikel 12 [Berücksichtigung des Kindeswillens]).[2]

Nicht minder wichtig ist Artikel 14 [Gedanken-, Gewissens- und Religionsfreiheit], der dem Kind das Recht auf Gedanken-, Gewissens- und Religionsfreiheit zusichert. Eltern und der Vormund haben das Recht und die Pflicht, das Kind hierbei entsprechend seiner Entwicklung zu leiten.

1.3 Wertebildung in der Zusammenarbeit

In Bezug auf den Auftrag der Kindertageseinrichtung entspricht die Aufgabe der pädagogischen Fachkraft einem doppelten Mandat: Zum einen ist das grundsätzliche Recht eines jeden Kindes auf Förderung seiner Entwicklung und Erziehung zu einer eigenverantwortlichen und gemeinschaftsfähigen

Persönlichkeit angesprochen. Zum anderen muss die pädagogische Fachkraft dem unerlässlichen und legitimen Anspruch der Gesellschaft auf kulturelle Reproduktion entgegenkommen. Unter kultureller Reproduktion werden hier die Vermittlung von Grundwerten sowie die Weitergabe des kulturellen Erbes an die nachwachsende Generation verstanden (vgl. Franz 2010).

Vor dem Hintergrund des skizzierten Menschen- und Kindheitsbildes der UN-Konvention zu den Rechten des Kindes sowie auf der Grundlage des § 22 a SGB VIII sind die Einrichtungen der Kindertagespflege verpflichtet, mit Eltern, Erziehungsberechtigten und anderen Institutionen wie Einrichtungen der Familienbildung zusammenzuarbeiten und Eltern in ihrer Erziehungsaufgabe, die die Vermittlung und Bildung von Werten einschließt, zu unterstützen.

> *§ 22 a SGB VIII: Förderung in Tageseinrichtungen*
>
> (2) Die Träger der öffentlichen Jugendhilfe sollen sicherstellen, dass die Fachkräfte in ihren Einrichtungen zusammenarbeiten
>
> 1. mit den Erziehungsberechtigten und Tagespflegepersonen zum Wohl der Kinder und zur Sicherung der Kontinuität des Erziehungsprozesses,
> 2. mit anderen kinder- und familienbezogenen Institutionen und Initiativen im Gemeinwesen, insbesondere solchen der Familienbildung und -beratung,
> 3. mit den Schulen, um den Kindern einen guten Übergang in die Schule zu sichern und um die Arbeit mit Schulkindern in Horten und altersgemischten Gruppen zu unterstützen.

Zur Orientierung der Zusammenarbeit der Kindertageseinrichtungen mit Eltern in Sachen Wertebildung kann ein Verweis auf die Ethic of Care hilfreich sein. Hierbei handelt es sich um einen ganzheitlichen, situationsbezogenen, philosophischen Ansatz, der auf der Grundlage der Vielfalt von Perspektiven basiert, die in Dialog treten. Die Ethic of Care zeigt sich in und durch Handlungen und weniger im Befolgen von Prinzipien. Dadurch dass das Subjekt „mit beiden Füßen auf der Erde steht", in konkrete soziale Praxis, Beziehungen und Kontexte eingebunden ist, sei es fähig, die Situation auf Grundlage moralischer Erwägungen zu interpretieren und Handlungsentscheidungen zu treffen (vgl. Dahlberg/Moss 2005, 75, Übersetzung A. W.).

Um in den Austausch über gemeinsame Werte zu treten, bedarf es einer Haltung der pädagogischen Fachkraft, die grundsätzlich offen und interessiert, wertschätzend und anerkennend dem anderen gegenüber ist.

Gelten Werte wie Demokratie, Solidarität und Gemeinschaft als allgemeingültige Ziele, ist die Entwicklung ihrer Bedeutung und Umsetzung in der alltäglichen Praxis als ein Prozess zu betrachten, der sich von „unten nach oben" bewegt. Eine Herangehensweise von unten nach oben setzt auf den Dialog mit allen an diesem Prozess Beteiligten. Durch den gemeinsamen Entwicklungsprozess der Verständigung haben die derart gebildeten Werte eine hohe Verbindlichkeit für die Einrichtung und für die, die mit der Kindertageseinrichtung kooperieren, wie zum Beispiel Eltern, Schulen und Einrichtungen der Familienbildung. Diese Abmachungen oder Vereinbarungen sind also kontextspezifisch, inkludierend und haben eine Aussagekraft mit zeitlicher Begrenzung, die immer wieder einer Überprüfung hinsichtlich ihrer Aktualität und Sinnhaftigkeit für die Beteiligten bedürfen (vgl. Dahlberg/ Moss 2005; vgl. dazu auch Abschnitt 3).

2 Wertorientierung durch pädagogische Fachkräfte: die Person

> Die Rolle der Erzieherin [sic] ist eine Impuls gebende und unterstützende Begleitung, geprägt durch einfühlsame Zuwendung und respektierende Beobachtung [...] Indem die Erzieherin Werte für Kinder erfahrbar macht, regt sie die Eigenaktivität des Kindes an, damit es Werte (selbst-)bilden kann. Sie unterstützt die Selbstbildungsprozesse, indem der Sinn von Werten ko-konstruiert und beispielsweise der Sinn (oder Unsinn) mancher Regel miteinander diskutiert wird. Die Haltung der Erzieherin zielt somit nicht auf die Vermittlung moralischer Werte und Regeln ab, sondern konzentriert sich vielmehr auf den Aufbau von moralischer Urteilskompetenz. (Franz 2010, 33)

Erziehung, Bildung und Betreuung sind immer wertgebunden. Erziehung setzt Entscheidungen und Erziehungsziele voraus, die von einem bestimmten Menschenbild ausgehen. Insofern können sie nicht wertneutral sein. Werte sind geteilte Vorstellungen über das Wünschenswerte mit existenzieller Bedeutung. Beispiele sind: Menschenwürde, Freiheit, Liebe, Gerechtigkeit, Wahrheit, Frieden, Freundschaft und Gewaltlosigkeit (vgl. ebd., 61).

Im Kontakt mit Kindern, Eltern, Kolleginnen und Kollegen ist die Herausbildung einer Grundhaltung, die auf Authentizität, Wertschätzung und Empathie basiert, eine Notwendigkeit, um Orientierung zu geben, das Gefühl zu vermitteln, willkommen und geachtet zu sein, sowie mit den eigenen Anliegen verstanden zu werden. Auf einer solchen Grundlage ist es möglich, im Dialog Werte zu entwickeln. Im Sinne des Gleichbehandlungsgrundsatzes, wie er auch in der UN-Kinderrechtskonvention formuliert ist, ist es erforderlich, anderen Wertvorstellungen und -orientierungen gegenüber Respekt und Anerkennung zu zeigen.

2.1 Voraussetzungen für Wertebildung in der Kindertagesstätte: Selbstreflexion

Eine an Werten orientierte Erziehung und Bildung von Kindern setzt voraus, dass die pädagogischen Fachkräfte ihre pädagogische Arbeit an Werten ausrichten und sich dieser bewusst sind. Folglich sind sie in der Pflicht, sich ihre eigenen Werte und deren Rangordnung bewusst zu machen (vgl. Laewen 2002).

Zur Erinnerung: Im Kinder- und Jugendhilfegesetz ist der Auftrag der Kindertageseinrichtungen formuliert, zur „Vermittlung orientierender Werte und Regeln" beizutragen (§ 22 Abs. 3 SGB VIII). Um diesem Auftrag gerecht zu werden, ist es erforderlich, die eigenen Werte benennen zu können und sich als „Werteträger" bzw. „Wertevorbild" zu verstehen. Erzieherinnen und Erzieher sind Wertevorbilder und Wertemodelle, an denen sich Kinder, Eltern sowie Kolleginnen und Kollegen orientieren. Um einen eigenen Standpunkt einnehmen und eine Urteilsfähigkeit entwickeln zu können, ist die Auseinandersetzung mit grundsätzlichen Fragen des menschlichen Zusammenlebens sowie der Umwelt erforderlich. Im Klärungsprozess der eigenen Wertebildung ist auch die Beschäftigung mit der eigenen (moralischen) Motivation für die Berufswahl nötig. Darüber hinaus sind pädagogische Fachkräfte gefordert, sich im Team ein Bewusstsein über eigene Erwartungen an die Wertebildung mit Kindern, in der Zusammenarbeit mit Kolleginnen und Kollegen sowie mit Eltern zu erarbeiten.

Aufgrund der Vielfalt an biografischen Erfahrungen und an Sozialisationserfahrungen der pädagogischen Fachkräfte überrascht es nicht, wenn Vorstellungen über die pädagogische Arbeit auseinandergehen können. Auch gibt es unterschiedliche Prioritätensetzungen in der Werteskala.

Für die pädagogische Arbeit im Team ist eine Verständigung notwendig, um eine gemeinsame Basis entwickeln zu können, die mit den Unterschieden konstruktiv umgeht. Der gesetzliche Auftrag ist die allgemeine gemeinsame Grundlage der pädagogischen Arbeit. Auf der Ebene des Leitbildes des Trägers sowie in der Konzeption der einzelnen Einrichtung werden die Wertorientierungen konkreter formuliert. Sie stellen die konkreten Rahmenbedingungen für die wertorientierte pädagogische Arbeit.

Übung für die Selbstreflexion und Reflexion im Team

a) Einzelarbeit: Stellen Sie sich folgende Fragen. Schreiben Sie Ihre Antworten auf.

- Welche pädagogischen Werte sind mir in meiner pädagogischen Arbeit wichtig?
- Welche Werte legen wir im Team unserer pädagogischen Arbeit zugrunde?
- Von welchen Werten lassen wir uns leiten?
- Wie lebe ich, wie leben wir die Werte im Alltag?
- Wie kommen meine bzw. unsere Werte zum Ausdruck? Wie setze ich / wie setzen wir sie um?
- Woran kann ich/können wir und andere feststellen, dass die Werte gelebt werden? (vgl. Franz 2010, 142)

Diese Fragen sprechen die Ebenen der individuellen Werteskala, die konzeptionelle Ebene des Leitbildes des Trägers und der Einrichtung, aber auch die Werte der Handlungsebene und der Alltagspraxis an.

Um sich auf eigene Werte zurückzubesinnen bzw. die gemeinsamen Werte im Team zu erarbeiten, ist es hilfreich, wenn Werte mit konkreten Inhalten und Vorstellungen gefüllt werden. Dazu bietet sich die folgende Einzelarbeit an, die auf Werte- und Weltanschauungen in der eigenen Familie und im sozialen Umfeld Bezug nimmt (vgl. Reich o. J.).

Einzelarbeit: Nehmen Sie sich zehn Minuten Zeit, um die Satzanfänge zu beenden. Danach nehmen Sie sich für die Bearbeitung von Spalte zwei und drei jeweils weitere fünf Minuten Zeit.

Sprüche/Aussagen, die ich kenne	Diese Person fällt mir dazu ein	Dieses Gefühl löst dieser Satz in mir aus
Politik ist ...		
Gebildet ist jemand, der ...		
Geld und Besitz sind ...		
Gute Eltern sind ...		
Eine gute Mutter ist ...		
Ein Vater sollte ...		
Kinder sollen ...		
Ein richtiger Junge ist ...		
Ein Mädchen macht ...		
Ausländer sind ...		
...		

Die Satzanfänge sind beliebig weiterzuführen. Wichtig ist, dass es bei diesem ersten Schritt der Bewusstwerdung der eigenen Wertorientierung nicht um die moralisch oder politisch korrekte Wiedergabe geht.

Finden Sie sich in Kleingruppen zusammen und tauschen Sie sich über drei individuell ausgewählte Sätze mit Ihren Kolleginnen und Kollegen aus. Achten Sie dabei auf Gemeinsamkeiten und Unterschiede.

(Gesamtdauer der Übung: etwa 30 Minuten; Material: vorbereiteter Tabellen-Text)

Auf der Grundlage der eigenen Wertereflexion kann der Austausch im Team erfolgen. Es bieten sich Themen wie „Bei der Arbeit mit Eltern ist mir besonders wichtig, ..." dazu an.

Wenn die pädagogische Fachkraft ein Bewusstsein darüber erlangt, was ihre geläufigen „Wertsätze" sind, die ihre Kindheit und Jugend geprägt haben und ihre pädagogische Arbeit begleiten, kann sie diese auf ihre Angemessenheit überprüfen. Mit dem Bewusstwerden wird die Überarbeitung und unter Umständen die Revision spezifischer Vorstellungen und Werthaltungen erst möglich. Zugrunde liegen können ihnen einschneidende oder einprägende Erfahrungen aus der Kindheit bzw. Familientraditionen, die aus heutiger Perspektive und aus pädagogisch-professioneller Perspektive einer anderen Bewertung bedürfen.

Überzeugend ist die pädagogische Fachkraft in ihrem Handeln, wenn das, was sie sagt, mit dem, was sie denkt und empfindet, übereinstimmt. Mit anderen Worten: Sie ist „ganz bei sich" und eins. Das gesprochene Wort und die Körpersprache drücken dasselbe aus. Es werden keine widersprüchlichen Botschaften von ihr ausgesandt. Das Einssein mit sich lässt durchaus auch Widersprüchlichkeiten in ihrer Person zu. Die Auseinandersetzung und Akzeptanz der eigenen widersprüchlichen und ambivalenten Bedürfnisse kann vielmehr als Voraussetzung zur Entwicklung einer „inneren Autorität" betrachtet werden, die die Erlaubnis gibt, sozial kompetentes Verhalten zur Verfolgung eigener Ziele konstruktiv und förderlich einzusetzen (vgl. Schulz 2010, 362).

> Soziale Kompetenz beruht im Umgang mit sich selbst auf einem positiven Selbstwertgefühl und Selbstvertrauen, der Fähigkeit zu einer angemessenen Selbstbeobachtung und Selbstwahrnehmung, der Bereitschaft, Verantwortung für das eigene Handeln zu übernehmen, der Überzeugung, mit dem eigenen Handeln gezielt auf die Welt einwirken zu können (Selbstwirksamkeit), der Fähigkeit der Selbststeuerung und Selbstachtsamkeit. (ebd.)

Wie die pädagogische Fachkraft mit ihren eigenen Bedürfnissen umgeht, wird von Kindern ebenso beobachtet wie ihr Umgang mit ihrer Umwelt und dem Gegenüber. Soziale Kompetenz zeigt sich im Umgang mit anderen durch Respekt, Achtung, Kompromiss- und Kritikfähigkeit und in der sprachlichen Kompetenz. Die Entwicklung sozialer Kompetenzen befähigt die pädagogische Fachkraft dazu, „ihre beruflichen Aufgaben im Einklang mit ihrem eigenen beruflichen Selbstverständnis, ihrer persönlichen und beruflichen Identität weitestgehend in Einklang zu bringen" (ebd., 363). Wertschätzung sich selbst und anderen gegenüber bildet die ethische Grundlage sozialer Kompetenz (ebd.).

2.2 Gemeinsame Wertebildung im Team

Wenn unterschiedliche Wertvorstellungen im Team aufeinanderstoßen oder sogar zueinander in Konkurrenz treten, muss ein Konsens gemeinsam mit allen Beteiligten erarbeitet werden. Hier bietet sich die Methode der kollegialen Beratung an. Durch den geschützten Rahmen eines strukturierten Handlungsablaufs kann im Team konstruktiv mit Wertdissonanzen umgegangen und ein Konsens erarbeitet werden.

Der regelmäßige kollegiale Austausch über die pädagogische Arbeit im Team sowie teamübergreifend erweitert nicht nur den eigenen Erfahrungs- und Wissenshorizont, sondern fördert auch die konstruktive Zusammenarbeit. Dabei können auch einzelne Fälle besprochen werden (Methode Fallarbeit). Durch den regelmäßigen Austausch eröffnen sich neue Interpretations- und Handlungsperspektiven.

Das Team sollte regelmäßig die wertorientierten Grundlagen seiner alltäglichen pädagogischen Praxis reflektieren. Denn, so führt Schulz (2010, 365) aus:

> Im beruflichen Alltag treten soziale Fähigkeiten wie z. B. eine qualifizierte Selbstreflexion, die Pflege eines achtsamen Arbeitsstils sowie die Pflege der Arbeitsbeziehungen im Team insbesondere in Stresssituationen immer wieder in den Hintergrund oder schleifen sich an der kräftezehrenden Bewältigung des Berufsalltags ab. An ihre Stelle treten Handlungs- und Denkroutinen, die über einen langen Zeitraum die Arbeitsabläufe aufrechterhalten.

Die Sinnfrage bzw. die Frage, ob diese Abläufe den eigentlich angestrebten Zielen und Werten zuwiderlaufen, wird dabei jedoch nicht mehr gestellt.

Ebenso ist regelmäßig die Konzeption dahingehend zu überprüfen, ob die darin schriftlich formulierten Ziele (noch) mit den gelebten Werten der Praxis übereinstimmen.

Ein kontinuierlicher Austausch bzw. eine Zusammenarbeit mit anderen Bildungsträgern und Sozialeinrichtungen in der Gemeinde sowie mit Anbietern der Familienbildung (nach § 16 SGB VIII) ist gesetzlich vorgesehen (§ 22 a Abs. 2 S. 2 und 3 SGB VIII). Durch den kontinuierlichen Dialog mit (verschiedenen) Partnern bei grundsätzlicher gegenseitiger Akzeptanz (gerade auch der Andersartigkeit) kann die Grundlage für einen gemeinsamen Wertebildungsprozess geschaffen werden: Welche Werte sind uns in der Gemeinde wichtig, wie wollen wir, dass unsere Kinder aufwachsen? Auf der Grundlage der gemeinsamen Betrachtung konkreter Situationen und Fragestellungen können gemeinsam entwickelte und in ihrer Konsequenz verbindlich getragene Entscheidungen getroffen werden.

3 Konzeptionsentwicklung

Werte einer Bildungseinrichtung wie einer Kindertagesstätte spiegeln das gesellschaftliche Klima wider und basieren auf den Vorgaben des Kinder- und Jugendhilfegesetzes. In die Konzeptionsentwicklung einer Einrichtung fließen die Leitideen des Trägers, Vorstellungen der Eltern, Wünsche der Kinder und pädagogische Überlegungen der Erzieherinnen und Erzieher mit ein. Im besten Falle werden die Werte und pädagogischen Ziele der Kindertagesstätte gemeinsam im Dialog mit den pädagogischen Fachkräften, den Eltern, Kindern, Vertreterinnen und Vertretern der Gemeinde und in Auseinandersetzung mit den Leitwerten des Trägers entwickelt. Die Ergebnisse werden schriftlich in Form einer Konzeption festgehalten. Sie stellen die verbindliche Grundlage und Orientierung für die Einrichtung dar.

Im Rahmen einer wertorientierten Konzeptionsentwicklung werden verbindliche Werte formuliert und Vereinbarungen darüber getroffen, wie diese angestrebten Werte im Alltag praktisch gelebt und somit umgesetzt werden. Eine Konzeption „verpflichtet Erzieherinnen [sic], ihr pädagogisches Handeln entlang der darin begründeten Ziele, Prinzipien, Werte, zu den konkreten Bedingungen des sozialen Umfeldes und an dem, was die jeweiligen Kinder vor Ort und ihre Eltern brauchen und wünschen, zu orientieren“ (Franz 2010, 151).

Es ist sinnvoll, die angestrebten allgemeinen Ziele auf konkrete, erreichbare Etappenziele für den pädagogischen Alltag zu übersetzen. So kann die Entwicklung beobachtet, nachvollzogen und damit auch im Alltagshandeln überprüft werden. Eine solche Zielformulierung muss inhaltlich begründet werden, und die Bedingungen, die hierfür zur Verfügung stehen, müssen genannt werden. Konkret muss dokumentiert sein, weshalb welche Ziele wie im Alltag in der Arbeit mit Kindern erreicht werden können.

Durch die Entwicklung der Konzeption im Team kann ein hoher Grad der Identifikation und Verbindlichkeit in der Umsetzung durch das Team erreicht werden, denn durch die Prozesse der Bewusstwerdung, der Reflexion und des Austausches darüber wird ein Entwicklungsprozess jeder einzelnen pädagogischen Fachkraft, aber auch des Teams angeregt. Durch den lebendigen Prozess der Konzeptionsentwicklung kann die Kindertagesstätte zu einer „lernenden Organisation" werden (ebd.).

Werden auch Eltern in die Konzeptionsentwicklung einer Einrichtung einbezogen, trägt das zu einer differenzierten Auseinandersetzung mit den angestrebten Zielen und der Wertorientierung in der pädagogischen Praxis bei.[3]

4 Wertebildung in Zusammenarbeit mit Eltern

In allen Bildungsprogrammen der Bundesländer wird die Wichtigkeit der Zusammenarbeit mit Eltern hervorgehoben. Im Sinne einer demokratisch-partizipativen Elternarbeit sind die Anerkennung der Ressourcen der Eltern vonseiten der pädagogischen Fachkräfte sowie die Orientierung an einer unterstützenden Zusammenarbeit von elterlicher Seite förderlich.

In Aspekten wie Lebensgeschichte, Gewohnheiten, Interessen und Aversionen, Stärken sowie Bereiche, die der Unterstützung bedürfen könnten, werden Mütter und Väter als Expertinnen und Experten ihrer Kinder gesehen (vgl. Knauf/Düx/Schlüter 2007). Um das Kind in seinem Prozess der Weltaneignung und der Entwicklung seines Selbstbildes in dieser Welt bestmöglich unterstützen zu können, ist der Austausch über und das Interesse an der Beschaffenheit der jeweils anderen Lebenswelt des Kindes (hier Kindertagesstätte, dort Familie) grundlegend.

Stimmen Erzieher/-innen und Eltern in ihren jeweiligen Zielen und Werten überein, fördert das die kindliche Entwicklung und das positive Gefühl von Zugehörigkeit. Dieses setzt die gegenseitige Wertschätzung von Eltern und pädagogischen Fachkräften in ihren Unterschieden und Gemeinsamkeiten voraus. (Unterschwellige) Spannungen und unterschiedliche Auffassungen zwischen den Erzieherinnen und Erziehern in Kindertagesstätten und den Eltern können bei den Kindern Loyalitätskonflikte bewirken (Richter-Kornweitz 2011, o. S.). Anders formuliert: Sämtliche pädagogischen Bemühungen haben wenig Erfolgsaussichten, wenn sie gegen den elterlichen Willen gerichtet sind.

Für die Zusammenarbeit der pädagogischen Fachkräfte mit Eltern ist es für beide Seiten erforderlich und sinnvoll zu wissen, welche Werte vom jeweiligen Gegenüber als wichtig erachtet werden und welcher Stellenwert ihnen in der jeweiligen Wertehierarchie beigemessen wird. Ohne diesen Austausch und die Verständigung darüber wissen beide Seiten zu wenig über die jeweils andere Lebenswelt des Kindes, als dass sie es genügend fördern könnten (vgl. ebd.).

Erforderlich ist die Entwicklung einer pädagogischen Haltung, die die Ressourcen der Eltern anerkennt und wertschätzt, Eltern als Privatpersonen respektiert und ihre Gedanken, Sorgen, Themen als legitim wahrnimmt. Durch Zuhören, Beobachten und den Austausch im Gespräch lernen sich beide Seiten kennen. Die Zusammenarbeit mit Eltern setzt ein reflektiertes Verhältnis zu sich selbst voraus, um empathisch mit Eltern in Dialog zu treten. Es geht darum, sich auf die grundlegenden gemeinsamen Interessen zu konzentrieren und kooperativ und konstruktiv zusammenzuarbeiten (siehe hierzu die Ausführungen zu einer Ethic of Care, Abschnitt 1.3).

> Erzieher/-innen erleben *ihre* Eltern sehr unterschiedlich. Sie kennen dankbare Eltern, die ihre Arbeit zu schätzen wissen, fordernde Eltern, die erhöhte Erwartungen stellen, desinteressierte Eltern, die ihr Kind lediglich gut aufgehoben wissen wollen, nörgelnde Eltern, die nur Unzufriedenheit und nie Anerkennung zeigen und viele andere. Solche Vorerfahrungen erzeugen Emotionen – Stolz auf die eigene Arbeit oder auch Verunsicherung – und wirken sich auf die künftige Zusammenarbeit mit Eltern aus. (Richter-Kornweitz 2011, o. S., Herv. i. O.)

Die konkreten miteinander geteilten Erfahrungen bilden die Basis, auf der sich eine spezifische Form der Zusammenarbeit entwickelt. Es muss keine Erziehungs*partnerschaft* sein, doch in einem Bündnis mit hoher Verbindlichkeit, gegenseitiger Anerkennung und gegenseitigem Respekt kann die gemeinsame Wertebildung zwischen Elternhaus und Kindertagesstätte ermöglicht werden.

Von der pädagogischen Fachkraft wird erwartet, mit Eltern eine kooperative und konstruktive Form der Zusammenarbeit zu entwickeln. Diesem Anspruch gerecht zu werden, erscheint insbesondere herausfordernd, wenn Eltern ihre Kinder anders erziehen als in der Werteskala der pädagogischen Fachkräfte für erforderlich befunden wird.

Wie können dennoch Gemeinsamkeiten mit Eltern entdeckt und entwickelt werden, die die Wertebildung des Kindes unterstützen? Die Herausforderung an die pädagogisch-professionelle Haltung der pädagogischen Fachkraft besteht darin, allen Eltern mit Anerkennung und Respekt zu begegnen und die intuitive und reflexive elterliche Kompetenz[4] als prinzipiell bei allen Eltern vorhanden anzuerkennen (vgl. Thiersch 2006). Unter Umständen ist es sinnvoll, Eltern auf entsprechende professionelle Unterstützung in Form von Familienbildungsangeboten aufmerksam zu machen.

Nach § 16 Abs. 2 SGB gelten insbesondere solche Leistungen als Förderung der Erziehung, die auf die Bedürfnisse und Interessen sowie auf die Erfahrungen von Familien eingehen. Angebote der Familienbildung sollen die Familie darüber hinaus zur Mitarbeit in Erziehungseinrichtungen befähigen und sie in der Selbst- und Nachbarschaftshilfe stärken. Es geht um die allgemeine Förderung der Erziehung in der Familie. Leistungen sollen dazu beitragen, dass Mütter, Väter und andere Erziehungsberechtigte ihre Erziehungsverantwortung besser wahrnehmen können. Sie sollen auch Wege aufzeigen, wie Konfliktsituationen in der Familie gewaltfrei gelöst werden können (§ 16 Abs. 1 SGB VIII).

Folgende Themen eignen sich für die Wertebildung im Rahmen von Elternarbeit:

- Gesundheit – Stärkung der eigenen elterlichen Erziehungskompetenz, indem Eltern in der Wahrnehmung ihrer Erziehungsaufgaben positiv bestärkt werden
- Differenzieren und Üben der Fremd- und Selbstwahrnehmung
- Wahrnehmen und Respektieren der eigenen Bedürfnisse und der Bedürfnisse des Kindes
- Soziale Vernetzung mit anderen Eltern zwecks Austausch über Erziehungsfragen und Erziehungsziele
- Soziale Vernetzung mit anderen sozialen Institutionen im Wohnumfeld zwecks Unterstützung für die eigene Wertevermittlung, zum Beispiel durch kulturell-religiöse Unterweisung

In sämtlichen Angeboten geht es um die Stärkung von Erziehungskompetenzen von Eltern. Die Angebote können in den Räumen der Kindertagesstätte stattfinden, beispielsweise in Kooperation mit anderen Anbietern.

Dabei ist zu berücksichtigen, dass Eltern häufig erst dann kommen, wenn sie verunsichert oder entmutigt sind und das Gefühl haben, allein nicht mehr weiter zu wissen. Die pädagogischen Fachkräfte werden um Rat gebeten, weil sich die Eltern von ihnen professionelle Unterstützung und Informationen erhoffen.

Vor allem Eltern mit einem höheren Bildungshintergrund und finanziell besserer Stellung besuchen die Angebote der Einrichtungen (BMFSFJ 2006; AWO-Bundesverband 2010). Demgegenüber nehmen nur 15 Prozent der sozial benachteiligten Familien an den Angeboten der Familienbildung teil (BMFSFJ 2006; vgl. Richter-Kornweitz 2011).

Für die Zusammenarbeit mit Eltern gerade auch in Bezug auf Wertebildung bedeutet dies, dass die zum Teil sehr verschiedenen sozialen Lebenslagen von Eltern, die Vielfalt der Lebensstile und kulturellen Herkunft sowie Partnerschaftsformen als Ausgangsbasis berücksichtigt und respektiert werden müssen. Die gemeinsame Wertevermittlung zwischen Kindertagesstätten, Familienbildungsanbietern und Eltern ist erfolgversprechend, wenn die Angebote des Bildungsträgers an den Bedürfnissen und Interessenlagen der Adressatengruppe orientiert sind. Wenn Eltern sich in ihrer jeweiligen spezifischen Lage wahrgenommen und wertgeschätzt fühlen, ist die Grundlage geschaffen für die gemeinsame Erziehung und Bildung des Kindes. Dieses bedingt die Auseinandersetzung auf Augenhöhe über die jeweiligen Werte und Wertehierarchien.

Die Aussicht, Eltern mit Migrationshintergrund, mit niedrigem Bildungsstand und finanziellen Problemen für Angebote zu erreichen, steigt, wenn diese niedrigschwellig konzipiert sind. So können die Informationen zu den Angeboten über eine vertraute Person übermittelt werden oder die vermittelnde Person kann die Eltern zu den Angeboten begleiten. Erfolgversprechend ist es auch, wenn die Angebote direkt in der Kindertagesstätte durchgeführt werden und die Eltern keinen zusätzlichen Aufwand haben, um das Angebot wahrzunehmen.

Auch in der gemeinsamen Arbeit der Wertebildung ist es wichtig, Zugangsbarrieren für Eltern zu minimieren bzw. gänzlich abzubauen. Bekannte „Hindernisse" aus Elternsicht sind anfallende Kosten, mangelnde Kinderbetreuung während des Termins, befürchtete oder erlebte fehlende Wertschätzung der „anderen" Lebenswelt, Scham, Sprachschwierigkeiten bzw. Sprachlosigkeit.

Auf der Seite der pädagogischen Fachkräfte sind eine reflektierte und bewusste Haltung zu den eigenen Werten und ein Bewusstsein um eigene (Sozialisations-)Erfahrungen unabdingbar für eine anerkennende, offene und respektvolle Haltung gegenüber den Eltern.

Der Erfolg aller Maßnahmen zur Zusammenarbeit mit Eltern hängt maßgeblich von der Qualität der Beziehungen ab und letztendlich davon, ob Vertrauen hergestellt werden kann. Wesentlich gehört dazu die Bereitschaft, voneinander und miteinander zu lernen, sich nicht in ein Expertentum zurückzuziehen. Qualitäten wie zuhören zu können, den anderen ernst zu nehmen, sich auf die Ressourcen zu konzentrieren und die Stärken des anderen zu fördern sind die Grundlagen hierfür (vgl. Richter-Kornweitz 2011).

Die Organisationsstruktur einer Einrichtung sollte diese Orientierung an Werten wie Wertschätzung und Anerkennung sowie in der Partizipation widerspiegeln. Denn „Erzieherinnen [sic], die Kinder beteiligen, wertschätzen und anerkennen sollen, [müssen] sich selbst auch als wertgeschätzte, anerkannte Beteiligte von politischen Entscheidungen erleben, weil davon die Beteiligungskultur im Kindergarten maßgeblich beeinflusst wird" (Franz 2010, 173). Dem ist hinzuzufügen, dass auch die Aufforderung, mit Eltern partizipativ zusammenzuarbeiten, von dieser grundlegenden Wertorientierung gegenseitiger Wertschätzung und Anerkennung abhängt. Diese Aussage lässt sich auf andere Bildungsträger wie Anbieter von Familienbildung übertragen.

5 Wertebildung im pädagogischen Alltag

Wertevermittlung ist nicht als ein Sonderprojekt gedacht, sondern in die alltägliche Erziehungs-, Betreuungs- und Bildungsarbeit mit Kindern integriert. Werte werden im Alltäglichen vermittelt. Außergewöhnliche Projekte und Arbeitsgruppen bieten eine willkommene Abwechslung zur Routine des Alltags, doch die beständigen, regelmäßigen, wiederkehrenden und durch Höhen und Tiefen begleitenden und leitenden Werte, die in der Haltung der pädagogischen Fachkraft und in ihrem Handeln zum Ausdruck kommen, wirken nachhaltig. In der pädagogischen Arbeit mit Kindern gilt es, den Alltag als maßgebliche Erfahrungs- und Bildungszeit wahrzunehmen und entsprechend zu nutzen.

Dabei nehmen Kinder Unterschiede und die damit einhergehende Bewertung in ihrem sozialen Umfeld wahr. In ihrer kognitiven und materiellen Auseinandersetzung mit der „Beschaffenheit dieser Welt" entnehmen sie ihrer Umgebung ständig Informationen und beziehen diese auf ihre Erfahrungen mit ihrem Körper, ihr Handeln und ihre angestellten Beobachtungen. Auf dieser Grundlage entwickeln sie eigene Erklärungsansätze, dabei zeigen sich bereits Zweijährige von den gesellschaftlichen Bewertungen von Unterschieden in ihrer Urteilsbildung beeinflusst (Wagner 2007). Die Botschaften, aus denen sie sich die Welt erklären, erhalten sie von ihren Bezugspersonen, aus den Medien und aus ihrem Umfeld. Dabei ist die Form der Vermittlung nicht an sprachliche Information gebunden, vielmehr entnehmen Kinder auch aus dem Nichtgesagten und der unterlassenen Handlung von Erwachsenen Orientierung.

> Kinder erfahren in vielen alltäglichen Situationen, ob den Erwachsenen ihre Meinungen tatsächlich wichtig sind, ob ihre Ideen erwünscht sind und ob sie Einfluss auf die Gestaltung des Gruppenalltags haben können. Besonders in den Routinen des Alltags sind Entscheidungsfreiräume von Kindern oft eingeengt. (IFK Vehlefanz 2009, 5)

Es liegt in der Verantwortung pädagogischer Fachkräfte, den pädagogischen Alltag und die strukturellen Rahmenbedingungen auf Hindernisse und Widersprüche zu ihrem eigenen Werteverständnis und den Routinen des Alltags zu überprüfen. So ist zum Beispiel unter dem Gesichtspunkt der Partizipation zu untersuchen, wie die Verantwortlichkeiten zwischen Kindern und Erwachsenen in der Einrichtung einerseits sowie zwischen Eltern und pädagogischen Fachkräften andererseits verteilt sind.

Als Anlass für die gemeinsame Wertereflexion bieten sich Spiele, insbesondere Symbol- und Rollenspiele der Kinder an. Weitere Anlässe können Feste und Rituale sein, die Auseinandersetzung mit Gleichnissen sowie Geschichten aus Bilderbüchern, die zur Interpretation einladen. Auch die eigene Lerngeschichte und die Beschäftigung mit dokumentierten Lern- und Entwicklungsprozessen des Kindes (Portfolios) können zur Wertebildung mit Kindern beitragen (vgl. Franz 2010, 159).

Spielen ist die Grundform kindlichen Lernens, weil es Kindern eine Fülle von Denkmöglichkeiten eröffnet. Für Kinder ist das Spielen mit Ernst und Bedeutung verbunden. Im Spiel erkunden und erproben die Kinder vielfältige gesellschaftliche Rollen und üben sich im Sozialverhalten. Im Spiel, insbesondere im Symbol- und Rollenspiel, verarbeiten sie ihre Erlebnisse, Ängste und Hoffnungen. Ihre Deutungen gesellschaftlicher Werthaltungen kommen im Spiel zum Ausdruck. Im Rollenspiel werden Erlebnisse (re-)aktiviert, die für eine direkt erlebbare Verhaltensdiagnostik, den Aufbau von Fertigkeiten, den Angstabbau und die Einstellungsänderung dienlich sind. Ausgangspunkt sind reale Problemsituationen und die Entwicklung kohärenter Handlungsstrategien. Rollenspiele oder auch Symbolspiele sind „Als-ob-Spiele", da es hierbei um das Einüben sozialer Fähigkeiten geht. Diese Art des Spiels eignet sich für die Supervision unter pädagogischen Fachkräften, aber auch für die Arbeit mit Kindern.

In der pädagogischen Arbeit ist es aufschlussreich zu beobachten, welche Rollenvielfalt und Rollenverteilungen sowie damit verknüpfte gesellschaftliche Erwartungen Kinder zum Ausdruck bringen. Aus einer Perspektive der Wertebildung können Rollenspiele dazu anregen, Klischees aufzubrechen bzw. öffnende Interpretationen von Situationsbeschreibungen zuzulassen. Beispielsweise kann in der Kindertagesstätte eine vielfältige Funduskiste zur Verfügung gestellt werden, in der die Kinder verschiedenste Requisiten und Alltagsgegenstände finden. Diese sollten weder geschlechtsstereotyp noch kulturstereotyp zugeordnet werden können, sondern dazu beitragen, die Verschiedenheiten von Menschen abzubilden.

Im Kindergarten erleben Kinder, dass es eine Vielfalt von Meinungen gibt – zwischen Kindern, zwischen Kindern und Erwachsenen wie auch zwischen Erwachsenen. Es ist der Ort, an dem die unterschiedlichen Meinungen thematisiert und aus verschiedenen Blickwinkeln betrachtet werden können. Eine an Dialog, Offenheit und Wertschätzung orientierte Einrichtung fördert eine solche Pädagogik.

Diese Orientierung findet sich beispielsweise in den 16 konzeptionellen Grundsätzen wieder, die im Rahmen des Evaluationsinstruments „QuaSi – Qualität im Situationsansatz" entwickelt wurden.[5] Im achten Grundsatz heißt es dazu: „Im täglichen Zusammenleben findet eine bewusste Auseinandersetzung mit Werten und Normen statt. Regeln werden gemeinsam mit Kindern vereinbart." (Franz 2010, 156) Folgende drei Qualitätsansprüche werden formuliert:

8.1 Erzieherinnen und Kinder setzen sich im Alltag mit moralischen Werten und Normen auseinander.
8.2 Erzieherinnen erschließen mit Kindern weitere Bereiche, in denen Werte und Normen deutlich werden.
8.3 Erzieherinnen lassen Kinder die Sinnhaftigkeit und Gültigkeit von Regeln in konkreten Situationen erfahren. (ebd.)

6 Zusammenfassung

Wertebildung und Werteerziehung ist eine Gemeinschaftsaufgabe von Einrichtungen der Kindertagesbetreuung, Schulen, Familienbildung, Eltern und sozialer Gemeinschaft. Erziehung verweist auf gesellschaftliche und individuelle Ziele.

In einer an demokratischen Grundprinzipien orientierten Gesellschaft sind Werte wie Freiheit, Gleichberechtigung, Teilhabe und Beteiligung, Anerkennung und Wertschätzung, Akzeptanz und Gemeinschaft/Solidarität grundlegend (keine abschließende Aufzählung). Neben diesen Grundwerten ist es erforderlich, im alltäglichen Miteinander von Kindertagesstätten, Einrichtungen der Familienbildung, Schulen, Eltern und anderen Einrichtungen der Gemeinde eine gemeinsame Basis der Zusammenarbeit zu entwickeln, die wertorientiert ist.

Pädagogische Fachkräfte sind folglich verpflichtet, sich ein Bewusstsein zu erarbeiten über ihre eigenen Werte und Werteskalen sowie sich mit den gesellschaftlich vorherrschenden Werten, den sogenannten Grundwerten, auseinanderzusetzen. Eine Voraussetzung hierfür ist die Reflexion der eigenen Wertvorstellungen. Schließlich ist es nur auf der Grundlage der Selbstreflexion möglich, die Werte von Kindern und ihren Eltern (als dem Anderen) in der gelebten sozialen Praxis zu erkennen, zu respektieren und empathisch auf sie einzugehen. Zur Unterstützung der eigenen Wertebildung bei Kindern ist die pädagogische Fachkraft gefordert, authentisch zu handeln, Widersprüche zuzulassen und mit Kindern, Kolleginnen und Kollegen, Eltern sowie Vertreterinnen und Vertretern anderer Bildungsträger in Dialog zu treten.

Kurzbiografie

Prof. Dr. Anne Wihstutz

Jahrgang 1969, Diplom-Sozialarbeiterin (FH), M. A. Erziehungswissenschaft und Soziologie, 2006 Promotion zum Dr. phil. (Technische Universität Berlin), 2006 bis 2011 Postdoc an der Martin-Luther-Universität Halle-Wittenberg, Institut für Pädagogik, Lehrbereich Sozialpädagogik und Soziale Beratung, seit 1. April 2011 Professur für Soziologie an der Evangelischen Hochschule Berlin, Studiengang Elementare Pädagogik.
wihstutz@eh-berlin.de

Anmerkungen

1 UN-Kinderrechtskonvention, Artikel 3 [Wohl des Kindes]
(1) Bei allen Maßnahmen, die Kinder betreffen, gleichviel ob sie von öffentlichen oder privaten Einrichtungen der sozialen Fürsorge, Gerichten, Verwaltungsbehörden oder Gesetzgebungsorganen getroffen werden, ist das Wohl des Kindes ein Gesichtspunkt, der vorrangig zu berücksichtigen ist. (Übereinkommen über die Rechte des Kindes 1989)

2 UN-Kinderrechtskonvention, Artikel 12 [Berücksichtigung des Kindeswillens]
(1) Die Vertragsstaaten sichern dem Kind, das fähig ist, sich eine eigene Meinung zu bilden, das Recht zu, diese Meinung in allen das Kind berührenden Angelegenheiten frei zu äußern, und berücksichtigen die Meinung des Kindes angemessen und entsprechend seinem Alter und seiner Reife.
(2) Zu diesem Zweck wird dem Kind insbesondere Gelegenheit gegeben, in allen das Kind berührenden Gerichts- oder Verwaltungsverfahren entweder unmittelbar oder durch einen Vertreter oder eine geeignete Stelle im Einklang mit den innerstaatlichen Verfahrensvorschriften gehört zu werden. (Übereinkommen über die Rechte des Kindes 1989)

3 Die Reggio-Pädagogik basiert auf der demokratischen Zusammenarbeit von Kindertagesstätten mit Eltern und der politischen Gemeinde (vgl. Dahlberg/Moss 2005; Dreier 2010; Knauf/Düx/Schlüter 2007).

4 Nach Papoušek differenziert Thiersch (2006) den Kompetenzbegriff in intuitive und reflexive Kompetenz. Demnach sind alle Eltern in der Regel dazu fähig, in der sprachlichen und nichtsprachlichen Interaktion mit ihren Kindern zu reagieren und sich auf die Sprachebene und auf die Bedürfnisse der Kinder einzustellen. Diese „intuitive pädagogische Kompetenz" gehöre zum biologischen Programm. Auch wenn prinzipiell bei allen Eltern angelegt, kann diese mehr oder weniger ausgeprägt, durch Umstände und schwierige Erfahrungen verschüttet sein und der Freisetzung und Stärkung bedürfen (vgl. Thiersch 2006, 90).

5 Franz (2010, 156) gibt eine Einschätzung dieses Evaluationsverfahrens.

Literatur

AWO Bundesverband e. V. (Hrsg.) (2010): Familien in benachteiligten und von Armut bedrohten oder betroffenen Lebenslagen als Adressaten von Elternbildung und Elternarbeit. Expertise verfasst von Kate Bird und Wolfgang Hübner. Berlin.

BMFSFJ (2006): Familie zwischen Flexibilität und Verlässlichkeit. Perspektiven für eine lebenslaufbezogene Familienpolitik. Siebter Familienbericht. Berlin.

Dahlberg, Gunilla/Moss, Peter (2005): Ethics and Politics in Early Childhood Education. Contesting Early Childhood. Abingdon/New York.

Deutsches Komitee für UNICEF (2001): Kinder haben Rechte! Die UN-Konvention über die Rechte des Kindes. Eine Einführung. Köln. http://www.unicef.de/download/D0011.pdf (14.11.2011).

Dreier, Annette (2010): Was tut der Wind, wenn er nicht weht? Begegnungen mit der Kleinkindpädagogik in Reggio Emilia. Berlin.

Franz, Margit (2010): Hauptsache Wertebildung. Mit Kindern Werte erleben und entwickeln. München.

Hillmann, Karl-Heinz (2003): Wertwandel. Ursachen, Tendenzen, Folgen. Würzburg.

Institut für angewandte Familien-, Kindheits- und Jugendforschung (IFK) e. V. an der Universität Potsdam (Hrsg.) (2009): Umsetzungshilfen für Bildungsbereiche in der Kindertagesbetreuung. Vehlefanz.

Knauf, Tassilo/Düx, Gislinde/Schlüter, Daniela (2007): Handbuch Pädagogische Ansätze. Praxisorientierte Konzeptions- und Qualitätsentwicklung in Kindertageseinrichtungen. Berlin.

Laewen, Hans-Joachim (2002): Bildung und Erziehung in Kindertageseinrichtungen. In: Laewen, Hans-Joachim/Andres, Beate (Hrsg.), Bildung und Erziehung in der frühen Kindheit. Bausteine zum Bildungsauftrag in Kindertageseinrichtungen. Weinheim/Berlin/Basel, S. 16–102.

Reich, Kersten (o. J.): Biografiearbeit. In: Reich, Kersten (Hrsg.), Methodenpool. http://methodenpool.uni-koeln.de/download/biografiearbeit.pdf (14.11.2011).

Richter-Kornweitz, Antje (2011): Achtung Baustelle: Zusammenarbeit mit Eltern in der Kita. Zusammenarbeit mit Eltern als Arbeitsauftrag für Kindertagesstätten. http://www.gesundheitliche-chancengleichheit.de/achtung-baustelle-zusammenarbeit-mit-eltern-in-der-Kita (14.11.2011).

Schulz, Andreas (2010): Selbstreflexion und soziale Kompetenz. Psychodramatische Ansätze zu ihrer Förderung in der Supervision. In: Organisationsberatung, Supervision, Coaching, 2010, 17 (4), S. 361–371.

Thiersch, Renate (2006): Familie und Kindertageseinrichtungen. In: Bauer, Petra/Brunner, Ewald Johannes (Hrsg.), Elternpädagogik. Von der Elternarbeit zur Erziehungspartnerschaft. Freiburg, S. 80–105.

Übereinkommen über die Rechte des Kindes. UN-Kinderrechtskonvention im Wortlaut mit Materialien. http://www.national-coalition.de/pdf/UN-Kinderrechtskonvention.pdf (14.11.2011).

Wagner, Petra (2007): Vorurteilsbewusste Bildung und Erziehung im Kindergarten. In: Sir Peter Ustinov Institut (Hrsg.), Vorurteile in der Kindheit. Ursachen und Gegenstrategien. Wien, S. 125–140.

Zur Bedeutung von Werten für interindividuelle, intra-, inter- und transinstitutionelle Kooperationen in pädagogischen Handlungsfeldern

Jutta Mägdefrau, Felicitas Söhner

Eine Feldstudie im Rahmen des DRK-Projekts „Wertebildung in Familien“ zur Entwicklung eines Rahmenmodells wertesensibler und wertebezogener Kooperation

1 Einleitung

Kooperationen zwischen Fachleuten unterschiedlicher pädagogischer Fachrichtungen sowie Eltern als Zielgruppe von Bildungsmaßnahmen oder Partner im Bildungsprozess von Kindern und Jugendlichen werden häufig als Problemfeld thematisiert. Misslingende Kooperationen, defizitäre Zusammenarbeit zwischen Einrichtungen oder einzelnen Vertreterinnen und Vertretern pädagogischer Institutionen erschweren das Erreichen pädagogischer Ziele und kosten in der Praxis viel Kraft und Zeit.

Im Rahmen des Projekts „Wertebildung in Familien“ wurde als Teilprojekt an der Universität Passau im Zeitraum von November 2012 bis Februar 2013 eine Feldstudie durchgeführt: Qualitative Interviews mit Personen aus den Institutionen Schule, Kindertageseinrichtung und Familienbildung sowie mit Eltern sollten aus der Sicht von Praktikerinnen und Praktikern Aufschluss über Bedingungen gelingender Kooperationen unter Werteaspekten geben. Die Ergebnisse der Interviews sowie Empfehlungen von Expertinnen und Experten (vgl. Garske 2013; Smolka 2013; Wihstutz 2013; Zierer/Otterspeer 2013) sollten dann zu einem Modell von Kooperation verdichtet werden, das die unterschiedlichen Kooperationsformen sowie die Rolle von Werten in der Kooperation bzw. im gemeinsamen wertesensiblen pädagogischen Handeln veranschaulichen kann.

In den Interviews interessierten insbesondere die Erfahrungen und daraus ableitbaren subjektiven Konstruktionen der Beteiligten über die Rolle von Werten einerseits im Erziehungs- und Bildungsprozess, andererseits aber auch im Kooperationsprozess. Im ausführlichen Abschlussbericht des Projekts (vgl. Mägdefrau/Söhner 2013) werden die Befunde aus der Interviewstudie eingehend erläutert, während hier nur die zentralen Ergebnisse thesenartig zusammengefasst werden und das induktiv entwickelte Kooperationsmodell für wertebezogene und wertesensible Zusammenarbeit – Kern dieses Beitrags – im Mittelpunkt steht.

2 Formen von Kooperation

Das Wort Kooperation hat seine Wurzeln im lateinischen Begriff *cooperare,* der in der Übersetzung „zusammenarbeiten, zusammenwirken" bedeutet. Nicht jede Zusammenarbeit zwischen pädagogischen Akteuren ist jedoch auch eine als kooperativ zu bezeichnende Interaktion. Adamski definiert Kooperation wie folgt:

> Der Begriff Kooperation meint in seiner Wortbedeutung [...] die Zusammenarbeit von wenigstens zwei Personen, deren selbständige Handlungen zumindest teilweise aufeinander bezogen sind. Der Sinn von Kooperation liegt in der gegenseitigen Nutzbarmachung von Erkenntnissen und der gemeinsamen Entwicklung oder Durchführung von Vorhaben, die für einen allein nicht zu bewältigen sind. Der Vorgang der Kooperation besteht in regelmäßiger Kommunikation, gegenseitiger Information, wechselseitigem Erfahrungsaustausch, arbeitsteiligen Verfahrensweisen und kreativer Anregung – sowohl im Gespräch als auch in schriftlichem Gedankenaustausch. Entscheidend für kooperative Vorgänge ist, daß die Kooperationspartner in Bezug auf den Gegenstand ihrer Zusammenarbeit funktional gleichwertig sind und daß sie selbständig handeln. (Adamski 1983, 49)

Diese Definition erlaubt eine Abgrenzung gegenüber einem Adaptions- bzw. Assimilationsmodell und betont die Eigenständigkeit der kooperierenden Systeme durch Hinweis auf Arbeitsteilung, sodass die sich ergänzenden Instanzen ihr größtmögliches Potenzial entwickeln können (vgl. Maykus 2011, 24).

Institutionen gleichen Typs sind zumeist in größeren Netzwerken oder Organisationen organisiert, innerhalb derer Einrichtungen kooperieren, wir sprechen hier von *interinstitutionellen* Kooperationen. *Transinstitutionelle* Kooperation liegt vor, wenn Mitglieder unterschiedlicher Einrichtungen oder Netzwerke professionsübergreifend kooperieren. Hier werden die Grenzen der eigenen Einrichtungsart überschritten und fremde Zielsetzungen, berufsethische Grundsätze, Themen und Aufgabenstellungen bestimmen die Kooperationsarbeit. Wenn einzelne Individuen miteinander kooperieren, spricht man von *interindividueller*

Kooperation. Innerhalb der jeweiligen Institution kooperieren die Mitglieder der gleichen Profession in der Form der *intrainstitutionellen* Kooperation miteinander. Dazu gehören für unser Beispiel Schule der Austausch von Lernmaterialien, das gemeinsame Planen von Unterrichtseinheiten und vieles andere mehr. Die Form der intrainstitutionellen Kooperation kennt noch den Sonderfall der professionsübergreifenden intrainstitutionellen Kooperation. Er liegt vor, wenn Mitglieder unterschiedlicher Professionen innerhalb einer Institution zusammenarbeiten, wie dies zum Beispiel in der Schulsozialarbeit der Fall ist.

Familien treten den Institutionen in der Regel als „Einzelfall" gegenüber, was für die beteiligten Akteure wichtig zu berücksichtigen ist. Während Institutionen aus Sicht der Eltern immer in gewisser Weise eine Institution vom Typ A oder B ist und Akteure in ihr somit in der Logik der jeweiligen Institution wahrgenommen werden, können umgekehrt Eltern idealiter als individuelle Partner in Kooperationen wahrgenommen werden. In der Praxis zeigten sich jedoch auch Formen mentaler Abkürzungsstrategien mit stereotypen Deutungsmustern (vgl. Mägdefrau/Söhner 2013).

3 Fragestellungen und Durchführung der Interviewstudie

Die Feldstudie ging auf der manifesten Ebene der Frage nach, welche Erfahrungen an Wertebildungsprozessen beteiligte Personengruppen mit unterschiedlichen Formen von Kooperationen haben und welche Rolle Werte darin spielen. Im Blick waren dabei alle oben dargestellten Formen von Kooperation, wobei die intrainstitutionelle Kooperation etwas weniger im Mittelpunkt stand, da die Studie vor allem darauf zielte, Unterschiede und Gemeinsamkeiten zwischen Vertreterinnen und Vertretern unterschiedlicher Institutionen herauszuarbeiten und die besondere Rolle von Werten in diesen Kooperationen und auch im gemeinsamen pädagogischen Handeln zu verdeutlichen.

Die Studie wurde als explorative Untersuchung konzipiert, in der eine vorher festgelegte Zahl von Interviewpartnerinnen und -partnern pro Personengruppe ($n = 6$ Personen aus jeder der vier Gruppen) befragt werden sollte. Die sechs Interviews mit Familienbildnerinnen und -bildnern lagen aus einer anderen Studie der Projektkoordination „Wertebildung in Familien" (vgl. Erbes 2013) bereits vor und wurden unter der Fragestellung dieser Studie reanalysiert. Eine Stichprobe von insgesamt 24 Befragten (bzw. 6 Befragten je Kooperationspartner) kann kein repräsentatives Abbild der jeweiligen Grundgesamtheit darstellen, es wurde jedoch bei den im Rahmen dieser Studie durchgeführten 18 Interviews darauf geachtet, hinsichtlich einiger Personenmerkmale größtmögliche Verschiedenheit zu realisieren (Alter, Geschlecht, Berufserfahrung, räumliche Streuung innerhalb Deutschlands, urbaner und ländlicher Raum). Ausgehend von persönlichen Kontakten der Forschergruppe zu pädagogischen Institutionen und dann durch Empfehlungen wurden die Lehrpersonen und die Erzieherinnen und Erzieher rekrutiert, die Eltern durch Hinweise aus sich beteiligenden Schulen und Kindertageseinrichtungen.

Die folgenden Tabellen geben einen Überblick über die in den 18 neuen Interviews realisierte Stichprobe und zeigen, dass die Auswahlkriterien gut umgesetzt werden konnten. Tabelle 2 stellt die Berufserfahrung der Stichprobe dar. Ersichtlich ist, dass es sich bei den Befragten um vorwiegend erfahrene Personen handelt. Etwas mehr als die Hälfte ist über zehn Jahre im jeweiligen Tätigkeitsbereich. In der Altersverteilung der Gesprächspartnerinnen und -partner (vgl. Tabelle 1) zeigt sich – wie angestrebt – eine breite Streuung.

Altersverteilung	n	Prozent*
bis 30 Jahre	3	16,7
31 bis 40 Jahre	5	27,8
41 bis 50 Jahre	3	16,7
51 bis 60 Jahre	3	16,7
über 60 Jahre	4	22,2
Gesamt	18	100,1

Tab. 1: Altersverteilung der Befragten
(* Die Werte ergeben sich durch Rundungen.)

Berufserfahrung	n	Prozent*
weniger als 5 Jahre	4	22,2
5 bis 10 Jahre	4	22,2
11 bis 20 Jahre	2	11,1
mehr als 20 Jahre	8	44,4
Gesamt	18	99,9

Tab. 2: Berufserfahrung der Befragten
(* Die Werte ergeben sich durch Rundungen.)

Die Interviews wurden mit der Methode des leitfadengestützten Experteninterviews durchgeführt (Flick 2006; Gläser/Laudel 2010), wobei durch den Leitfaden eine relativ starke Vorstrukturierung des Gesprächs erfolgte.[1]

Die auf Tonträgern fixierten und vollständig transkribierten Interviews wurden mittels qualitativer Inhaltsanalyse nach Mayring (2002; 2007) ausgewertet; praktisch erfolgte die Interviewanalyse mithilfe des Softwarepakets MAXQDA (Kuckartz/Grunenberg/Dresing 2007). Für die Datenauswertung wurde ein inhaltsanalytisches Kategorienschema entwickelt, das auf den Kriterien theoretische Vollständigkeit, wechselseitige Exklusivität und Kohärenz basiert (vgl. Merten 1995). Diese Kategorien wurden in einem Wechselverhältnis zwischen konkretem Material und Theorie entwickelt, definiert, während der Analyse geprüft und gegebenenfalls überarbeitet. So baut das Kategoriensystem einerseits auf theoretischen Vorüberlegungen auf, ist andererseits aber auch offen, das heißt, es können anhand des Materials neue Kategorien konstruiert und ergänzt werden (vgl. Gläser/Laudel 2004, 195). Zudem ermöglicht dieses Verfahren neben der Untersuchung des manifest Gesagten die Interpretation der latenten Sinnstrukturen und Kontexte (vgl. Mayring 2002, 114).

Ein einzelner Satz, ein ganzer Abschnitt oder auch nur ein Satzteil wurden als Aussage kodiert und bildeten jeweils eine Kodiereinheit. Mithilfe des Kappa-Koeffizienten (vgl. Brennan/Prediger 1981) wurde die Interrater-Reliabilität stichprobenweise überprüft. Es ergab sich für die verschiedenen Kategorien ein zufriedenstellender Kappa-Koeffizient zwischen $\kappa = .89$ und $\kappa = .97$.

In Abbildung 1 wird das verwendete Kategoriensystem im Überblick dargestellt.

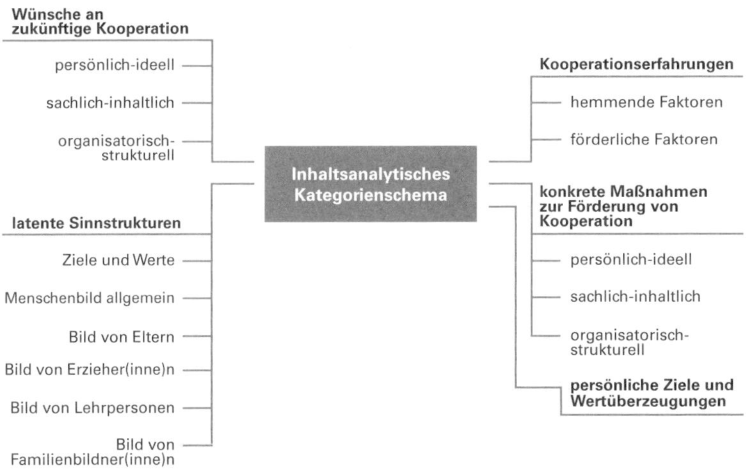

Abb. 1: Inhaltsanalytisches Kategorienschema

4 Ergebnisse der Interviewstudie

Bevor die Ergebnisse der Interviewstudie zusammenfassend dargestellt werden (ausführlich vgl. Mägdefrau/Söhner 2013), sei wegen der in Wissenschaft und Praxis zum Teil uneinheitlichen Begriffsverwendung das Verständnis von „Wertevermittlung“ erläutert, das den folgenden Ausführungen zugrunde liegt: Gemeint sind direkte und indirekte Maßnahmen, Methoden und didaktische Konzepte der Vermittlung (im Sinne von Hilfe zur Aneignung) von Werten und Wertorientierungen. Sie haben das Ziel, beim Gegenüber normgerechtes Verhalten, den Aufbau oder die Erhaltung eines stabilen Wertegerüsts oder die Reflexion von Werten zu erreichen. Zu den direkten Formen der Wertevermittlung gehören zum Beispiel diskursiv gestaltete Konzepte der Wertklärung, zu den indirekten die Wertevermittlung durch Vorbild.

Im Zentrum dieser Darstellung der Interviewergebnisse stehen die Aspekte aus den Interviews, die für ein Modell gelingender wertesensibler Kooperation relevant sind, vor allem die verdichteten Empfehlungen und Wahrnehmungen der Befragten für gelingende Kooperation.

4.1 Förderliche und hinderliche Faktoren für Kooperationen: Erfahrungen, Wünsche und Empfehlungen von pädagogischen Fachleuten und Eltern

Bezogen auf die im Interview geäußerten Werte, die ihnen in der Erziehung und Bildung wichtig sind, unterschieden sich die Befragtengruppen nicht sehr stark voneinander, setzten aber unterschiedliche Schwerpunkte. Die von den Eltern am häufigsten erwähnten Werte waren Rücksichtnahme, Gerechtigkeit und Respekt. Von den Erzieherinnen und Erziehern sowie den Lehrkräften wurden vor allem Austausch, Offenheit und Gewaltfreiheit mehrfach erwähnt. In der Gruppe der Familienbildnerinnen und -bildner, die sich in ihren Antworten naturgemäß auf ihre pädagogische Arbeit mit Eltern beziehen, wurden insbesondere die Werte Respekt und Toleranz genannt. Damit scheint vordergründig eine aus Sicht der Befragten zentrale förderliche Kooperationsbedingung prinzipiell gegeben: das Fehlen von Wertdifferenzen.

Abbildung 2 stellt die von den Befragten als förderlich und hinderlich wahrgenommenen Kooperationsaspekte im Überblick dar.

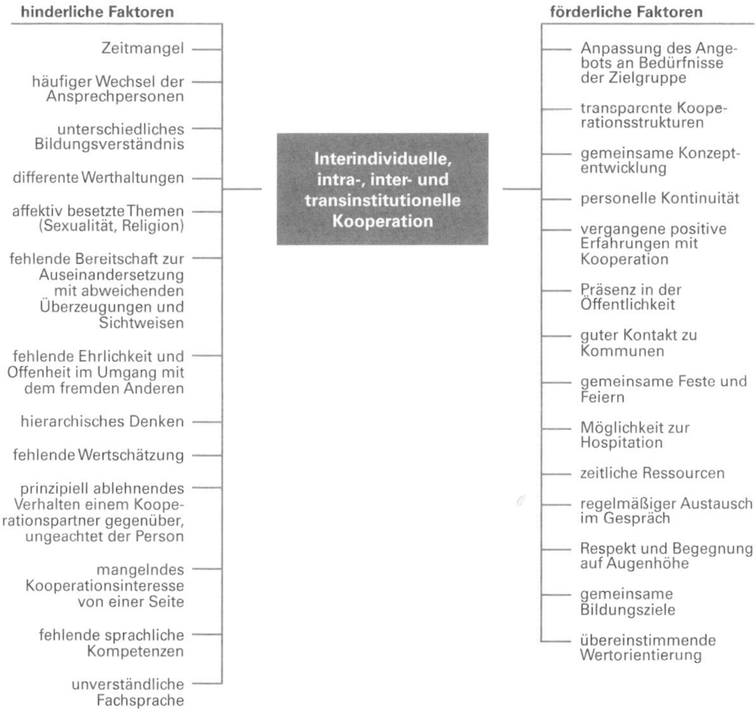

Abb. 2: Hinderliche und förderliche Kooperationsfaktoren aus Sicht der Befragten

Die Abbildung lässt eine Fülle von positiven und negativen Erfahrungen in Kooperationen mit Institutionenvertreterinnen und -vertretern oder Eltern annehmen, die sich mit entsprechenden Befunden zu Kooperationsproblemen in der Fachliteratur (vgl. Erbes 2008; Oelerich 1998; Kampmeier 2008) durchaus in Teilen decken, wenn sie auch nicht deren Abstraktionsgrad aufweisen. Kampmeier führt als zentrale Kooperationshemmnisse zum Beispiel an: fehlende Verständigung über die Ziele des Kooperationsvorhabens, über die jeweiligen Interessen und Motive, mit denen eine Kooperation eingegangen wird, über die für das Kooperationsvorhaben zur Verfügung stehenden Ressourcen (materiell, personell, immateriell), über die Möglichkeiten zum Aufbauen und Erhalten einer positiven Kooperationskultur (vgl. Kampmeier 2008, 78–79). Vergleicht man Kampmeiers Befunde, die aus einem mehrjährigen Projekt des Bundesministeriums für Bildung und Forschung in Schleswig-Holstein hervorgegangen sind (vgl. Kampmeier/Niemeyer 2003; 2004), mit den Aussagen der Befragten unserer Feldstudie, so erkennt man deutliche Überschneidungen. Als Individualerfahrungen erfragt und im Interview durch Beispielerzählungen illustriert, zeigt sich eine Reihe von Aspekten, die auf der interindividuellen Ebene der Kooperation angesiedelt sind, während die Analysen Kampmeiers eher auf die inter- und transinstitutionelle Kooperation abheben. Für den einzelnen Menschen erweisen sich Respekt, Wertschätzung, Begegnung auf Augenhöhe, Interesse am Gegenüber und an seinen Denkweisen als wichtige Aspekte gelingender Kooperation. Daneben wurde aber auch eine Reihe von förderlichen strukturellen Aspekten genannt wie personelle Kontinuität, transparente Kooperationsstrukturen oder ausreichende zeitliche Kapazitäten. Darüber hinaus ließ sich die Adaptivität der Angebote als kooperationsfördernder Faktor identifizieren, was eine Einbeziehung relevanter Bezugsgruppen in die Planung pädagogischer Arbeit nahelegt.

Es wird allgemein positiv aufgenommen, wenn die pädagogischen Konzepte gemeinsam entwickelt werden können bzw. wenn die vorhandenen Konzepte nachvollziehbar und transparent sind. Insbesondere in der Kooperation zwischen Kindertagesstätte und Schule unterstützen ein inhaltlicher Austausch und eine professionsübergreifende Absprache diese offenbar maßgeblich. Gleichzeitig stimmten die meisten der Befragten auch dahingehend überein, dass die Kommunikation nur dann wirklich fruchtbar sein könne, wenn der gemeinsame Umgang ohne hierarchischen Standesdünkel funktioniere.

Alle interviewten Personen unterstützten die Aussage, dass die gemeinsame pädagogische Arbeit dann am besten funktioniere, wenn gemeinsame Bildungsziele und eine gemeinsame Wertehaltung vorlägen. Die Ansichten darüber, in welchem Ausmaß die Werte übereinstimmen sollten, divergierten hingegen; jedoch sahen auch die kritischsten Befragten den stark prägenden Einfluss einer grundlegenden Übereinstimmung. Analog dazu wurden als zentrales Hindernis für Kooperation starke Unterschiede im Bildungsverständnis und in den grundlegenden Werten genannt. Wenn gemeinsame Bildungsziele fehlten, blockierten sich die Kooperationspartnerinnen und -partner gegenseitig in ihrem Erziehungsverhalten. Auch das unterschiedliche Verständnis der Aufgabe von Schule als Einrichtung der Wissensvermittlung bzw. der Persönlichkeitsbildung verhindert aus Sicht einiger der Befragten das „Ziehen an einem Strang". Insbesondere Erzieherinnen und Erzieher bemerkten, dass es zu großen Konfrontationen komme, wenn unterschiedliche Werte verschiedener Milieus oder Kulturen in Widerspruch zueinander gerieten.

Auf die Frage, was sich die Gesprächspartnerinnen und -partner von einer zukünftigen Kooperation wünschen bzw. welche Vorschläge für künftige Kooperationen sie machen, sprachen die Befragten Sachverhalte an, die in drei Unterkategorien subsummiert wurden: persönlich-ideelle, sachlich-inhaltliche und organisatorisch-strukturelle Aspekte.

Der persönlich-ideelle Bereich betrifft insbesondere kooperative Kompetenzen der einzelnen Akteure wie Engagement, wechselseitige Akzeptanz und Anerkennung sowie Umgang mit Konflikten, also überwiegend Dimensionen der interindividuellen Kooperation. Im Bereich der sachlich-inhaltlichen Wünsche wurde insbesondere auf Motivation und inhaltliche Gestaltung von Kooperation eingegangen, erwähnt wurden hier beispielsweise ein pädagogisches Leitbild, Klärung von Zuständigkeiten und Aufgabenbereichen oder Planung und Reflexion der Kooperation, mit Ausnahme der Motivation also tendenziell Dimensionen der intra-, inter- und transinstitutionellen Kooperation. Unter organisatorisch-strukturellen Wünschen und Vorschlägen wurden zum Beispiel die Arbeitsbedingungen und Ressourcen erfasst, die zur praxisnahen und optimalen Umsetzung von Kooperation für notwendig gehalten werden, etwa Rahmenbedingungen, Organisationsformen, Unterstützungssysteme, Evaluations- und Reflexionsinstrumente.

Abbildung 3 zeigt die von den Befragten geäußerten Wünsche bzw. Vorschläge, wie Kooperation besser gelingen könne.

Abb. 3: Wünsche und Empfehlungen der Befragten für zukünftige Kooperationen

Für diese Darstellung werden die in den beiden Bereichen „Wünsche“ und „Vorschläge“ jeweils genannten Aspekte gemeinsam betrachtet, und zwar getrennt nach den Subdimensionen.

Auf die erste Subdimension, die *persönlich-ideellen Wünsche und Empfehlungen*, entfiel die Hälfte aller Nennungen. Wie in Abbildung 3 ersichtlich, wird vor allem Wert auf den offenen, selbstkritischen Austausch und einen gemeinsamen Wertekanon gelegt, der auf der Basis einer wohlwollenden, förderlichen Einstellung zum Kind gemeinsam vermittelt werden soll. Große Gemeinsamkeit bestand in der Überzeugung, dass diese Wertevermittlung am eindrücklichsten durch konkretes Vorleben geschieht. Dies ist überhaupt das mächtigste Deutungsmuster der gesamten Studie, das mehr oder weniger deutlich von praktisch allen Befragten geteilt wurde: Werte vermittelt man durch das eigene Vorbild. Pädagoginnen und Pädagogen, aber auch Eltern sehen sich als Modelle eines durch ein stabiles Wertegerüst geleiteten Lebens, das sich durch Lernen am Modell – auch wenn das in dieser fachlichen Zuordnung zu Banduras Lerntheorie (vgl. Bandura 1976) nicht ausgesprochen wird – auf die Kinder überträgt.

In der Vorstellung vom gemeinsamen Wertekanon wird ein Idealbild von Kooperation entworfen, das geprägt ist durch gegenseitige Anerkennung der Fachlichkeit und Respekt. Wenn alle einer Meinung sind, verlaufen Kooperationen dann auch konfliktfrei, so die kollektiv geteilte Überzeugung der Befragten. Der Wunsch aller Beteiligten nach homogenen Werten, Zielen und pädagogischen Vorstellungen wurde an vielen Stellen der Interviews deutlich. Am ehesten wird von der Familienbildung auf das Phänomen „Differenz" mit pädagogischen Konzepten reagiert, indem das Herausarbeiten von Gemeinsamkeiten und kreativer Umgang mit Differenz als Lösung angeboten werden. Chancen von Differenz, zum Beispiel im pädagogischen Auftrag der Akteure, werden aber auch hier eher nicht wahrgenommen. Prinzipiell wird Übereinstimmung als ideale Kooperationsvoraussetzung gesehen, die – wenn sie nicht vorhanden ist – möglichst umgehend durch entsprechende Gespräche herzustellen sei.

Im Bereich der zweiten Subdimension, der *sachlich-inhaltlichen Wünsche und Empfehlungen*, wurde am weitaus häufigsten eine stärkere Einbindung der anderen Gruppen in das eigene Berufsfeld vorgeschlagen. Sehr oft wurde die Förderung eines kontinuierlichen und aktiveren Austauschs mit den Eltern durch das Angebot eines Elterncafés und regelmäßiger Treffen empfohlen, bei denen eine stärkere und aktivere Teilnahme der

Elternschaft gewünscht und gefördert wird. Die aktive Mitarbeit und beratende Funktion einer offenen, engagierten und kritischen Elternschaft könne bei gemeinsamen Aktionen, Festen, Elternabenden und auch im pädagogischen Alltag konstruktiv mit einbezogen werden. Gleichzeitig sollten Eltern an den Aufnahme-, Entwicklungs- bzw. Leistungsstandgesprächen aktiv beteiligt und besser informiert werden. Dass der Wunsch nach stärkerer Ein*bindung* von Eltern auch in Ablehnung einer Ein*mischung* umschlagen kann, zeigte sich bei der Analyse der latenten Sinnstrukturen in den Interviews.

Neben der Hilfe durch die Eltern wurde gleichzeitig auch die Hilfe für die Eltern genannt. In erster Linie die Familienbildnerinnen und -bildner, aber auch Erzieherinnen und Erzieher sowie Lehrpersonen plädierten für eine stärkere pädagogische Unterstützung von Eltern und Familien in schwierigen Lagen, damit die Hilfe auch bei den Kindern ankomme, die diese benötigten.

Die Befragten nahmen wahr, dass eine funktionierende Kooperation auch einer guten Organisation und Struktur bedürfe. Derartige Wünsche und Vorschläge wurden in der dritten Subdimension, der *organisatorisch-strukturellen*, kodiert.

An den von den Befragten in unseren Interviews geäußerten Wünschen für die zukünftige Kooperation fällt vor allem deren hohe Deckung mit dem Stand der theoretischen Diskussionen um gelingende Kooperation auf: Strukturelle Verankerung, gegenseitiger Respekt, geteilte Überzeugungen, Gelegenheit zum Austausch, gemeinsame Fortbildungen und anderes mehr sind auch Forderungen in den Expertentexten (vgl. etwa Smolka 2013; Zierer/Otterspeer 2013).

Deutlich wurde in den Vorschlägen und Wünschen eine große Bereitschaft zur Kooperation, von der man sich durchaus positive Veränderungen für die Kinder und Familien oder aber die eigenen Arbeitsbedingungen verspricht. Besonders betont wurden die Schaffung von klaren Strukturen für Kooperationen (etwa Kooperationsvereinbarungen) und die Ausweitung pädagogischer Aktivitäten im Stadtteil unter Einbeziehung aller relevanten Akteure.

4.2 Vier Thesen zu gelingender Kooperation aus Sicht der Befragten

Die folgenden zusammenfassenden vier Thesen spiegeln in verdichteter Form die Sicht der befragten Praktikerinnen und Praktiker und sind daher nicht als wissenschaftliche Lehrsätze zu lesen. Vor dem Hintergrund der sehr kleinen Stichprobe der Feldstudie verstehen sich die Thesen als Grundlage für die Bildung von Forschungshypothesen.

These 1: Das Gelingen von Kooperation zwischen verschiedenen am Erziehungs- und Bildungsprozess von Kindern beteiligten Personen und Institutionen ist abhängig davon, ob und wie zu Beginn pädagogische Werte, inhaltliche Ziele, strukturelle Grenzen und pädagogisches Mandat formuliert und diskutiert werden.

Dabei sollte das Bewusstsein geweckt werden, dass kooperative Tätigkeiten nicht automatisch eine Garantie für neue Aktionsfelder bzw. eine zwangsläufige Steigerung der Qualität der pädagogischen Arbeit bedeuten. Eine erfolgreiche professionsübergreifende pädagogische Kooperation bedarf der Kultur einer regelmäßigen, systematischen Reflexion sowie einer kriteriengeleiteten Evaluation der Auswirkungen und Effekte der pädagogischen Zusammenarbeit. Um seitens der Akteure die Motivation zur Kooperation aufrechtzuerhalten, ist es von Bedeutung, dass die einrichtungsübergreifende Kooperation zwar nicht kurz-, jedoch schon mittelfristig zu einer Arbeitsoptimierung und -entlastung führt.

Konkrete Erwartungen und befürchtete Zumutungen, Ängste vor Konkurrenz oder gar Kompetenzabsprachen sollten direkt angesprochen und im gemeinsamen Austausch offengelegt werden. Die Zusammenarbeit zwischen Eltern, Erzieherinnen und Erziehern, Lehrkräften sowie Familienbildnerinnen und -bildnern bedarf keiner nur gut gemeinten Absicht, sondern einer praktikablen Umsetzung, die den Beteiligten Anerkennung, Wohlwollen und Fürsorge entgegenbringt. Hierzu ist es unabdingbar, dass seitens aller Beteiligten mit kommunikativen Barrieren, die wegen mangelhafter landessprachlicher Kompetenzen oder auch nicht allgemein verständlicher Fachtermini auftreten, offen und respektvoll umgegangen wird.

These 2: Grundlegendes Element einer erfolgreichen Kooperation zwischen den Institutionen Eltern, Kindertagesstätte, Schule und Familienbildung ist ein langfristig angelegter und kontinuierlicher inhaltlicher, organisatorischer und ideeller Austausch.

Aufgrund dieser Studie entsteht der Eindruck, dass auch die Familien von den pädagogischen Kompetenzen der Fachleute profitieren können; dies gelingt möglicherweise dann besser, wenn der Austausch auch zwischen den pädagogischen Einrichtungen erfolgreich ist. Bei den Eltern kommen derartige Kooperationen als gemeinsames Bemühen um das Wohl ihres Kindes an. Möglicherweise steigern solche Wahrnehmungen auch die Bereitschaft von Eltern, an pädagogischen Angeboten teilzunehmen.

Die besten Voraussetzungen für eine erfolgreiche Kooperation werden in einer lebendigen Beteiligung und Kommunikation aller beteiligten Akteure gesehen. Diese kann beispielsweise in Form gemeinsamer Teamsitzungen erfolgen, in denen berufsgruppenübergreifende Inhalte und Konzepte erarbeitet werden. Das Angebot gemeinsamer Fortbildungen von pädagogischen Fachkräften, beispielsweise zum Thema Gewalt, Interkulturalität oder Werteerziehung, könnte den einrichtungsübergreifenden Dialog fördern. In den untersuchten Gruppen wird ein großer Bedarf gesehen, konkrete kooperative Formen in die Alltagspraxis einzubeziehen. Grundlegend für deren Integration sind allerdings ausreichende personelle und vor allem zeitliche Ressourcen.

These 3: Voraussetzung für gelingende Kooperation sind übereinstimmende Werte, die nicht nur Leitbild einer Einrichtung sind, sondern tatsächlich auch gelebt werden und insofern auch Kooperationen tragen. Wertereflexionen klären die gemeinsame Wertebasis.

Die dritte These ist als Grundlage für eine – dann natürlich operationale – Forschungshypothese besonders interessant, wenn man sie einmal so formuliert: Nicht eine gemeinsame Wertebasis ist nicht Voraussetzung für gelingende Kooperation, sondern das Fehlen von Wertwidersprüchen. Unsere Befragten waren sich in der Richtung dieser These allerdings sehr einig: Wichtig sind aus ihrer Sicht identische Werte; schwierig wird es, wenn Wertedifferenzen vorliegen. Selbstverständlich will man mit diesen tolerant umgehen, in der Praxis zeigt sich jedoch, dass dies oft nicht gelingt und es zu Schwierigkeiten in den Kooperationen kommt. Vermutlich kann es hilfreich sein, zwischen Wertübereinstimmung, Wertwiderspruch und Wertdifferenz zu unterscheiden: Es ist möglich, dass es in bestimmten Familien oder Einrichtungen unterschiedliche Werte gibt, die sich aber nicht fundamental widersprechen, sondern als „Wertemelange" (in der Werteforschung als Wertsynthese bezeichnet) nebeneinander existieren können. Die Frage, welche Wertwidersprüche Kooperationen so besonders schwierig machen, erscheint als ein zentrales Thema weiterer Forschungsanstrengungen. Aus den hier dargestellten Aussagen lässt sich hypothetisch ableiten, dass es funktional sein kann, wenn in inter- und transinstitutionellen Kooperationen Institutionen unterschiedliche pädagogische Ziele verfolgen. Ein Gleichschalten dieser Ziele ist nicht zwingend erstrebenswert. Vielmehr sollte sich Kooperation danach richten, dass die differenten Ziele sich nicht widersprechen oder sich gar ausschließen, wodurch Konflikte vorprogrammiert sind, sondern einander ergänzen und auf diese Weise zueinander passen. Der Kooperationsforscher Bolay formuliert das so: „Kooperationen müssen dann dem Muster eines strukturell gesicherten und konzeptionell abgestimmten wechselseitigen Ergänzungsverhältnisses folgen, das sich begrifflich als ‚Kooperation auf der Basis von Differenz und als Nutzung der Differenz' fassen lässt." (Bolay 2010, 11) Mehrfach wurde von den Befragten auf gemeinsame Sitzungen und/oder Fortbildungen verwiesen als struktureller Ort für derartige Wertklärungsgespräche.

These 4: Kooperation kann nur gelingen, wenn sie als gemeinsames Leitbild verstanden wird und als solches die Arbeitskultur der beteiligten Institutionen tief berührt und von diesen auch gepflegt wird. Dazu gehört die interne und externe strukturelle Absicherung von Kooperation.

Aus Sicht unserer Befragten ist es essenziell für gelingende Kooperation, dass die Akteure ihre berufliche Rolle als gemeinsam gestaltende Bildungspartner und Begleiter im Entwicklungsprozess des Kindes sowie als Moderatoren der individuellen Bildungs- und Lernprozesse verstehen. Die beteiligten Verantwortlichen müssten unter Umständen einem Perspektivenwechsel und damit verbundenen anderen Rollenverständnis gegenüber offen sein und gleichzeitig an der konkreten Arbeitskultur ihrer pädagogischen Einrichtung in diese Richtung arbeiten. Besonders dem System Schule wird mehrfach unterstellt, mehr an pädagogischer „Zuarbeit" als an Kooperation interessiert zu sein. Eine gegenüber anderen Einrichtungen sozialräumlich offene Schule gilt vielerorts bereits als Leitbild und bietet möglicherweise entsprechende Entwicklungschancen.

Als essenzielle Voraussetzungen dafür gelten zum einen motivierte Erzieherinnen und Erzieher sowie Lehrerinnen und Lehrer, die lokal ihre pädagogische Arbeit partnerschaftlich und kompetenzanerkennend weiterentwickeln und organisieren; außerdem Kommunen und Behörden, die im Rahmen ihrer Kompetenzen die Grundlagen einer optimalen

Bildungsarbeit unterstützen, und zum anderen interessierte Eltern, die sich konstruktiv-kritisch in die pädagogische Arbeit einbringen und diese aktiv nach ihren Möglichkeiten, Fähigkeiten und Interessen unterstützen. Allerdings zeigen die Interviews auch, dass pädagogische Professionals allzu engagierten und kritischen Eltern als Begleitung ihrer Arbeit teilweise durchaus auch mit Ablehnung gegenüberstehen. Hier besteht ein Widerspruch zwischen dem, was vordergründig von allen gefordert wird, und dem, was in illustrierenden Narrationen zum Kooperationsprozess immer wieder als schwierig erlebt wird: Es ist sehr menschlich, dass man sich mit Eltern, die sich mit den pädagogischen Bemühungen zum Beispiel einer Erzieherin oder eines Lehrers in vollem Umfang einverstanden erklären und gemeinsam mit der Fachkraft auftretende Schwierigkeiten besprechen, leichter tut als mit Eltern, die andere Ziele haben, andere pädagogische Maßnahmen bevorzugen oder sich mit einer Entscheidung nicht einverstanden erklären. Um es auf eine Formel zu bringen: Kooperation ist einfach, wenn meine Partner so denken wie ich, und wird schwierig, falls sie das nicht tun. Die Familienbildung hat explizit die Aufgabe, Eltern- und Erziehungskompetenz zu unterstützen und zu stärken, hieraus ergeben sich noch nicht in vollem Umfang genutzte Potenziale für die Kooperation mit anderen Bildungspartnern wie insbesondere mit Schule und Kindertagesstätte.

Wie die oben stehenden Ausführungen zeigen, existieren zahlreiche Faktoren, die das Gelingen einer wertesensiblen Kooperation zwischen Eltern, Erzieherinnen und Erziehern, Lehrerinnen und Lehrern sowie Familienbildnerinnen und -bildnern unterstützen und diese begünstigen. Die geäußerten Wünsche und konkreten Maßnahmen, die sich aus der qualitativen Analyse ergaben, umfassen nahezu alle Bereiche: Sie verweisen auf institutionelle und organisationsbezogene, auf akteurs- und professionsbezogene sowie auf adressatenbezogene Kontexte, auf systemische Betrachtungen und auf die Berücksichtigung kommunaler und sozialer Räume.

Im Rahmen zukünftiger empirischer Erforschung interindividueller sowie intra-, inter- und transprofessioneller Kooperationen sollten qualitative und quantitative Zugänge kombiniert werden. Eine belastbare Theorie gelingender Kooperation braucht aber in jedem Fall größer angelegte Repräsentativerhebungen mit möglichst längsschnittlichem Design.

5 Ein Modell interindividueller, intra-, inter- und transinstitutioneller Kooperation

Im Folgenden wird zunächst ein allgemeines Kooperationsmodell (Abbildung 4) erläutert, anschließend ein erweitertes Modell (Abbildung 5), in dem das allgemeine Modell für den Bereich wertesensibler und wertebezogener pädagogischer Arbeit konkretisiert wird. Es handelt sich um Mehrebenenmodelle, die veranschaulichen sollen, welche Dimensionen bedacht werden können, wenn Kooperationen zwischen Institutionen oder Einzelpersonen als Vertreterinnen und Vertretern von Institutionen vereinbart oder reflektiert werden sollen. Es wird im weiteren Verlauf deutlich werden, dass für gelingende Kooperation Wertverwirklichungen eine Voraussetzung sind, daher wird schon bei der Erläuterung des allgemeinen Kooperationsmodells auf Werte rekurriert. Werte als Thema und Conditio sine qua non pädagogischer Arbeit werden dann aber explizit im zweiten Modell einbezogen.

Empirische Basis beider Modelle sind Wahrnehmungen und Erfahrungen der interviewten Personen sowie die zusammenfassenden Darstellungen von Fachleuten (Garske 2013; Smolka 2013; Wihstutz 2013; Zierer/Otterspeer 2013) zu Bedingungen von Kooperation mit jeweils einem Schwerpunkt bei einem der vier Kooperationspartner Eltern, Schule, Kindertageseinrichtung und Familienbildung. Die Modelle verstehen sich als abstrahierende Verallgemeinerung der Befunde. Grundgedanke ist, dass prinzipiell auf Basis des ersten Modells alle Formen von Kooperation und Themen im Rahmen von Kooperationen reflektiert werden können, das Modell zu wertebasierter und wertebezogener Kooperation dann eine exemplarische Konkretion des allgemeinen Modells darstellt, indem wertebezogene Aspekte in das Modell eingetragen werden. Die verschiedenen Ebenen des Kooperationsmodells sollen nun zunächst beginnend bei der innersten Ebene erläutert werden. Die Ebenen verstehen sich dabei nicht als Stufenfolgen in dem Sinne, dass zum Beispiel innen zu beginnen wäre und man sich dann schrittweise nach außen vorarbeiten müsste. Für Reflexionen oder Planung einer kooperativen Praxis sollten alle Ebenen berücksichtigt und reflexiv aufeinander bezogen werden.

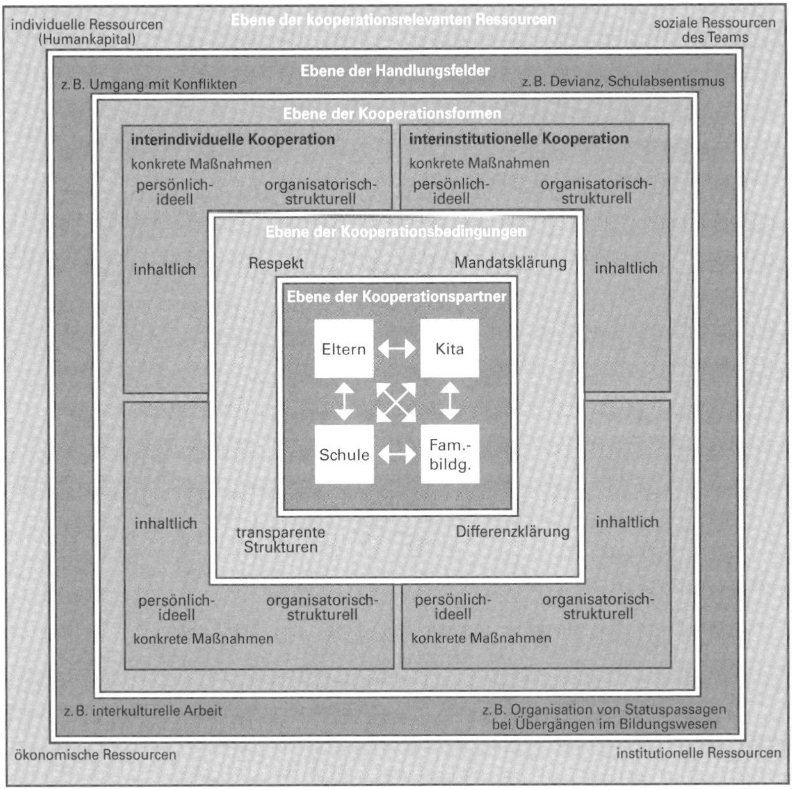

Abb. 4: Allgemeines Kooperationsmodell

5.1 Die Ebene der Kooperationspartner

Die Frage, wer überhaupt mit wem kooperiert, ist auf der inneren Ebene zu klären. Welche Lehrkraft übernimmt den regelmäßigen Kontakt zum Kindergarten oder zum Hort? Wer ist Ansprechperson für Kooperationen mit der Familienbildungseinrichtung am Ort? Welche Partner werden zur potenziellen Lösung eines aktuell auftretenden Problems benötigt? Solche und ähnliche Fragen sind auf dieser Ebene zu beantworten oder zu reflektieren. Kooperationen kosten Zeit und sollten nicht um ihrer selbst willen vereinbart werden. Smolka (2013) verweist auf den Nutzen, den alle Beteiligten aus einer Kooperation ziehen können sollten. Partner, die zur Lösung eines Problems nicht erforderlich sind, sollten auch nicht zu Kooperationen genötigt werden. Manchmal genügt dann eine in größeren Abständen stattfindende Information. Es geht hier zunächst um die schlichte Frage der Klärung von Zuständigkeiten und Benennung von konkreten Personen, die sich um bestimmte kooperative Aufgaben federführend kümmern. Auch bei der Zusammenarbeit mit Familien sind die Zuständigkeiten zu klären: Im eigenen Kopf verwurzelte traditionelle Rollen- und Familienbilder sind kritisch zu reflektieren.

5.2 Die Ebene der Kooperationsbedingungen

Auf der zweiten Ebene sind die Kooperationsbedingungen zu hinterfragen. In den Expertentexten und den Interviews wurden zahlreiche Aspekte gelingender Kooperationsbeziehungen deutlich.

Die in die Abbildung 4 aufgenommenen vier Aspekte „Respekt", „Mandatsklärung", „Differenzklärung" und „transparente Strukturen" sind einerseits exemplarisch aufgeführt für die Fülle an Hinweisen aus den Expertentexten und Interviews, verdichten aber gleichzeitig viele der dort genannten Aspekte in abstrahierender Weise.

Zu diesen Bedingungen zählt die der Kooperation zuträgliche Haltung des gegenseitigen Respekts. Ein achtungsvoller Umgang der einzelnen Beteiligten begleitet von einer Kommunikation ohne hierarchischen Standesdünkel sowie Wertschätzung der Arbeit des anderen beurteilten die befragten Akteure und auch die Expertinnen und Experten (Smolka 2013; Wihstutz 2013; Garske 2013) als essenziell für eine gelingende Kooperation. Respekt steht im Modell gewissermaßen stellvertretend für die Summe aller kooperationsfördernden inneren Haltungen und Verhaltensweisen der Partnerinnen und Partner.

Weiter können transparente Strukturen zu den konstruktiven Bedingungen gezählt werden (vgl. zum Beispiel Zierer/Otterspeer 2013). Transparente Vorgänge in der Anbahnung und Gestaltung von Kooperation können wahrscheinlicher machen, dass differenten Erwartungen und persönlichen Reibungen in der Zusammenarbeit konstruktiv begegnet wird. Auch Anregungen und Rückmeldungen im regelmäßigen inhaltlichen Austausch im Gespräch begünstigen eine engere Verzahnung der Akteure und beziehen sämtliche Beteiligten mit ein. Zu transparenten Strukturen gehört auch das sichere Wissen aller Beteiligten, wer für bestimmte Kooperationspartnerschaften in erster Linie zuständig ist. In manchen Schulen und Einrichtungen hängen zu diesem Zweck Listen mit Ansprechpersonen gut sichtbar aus. Ungeklärte Zuständigkeiten wirken sich auf Aktivitäten und Kooperationsprozesse behindernd oder gar lähmend aus. Sowohl Äußerungen aus der Praxis als auch der Theorie (vgl. Smolka 2013) verweisen auf die positiven Auswirkungen, wenn Kooperationen ein strukturelles und organisatorisches Fundament durch klare Arbeitsteilung, Verlässlichkeit sowie personelle und zeitliche Kontinuität erhalten. Klare Strukturen sind also eine grundlegende Voraussetzung, ohne die eine personen- und institutionsübergreifende Zusammenarbeit kaum etablierbar scheint. Transparente Strukturen stehen im Modell stellvertretend für die Summe aller strukturell-organisationalen förderlichen Bedingungen.

Als weitere Grundlage gelingender Kooperation ist die Mandatsklärung zu nennen, die lediglich implizit in den Interviews zum Ausdruck kam. Es geht dabei um die Frage, woher der Auftrag zum Handeln, in diesem Fall zum Kooperieren eigentlich kommt. Ihr Mandat zum Handeln erhalten Professionals in der Sozialen Arbeit oder Sozialpädagogik durch rechtlich verankerte Bestimmungen oder per Gesetz, durch einen Auftrag ihres Anstellungsträgers, der wiederum beispielsweise dem Subsidiaritätsprinzip folgend öffentliche Aufgaben übernimmt, oder aber durch den Klienten bzw. die Klientin selbst. Im Falle der Schule ist das Mandat ebenfalls rechtlich geregelt, denn inter- und transinstitutionelle Kooperationen sind gesetzlich verankert. Im Einzelfall jedoch muss die Mandatsklärung anlassbezogen genauer gefasst werden, und die Kooperationspartner sollten sich darüber Gewissheit verschaffen, aufgrund welchen Mandats sie gerade tätig werden. So ist zum Beispiel eine Erzieherin eines Kindergartens, die bei einem Kind Hinweise auf Vernachlässigung festgestellt zu haben glaubt, nicht berechtigt, mit der Mitarbeiterin einer Familienbildungseinrichtung, die Elternkurse anbietet, über die Familie ins Gespräch zu kommen und eine Kooperation zu vereinbaren, ohne sich für eine solche Kooperation ein Mandat der betroffenen Eltern zu holen. Die Mandatsklärung als Begriff steht im Modell auf der Ebene der Kooperationsbedingungen für alle förderlichen Bedingungen hinsichtlich der persönlich-inhaltlichen Zuständigkeitsvereinbarungen.

Ein vierter essenzieller kooperationsfördernder Aspekt ist der einer Differenzklärung. Differenz kann sich zum Beispiel auf differente Werte beziehen (und wäre dann schon eine Konkretion im Sinne des erweiterten

Modells in Abbildung 5), aber auch – und das ist für ein allgemeines Modell von Kooperation zunächst konstitutiv – auf differente Handlungslogiken der Kooperationsbeteiligten.

Die Expertentexte nehmen mehrfach Bezug auf den Differenzaspekt und machen die in Differenzen liegenden potenziellen Chancen deutlich (zum Beispiel Smolka 2013). Bolay (2010, 3) spricht ausdrücklich von einer „Differenzperspektive als fachliches Kriterium für Kooperation" und führt aus, dass gerade die unterschiedliche Zielstellung, Arbeitsweise und Handlungslogik der Kooperationspartner (bei ihm Jugendhilfe und Schule) in verschiedenen empirischen Untersuchungen von den Betroffenen als positiv erlebt worden seien. Die Aussagen von Expertinnen und Experten, Praktikerinnen und Praktikern lassen den Schluss zu, dass existierende divergierende Handlungslogiken unbedingt kommuniziert werden sollten. Dabei geht es nicht darum, Unterschiede zu beseitigen, sondern vielmehr darum, diese kennenzulernen und sie konstruktiv in die Zusammenarbeit einzubeziehen. Dies wirkt auch dem Auftreten von Kommunikationsproblemen entgegen, die in einer fehlenden Fähigkeit oder Bereitschaft der Beteiligten, sich auf die Perspektiven und Denkansätze der anderen Akteure einzulassen, zu gründen scheinen. Smolka (2013) verweist in diesem Zusammenhang auf die Bedeutung des Wissens über Arbeitsbedingungen, Aufgabenbereiche und Handlungslogiken der anderen Partnerinnen und Partner, das Grundlage für Verständigung sei. Die Differenzklärung steht im Modell stellvertretend für alle Maßnahmen zur Herstellung einer soliden Wissensbasis über die anderen Kooperationspartner und Aushandlungsprozesse zur Herstellung einer förderlichen Kooperationsatmosphäre. Sie ist somit gleichsam Bedingung für gelingende Kooperation und gleichzeitig ein Thema für Kooperationssitzungen oder -veranstaltungen.

5.3 Die Ebene der Kooperationsformen

Wie bereits ausgeführt, können Kooperationen in unterschiedlichen Formen organisiert werden, wobei sich – weil stets Menschen miteinander interagieren – die interindividuelle Kooperation niemals ausschließen lässt; sie ist bedeutsamer Teil jeder der anderen Kooperationsformen. Für die Reflexion bestehender Kooperationsbeziehungen ist eine Trennung der verschiedenen Formen hilfreich, um erkennen zu können, ob sich Kooperationshemmnisse auf der interindividuellen oder zum Beispiel auf der interinstitutionellen Ebene abspielen. Im Modell soll durch die Kreise verdeutlicht werden, dass konkrete Kooperationsmaßnahmen auf unterschiedliche Inhalte bezogen sein können: auf persönlich-ideelle, auf sachlich-inhaltliche oder auf organisatorisch-strukturelle.

In den folgenden Abschnitten sollen weniger Wünsche und Ziele, sondern vielmehr konkrete Handlungsempfehlungen aus Theorie und Praxis dargestellt werden. Die erläuterten Maßnahmen sind nicht immer eindeutig bestimmten Kooperationsformen zuzuordnen. Dies ist schon bedingt durch die oben angesprochene beständige Form der interindividuellen Kooperation, die alle Kooperationsformen durchzieht. Es soll an dieser Stelle versucht werden, auch Hinweise darauf zu formulieren, welche Kooperationsformen für welche Themen und Prozesse geeignet sind.

5.3.1 Teildimension interindividuelle Kooperation

Interindividuelle Kooperation entsteht, wenn zwei Personen eine Zusammenarbeit auf Augenhöhe und in respektvollem, wertschätzendem Umgang miteinander zum Zwecke der Erhaltung eines als positiv erlebten Zustandes oder der Verbesserung eines als negativ wahrgenommenen Zustandes vereinbaren. In den Interviews wurde als konkrete Maßnahme im Bereich der persönlichen Begegnung (persönlich-ideelle Ebene) eine aktive, selbstkritische persönliche Haltung in der Kooperation angesprochen. Das bedeutet, die Akteure müssten sich ihres Auftretens, ihrer subjektiven Überzeugungen über die Person des Partners oder der Partnerin, ihres Wissens über seine Lebens-/Arbeitsbedingungen bewusst werden, um eigene Anteile an Kooperationsschwierigkeiten, wie zum Beispiel an misslingenden Interaktionen, erkennen zu können (vgl. Smolka 2013; Garske 2013). Bei den Fachkräften können neben einer soliden Ausbildung in Gesprächsführung und Konfliktmanagement Supervisionen oder kollegiale Beratung solche Reflexionsprozesse unterstützen.

Interindividuelle Kooperationen haben einen Inhaltsaspekt, der sich aus dem Kooperationsanlass ergibt. Maßnahmen auf dieser Ebene beinhalten insofern die Klärung des Gegenstandsbereichs. Von den Interviewpartnerinnen und -partnern wurde vor allem das individuelle Eingehen auf die Kinder oder auf die Bedürfnisse der Eltern und Familien im Falle der Familienbildnerinnen und -bildner als zentrale Maßnahme genannt.

Interindividuelle Kooperationen zur Förderung eines individuellen Kindes sind beispielsweise denkbar zwischen einem Familienmitglied und einer Lehrkraft oder zwischen einem Familienmitglied und einer Fachkraft einer Kindertageseinrichtung. Darüber hinaus sind interindividuelle Kooperationen zwischen Mitgliedern einer Einrichtung als Spezialfall der intrainstitutionellen Kooperation häufig.

Hinsichtlich der organisatorisch-strukturellen Zusammenarbeit hoben die Befragten aus Praxis und Theorie die Relevanz von persönlichem Engagement in der kooperativen Zusammenarbeit hervor. Die Kooperation unterstützen und vor allem weitertragen können die individuellen Beteiligten in der Wahrnehmung ihrer Multiplikatorenfunktion. Diese Maßnahmen können womöglich nicht nur Kooperationen auf der Mikroebene befördern, sondern vielmehr bis in die Makroebene transinstitutioneller Kooperation hineinwirken.

5.3.2 Teildimension intrainstitutionelle Kooperation

Als maßgebliches Beispiel für die Kooperation auf sachlich-inhaltlicher Ebene innerhalb von Institutionen führten die Pädagoginnen und Pädagogen Supervision und Teamentwicklung an (mit diesem Schwerpunkt: Wihstutz 2013). Diese Maßnahme kann helfen, Konfliktpotenziale aufzudecken und zu bearbeiten sowie Lernpotenziale zu aktivieren. Eine bereits häufig anzutreffende weitere Maßnahme im Bereich intrainstitutioneller Kooperation in der sachlich-inhaltlichen Dimension besteht in der Zusammenarbeit bei der Materialentwicklung für Bildungsprozesse innerhalb einzelner Schulen, Kindertagesstätten oder Familienbildungseinrichtungen. Häufig sind diese Austauschprozesse allerdings nicht organisiert, dann handelt es sich im Grunde lediglich um interindividuelle Kooperationen. Dort, wo aber beispielsweise arbeitsteilig Materialien erstellt und in einem organisierten Prozess den anderen Mitgliedern der Einrichtung zur Verfügung gestellt werden, ist von intrainstitutioneller Kooperation zu sprechen.

Als kooperationsfördernde Maßnahme im persönlich-ideellen Bereich wurde eine wohlwollende, unterstützende Einstellung gegenüber Kindern angesprochen. Die Haltung der beteiligten Mitarbeiterinnen und Mitarbeiter kann dabei Ausdruck eines gemeinsam entwickelten pädagogischen Leitbildes sein, das in sozialen Einrichtungen heute üblicherweise existiert. Weiter sei eine professionelle Einstellung der Pädagoginnen und Pädagogen substanziell, die sich in Selbstreflexion eigener Werte und Aufgeschlossenheit gegenüber der Wesensart und Haltung anderer widerspiegele. Garske (2013) weist insbesondere auf den nichtstatischen Charakter solcher Leitbilder hin. Wenn man Konzeptentwicklung als einen prinzipiell unabgeschlossenen Prozess versteht, wird die Konzeption einer Einrichtung immer wieder selbst Gegenstand der Auseinandersetzung und Veränderung und kann möglicherweise eine gegenüber Veränderungen insgesamt aufgeschlossene Haltung fördern. Für Garske liegt in der Weiterentwicklung von Konzeptionen ein besonderes Potenzial im Hinblick auf Wertebildung und Wertebewusstsein, da die Konzeption auch Wertewandelprozesse reflektieren können (vgl. ebd.).

Was die organisatorisch-strukturelle Ebene der intrainstitutionellen Kooperation angeht, finden sich hier Empfehlungen, die die Ressourcen des pädagogischen Personals betreffen, damit beispielsweise mehr Zeit für einen Austausch im Team zur Verfügung steht.

5.3.3 Teildimension interinstitutionelle Kooperation

Interinstitutionelle Kooperationen sind Maßnahmen unter Beteiligung von zwei oder mehreren Einrichtungen desselben Typs, also zum Beispiel Kooperationen zweier städtischer Schulen zur Sicherstellung eines breiteren Kursangebots, sodass Schülerinnen und Schüler an Kursen auch der anderen Schule teilnehmen können. Ein anderes Beispiel sind Kooperationen zwischen Familienbildungseinrichtungen benachbarter Stadtteile, die sich in ihrem Kursangebot oder hinsichtlich der Zielgruppen absprechen, um möglichst viele Zielgruppen möglichst breit ansprechen zu können und sich nicht gegenseitig mögliche Interessenten abzuwerben.

Auf persönlich-ideeller Ebene sollte die wechselseitige Anerkennung von Leistungen der jeweils anderen Einrichtung bzw. des anderen Kooperationspartners zu den Grundhaltungen der Beteiligten gehören. Oben wurde deutlich, dass gegenseitige Anerkennung bereits auf individueller Ebene eine wichtige Voraussetzung für gelingende Kooperation ist. Dies wiederholt sich auf den Ebenen interinstitutioneller und transinstitutioneller Kooperationen. Wenn Institutionen gleichen Typs kooperieren, können auch Konkurrenzempfindungen entstehen, die zu haben und zu äußern zunächst einmal „erlaubt" sein muss und mit denen dann allseitig sensibel umzugehen ist.

Von den Befragten und den Expertinnen und Experten werden auch die gemeinsame Abstimmung und Reflexion von Inhalten und Erziehungsnormen als konkrete Maßnahmen in diesem Teilbereich genannt.

Als organisatorisch-strukturelle Maßnahmen empfahlen die Akteure die Festschreibung von Kooperationen in Konzepten und Programmen. Diese sowie die Kontinuität in Struktur und Personal der Kooperation unterstützen auch aus Sicht der Praktikerinnen und Praktiker eine langfristige Zusammenarbeit. Dies gilt jedoch nicht nur für Kooperationen zwischen Einrichtungen gleichen Typs, sondern auch professionsübergreifend.

5.3.4 Teildimension transinstitutionelle Kooperation

Die Expertinnen und Experten verweisen auf die zentrale Bedeutung des Nutzens einer Kooperation für deren Beständigkeit insbesondere im Bereich der transinstitutionellen Kooperationen. Smolka (2013) nennt als Beispiel den erleichterten Zugang zu bestimmten Elterngruppen, der sich für die Familienbildung aus Kooperationen mit der Schule ergeben könne, während Lehrkräfte unter Umständen von der Elternarbeitskompetenz der Familienbildnerinnen und -bildner profitieren könnten. Alle Formen von Kooperationen werden dann gepflegt, wenn eine Win-win-Situation entsteht. Da besonders transinstitutionelle Kooperationen mit Zeitaufwand verbunden sind und – wie Smolka (2013) unter Bezug auf Fröhlich-Gildhoff/Kraus-Gruner (2011) anführt – oft als nicht zur „eigentlichen" Aufgabe gehörend wahrgenommen werden, sollten sie sich für die Betroffenen zumindest langfristig auszahlen. Die Frage: „Was bringt uns die Kooperation?" ist durchaus sinnvoll, und die Kooperation sollte vielleicht auch nur dann eingegangen werden, wenn die Frage innerhalb der Einrichtung nach einigen Abstimmungsgesprächen positiv beantwortet werden kann. Auf der sachlich-inhaltlichen Kooperationsebene wurden insbesondere gemeinsame Fortbildungen als bedeutsam für die transinstitutionelle Kooperation gewertet. Diese dienen zum einen dem Kennenlernen und der Kontaktaufnahme innerhalb eines Sozialraumes, zum anderen aber auch der Klärung von Bildungsverständnissen oder dem Austausch von Wertvorstellungen und Erfahrungen in Institutionen unterschiedlichen Typs.

Außerdem erwähnten die Gesprächspartnerinnen und -partner die Durchführung von Elternkursen und die Einrichtung von professionsübergreifenden Arbeitsgruppen und Projekten. Grundsätzlich betonten die Akteure die Nützlichkeit einer stärkeren Einbindung der anderen Professionen in das eigene Berufsfeld, hoben dabei aber mehrfach die Bedeutung „echter" Partizipation hervor, einer Partizipation also, die nicht nur pseudopartizipatives Handeln zulässt, sondern echte Mitwirkung und Mitentscheidung (vgl. entsprechende Hinweise bei Smolka (2013), Garske (2013) und Wihstutz (2013)). Für die organisatorisch-strukturelle Zusammenarbeit können die Einrichtung regionaler Netzwerke sowie die Verbesserung der kommunalen Zusammenarbeit als potenziell förderliche Maßnahmen benannt werden.

Es sei jedoch noch einmal auf bestehende Konfliktlinien hingewiesen, die vor allem aus struktureller Perspektive begründbar sind. Hollenstein (2000, 356–357) sieht transinstitutionelle Kooperation insbesondere durch strukturelle Bedingungen beeinträchtigt. Diese beruhen auf einer Differenz zwischen der fachlichen „Beheimatung" einerseits und daraus resultierenden systembedingten Wahrnehmungs- und Interpretationsschemata andererseits, die wiederum unterschiedliche Handlungsstrategien und -orientierungen hervorbringen.

Um den daraus resultierenden unterschiedlichen Interessenlagen und Kommunikationssperren zu begegnen, sollten die Kooperationspartnerinnen und -partner Strategien anwenden, die die erworbenen beruflichen Identitäten und unterschiedlichen Handlungsmotive konstruktiv in den Kooperationsprozess einbeziehen und so der Störanfälligkeit einer professionsübergreifenden Kooperation aufgrund der Unterschiede der einzelnen Akteure in Bezug auf Position, Rolle, Status und Möglichkeit der Partizipation begegnen.

Pädagogische Kooperation bedeutet in der Regel „gemeinsames Handeln von Vertretern unterschiedlicher pädagogischer Kontexte" (Maykus 2011, 156). Damit impliziert die Kooperation von Schule, Kindertagesstätte, Eltern und Familienbildung auch die Notwendigkeit der Reflexion der einzelnen Systeme und der Frage, inwiefern die Unterschiedlichkeit, aktuelle Systemeinflüsse oder auch Irritationen von Systemkontexten das Gelingen von Kooperation beeinflussen (vgl. ebd., 156–157).

5.4 Die Ebene der Handlungsfelder der Kooperation

Die Ebene der Handlungsfelder ist im Modell in Abbildung 4 bewusst lediglich mit Beispielen illustriert, denn die konkreten Felder für Kooperationen können sehr vielfältig sein. In das allgemeine Modell könnten hier prinzipiell alle pädagogischen Handlungsfelder eingetragen werden.

Mit Bezug auf Werte finden sich zahlreiche Beispiele in den Expertentexten: Zierer/Otterspeer (2013) empfehlen pädagogische Elternabende zur Wertklärung und zur Herstellung eines Grundkonsenses im Hinblick auf das Menschenbild, das der pädagogischen Arbeit zugrunde liegen könnte. Garske (2013) nennt Inklusion und Resilienzförderung, Wihstutz (2013) Gesundheit, Vernetzung von Eltern untereinander und Maßnahmen zur Förderung der Selbstwahrnehmung im Hinblick auf die eigenen oder auch im Hinblick auf kindliche Bedürfnisse. Die Familienbildung orientiert sich zudem am Grundsatz präventiver Elternarbeit mit dem Ziel, die Erziehungskompetenzen zu stärken (vgl. ebd.). Smolka (2013) schließlich erwähnt Bildungsübergänge oder auch die Umwandlung von Schulen in Ganztagsschulen als mögliche Kooperationsfelder.

Für die Reflexion bestehender oder die Planung neuer Kooperationen scheint wichtig zu sein, dass das Handlungsfeld deutlich benannt und geklärt wird, damit klare Zielvorstellungen erarbeitet werden können, die sich später auch in evaluativen Prozessen auf ihre Erreichung überprüfen lassen. Daher sind im Modell eher Konfliktthemen oder Probleme benannt und nicht allgemeine Handlungsfelder pädagogischer Arbeit. Je konkreter das Handlungsfeld, desto leichter fallen Prozesse der Mandatsklärung und desto deutlicher wird, dass Kooperationen auch problem- oder themenbezogen eingegangen und dann wieder gelöst werden können.

In den Aussagen der Praktikerinnen und Praktiker wurde deutlich, dass die passende (familienbezogene) Auswahl von Themen kooperationsbegünstigend wirken kann. Aufgabenbezogene Inhalte und Projekte können durch ihren Bezug auf ein sachliches, konkretes Ziel sinnstiftend sein.

Eine trennscharfe Zuteilung der einzelnen Handlungsfelder zu einer Kooperationsebene erweist sich weder als möglich noch als nützlich. Vielmehr sollen hier konkrete Beispiele angeführt werden, in denen Kooperationen sinnvoll sind. In der Umsetzung in einem konkreten Handlungsfeld sollten die Praktikerinnen und Praktiker genau reflektieren, mit welchen Beteiligten sich eine kooperative Zusammenarbeit anbietet.

Ein für die interindividuelle Form von Kooperation relevantes Handlungsfeld sahen die Befragten beispielsweise im Konfliktmanagement. Gleichzeitig kann dieses Thema innerhalb einer Einrichtung Thema intrainstitutioneller Kooperationen sein, wenn beispielsweise die Klassenkonferenz, bestehend aus allen Lehrkräften, die einen bestimmten Schüler unterrichten, vereinbart, im Hinblick auf ein Mobbingproblem in der Klasse im Rahmen einer bestimmten Konzeption zusammenzuarbeiten.

Zu den von den Akteuren aus der Praxis und der Wissenschaft angeführten Handlungsfeldern könnte als Gegenstand auf intrainstitutioneller Ebene beispielsweise die interkulturelle Arbeit zählen, wenn pädagogische Konzepte innerhalb einer Einrichtung erarbeitet und Kooperationsstrukturen dafür vereinbart und installiert werden. Die Klärung der Kooperationskontexte in den Handlungsfeldern Medien- und Kulturarbeit, Aktions- und Erholungsräume in der Jugendarbeit sowie sonderpädagogischer Dienst sind ebenfalls auf dieser Ebene von Bedeutung, können aber auch in inter- oder transinstitutionellen Kooperationsformen organisiert werden.

Weiter können die von den Befragten angesprochenen Handlungsfelder Devianz oder Schulabsentismus der transinstitutionellen Ebene zugeordnet werden. Zu den von Expertinnen und Experten sowie Praktikerinnen und Praktikern erwähnten Handlungsfeldern gehören beispielsweise Mädchenprojekte wie auch die Organisation von Statuspassagen bei Übergängen im Bildungswesen sowie die pädagogische Arbeit in Bildungs- und Freizeitzentren.

5.5 Die Ebene der kooperationsrelevanten Ressourcen

Kooperationsrelevante Ressourcen, die Akteure nutzen können, werden in verschiedenen Theorien und Modellen erläutert (zum Beispiel Lin 2001). Hintergrund sind zumeist theoretische Entwürfe, die den (unterschiedlichen) Zugang zu Ressourcen erklären können. Im Zusammenhang mit unserem Kooperationsmodell ist bedeutsam, dass sich die Handelnden ihrer Ressourcen bewusst werden, um alle förderlichen Rahmenbedingungen auch wirklich für Kooperationsvorhaben nutzen zu können. Daher unterscheidet das Modell individuelle Ressourcen, soziale Ressourcen des Teams, ökonomische und institutionelle Ressourcen.

Zuvorderst sind die individuellen Ressourcen der einzelnen Kooperationspartnerinnen und -partner in Betracht zu ziehen, da die Zusammenarbeit von Einrichtungen immer von den einzelnen beteiligten Akteuren abhängt. Persönliche Stärken und Schwächen, die man – gewollt oder ungewollt – in Kooperationen einbringt, können reflektiert werden.

Die sozialen Ressourcen des Teams bestehen zum einen in der Kohärenz der Gruppe, also in Qualitäten des Teams selbst, zum anderen in der Zusammenführung und Ergänzung der individuellen Ressourcen. Dazu gehören auch sogenannte Positional Resources, also der Zugang zu Personen, die die Möglichkeit zur Unterstützung haben.

Institutionelle Ressourcen sind Ressourcen, die sich aus der Zugehörigkeit zu einem speziellen Typus von Einrichtung ergeben. So haben Schulen institutionelle Ressourcen, zum Beispiel durch die Schulpflicht, die ihnen ihre Klientel sichert, eine Ressource, die viele soziale Einrichtungen nicht haben. Gerade in der Freiwilligkeit der Inanspruchnahme liegt aber eine institutionelle Ressource sozialer Einrichtungen, die in Kooperationen eine wichtige Rolle spielen kann. Die Aspekte der jeweiligen Ressourcen sind also in Kooperationen unter anderem da bedeutsam, wo es um die Klärung der Frage geht, welche Kooperationspartner hinzuzuziehen sind. Schließlich beeinflussen auch die ökonomischen Ressourcen der Einrichtung, des Sozialraums (Stadtteil, Gemeinde) oder der Familie die Zusammenarbeit.

6 Das erweiterte Modell wertesensibler Kooperation

Im Kontext des vom Bundesfamilienministerium finanzierten und in Kooperation mit dem Deutschen Roten Kreuz durchgeführten Projekt „Wertebildung in Familien“ interessieren in besonderem Maße die Bedingungen für gelingende Kooperationen und Maßnahmen im Bereich der wertesensiblen Familienarbeit. Das allgemeine Modell müsste demnach im zweiten Modell auf Maßnahmen im Bereich der Wertebildung bezogen werden können, es müsste die Reflexion wertesensibilisierenden und wertesensiblen Handelns unterstützen und Gelingensbedingungen von Kooperationen unter Berücksichtigung von Werten analysieren helfen.

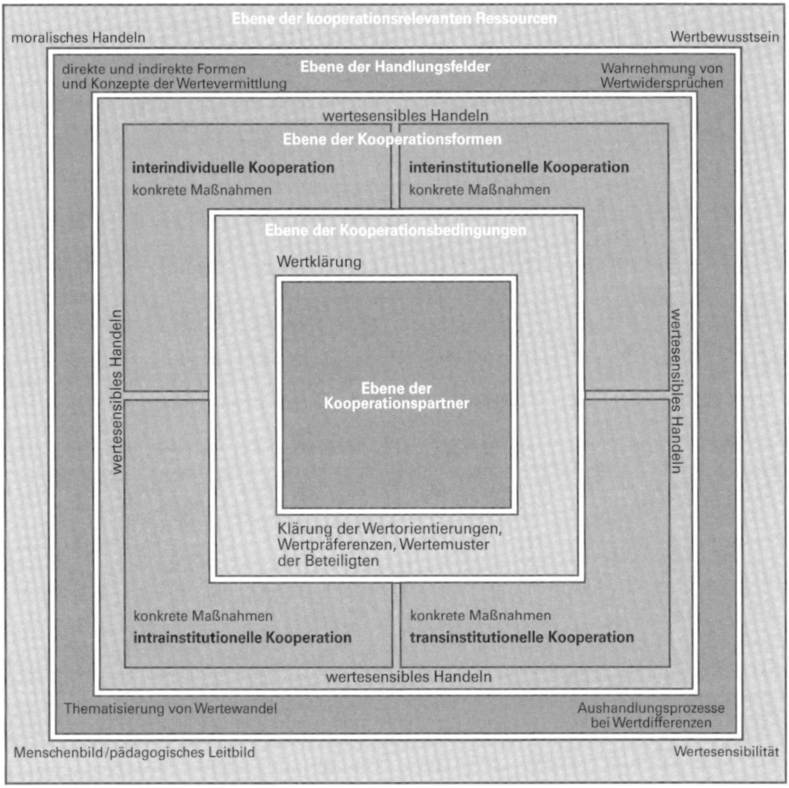

Abb. 5: Modell wertebezogener und wertesensibler pädagogischer Arbeit

Die Abbildung 5 zeigt das in Abbildung 4 dargestellte Modell unter Aussparung der inhaltlichen Konkretionen und dafür unter Einbezug von Aspekten wertebezogener und wertesensibler pädagogischer Arbeit, die wiederum den unterschiedlichen Ebenen zugeordnet wurden. Die genannten Aspekte auf den verschiedenen Ebenen verstehen sich lediglich als Beispiele und nicht als abschließende Aufzählung.

Auf der Ebene der Kooperationsbedingungen ist es anzuraten, vor und während der Zusammenarbeit Werte zu klären. Übereinstimmende Werte werden in den Interviews häufig als Grundlage für gelingende Kooperation angegeben. Bei nicht übereinstimmenden Werten hingegen werden Kooperationen als schwierig erlebt oder scheitern gar. Um bei nicht übereinstimmenden Werten dennoch gelingende Kooperationen entwickeln zu können, sind Wertklärungsgespräche vorgeschlagen worden. In These 3 wird bereits auf die Bedeutung der Unterschiede zwischen Wertdifferenz, Wertwiderspruch und Wertsynthese verwiesen. Werte können unterschiedlich sein, müssen sich aber nicht ausschließen. Für Wertklärungsgespräche, in denen zunächst diskutiert wird, was unter einem gegebenen Wert zu verstehen ist, und sich die Teilnehmenden solcher Gespräche darüber bewusst werden können, ob sie den Wert teilen, gibt es Anleitungen und Hinweise in der Fachliteratur (vgl. zum Beispiel Raths et al. 1976; Becker 2008).

Nach der Wertklärung soll analysiert werden, wo gemeinsame Werte liegen und wo Unterschiede auftreten. Es geht dabei nicht um das Schaffen einer einheitlichen Wertebasis, sondern darum, sich Klarheit über die vorhandenen Wertebilder zu verschaffen. Für eine gelingende Kooperation ist weniger die Gleichheit als vielmehr die Kompatibilität der individuellen und institutionellen Werte wichtig. Daher finden diese Prozesse auf der Ebene der Kooperationsbedingungen ihren Platz und stellen gleichzeitig ein Handlungsfeld dar.

Konkrete Maßnahmen in der Verwirklichung verschiedener Formen von Kooperation stehen immer unter dem Anspruch wertesensiblen Handelns. Da pädagogisches Handeln aber stets einen Wert-Norm-Aspekt durch seine Zielstellungen aufweist, spielen gelebte Wertorientierungen hier eine besondere Rolle. In den Interviews wurde immer wieder auf das gelebte Vorbild hingewiesen. Sensibilität für das, was mir selbst oder der Einrichtung, für die ich stehe, wichtig ist, sowie für das, was meinen Kooperationspartnern wichtig ist, kann jedoch erst eine Rolle spielen, wenn mir und den anderen die eigene Wertebasis des Handelns diskursiv zugänglich geworden ist.

Wie bereits erwähnt, ist dabei auch wichtig, die angestrebte Kooperationsform zu reflektieren. Welche konkreten Maßnahmen in der Wertebildung oder der wertesensiblen Familienarbeit ergriffen werden sollen, hängt auch davon ab, welche Kooperationsakteure in Betracht zu ziehen sind, ob also intra-, inter- oder transinstitutionell kooperiert werden soll. Interindividuelle Kooperation ist ohnehin immer inkludiert.

Auf der Ebene der Handlungsfelder ist zu entscheiden, welche thematische Richtung die wertebezogene Arbeit bekommen soll. Das Modell beinhaltet stellvertretend, also nicht als abschließende Aufzählung verstanden, folgende Bereiche:

- Direkte und indirekte Formen und Konzepte der Wertevermittlung
- Wahrnehmung von Wertwidersprüchen
- Thematisierung von Wertewandel
- Aushandlungsprozesse bei Wertdifferenzen

Wie schon im allgemeinen Modell verstehen sich auch hier die vier vorgeschlagenen Felder als exemplarisch. Jeder dieser Aspekte erfordert ein unterschiedliches methodisches Arbeiten und setzt den Rahmen für die konkret entwickelten Angebote.

Unter direkten Wertevermittlungsangeboten werden hier Veranstaltungen verstanden, die bereits im Titel das Ziel beinhalten, sich mit einem bestimmten Wert auseinanderzusetzen (etwa „Der Wert Toleranz – was heißt das eigentlich?"). Besonders im Rahmen von Wertklärungsansätzen ist dieser Weg vielfach beschritten worden, wenn auch in erster Linie mit Erfolgen auf der Seite der Wertüberzeugungen der Teilnehmerinnen und Teilnehmer solcher Veranstaltungen, nicht unbedingt auf der Handlungsebene. In unterrichtlichen Kontexten sind Wertklärungs- oder Wertanalysekonzepte vielfach erprobt worden (Raths/Harmin/Simon 1976; Hall 1979). Bekannt sind auch die sogenannten Dilemma-Diskussionen, die auf Arbeiten des Psychologen Lawrence Kohlberg zurückgehen (vgl. Colby/Kohlberg 1987; Lind 2011). Zierer/Otterspeer (2013) stellen ein dreischrittiges Vorgehen zur Wertklärung in Kooperation mit Eltern vor, in dem Dilemma-Diskussionen ebenfalls eine Rolle spielen. Wenn man Wertevermittlung – egal ob direkt oder indirekt – plant, ist jedoch für den hier in Rede stehenden Fall von Kooperationen zwischen Eltern, Kindertagesstätte, Schule und Familienbildung eine Besonderheit zu beachten: Für Kooperationen zwischen Einrichtungen oder auch innerhalb einer Einrichtung bieten sich diese Verfahren nur da an, wo explizit Vermittlung, also Lehre, stattfinden soll, nicht jedoch bei Gesprächsanlässen, wo sich Menschen auf Augenhöhe begegnen sollen.

Daher ist für die meisten Fälle, in denen Beteiligte über Werte miteinander ins Gespräch kommen wollen, eine nicht vermittlungsorientierte methodische Herangehensweise möglicherweise sinnvoller. Für Wertklärungsgespräche oder Gespräche zur Wahrnehmung von Wertwidersprüchen und Aushandlung von Wertdifferenzen zwischen Erwachsenen sind moderierte Formen der Diskussion die möglicherweise angebrachtere Form. Auch Prozesse des sozialen Wandels – und darin des Wertewandels – können als moderierte Diskussionen oder aber als Fachvortrag mit anschließender Diskussion organisiert werden. Alle diese Formen der direkten Auseinandersetzung mit Werten bilden sozusagen eines der Handlungsfelder ab, in denen Werte in der Kooperation zwischen Einrichtungen selbst zum Thema werden.

Bei indirekten Formen der Thematisierung von Werteaspekten bieten sich zusätzliche Möglichkeiten. Wertefragen spielen indirekt und manchmal ohne dass das den Beteiligten auch nur bewusst wäre, in vielen Situationen der Zusammenarbeit eine Rolle. Wenn sich Lehrkräfte mit Eltern über Erziehungsprobleme austauschen, wenn eine Erzieherin im Hort das pädagogische Konzept der Hausaufgabenbetreuung mit den Lehrkräften der angeschlossenen Schule bespricht oder wenn eine Familienbildnerin mit türkeistämmigen und deutschen Eltern ein interkulturelles Fest organisiert – immer spielen Wertüberzeugungen mit und können in solchen Interaktionen quasi en passant wahrgenommen und thematisiert werden. So kann gegenseitiges Wissen über die Werthaltungen der Kooperationspartner erworben werden, das an anderer Stelle hilfreich sein kann.

Im Bereich der kooperationsrelevanten Ressourcen ist darauf einzugehen, welche Rolle Werte als Ressource spielen. In einer wertesensiblen pädagogischen Arbeit können Werte dort als Ressource wirksam werden, wo ein hohes Wertebewusstsein vorherrscht, die Kooperationspartner hohe Wertesensibilität besitzen und diese auch in moralisches Handeln umsetzen. Es ist jedoch deutlich zu machen, dass Werte ihre Kraft als Ressource nur entfalten können, wenn die eigene Reflexion über Werte oder die Gestalt des eigenen Wertegerüsts nicht zu einer Überheblichkeit in Wertefragen führt, die in ideologische Verengungen des Blickfeldes mündet. Wo eine Seite die „richtigen" Werte gepachtet haben will, entstehen Widerstände und Entfremdung. Wertesensibilität bedeutet Wachheit, Aufgeschlossenheit für Vielfalt und Angstfreiheit vor Wertdifferenzen.

7 Ausblick

Aufgabe war es, ein Modell wertesensibler Kooperation zu konstruieren, das auf einer qualitativen Feldstudie und vier Expertentexten beruht. Dieser Versuch soll zuletzt im Hinblick auf seine Reichweite und praktische Bedeutung reflektiert werden.

Unter wissenschaftlichen Gesichtspunkten versteht sich das Modell als hypothesengenerierend, indem es hypothetisch Zusammenhänge zwischen Maßnahmen und gewünschten Wirkungen unterstellt. Eine empirische Überprüfung der vorgeschlagenen Maßnahmen und der Wirkrichtungen wäre erforderlich.

Das allgemeine Modell von Kooperation (Abbildung 4) kann im Sinne einer Heuristik zunächst aber verdeutlichen, welche Formen von Kooperation möglich sind, und es kann kooperationswilligen Fachleuten zeigen, welche Aspekte reflektiert werden sollten, wenn man Kooperationen eingeht: Mit wem wollen wir kooperieren, mit welchem Ziel, auf welche Weise? Welches sind die kooperationsrelevanten Rahmenbedingungen? Über welche kooperationsrelevanten Ressourcen verfügen wir? Die verschiedenen Aspekte und Ebenen des Modells ließen sich induktiv aus den zur Verfügung stehenden Textdokumenten erschließen. Im zweiten Modell (Abbildung 5) wurde versucht, die vielfältigen Werteaspekte einzuarbeiten, die in den Interviews und Expertentexten angesprochen wurden. Es zeigte sich, dass das allgemeine Modell auf Detailaspekte und Themen von Kooperation übertragbar ist. Eine solche Übertragung lässt sich auch für andere Kooperationsfragen vornehmen, zum Beispiel auf die Themen interkulturelle Pädagogik, geschlechtersensible Pädagogik, Kriminalitätsprävention. Man würde auf den verschiedenen Ebenen die gleichen Fragen zu stellen und die kooperationsrelevanten Partner, Maßnahmen, Ressourcen und Kooperationsformen zu reflektieren haben.

Ein Ziel der Arbeit wäre aber bereits erreicht, wenn das Modell Anlass für werte(bildungs)bezogene Diskussionen bieten würde und im Sinne einer Steigerung oder Reaktualisierung des Bewusstseins für die Bedeutung von Werten in Kooperationen wirken könnte. Kooperationen sind dort herausfordernd, wo unterschiedliche Erziehungsvorstellungen, Bildungskonzepte oder allgemein Wertemuster aufeinandertreffen. Und gerade dann sind vermutlich sorgfältige Planung und beständige Reflexion der kooperativen Prozesse besonders wichtig.

Kurzbiografien

Prof. Dr. Jutta Mägdefrau

Jahrgang 1960, mehrjährige Unterrichtstätigkeit als Lehrerin an Realschulen. Promotion 1999 und Habilitation 2005 an der Pädagogischen Hochschule Freiburg. 2005 bis 2007 Professur für Allgemeine Didaktik und Unterrichtsforschung an der Universität Paderborn. Seit 2007 Professur für Realschulpädagogik und -didaktik an der Universität Passau. Forschungsschwerpunkte: Lehrerbildungsforschung, empirische Unterrichtsforschung, Werteforschung.
jutta.maegdefrau@uni-passau.de

Dr. Felicitas Söhner

Studium der Geschichte, Literatur und Pädagogik, Montessori-Diplom, mehrjährige Unterrichtstätigkeit an Gymnasien und Fachoberschule. 2012 Promotion an der Fernuniversität Hagen. 2012 bis 2013 wissenschaftliche Mitarbeiterin an der Universität Passau. Seit 2013 wissenschaftliche Mitarbeiterin an der Universität Ulm (Geschichte, Theorie und Ethik der Medizin). Forschungsschwerpunkte: neuere Sozial- und Medizingeschichte, Regional-, National- und Gedächtnisgeschichte sowie deren biografische Verarbeitung.
felicitas.soehner@uni-ulm.de

Anmerkungen

1 Der Leitfaden ist vollständig abgedruckt in Mägdefrau/Söhner (2013).

Literatur

Adamski, Karl-Heinz (1983): Kooperation in einer kollegialen Schulleitung. In: von Recum, Hasso/ Döring, Peter A. (Hrsg.), Schulleiterhandbuch, 28, Braunschweig, S. 49–64.

Bandura, Albert (1976): Lernen am Modell. Ansätze zu einer sozial-kognitiven Lerntheorie. Stuttgart.

Becker, Günter (2008): Soziale, moralische und demokratische Kompetenzen fördern. Ein Überblick über schulische Förderkonzepte. Weinheim.

Bolay, Eberhard (2010): Kooperation – zwischen Diffusion, Subsumtion und Differenz. Vortrag am 34. Tübinger Sozialpädagogiktag. http://www.uni-tuebingen.de/fakultaeten/wirtschafts-und-sozialwissenschaftliche-fakultaet/faecher/erziehungswissenschaft/abteilungen/sozialpaedagogik/sozialpaedagogiktag-2010.html (11.02.2013).

Brennan, Robert L./Prediger, Dale J. (1981): Coefficient : Some Uses, Misuses, and Alternatives. In: Educational and Psychological Measurement 41, 1981, S. 687–699.

Colby, Anne/Kohlberg, Lawrence (1987): The Measurement of Moral Judgment. Vol. 2. Cambridge.

Erbes, Annegret (2007): Schule und Schulsozialarbeit. Eine qualitative Studie zu den Strukturen personaler Kooperation und ihrer Professionalisierungs- und Schulentwicklungspotenziale. Dissertationsdruck Freiburg.

Erbes, Annegret (2013): „Ich bin meine Didaktik" – Handlungstheoretische Ansätze einer wertesensibilisierenden pädagogischen Praxis in der Familienbildung. Im vorliegenden Band, S. 78–104.

Flick, Uwe (2006): Qualitative Sozialforschung. Eine Einführung. Reinbek.

Fröhlich-Gildhoff, Klaus/Kraus-Gruner, Gabriele (2011): Familienbildung und Resilienzförderung durch Vernetzung in Kindertageseinrichtungen – Projekterfahrungen und -ergebnisse. In: Robert, Günther/Pfeifer, Kristin/Drößler, Thomas (Hrsg.), Aufwachsen in Dialog und sozialer Verantwortung. Wiesbaden, S. 203–215.

Garske, Karin (2013): Wertebewusste Kooperation mit Eltern in der Kindertagesstätte. Erwartungen an Fachkräfte und Lebenswirklichkeit von Familien. Die Perspektive der Fortbildung. Im vorliegenden Band, S. 170–187.

Gläser, Jochen/Laudel, Grit (2004): Experteninterviews und qualitative Inhaltsanalyse als Instrumente rekonstruierender Untersuchungen. Berlin.

Hall, Robert T. (1979): Unterricht über Werte. Lernhilfen und Unterrichtsmodelle. München.

Hollenstein, Erich (2000): Kooperation in der Schulsozialarbeit. Über Grenzbereiche zwischen Schul- und Sozialpädagogik. In: Die Deutsche Schule, H. 3, S. 355–367.

Kampmeier, Anke S. (2008): Das Miteinander fördern. Ansätze für eine professionelle Benachteiligtenförderung. Bielefeld.

Kampmeier, Anke S./Niemeyer, Beatrix (2003): Professionell kooperieren. Systematische wissenschaftliche Analyse der Bedingungen, die das Professionalisierungsdilemma hervorbringen und erhalten. Erster Zwischenbericht des BMBF-Forschungsprojekts ProKop. Flensburg.

Kampmeier, Anke S./Niemeyer, Beatrix (2004): Benachteiligtenförderung. Auf dem Weg zu einer professionalisierten Kooperation. Flensburger Beiträge zur Berufspädagogik, Bd. 2. Flensburg.

Kuckartz, Udo/Grunenberg, Heiko/Dresing, Thorsten (2007): Qualitative Datenanalyse: computergestützt. Methodische Hintergründe und Beispiele aus der Forschungspraxis. Wiesbaden.

Lin, Nan (2001): Social Capital. A Theory of Social Structure and Action. Cambridge.

Lind, Georg (2011): Moral Education. Building on Ideals and Fostering Competencies. In: Contemporary Issues in Education, 2 (1), S. 45–59.

Mägdefrau, Jutta/Söhner, Felicitas (2013): „Wenn sie so denken wie ich, ist es ganz einfach ...!" – Die Rolle von Werten in der Kooperation zwischen Elternhaus, Schule, Kindertageseinrichtung und Familienbildung. Eine Feldstudie im Rahmen des DRK-Projekts „Wertebildung in Familien" zur Entwicklung eines Rahmenmodells wertesensibler Kooperation. Abschlussbericht.

Maykus, Stephan (2011): Kooperation als Kontinuum. Erweiterte Perspektive einer schulbezogenen Kinder- und Jugendhilfe. Berlin.

Mayring, Philipp (2002): Einführung in die Qualitative Sozialforschung. Weinheim.

Mayring, Philipp (2007): Qualitative Inhaltsanalyse. Grundlagen und Techniken. Weinheim.

Merten, Klaus (1995): Inhaltsanalyse. Einführung in Theorie, Methode und Praxis. Wiesbaden.

Oelerich, Gertrud (1998): Zum Verhältnis der Jugendhilfe zur Schule. Systematische Restrukturierung und empirische Analyse interinstitutioneller Beziehungen. Dissertation an der Fakultät für Sozial- und Verhaltenswissenschaften der Universität Heidelberg.

Raths, Louis E./Harmin, Merrill/Simon, Sidney B. (1976): Werte und Ziele. Methoden zur Sinnfindung im Unterricht. München.

Smolka, Adelheid (2013): Familienbildung in Zusammenarbeit mit Eltern, Kindertageseinrichtungen und Schulen. Im vorliegenden Band, S.134–150.

Wihstutz, Anne (2013): Wertebildung als gemeinsame Aufgabe von Eltern und Kindertagesstätten. Die Perspektive der Ausbildung. Im vorliegenden Band, S. 188–208.

Zierer, Klaus/Otterspeer, Lukas (2013): Werteerziehung: Eine Aufgabe für Schule und Familie. Im vorliegenden Band, S. 151–169.

Weitere Perspektiven

IV. Kapitel

Vom Wert der Werte in der Lebensführung: Andere Kulturen – andere Werte?

Haci Halil Uslucan

1 Einleitung

Wovon sprechen wir, wenn wir von Werten sprechen? Die sozialwissenschaftliche Kulturforschung beschreibt Werte als eine zentrale Dimension alltäglichen Handelns von Individuen in einer Gesellschaft (Steinbach/Nauck 2005). Werte dienen oft als Standards, um individuelle wie kollektive Handlungen und Überzeugungen anderer zu bewerten, aber auch um Handlungspräferenzen zu bilden. Somit geben sie dem Individuum eine gewisse Sicherheit bei der Entscheidung zwischen verschiedenen Handlungsalternativen (Schwartz 1992; Knafo/Schwartz 2001).

Eine Lebensführung ohne Werte käme also einem Verlust des Bezugssystems des Handelns gleich: Durch Werte und das Werten bestimmt der Einzelne sein Verhältnis zur Welt. Werte lassen sich jedoch nicht „verordnen" oder vorschreiben, sondern setzen die affektive Beteiligung, Empfänglichkeit und Bereitschaft des Einzelnen voraus. Denn Werte stellen nicht nur Überzeugungen dar, die einen spezifischen kognitiven Gehalt aufweisen, sondern Menschen verknüpfen sie mit positiven emotionalen Aspekten des Lebens. Werte verweisen auf wünschenswerte Ziele; als allgemein geteilte Vorstellungen vom Wünschenswerten sind sie konstitutive Bestandteile von Gesellschaften und Kulturen.

Im alltäglichen Handeln sind Werte nicht direkt erfahrbar. Vielmehr bilden sie gedankliche Konstruktionen, die über andere, verhaltensnahe Aktivitäten erfahrbar sind. Im Alltag werden wir vielfach eher mit Regeln und Normen konfrontiert, selten direkt mit Werten; diese müssen oft erst als dahinterliegende (latente) Konstrukte erschlossen werden.

Auch wenn bei der Generierung von Werten der Einfluss der Kultur auf den Einzelnen nicht zu unterschätzen ist, so ist dennoch analytisch zwischen Werten auf einer kulturellen und einer individuellen Ebene zu differenzieren. Auf der *individuellen Ebene* sind Werte – als Ergebnis kultureller Sozialisation – motivationale Ziele, die das eigene Verhalten steuern und in Konfliktfällen die Entscheidungsfindung erleichtern. Sie sind zu verstehen als Vorstellungen vom „Wünschenswerten" (Parsons 1977). Auf der *kulturellen Ebene* sind Werte Ausdruck von sozial geteilten Überzeugungen, was das Gute, das Richtige und das Wünschenswerte ist. Ihre Verwurzelung haben sie in biologischen Bedürfnissen des Individuums, im sozialen Bedürfnis nach interpersoneller Handlungskoordination und im gesellschaftlichen Bedürfnis nach Überleben. Im Laufe seiner kognitiven Sozialisation wird das Individuum befähigt, diese ursprünglich organismischen Bedürfnisse als Ziele oder Werte seiner Handlungsleitung zu repräsentieren, sodass beispielsweise sexuelle Bedürfnisse in Werte wie Intimität, Romantik und Liebe überführt werden oder das Bedürfnis von Gruppen nach Überleben in Werten wie nationale Sicherheit Ausdruck findet.

Eine gewisse Spannung bei der Frage, was Werte sind und was als wertvoll zu betrachten gilt, ist bereits in der Konstruktion moderner pluraler Gesellschaften angelegt: Denn wer kann angesichts einer immer unübersichtlicher werdenden Situation bestimmen, was das Richtige, das Gültige und das Erstrebenswerte ist? Deshalb ist der Versuch, einen Anker bei den scheinbar unbezweifelbaren Werten als letzte Bezugsdimension in der Rechtfertigungs- bzw. Begründungskette des Handelns zu finden, prinzipiell eine unabschließbare Aufgabe. Werte halten sich nicht von selbst am Leben, sondern müssen immer wieder von Handelnden aufgegriffen und aktualisiert werden.

2 Werte in der Erziehung

Die Forderung nach einer stärkeren Werteerziehung ist in Deutschland vor allem nach den Ergebnissen der PISA-Studie wieder laut geworden: Kinder und Jugendliche sollten sich vermehrt an den „alten Tugenden" wie Fleiß, Pünktlichkeit und Benehmen orientieren. In pädagogischen Diskursen werden kognitive Leistungsabfälle und -unterschiede mit geringer Wertebindung erklärt (so etwa „undisziplinierte Schüler"). Doch wie stichhaltig sind solche Appelle und Argumentationen? Kinder werden in eine Wertewelt hineingeboren, Werte sind aus kindlicher Sicht stets „da", bilden ein lebensweltliches Apriori.

Allein durch das Spielen und Zusammensein mit anderen Sozialpartnern lernen Kinder bereits Werte und Normen. Eine zentrale Rolle spielen Werte – wenn auch nicht immer bewusst und explizit – in der familialen Erziehung. Eine wertfreie Interaktion zwischen Eltern und Kindern kann es kaum geben: Jeder familiäre Interaktion beinhaltet stets auch eine Unterweisung in die Ordnung einer spezifischen Gemeinschaft. Zwar wird im familialen Alltag eher gehandelt und nicht bewusst gemacht, welche Werte dabei verwirklicht werden. Aber Werte sind vielen Handlungen inhärent; sie werden also indirekt, oft sogar den Beteiligten völlig unbewusst vermittelt. Als Werte werden sie zumeist dann angesprochen, wenn es Konflikte gibt. Deshalb sind gerade Konflikte im Erziehungsalltag gute Anlässe, Werte zu thematisieren und die eher unbewusste Wertevermittlung auf die Ebene des Bewusstseins zu bringen.

Werte werden vielfach im Kontext von Regeln und Normen erworben. Die Existenz und Wirkweise von Regeln erfahren Kinder meistens direkt, so etwa durch Regelverstöße und die darauf folgenden Sanktionen. Die dahinterliegende Norm wird jedoch erst durch Reflexion erschlossen, oft nach einer Warum-Frage des Kindes. Dadurch wird die unmittelbare Situation transzendiert: Es erwächst ein Autonomieraum, weil erkannt wird, dass diese Norm nicht für diese unmittelbare, sondern auch für andere Situationen gelten kann. Den Zusammenhang von Werten und Normen beschreibt Giesecke wie folgt:

> Werte begründen das Handeln, Normen begrenzen und sanktionieren es. Aber Normen stehen nicht im Gegensatz zu den subjektiv verfolgten Werten, als wären sie für diese eine Art von Polizeikontrolle, sondern haben ihr Fundament in auf (relative) Dauer gestellten Werten, die einer bestimmten Sozialität besonders wichtig sind. Normen werden deshalb aufgestellt, um bestimmte Werte für eine bestimmte Gruppe von Menschen auch realisieren zu können. (Giesecke 2005, 32)

Die Rolle der Familie für die Wertebildung und Werteerziehung kann gar nicht hoch genug eingeschätzt werden, denn die Familie bildet nach wie vor die elementarste Bildungsinstanz für das Kind. Vor allem das zeitliche Primat der Familie ist ein wichtiger Faktor der Werteentwicklung. Als eine kontinuierliche Umwelt hat Familie vorgeburtlich wie nachgeburtlich dauerhaft Einfluss auf das Kind; trotz steigender Scheidungszahlen wachsen rund 80 Prozent der Kinder in Familienumwelten auf (in Familien mit Zuwanderungsgeschichte ist diese Rate oft sogar noch höher) und erhalten die zentralen Stimuli in der Familie.

Für die kindliche Werteentwicklung lassen sich folgende Faktoren als relevant identifizieren (vgl. Standop 2005):

1. *Wechsel der Bezugsperson:* In der frühen Kindheit sind die Werte des Kindes noch stark an die eigene Familie gebunden. Elternidealisierung und elterliche Werte dominieren die Ausprägung der eigenen Werte. Mit dem Wechsel und der Einbindung in andere Gruppen, etwa in der Kindertagesstätte oder Schule, gewinnen andere Personen als Vorbilder an Bedeutung und beeinflussen die Werthaltungen des Kindes.
2. *Erziehungsstil der Eltern:* Elterliche Erziehungspraktiken und Erziehungsstile sind wesentliche Determinanten in der frühen Kindheit. Ein einschneidender Wandel im Erziehungsstil – beispielsweise durch Trennung der Eltern, Alleinerziehung oder neue psychologische Elternfiguren (Stiefvater, Stiefmutter), durch Migrationserfahrungen oder durch eine Liberalisierung der Erziehungspraktiken – kann auch die Werteentwicklung des Kindes beeinflussen.
3. *Sozioökonomischer Status:* Ein Teil der Werthaltungen wird durch Schichtzugehörigkeit bestimmt. So kann ein Wechsel (Abstieg, Aufstieg) oder die Zugehörigkeit zu sozialen Randgruppen wie ethnischen Minderheiten die Wertvorstellungen und Wertprioritäten eines Menschen verändern

Ab dem Jugendalter werden Heranwachsende deutlich stärker auch aus anderen Richtungen – etwa durch Gleichaltrige sowie durch die Medien – beeinflusst, deren Wertvorstellungen sich von den familialen und schulischen unterscheiden können. Obwohl eine Institutionalisierung und Internalisierung von Werten nie abgeschlossen ist (denn dann gäbe es keinen Wertewandel), garantiert erst eine Internalisierung von Werten bzw. Wertsystemen in der Kindheit und Pubertät, dass sich Individuen an Normen halten, diese schätzen und danach streben, die jeweils zugrunde liegenden Werte als „ihre" Werte anzuerkennen. Eine Werteerziehung sollte daher in erster Linie über die Verinnerlichung und nicht über das Aufzwingen von Verhaltensvorschriften erfolgen. Wenn Individuen, die vor einer Wahlalternative stehen, Werte bewusst übernehmen und sie anerkennen, spricht man von „reiferen" Glaubens- und Wertvorstellungen. Die Werte werden also als Produkt einer „vollzogenen Wertung" verinnerlicht (vgl. Standop 2005). Deshalb sind Autonomie im Handeln und Entscheiden genuine Kennzeichen einer „reifen" Wertebindung. Moralische Erziehung des Kindes kann daher nicht allein über Belehrungen erfolgen, sondern sollte vielmehr durch das moralische Handeln, durch Erfahrungen des anderen (Empathie) sowie Erfahrungen der eigenen Grenzen geschehen.

Darauf insistiert vor allem der Soziologe Hans Joas in seinem Werk „Die Entstehung der Werte" (1999). Wertebindungen von Menschen, so Joas, erfolgen nicht allein aus einem rationalen Nachvollzug, aus einer argumentativen Einsicht und einem Verstehen heraus, sondern vielmehr aus einer Erfahrung der Selbstbildung und Selbsttranszendenz. Es sind Erfahrungen, in denen der Einzelne über sich hinauswächst und dabei diese Erfahrung als subjektiv uneingeschränkt evident sowie als emotional angenehm erlebt. Das Wissen, dass es neben den eigenen Werten auch andere gibt, führt im Erleben nicht zu einer Relativierung oder Abschwächung der eigenen Werte.

Wendet man diese Erkenntnisse auf multikulturelle und multireligiöse Kontexte in Deutschland an, so ist damit implizit auch gesagt: Das Wissen, dass es neben den eigenen religiös bedeutsamen oder kulturellen Wertvorstellungen auch andere gibt, führt nicht zwangsläufig dazu, dass die eigenen Wertebindungen erschüttert werden (wie manchmal in der Auseinandersetzung mit dem Islam behauptet wird), weil eben Werte nicht nur eine kognitive Dimension haben. Deshalb sind Versuche der Wertevermittlung für Migrantinnen und Migranten allein über Kenntnisse des „deutschen Lebens" und des „deutschen Alltags" oder „deutscher Werte" wenig hilfreich. Wenn Subjekte die positiven Wirkungen nicht auch selbst erleben können, tragen solche Bemühungen wenig zu einer inneren Wertebindung bei.

3 Werte im interkulturellen Vergleich am Beispiel türkeistämmiger Zuwanderinnen und Zuwanderer

Die Thematisierung von Werten hat einen inhärenten Bezug zum kulturellen Kontext; sie impliziert fast zwangsläufig die Frage nach der Universalität oder der Kulturspezifik jeweiliger Wertvorstellungen. Zwar wird zur Kennzeichnung kultureller Unterschiede oft auf unterschiedliche Werthaltungen rekurriert und damit oft auch die Unvereinbarkeit „unterschiedlicher Kulturen" behauptet. Jedoch ist daran zu erinnern, dass Werte keine statische, unveränderliche Entität einer Kultur bilden, sondern selbst einer dynamischen Veränderung unterliegen. Diese Veränderung hat sich in den letzten 25 bis 30 Jahren insbesondere in Industriegesellschaften rasant vollzogen (Inglehart 1989; zu Europa vgl. Thome 2005), und es gibt hohe Korrelationen zwischen der ökonomischen Entwicklung eines Landes und der Favorisierung bestimmter Werthaltungen wie etwa des Individualismus (Korrelation von $r = .82$ bei Hofstede (1980)) und der Autonomie (Korrelation von $r = .58$ bei Schwartz (1992)). Das heißt: Die als fix unterstellten Werte können sich mit wirtschaftlichen Entwicklungen ändern.

Schwartz (1992) hat in Anlehnung an den Value Survey von Rokeach (1973) zehn Wertkategorien aufgestellt, für die er universelle Gültigkeit annimmt und die sowohl biologische Bedürfnisse als auch die sozialen Erfordernisse und das Funktionieren lebensweltlicher Interaktionen widerspiegeln. Es handelt sich um die Werttypen Macht, Leistung, Hedonismus, Stimulation, Selbstbestimmung, Universalismus, Großzügigkeit, Tradition, Konformität und Sicherheit. Diese Werte sind zwar allesamt von exzeptioneller Bedeutung für das menschliche Leben. Dennoch sind nicht alle gleichzeitig wirksam bzw. in Handlungssituationen gleichzeitig salient, sondern stehen teilweise auch im Widerspruch oder in Spannung zueinander. So kann etwa das Streben nach individuellem Erfolg dem Bedürfnis nach Großzügigkeit oder Nächstenliebe widersprechen; Liebe kann ungerecht sein; die Gerechtigkeit kann als eine individuelle Einschränkung und Freiheitsbeschränkung wahrgenommen werden; die Wahrheit hat ihrerseits nicht immer angenehme Konsequenzen. Gleichwohl bezeichnen die tangierten Werte Gerechtigkeit, Wahrheit, Liebe, Freiheit usw. für sich genommen uneingeschränkte wünschenswerte Einstellungen, Charakterzüge, institutionelle

Grundlagen, auf die wir nicht verzichten wollen würden. Hieraus wird auch deutlich, dass individuelles Handeln vielfach im Spannungsfeld oppositioneller Werte erfolgt.

Die Tatsache, dass diese Wertvorstellungen in einer Vielzahl von Gesellschaften auf individueller Ebene vorkommen, macht es zugleich möglich, sie gerade im Hinblick auf kulturelle Variationen und unterschiedliche Ausprägung hin zu untersuchen.

Im Alltagsdiskurs wird in Deutschland vor allem das Zusammenleben von Menschen mit unterschiedlichen kulturellen Bezügen häufig als ein „Kulturkonflikt" gedeutet, der auf vermeintlich miteinander unversöhnlichen Werten basieren würde. Dieses Argumentationsmuster zielt hierzulande überwiegend auf Zuwanderinnen und Zuwanderer aus der Türkei, aber auch aus dem (islamischen) Nahen Osten. Doch wird dabei stillschweigend von der Annahme ausgegangen, dass Zuwanderinnen und Zuwanderer tatsächlich von komplett anderen Werten geleitet sind als Einheimische und dass ihre schwierigere gesellschaftliche Integration primär auf die Wertedivergenz (und nicht etwa auf strukturelle Barrieren wie beispielsweise in der Arbeitswelt oder im Bildungsmarkt) zurückzuführen ist. Wie weit lässt sich diese Annahme aber wissenschaftlich stützen?

Die folgende empirische Erhebung gibt einen Überblick über die Ausprägungen einiger Werte bei einer deutschen und einer türkeistämmigen Personengruppe. Ziel ist es, anhand einer datengestützten Grundlage zu überprüfen, ob die im Alltagsdiskurs unterstellte Wertedivergenz zwischen deutschen und türkeistämmigen Menschen als Quelle von Missverständnissen und Konflikten auch empirisch belegbar ist. Insofern ist diese Frage für das Zusammenleben in multikulturellen Gemeinschaften hochrelevant, wobei sich allerdings durch eine bloße Kenntnis von Wertedivergenzen zwischenmenschliche Konflikte nicht erklären, lösen oder vorhersagen lassen.

Mittels eines standardisierten Fragebogens wurden Daten von 766 Probanden im Alter von 14 bis 66 Jahren (M = 28.71 Jahre; SD = 11.66 Jahre) in der Türkei und in Deutschland (Berlin und Magdeburg) erhoben. Die Befragung war anonym und freiwillig. Der Fragebogen lag in türkischer und deutscher Sprache vor. Von den Teilnehmenden waren 421 weiblich (55 Prozent) und 345 männlich (45 Prozent).[1] Die Befragten wurden gebeten, 18 Werte mit Blick auf die subjektive Relevanz für ihr Leben einzuschätzen (1 und

2 = geringe Relevanz, 3 und 4 = mittlere Relevanz, 6 und 7 = hohe Relevanz). Es handelte sich dabei um Werte, die in der psychologischen Forschung als universal unterstellt werden, wie etwa innere Harmonie, soziale Ordnung, Freiheit, soziale Macht, Höflichkeit, anregendes Leben, Reichtum, nationale Sicherheit, Kreativität, eine Welt in Frieden, familiäre Sicherheit, Spiritualität, Freundschaft, Einheit mit der Natur, abwechslungsreiches Leben, Autorität, eine Welt voller schöner Dinge, Achtung vor der Tradition (vgl. Schwartz 1992).

Zunächst wurden Mittelwerte (*M*) und die Standardabweichungen (*SD*) der Werteausprägungen in den jeweiligen Untergruppen tabellarisch erfasst (vgl. Tabelle 1).

Werte	Deutsche (*n* = 231)		Türkeistämmige Migrantinnen und Migranten (*n* = 212)		Türkische Staatsbürgerinnen und -bürger in der Türkei (*n* = 341)	
	M	(SD)	M	(SD)	M	(SD)
Familiäre Sicherheit	6,32	(1,04)	6,40	(1,09)	6,22	(1,33)
Freundschaft	5,87	(1,41)	5,97	(1,25)	6,10	(1,24)
Freiheit	5,79	(1,30)	5,94	(1,38)	5,86	(1,46)
Innere Harmonie	5,90	(1,17)	5,87	(1,42)	5,68	(1,52)
Soziale Ordnung	4,43	(1,45)	5,57	(1,33)	5,48	(1,27)
Soziale Macht	1,54	(1,71)	2,61	(2,50)	3,53	(2,23)
Höflichkeit	4,80	(1,40)	5,47	(1,48)	5,14	(1,71)
Anregendes Leben	5,28	(1,31)	3,52	(2,35)	4,15	(2,14)
Reichtum	3,00	(1,53)	3,55	(2,10)	3,99	(1,96)
Nationale Sicherheit	4,26	(1,96)	5,25	(2,20)	5,67	(1,78)
Kreativität	4,74	(1,58)	5,18	(1,79)	5,07	(1,78)
Welt in Frieden	5,58	(1,66)	6,36	(1,20)	6,02	(1,42)
Einheit mit der Natur	3,90	(1,85)	4,73	(1,93)	4,48	(1,98)
Abwechslungsreiches Leben	4,81	(1,52)	4,28	(1,90)	4,44	(2,01)
Autorität	1,73	(1,78)	1,68	(2,35)	2,27	(2,39)
Eine Welt voller schöner Dinge	4,01	(1,73)	5,42	(1,57)	4,97	(1,77)
Achtung vor der Tradition	2,76	(1,66)	4,68	(2,12)	4,46	(2,17)
Spiritualität	1,36	(2,17)	4,22	(2,42)	4,45	(2,31)

Tab. 1: Wertepräferenzen zwischen deutschen und türkeistämmigen Personen

An den gemessenen Werten wird Folgendes deutlich: Im Gegensatz zu feuilletonistischen Stilisierungen einer Parallelwertewelt der Migrantinnen und Migranten zeigen türkeistämmige Zuwanderinnen und Zuwanderer, in der Türkei lebende Türkinnen und Türken sowie Deutsche eine Vielzahl von Werteübereinstimmungen. So repräsentieren für alle drei Gruppen Familie bzw. familiäre Sicherheit, Freiheit und Freundschaft die wichtigsten Werte (höchste Mittelwertausprägungen). Umgekehrt lassen sich auch bei der Frage, was ihnen eher unwichtig ist, einige Übereinstimmungen finden. Die Analyse der Effektstärken verdeutlicht, dass bezüglich einiger Wertvorstellungen türkeistämmige Zuwanderinnen und Zuwanderer den deutschen Befragten ähnlicher sind als den türkischen Staatsbürgerinnen und -bürgern in der Türkei, das heißt dass Migration zu tatsächlichen Werteannäherungen geführt hat.

Bei einer großen Anzahl von Werten hingegen zeigt sich eher die kulturelle Herkunft als ausschlaggebend. Die stärksten Unterschiede zwischen Deutschen und Türkeistämmigen sind bei den Werten Tradition, anregendes Leben und Spiritualität zu verzeichnen. Darüber hinaus zeigen die Daten, dass sowohl die türkeistämmigen Migrantinnen und Migranten in Deutschland als auch die in der Türkei befragten Türkinnen und Türken sich stärker als religiös verstehen als die Deutschen. Ähnliche Zusammenhänge konnten auch bei der Intensität der Religionsausübung – so etwa exemplifiziert am regelmäßigen Moschee- bzw. Kirchenbesuch – gefunden werden: Rund ein Drittel der türkeistämmigen Personen besucht regelmäßig die Moschee; bei den deutschen Befragten liegt der Anteil der regelmäßigen Kirchgängerinnen und Kirchgänger lediglich bei 5 Prozent.[2] Noch interessanter ist ein Befund, der sich entlang dem Paradigma der Religiosität ergibt: Trennt man die Gruppen nach religiösen und nicht religiösen, so ist eindeutig festzustellen, dass sich die Unterschiede in den Werthaltungen der türkischen Gruppe aus der Türkei und der türkeistämmigen Migrantengruppe wiederum deutlich stärker unterscheiden als die Differenzen in der deutschen Gruppe. Religiosität scheint also für die hier untersuchte türkische Gruppe eine deutlich stärkere soziale Distinktions- und Differenzierungsfunktion sowie einen größeren Einfluss auf das Alltagsleben zu haben als für die deutsche Gruppe. Das ist ein Befund, der sich auch in anderen Studien zur Migrationsforschung wiederfindet, wie etwa in der Teilstudie des „Religionsmonitors", die zeigt, dass es eine insgesamt starke religiöse Orientierung der Muslime im Vergleich zur deutschen Durchschnittsbevölkerung gibt (vgl. Thielmann 2008).

Wertepräferenzen unterscheiden sich jedoch nicht nur nach ihrem spezifischen kulturellen Kontext, sondern sind auch je nach biografischem und lebensgeschichtlichem Kontext unterschiedlich gewichtet (vgl. Herz 1987). So belegen kulturvergleichende Untersuchungen, dass jüngere Menschen eher Werte favorisieren, die Offenheit, Stimulation und Hedonismus betonen, während ältere Menschen dagegen Tradition, Konformität und Sicherheit eine höhere Bedeutung beimessen. So kann beispielsweise in der Jugend wie im Alter Solidarität wichtig sein, weil man auf andere Menschen angewiesen ist; in der Phase der Berufstätigkeit mögen jedoch materieller Wohlstand und Leistungsorientierung dominieren. Eine Spannung in den Werteauffassungen der Generationen ist also ein kulturübergreifend immanentes Phänomen. In Migrationskontexten kann sie jedoch verschärft auftreten, weil zum Beispiel türkeistämmige Eltern in ihrem Selbstverständnis stärker eine kollektivistische Wertebindung zeigen, Kinder jedoch im Prozess der Akkulturation intensiver mit individualistischen Werten konfrontiert werden. Dadurch spüren sie den Assimilations- und Akkulturationsdruck deutlich stärker und entfremden sich womöglich von den Eltern. Obwohl unsere Daten den oft von türkischen Eltern beklagten „Werteverfall" ihrer Jugendlichen und die befürchtete Angleichung ihrer Kinder an die Werteauffassungen der Mehrheitsgesellschaft nicht bestätigen, so besteht doch eine besondere Herausforderung: Gerade Eltern der zweiten oder dritten Zuwanderergeneration sehen sich in der Situation, ihren Kindern eine (eigen-)kulturelle Sozialisation und (eigen-)kulturelle Werte vermitteln zu müssen, dies aber vor dem Hintergrund eines Verständnisses der eigenen Kultur, die für sie selbst nicht ganz klar erkennbar ist und in der sie nicht ganz zu Hause sind.

So sind etwa religiöse Werte in den Herkunftsländern oft nicht etwas, was sich Menschen aussuchen, sondern diese sind stets schon gegeben; sie bilden als ein historisches Apriori einen unbestrittenen Teil der Lebenswelt. Erst in modernen säkularen Gesellschaften bzw. über Migrationserfahrungen in einem Land mit einer anderen Religion oder geringer religiöser Orientierung wird die eigene Religion als eine verhandelbare Größe betrachtet, zu der man sich irgendwie positionieren muss. Vor allem mit dem Familiennachzug bzw. der Familiengründung und Elternschaft stellt sich für (muslimische) Migrantinnen und Migranten die Frage nach der Weitergabe der eigenen Tradition und Religion an die heranwachsende Generation. Die Frage wird umso drängender, je stärker Familien sich in der Fremde als marginalisiert und verunsichert erleben. Dann bietet der Rückgriff auf eine wie auch immer gedeutete eigene Tradition eine Entlastungschance und entbindet den Einzelnen davon, Verantwortung für die eigene Entscheidung zu übernehmen. Somit erlangt auch die religiöse Zugehörigkeit als ein Bestandteil der kulturellen Identität in der Migrationssituation eine hohe Bedeutung.

4 Methodische Probleme der Erfassung von Werten

Wie lassen sich Werte, die ja keine beobachtbaren Entitäten sind, valide erfassen? Methodenkritisch ist zu berücksichtigen, dass in der eigenen Studie als universal unterstellte Werte vorgegeben wurden (Etic-Ansatz), nicht jedoch genuin kulturspezifische (Emic-Ansatz) oder migrationsspezifische Werte herausgearbeitet worden sind. Es wurde also davon ausgegangen, dass sich die an Rokeach (1973) angelehnten Werte auch in besonderen Stichproben, wie etwa bei türkeistämmigen Migrantinnen und Migranten, wiederfinden. Jedoch ist generell bei Ergebnissen des Etic-Ansatzes in der Kulturpsychologie dann Skepsis geboten, wenn mit ihm Ähnlichkeiten belegt werden sollen, weil davon ausgegangen wird, dass die Konstrukte äquivalente Bedeutungen haben und dieser Ansatz somit Unterschiede minimiert (Boehnke/Merkens 1994). Insofern werden vermutlich auch in der vorliegenden Wertestudie die tatsächlichen Wertedivergenzen etwas unterschätzt. Generell lassen sich Werte und Haltungen (etwa Gehorsam und Autoritarismus) in ihrer Bedeutung nicht direkt auf andere kulturelle Kontexte oder Gesellschaftsformationen (etwa Diktaturen) übertragen. So gehört das, was in westlichen Gesellschaften als Autoritarismus verstanden wird, in eher traditionalen, kollektivistischen Gesellschaften – so auch in weiten Teilen der Türkei – zum gewöhnlichen Weltverständnis und markiert keine problematischen Sozialisationserfahrungen und -verläufe (vgl. Uslucan 2008b).

Darüber hinaus sind vor allem Studien über Migrantinnen und Migranten mit dem methodischen Problem der Konfundierung und Überlagerung von ethnischer Zugehörigkeit und sozialer Schicht konfrontiert: Schichtzugehörigkeit und ethnische Zugehörigkeit überschneiden sich oft. Haltungen, Einstellungen, Meinungen, die eventuell nur vor dem Hintergrund unterschiedlicher sozialer Zugehörigkeiten zu verstehen wären, werden dann unreflektiert ethnisiert bzw. kulturalisiert. Gerade eine Begründung der Alltagshandlungen von Migrantinnen und Migranten mit einer starren Berufung auf deren Kultur verkennt die Prozesshaftigkeit, das Gewordensein und die Veränderbarkeit von Kultur und unterstellt implizit, dass Menschen Gefangene ihrer Kultur seien und nicht anders als die jeweiligen kulturellen Vorgaben handeln könnten.

Was die konkrete empirische Messung betrifft, so existiert in der Literatur eine rege Debatte darüber, ob eine angemessene Wertemessung eher durch Rating-Skalen oder durch Einzelbewertung von Werten selbst erfolgen sollte (Hermann 2003; Sacchi 2000). Das Ranking-Verfahren geht davon aus, dass jeder Rangplatz nur einmal vergeben werden kann, während Werte in Rating-Verfahren als durchaus gleichwertig beurteilt werden können, also denselben Rang einnehmen können. Einige testtheoretische Befunde verweisen auf eine recht hohe Korrelation beider Messverfahren ($r > .9$), sodass beide Verfahren sich gleichermaßen zu eignen scheinen (Miethe 1985; kritisch dagegen Sacchi 2000).[3]

Mit Bezug auf die Erforschung kindlicher Werte ist festzuhalten, dass diese ganz andere Herausforderungen stellt als die Erforschung der Erwachsenenlebenswelt, weil bestimmte Formen des Zugriffs, wie etwa Umfragen und schriftliche Befragungen, aufgrund entwicklungspsychologischer Gegebenheiten bei dieser Zielgruppe kaum durchführbar sind. Besser geeignet sind kindgerechte Methoden, so etwa Bilderdeutung, Gruppengespräche mit Kindern oder lose strukturierte Explorationen, bei denen Kinder über das für sie „Wertvolle" berichten.

5 Fazit

Werte sind wichtige Hintergrundvariablen menschlichen Handelns, die durch familiale, schulische und mediale Interventionen modellierbar sind. Jedoch wäre es zu kurz gegriffen, interindividuelle Unterschiede in den Handlungen und Einstellungen direkt mit Werteunterschieden zu verbinden, ohne die je spezifische situative oder biografische Dimension zu betrachten. Auch gilt es mit Blick auf Werteunterschiede von Zuwanderinnen und Zuwanderern stets die Bedingungen im Aufnahmeland zu reflektieren, die zu einem Wertewandel oder einer Wertekonservierung beitragen. Optimal hierfür ist eine vergleichende Analyse der jeweiligen Zuwanderergruppe in verschiedenen Einwanderungsländern.

Kurzbiografie

Prof. Dr. Haci Halil Uslucan

Geboren 1965 in der Türkei. Studium der Psychologie, Philosophie und der Allgemeinen und Vergleichenden Literaturwissenschaft an der Freien Universität (FU) Berlin, Aufbaustudium „Semiotik" an der Technischen Universität Berlin. Diplom 1991, M. A. 1997, Promotion 1999 (FU Berlin), 2006 Habilitation im Fach Psychologie. Von Oktober 2006 bis Februar 2008 Vertretungsprofessur für Pädagogische Psychologie sowie für Motivationspsychologie an der Universität Potsdam; 2008 bis 2010 Vertretungsprofessur für Pädagogische Psychologie an der Helmut-Schmidt-Universität in Hamburg; im Sommersemester 2009 Gastprofessor an der Universität Wien. Seit 2010 wissenschaftlicher Direktor des Zentrums für Türkeistudien und Integrationsforschung sowie Professor für Moderne Türkeistudien und Integrationsforschung an der Universität Duisburg-Essen. Forschungsschwerpunkte: intellektuelle Entwicklung im Kindesalter, Jugendgewalt und Jugendentwicklung im kulturellen und interkulturellen Kontext, interkulturelle Familien- und Erziehungsforschung, Islam und Integration, Gesundheit und Migration.

haci.uslucan@uni-due.de; haci@uslucan.de

Anmerkungen

1 Eine ausführliche Beschreibung der Studie gibt Uslucan (2008a).

2 Einschränkend ist jedoch hinzuzufügen, dass ein Teil der deutschen Daten in Magdeburg, einer Region mit geringer konfessioneller Bindung der Bevölkerung, erhoben wurde.

3 Ein ausgeklügeltes Design zur Klärung der Frage, ob Rating- oder Ranking-Verfahren eingesetzt werden sollten, entwickelt Sacchi (2000).

Literatur

Boehnke, Klaus/Merkens, Hans (1994): Methodologische Probleme des Ost-West-Vergleichs am Beispiel der Wertforschung zu Kollektivismus und Individualismus. In: Zeitschrift für Sozialisationsforschung und Erziehungssoziologie, 14, S. 212–226.

Giesecke, Hermann (2005): Wie lernt man Werte? Grundlagen der Sozialerziehung. München.

Hermann, Dieter (2003): Werte und Kriminalität. Konzeption einer allgemeinen Kriminalitätstheorie. Wiesbaden.

Herz, Thomas A. (1987): Werte, sozio-politische Konflikte und Generationen. Eine Überprüfung der Theorie des Postmaterialismus In: Zeitschrift für Soziologie, 16 (1), S. 56–69.

Hofstede, Geert (1980): Culture's Consequences: International Differences in Work-Related Values. Beverly Hills.

Inglehart, Ronald (1989): Kultureller Umbruch. Wertewandel in der westlichen Welt. Frankfurt a. M.

Joas, Hans (1999): Die Entstehung der Werte. Frankfurt a. M.

Knafo, Ariel/Schwartz, Shalom H. (2001): Value Socialization in Families of Israeli-Born and Soviet-Born Adolescents in Israel. In: Journal of Cross-Cultural Psychology, 32 (2), S. 213–228.

Miethe, Terance D. (1985): The validity and reliability of value measurements. In: Journal of Psychology: Interdisciplinary and Applied, 119 (5), S. 441–453.

Parsons, Talcott (1977): Social Systems and the Evolution of the Action Theory. New York.

Rokeach, Milton (1973): The Nature of Human Values. New York.

Sacchi, Stefan (2000): Messung von Wertorientierungen: Ranking oder Rating? In: Kölner Zeitschrift für Soziologie und Sozialpsychologie, 52 (3), S. 541–552.

Schwartz, Shalom H. (1992): Universals in the structure and content of values: Theoretical advances and empirical tests in 20 countries. In: Zanna, Mark P. (Hrsg.), Advances in Experimental Social Psychology. Vol. 25. Orlando, S. 1–65.

Standop, Jutta (2005): Werte-Erziehung. Einführung in die wichtigsten Konzepte der Werteerziehung. Weinheim/Basel.

Steinbach, Anja/Nauck, Bernhard (2005): Intergenerationale Transmission in Migrantenfamilien. In: Fuhrer, Urs/Uslucan, Haci Halil (Hrsg.), Familie, Akkulturation und Erziehung. Stuttgart, S. 111–125.

Thielmann, Jörn (2008): Vielfältige muslimische Religiosität in Deutschland. Ein Gesamtüberblick zu den Ergebnissen der Studie der Bertelsmann-Stiftung. In: Bertelsmann-Stiftung (Hrsg.), Religionsmonitor 2008. Muslimische Religiosität in Deutschland. Gütersloh, S. 13–18.

Thome, Helmut (2005): Wertewandel in Europa aus der Sicht der empirischen Sozialforschung. In: Joas, Hans/Wiegandt, Klaus (Hrsg.), Die kulturellen Werte Europas. Frankfurt a. M., S. 386–443.

Uslucan, Haci Halil (2008a): Die Parallelgesellschaft der Migrantencommunities in Deutschland: Fakt oder Fiktion? In: Witte, Erich H. (Hrsg.), 23. Hamburger Symposion zur Methodologie der Sozialpsychologie. Sozialpsychologie und Werte. Lengerich, S. 276–298.

Uslucan, Haci Halil (2008b): „Man muss zu Gewalt greifen, weil man nur so beachtet wird." Antidemokratische Einstellungen deutscher und türkischer Jugendlicher: Gewaltakzeptanz und autoritäre Haltungen. In: Zeitschrift für Sozialpädagogik, 1, S. 74–99.

„Vorurteilsbewusste" Bildung und Erziehung: Handlungsperspektiven des Anti-Bias-Ansatzes im familiären Kontext

Daniela Steenkamp

Bereits im Alter von drei Jahren entwickeln Kinder Vorurteile. Der ursprünglich in den USA für ein professionelles pädagogisches Setting entwickelte Anti-Bias-Ansatz setzt hier an und bietet ein handlungsorientiertes Set, um Vorurteilen aktiv zu begegnen und sich ihrer bewusst zu werden.

In diesem Beitrag wird zunächst der aktuelle Forschungsstand zur Vorurteilsbildung im Kindesalter skizziert. Anschließend wird der Frage nachgegangen, wie sich der Anti-Bias-Ansatz, verstanden als pädagogische Leitidee, auf das familiäre Setting übertragen lässt, welche Handlungschancen er Familien eröffnet und wo sich Barrieren zeigen. Ziel ist es darzulegen, wie der Anti-Bias-Ansatz für das Sozialisationsfeld Familie fruchtbar gemacht werden kann, um Vorurteilen bei Kindern bereits frühzeitig im familiären Kontext entgegenzuwirken.

1 Wie und warum entwickeln Kinder Vorurteile?

Schon ab circa einem Jahr nehmen Kinder insbesondere äußere körperliche Unterscheidungsmerkmale wie die Haut- oder Haarfarbe, äußere Geschlechtsmerkmale und sichtbare körperliche Einschränkungen wahr (Derman-Sparks 2001, 7).

Wird davon ausgegangen, dass Vorurteile eine stabile negative Reaktion gegenüber Individuen oder Gruppen aufgrund ihrer Gruppenzugehörigkeit darstellen, zeigen sich solche „Vor-Vorurteile" bei Kindern ab einem Alter von etwa drei Jahren. Ab diesem Zeitpunkt versuchen sich Kinder auch zu erklären, worauf diese Unterschiede zurückzuführen sind (Wagner 2003, 39).

Vorurteile beinhalten drei Komponenten: Kinder im Alter von vier bis fünf Jahren lehnen Menschen mit einer anderen Hautfarbe deutlich häufiger ab als Personen ihrer eigenen ethnischen Gruppe oder bewerten ein Verhalten als „geschlechtsunangemessen" (affektive Komponente), schreiben ihnen häufiger negative Eigenschaften zu (kognitive Komponente) oder wählen sie seltener als Spielpartner/-innen aus (verhaltensbezogene Komponente).

Der zeitliche Verlauf der Vorurteilsbildung in der Kindheit und Jugend weist zwei „Spitzen" auf. Im Vorschulalter (fünf bis sieben Jahre) erreicht die Vorurteilsbildung einen vorläufigen Höhepunkt und zeigt sich danach vor dem Hintergrund zunehmender kognitiver und sozial-kognitiver Fähigkeiten, erweiterter Kontakte zu verschiedenen Personenkreisen und einer steigenden Sensibilität für soziale Normen wieder rückläufig. Mit Beginn der Adoleszenz nimmt die Vorurteilsbildung erneut zu, erreicht zwischen 14 und 15 Jahren einen zweiten Höhepunkt und sinkt anschließend wieder ab (Raabe/Beelmann 2009, 115).

Um die Entwicklung von Vorurteilen im Kindesalter zu verstehen, ist eine integrative Betrachtung emotionaler, kognitiver, motivationaler und sozialer Prozesse unerlässlich. Der prominenteste Erklärungsansatz für die Entwicklung von Vorurteilen basiert auf der *lerntheoretischen* Annahme, dass Kinder – zunächst vorurteilsfrei – Vorurteile und negative Einstellungsmuster durch Eltern und Familie, Peergroup, Schule und Medien erlernen (ebd., 117; vgl. Allport 1954).

Kognitive und *sozial-kognitive* Erklärungsansätze gehen davon aus, dass Vorurteile bei Kindern im Vor- und Grundschulalter eine Folge ihrer begrenzten kognitiven Fähigkeiten im Umgang mit Unbekanntem und Unähnlichem sind und dass mit zunehmenden Fähigkeiten negative Emotionen gegenüber Andersartigkeit abnehmen. Die kognitive Entwicklungstheorie schreibt Kindern auch eine aktive Rolle bei der Entwicklung von Vorurteilen zu. So wird angenommen, dass Kinder ihre soziale Umwelt strukturieren, indem sie sie kategorisieren, Personengruppen anhand gemeinsamer Merkmale zu „Eigen- und Fremdgruppen" zusammenfassen und Annahmen über Eigenschaften dieser Gruppen entwickeln (Bigler/Liben 2007, 162–166).

Neben dem Erlernen von Vorurteilen durch die soziale Umwelt und der Entwicklung von Vorurteilen als Folge kognitiver und sozial-kognitiver Prozesse müssen auch *motivationale* Faktoren, „innere" Beweggründe, berücksichtigt werden. Nach dieser Sichtweise haben Vorurteile die Funktion, Bedürfnisse nach Zugehörigkeit und Anerkennung zu befriedigen und ein positives Selbstbild zu fördern (Raabe/Beelmann 2009, 122; vgl. Nesdale 2000).

2 Wie kann Vorurteilen entgegengewirkt werden?

Es existieren vielfältige Ansätze zur Prävention von Vorurteilen. Sie beruhen zumeist auf direkten oder indirekten Kontakten zwischen Mitgliedern unterschiedlicher sozialer Gruppen (basierend auf der sogenannten Kontakthypothese – der Annahme, dass Kontakte zu Mitgliedern verschiedener sozialer Gruppen zu geringeren Ausprägungen von Vorurteilen führen), setzen auf Informationen über ethnische Gruppen, liegen in der Vermittlung demokratischer Werte oder beziehen sich auf die Förderung von kognitiven und sozialen Kompetenzen wie Empathie und Konfliktlösung, die im Kontext der Vorurteilsbildung bedeutsam sind (Beelmann/Heinemann/Saur 2009, 455).[1] Raabe/Beelmann (2009) geben verschiedene Handlungsempfehlungen, um Vorurteilen entgegenzuwirken:

1. Explizite negative Zuschreibungen vermeiden: „[…] die Mädchen arbeiten fleißig mit, aber die Jungen stören schon wieder." (ebd., 130)
2. Positive Einstellungen und Unerwünschtheit von Vorurteilen kommunizieren: „[…] durch die Kommunikation positiver Einstellungen vermitteln Eltern […] auch gleichzeitig die soziale Norm, dass negative Einstellungen unerwünscht sind, was nach den […] empirischen Befunden besonders in der späten Kindheit zu einem Abfall in Vorurteilen beiträgt." (ebd., 131)
3. Nicht notwendige Kategorisierungen vermeiden: „[…] will man Vorurteile abbauen, dann sollten auch Kategorisierungen entlang relevanter sozialer Dimensionen (z. B. Ethnizität) nur selten verwendet werden." (ebd.)
4. Verzerrte Bedrohungsempfindungen abbauen
5. Selbstwert stärken
6. Gleichheitswerte vermitteln: „[…] dabei reicht es offenbar nicht aus, lediglich auf Gleichheit als Wert zu verweisen. Vielmehr ist es notwendig, […] auch Gründe zu vermitteln, warum eine gleiche Bewertung verschiedener gesellschaftlicher Gruppen wichtig ist." (ebd.)
7. Kontaktmöglichkeiten schaffen (ebd., 132)

Weniger fokussieren Raabe/Beelmann (2009) die Rahmenbedingungen, unter denen Kinder Vorurteile entwickeln, und die Reflexionsprozesse, die notwendig sind, um Vorurteile zu erkennen und zu problematisieren. Auf diese Aspekte konzentriert sich dagegen der Anti-Bias-Ansatz.

3 Der Anti-Bias-Ansatz als institutionelle (fach-)pädagogische Antwort auf Vorurteilsbildung bei Kindern

Der Anti-Bias-Ansatz ist ein pädagogisches Bildungs- und Handlungskonzept, das im Umfeld der Bürgerrechtsbewegung in den 1980er-Jahren von Louise Derman-Sparks und Carol Brunson Phillips in Kalifornien als Kritik an der Idee der multikulturellen Erziehung entwickelt wurde und in Deutschland seit Ende der 1990er-Jahre von einigen Trägern in der frühkindlichen Bildung (Kindertagesstätten) und in der Erwachsenenbildung umgesetzt wird (Koné 2007, 80). Der Begriff *Anti-Bias* kommt aus dem Englischen und bedeutet übersetzt „gegen Schieflagen und Einseitigkeiten".

Anti-Bias-Education wird üblicherweise mit „vorurteilsbewusste Bildung und Erziehung" übersetzt. Diese Formulierung ist vom Institut für den Situationsansatz (ISTA) an der Freien Universität Berlin – mit dem Projekt „Kinderwelten" einer der größten Multiplikatoren für die Anti-Bias-Arbeit im deutschsprachigen Raum – geprägt worden und weist auf den Anspruch hin, den Anti-Bias-Ansatz nicht nur zu adaptieren, sondern auch weiterzuentwickeln. Der Begriff „vorurteilsbewusst" impliziert einen Prozess der Bewusstwerdung über die eigenen Vorurteile (Gramelt 2010, 89). Auch soll der Begriff verdeutlichen, „dass vorurteilsfrei zu sein ein Postulat ist, das angestrebt, aber nie vollständig erreicht werden kann, dass es vielmehr um eine lebenslange kritische Reflexion eigener Werte und Einstellungen geht" (Koné 2007, 80).

Übergeordnetes Ziel des Anti-Bias-Ansatzes ist es, jegliche Form von Diskriminierung als Folge von Vorurteilen abzubauen. Der Anti-Bias-Ansatz fokussiert nicht nur Vorurteile hinsichtlich „ethnischer" Merkmale, sondern auch Vorurteile, die sich auf das Geschlecht, die sexuelle Orientierung, die körperliche und geistige Gesundheit oder die soziale Schicht beziehen (Trisch/Winkelmann 2007, 108).

Um dies zu erreichen, werden mit dem Anti-Bias-Ansatz vier untergeordnete Ziele verfolgt (Derman-Sparks 2008, 241; Stein 2012, 516):

1. *Schaffung eines positiven Selbstbildes und einer selbstbewussten Identität*
- Entwicklung einer Ich-Identität sowie einer Gruppenidentität
- Einordnung der Rückmeldungen über die eigene Person aus der Umwelt
- Lenkung der Aufmerksamkeit auf die eigenen und gesellschaftlichen Botschaften

2. *Sensibler Umgang mit Unterschieden*
- Bewusstmachung von Vorurteilen
- Anerkennung von Unterschieden, die positiv bzw. neutral sind und nicht negativ

3. *Entwicklung des eigenen kritischen Denkens und des Erkennens von Ungerechtigkeiten*
- Erkennen verzerrter Bilder im Umgang mit Menschen anderer Herkunft
- Anregung von Reflexionsprozessen zur Verhältnisanalyse

4. *Entwicklung von Kompetenzen, um bei Ungerechtigkeiten zu agieren*
- Persönliche Positionierung und Bereitschaft, Ungerechtigkeit zu thematisieren

„Der Anti-Bias-Ansatz hat eine klare Wertorientierung: Unterschiede sind gut, unterdrückerische Vorstellungen und Handlungsweisen sind es nicht." (Wagner 2003, 37)

4 Wie lässt sich eine vorurteilsbewusste Erziehung im familiären Kontext mithilfe des Anti-Bias-Ansatzes umsetzen?

Derman-Sparks plädiert dafür, den Anti-Bias-Ansatz in alle Bereiche des täglichen Lebens zu integrieren, um eine sichtbare „kulturelle Demokratie" entstehen zu lassen (Derman-Sparks 2001, 6). In der professionellen pädagogischen Praxis setzt der Anti-Bias-Ansatz auf zwei Ebenen handlungsorientiert an: erstens an der *räumlichen Lernumgebung* inklusive der Gestaltung und der zugänglichen Materialien (wie Bücher und Spielzeug) und zweitens an den *Kommunikationsstrukturen* (Koné 2007, 82). Wie lassen sich nun die Inhalte und Ziele des Anti-Bias-Ansatzes auf den familiären Kontext übertragen? Zentrale Handlungsperspektiven bieten sich hier bei den

Gestaltungsmöglichkeiten für einen vorurteilsbewussten familiären kindlichen Lebensraum und bei den Voraussetzungen und Kennzeichen einer vorurteilsbewussten Kommunikation in der Familie.

4.1 Gestaltungsmöglichkeiten eines vorurteilsbewussten familiären kindlichen Lebensraumes – das „vorurteilsbewusste Kinderzimmer"

Ein vorurteilsbewusster kindlicher Lebensraum innerhalb der Familie zielt auf die bewusste Schaffung von Erlebnisräumen, Spiel- und Gesprächssituationen, in denen Vielfalt erleb- und erfahrbar sowie eine kritische Reflexion angeregt wird. Dabei muss nicht nur nach der bloßen Existenz von Vielfalt, sondern auch nach der (möglicherweise stereotypen) Darstellung von Vielfalt gefragt werden. Konkret betrifft das die Innendekoration, die vorhandene Kinder- und Jugendliteratur, Musik, Filme und Lernspiele, das Spielzeug sowie Rituale und dafür verwendete Utensilien (wie zum Beispiel Faschingskostüme):

> One of the most natural ways to embark [...] is by filling our home with props and tools – a range of appropriate play items and storybooks, amid our child's toys, that reflect their unique racial heritage as well as diversity in general, and to use these as a point of departure for discussions about differences. (Nakazawa 2004, 29)

Die Darstellung und Thematisierung von Diversität in der deutschen Kinder- und Jugendliteratur ist jedoch – insbesondere im Vergleich zur Angebotsbreite an englischsprachiger Literatur – defizitär.[2] Dies gilt auch für den Spielwarenmarkt, der die Mehrheitsgesellschaft und ihre Bewertungen widerspiegelt. Spielpuppen, die Diversität nichtstereotyp abbilden (etwa „Multicultural Block Play Dolls"), sind auf dem deutschen Markt nicht verfügbar, und deren Bestellung ist mit erhöhten Importkosten und langen Lieferzeiten verbunden.[3] „Skin Tones"-Stifte, mit denen sich verschiedene Hautfarben malen lassen, sind in Deutschland nahezu unbekannt.[4] Die in der Anti-Bias-Arbeit eingesetzten „Persona Dolls", lebensechte Puppen mit unterschiedlichen äußeren Merkmalen wie Hautfarbe, Kleidung oder Brille (siehe Abbildung 1)[5], sind auf dem herkömmlichen Spielzeugmarkt schwer zu bekommen. Dabei sind „Persona Dolls" ein gutes Mittel, Erfahrungen mit Vielfalt zu ermöglichen und zum kritischen Denken über Vorurteile und Diskriminierung anzuregen (Azun et al. 2009, 13).

Abb. 1: „Persona Dolls“ (Quelle: www.persona-doll-training.org; mit freundlicher Genehmigung von Babette Brown)

In vielen Kinderbüchern, Comics oder Serien des unterhaltenden Genres finden sich stereotype Darstellungen und Ressentiments gegen Minderheiten. Sie sind nicht immer so augenscheinlich wie bei den bekannten Kinderspielen „Schwarzer Peter“ oder „Wer hat Angst vorm schwarzen Mann?“. Benz stellt fest, dass rassistische Stereotype in der Kinderliteratur seit dem 19. Jahrhundert üblich sind (Benz 2010, 9). Aktuell diskutierte Beispiele sind kolonialrassistische Stereotype und weiße Dominanz in der „Pippi Langstrumpf“-Trilogie und rassistische Ausdrucksweisen wie in Otfried Preußlers „Die kleine Hexe“.[6] In den Sozial- und Literaturwissenschaften schon seit den 1990er-Jahren diskutiert, ist die Debatte mittlerweile auch in journalistischen Formaten aufgegriffen worden. Rösch (1997; 2000) setzt sich damit auseinander, welche Bilderbücher für das interkulturelle Lernen geeignet sind und wie Bilderbücher in der interkulturellen und antirassistischen Pädagogik eingesetzt werden können.

Im Rahmen des Projekts „Kinderwelten“ wurde auf der Basis des Anti-Bias-Ansatzes eine Liste von Kriterien zusammengestellt, die vorurteilsbewusste Kinderbücher in Bezug auf Inhalte und Darstellungen erfüllen sollen:

1. Die Bücher sollen die vielfältigen Lebensbedingungen von Kindern wiedergeben: „Es gibt beispielsweise kein Buch, das die Lebenswirklichkeit armer Kinder in Deutschland zeigt, obwohl eine erschreckend hohe Zahl von Kindern von Armut betroffen ist."[7] (Koné 2007, 84)
2. Die Bücher sollen frei von stereotypen oder diskriminierenden Abbildungen und Inhalten sein: „Ingenieurinnen, Wissenschaftlerinnen [...] gibt es so gut wie nie." (ebd., 85)
3. Die Bücher sollen Identifikationsangebote für Kinder unterschiedlicher Herkunft, Kulturen, Befähigungen bieten: „[...] dass beispielsweise behinderte Kinder selbstverständlich als Person mit ihren vielfältigen Eigenschaften im Mittelpunkt des Interesses stehen und nicht ihre Behinderung." (ebd.)
4. Die Bücher sollen zur Reflexion von Diskriminierungen, Stereotypen und Vorurteilen anregen. So ist beispielsweise danach zu fragen, wie Angehörige von Minderheiten dargestellt werden, ob sie passive Opfer oder handelnde Subjekte sind und ob Angehörige von Minderheiten oder diskriminierten Gruppen mit einer positiv oder negativ besetzten Wertehaltung verbunden werden (Rösch 2000, 25–26).
5. Die Bücher sollen den „Gefühls-Wortschatz" erweitern, um Empathie zu fördern (Koné 2007, 86).
6. Die Bücher sollen Kindern Mut machen, sich gegen Diskriminierung und Ungerechtigkeit zu wehren (ebd.).

Im Projekt „Kinderwelten" wurde eine Bücherkiste mit vielen Titeln zusammengestellt, die diese Kriterien berücksichtigen und Kinder im Alter von zwei bis acht Jahren ansprechen.[8]

4.2 Voraussetzungen für eine vorurteilsbewusste Kommunikation in der Familie

Die Auswirkungen von Einstellungen und Erziehungskompetenzen der Eltern auf die Vorurteilsentwicklung bei Kindern sind verschiedentlich untersucht worden (Raabe/Beelmann 2009, 127). Als familiäre Risikofaktoren werden ein autoritärer Erziehungsstil, defizitäre Kommunikationsstrukturen und ein geringer Zusammenhalt sowie die von Kindern wahrgenommenen Einstellungen ihrer Eltern diskutiert (ebd.). Vorurteilsbewusste Bildung erfordert zunächst vorurteilsbewusste Erwachsene. Zentrales Element der Anti-Bias-Arbeit ist daher die kontinuierliche Bewusstmachung der eigenen Vorurteile und das bewusste Erkennen „des Andersseins, des Andersfühlens, des Andersdenkens" (Sindelar 2007, 17). Trisch/Winkelmann schlagen als Einstieg in den persönlichen Reflexionsprozess folgende Leitfragen vor:

> Welche Vorurteile begegnen mir selbst? Welche Bilder und Vorurteile habe ich gegenüber anderen Gruppen? Inwiefern sind meine Vorurteile für mich funktional? Welche alltäglichen und spezifischen Verhaltensweisen könnten mit meinen Vorurteilen in Verbindung stehen? (Trisch/Winkelmann 2007, 115)

Derman-Sparks/Ramsey (2006) haben ausführlichere Leitfragenkataloge erstellt, anhand derer man sich mit der eigenen Identität auseinandersetzen kann („Learning about your own identity", „Learning about yourself"). Sie fokussieren insbesondere die Grenzen der persönlichen Toleranz gegenüber anderen Religionen, Lebensstilen und Erziehungskonzepten sowie die individuelle Definition von Erfolg (ebd., 69). Zudem schreiben sie dem Austausch mit anderen Personen über die eigene Identität eine große Bedeutung zu (ebd., 71).

Auch die Auseinandersetzung mit Kommunikationsinhalten und möglichen Konnotationen ist notwendig. Hinsichtlich der Wortwahl weist Boldaz-Hahn auf die verbreitete Verwendung von „schwarz" mit eindeutig negativer Bedeutung wie „schwarzfahren" oder „schwarzsehen" hin (Boldaz-Hahn 2008, 105). Ein weiterer Aspekt ist die emotionale Nuancierung der Eltern-Kind-Interaktion, wenn es um Vorurteile geht. Da soziale Vielfalt Bewertungen unterliegt, fällt es vielen Eltern oft nicht leicht, über Unterschiede zu sprechen. Kinder nehmen diese Unsicherheiten und Tabus jedoch wahr und übernehmen sie (Koné 2007, 87).

5 Fazit

Der Anti-Bias-Ansatz, verstanden als pädagogische Leitidee, fokussiert Vorurteile in jeglicher Form, ergänzt die bereits vorhandenen Ansätze zur Vorurteilsprävention und liefert Familien wichtige Impulse in ihrer Aufgabe, ihre Kinder auf die vielfältigen Herausforderungen in einer diversitären

Gesellschaft vorzubereiten. Dies betrifft insbesondere die Gestaltung eines vorurteilsbewussten kindlichen familiären Lebensraumes sowie vorurteilsbewusste innerfamiliäre Kommunikationsstrukturen. Vorurteilsbewusste Erziehung greift vorhandene Unterschiede auf, thematisiert sie und macht sie Kindern zugänglich, damit junge Menschen Vielfalt bewusst erleben und sich damit auseinandersetzen können. Dies setzt in der Familie die Bereitschaft zu einer kritischen Reflexion der eigenen Identität und der sozialen Gruppenidentität voraus, um persönliche und gesellschaftliche Vorurteilsstrukturen zu erkennen. Nicht zwangsläufig muss hieraus jedoch die Bereitschaft entstehen, Vorurteile zu revidieren. Der Begriff „vorurteilsbewusst" – bewusst abgegrenzt vom Begriff „vorurteilsfrei" – kann beispielsweise auch auf Eltern zutreffen, die extremistisch eingestellt sind, sich ihrer Vorurteile bewusst sind und diese offensiv als Maxime ihres erzieherischen Handelns vertreten. Insofern fehlt dem Begriff „vorurteilsbewusste Bildung und Erziehung" eine normative Trennschärfe, was im fachlichen Diskurs ungenügend problematisiert wird. Auch die Begriffe „unterschiedsbewusste Erziehung" oder „unterschiedsbewusstes Handeln", die neuerdings zirkulieren, lösen diese Problematik nicht auf.

Bei der Gestaltung der familiären häuslichen Umgebung wie auch bei der Auswahl von Spielmaterial, Büchern, Filmen und Lernspielen stoßen vorurteilsbewusste Eltern an ihre Grenzen. In der deutschen Kinder- und Jugendliteratur wird Diversität – anders als im angloamerikanischen Sprachraum – kaum abgebildet. Dies gilt auch für den Spielwarenmarkt. Ohne englische Sprachkenntnisse und finanzielle Mehrinvestitionen lässt sich eine vorurteilsbewusste häusliche Gestaltung im deutschen Sprachraum derzeit nur ungenügend realisieren. Hier könnten Multiplikatoren wie das Projekt „Kinderwelten", aber auch Wohlfahrtsverbände und Kinderschutzorganisationen verstärkt Öffentlichkeitsarbeit und Lobbying betreiben, um diesem Defizit entgegenzuwirken.

Im gesellschaftlichen Diskurs um die Vorurteilsbildung bei Kindern und Jugendlichen kommt den Medien, insbesondere den Social Media, eine bedeutungsvolle Akteursrolle zu. Dies zeigt die aktuelle Debatte um rassistische Elemente in bekannten (und beliebten) Kinderbüchern wie „Die kleine Hexe" oder „Pippi Langstrumpf". Auch hinsichtlich des Spielwarenmarktes könnten die Medien eine solche Diskussion anregen. Es ist an der Zeit, eine gesellschaftsübergreifende Debattenkultur über Diversität anzustoßen. Nur so kann entstehen, was Derman-Sparks (2001) mit den Worten der Afroamerikanerin Alice Walker schon vor mehr als zehn Jahren forderte: „Sei dir der Gegenwart bewusst, die du schaffst, es sollte die Zukunft sein, die du willst.“

Kurzbiografie

Daniela Steenkamp

Jahrgang 1975, von 1995 bis 2000 Studium Sozialwesen an der Fachhochschule Oldenburg/Wilhelmshaven/Ostfriesland, von 2004 bis 2007 Studium der Politikwissenschaft an der Freien Universität Berlin und der Universität Bologna. Tätigkeiten in der Kinder- und Jugendhilfe, in der Flüchtlingsberatung und in einem Abgeordnetenbüro des Deutschen Bundestages. Seit 2011 wissenschaftliche Mitarbeiterin an der Universität Vechta am Lehrstuhl für Allgemeine Pädagogik, derzeit Promotion zum Thema Menschenrechtsbildung.
daniela.steenkamp@uni-vechta.de

Anmerkungen

1 In diesem Artikel wird der Anti-Bias-Ansatz vorgestellt und diskutiert. Er rückt Vorurteile jeglicher Form ins Blickfeld und ist nicht auf ethnische Merkmale beschränkt.

2 Wie ein vorurteilsbewusstes Kinderzimmer der Zukunft aussehen könnte, zeigt die Ausstellung „!Vielfalt Spielen!" der Diakonie Düsseldorf, Ansprechpartnerin: Heike Kasch, heike.kasch@diakonie-duesseldorf.de. Die Sammlung beinhaltet eine Auswahl an Spielsachen, Kinder- und Jugendbüchern sowie Literatur. Sie basiert unter anderem auf der Ausstellung „Weltkinder Spiele" des Verbands binationaler Familien und Partnerschaften, iaf e. V., NRW, Kontakt: nrw@verband-binationaler.de.

3 Auf der englischen Spielzeuganbieterseite http://www.eduzone.co.uk/acatalog/Multicultural World01.html ist eine Vielzahl der genannten Artikel einzusehen und zu bestellen.

4 Gängige Hersteller sind Lyra, Derwent und Faber-Castell.

5 Auf der Website der britischen Anti-Bias-Trainerin Babette Brown (www.persona-doll-training.org) finden sich viele weitere Hinweise und Links zum Thema.

6 Zu den abwertenden ethnozentrierten Formulierungen gehören beispielsweise „Negerkönig" („Pippi Langstrumpf"), „Negerlein" und „Hottentottenhäuptling" („Die kleine Hexe").

7 Der Kölner Caritasverband hat ein Kinderbuch zum Thema Armut herausgegeben: Gemmel, Stefan (2004): Was ist los mit Marie? Köln.

8 Die Bücherkiste kann ausgeliehen werden über http://www.kinderwelten.net.

Literatur

Allport, Gordon W. (1954): The Nature of Prejudice. Oxford.

Azun, Serap et al. (2009): Mit Kindern ins Gespräch kommen. Vorurteilsbewusste Erziehung und Bildung mit Persona Dolls. Berlin (zu beziehen über koordination@kinderwelten.de).

Beelmann, Andreas/Heinemann, Kim Sarah/ Saur, Michael (2009): Interventionen zur Prävention von Vorurteilen und Diskriminierung. In: Beelmann Andreas/Jonas Kai J. (Hrsg.), Diskriminierung und Toleranz. Psychologische Grundlagen und Anwendungsperspektiven. Wiesbaden, S. 435–456.

Benz, Wolfgang (Hrsg.) (2010): Vorurteile in der Kinder- und Jugendliteratur. Berlin.

Bigler Rebecca/Liben, Lynn (2007): Developmental Intergroup Theory. Current Directions. In: Psychological Science, 16 (3), S. 162–166.

Boldaz-Hahn, Stefanie (2008): „Weil ich dunkle Haut habe" – Rassismuserfahrungen im Kindergarten. In: Wagner, Petra (Hrsg.), Handbuch Kinderwelten. Vielfalt als Chance – Grundlagen einer vorurteilsbewussten Bildung und Erziehung. Freiburg i. Br., S. 102–112.

Derman-Sparks, Louise (2001): Anti-Bias-Arbeit mit kleinen Kindern in den USA. Vortrag am 15. März 2001 in Berlin, http://www.kinderwelten.net/pdf/1_Anti_Bias_Arbeit.pdf (18.02.2012).

Derman-Sparks, Louise/Ramsey, Patricia G. (2006): What If All the Kids Are White? Anti-bias Multicultural Education with Young Children and Families. New York/London.

Derman-Sparks, Louise (2008): Anti-Bias Pädagogik: Aktuelle Entwicklungen und Erkenntnisse aus den USA. In: Wagner, Petra (Hrsg.), Handbuch Kinderwelten. Vielfalt als Chance – Grundlagen einer vorurteilsbewussten Bildung und Erziehung. Freiburg i. Br., S. 239–247.

Gramelt, Katja (2010): Der Anti-Bias-Ansatz. Zu Konzept und Praxis einer Pädagogik für den Umgang mit kultureller Vielfalt. Wiesbaden.

Koné, Gabriele (2007): Kinder brauchen Bücher – aber welche? In: Sir Peter Ustinov Institut (Hrsg.): Vorurteile in der Kindheit. Ursachen und Gegenstrategien. Wien, S. 79–90.

Nakazawa, Donna Jackson (2004): Does Anybody Else Look Like Me? A Parent's Guide to Raising Multiracial Children. Cambridge.

Nesdale, Drew (2000): Developmental Changes in Children's Ethnic Preferences and Social Cognitions. In: Journal of Applied Developmental Psychology, 20 (4), S. 501–519.

Preissing, Christa/Wagner, Petra (Hrsg.) (2003): Kleine Kinder – keine Vorurteile? Interkulturelle und vorurteilsbewusste Arbeit in Kindertageseinrichtungen. Freiburg i. Br.

Raabe, Tobias/Beelmann, Andreas (2009): Entwicklungspsychologische Grundlagen. In: Beelmann Andreas/Jonas Kai. J. (Hrsg.), Diskriminierung und Toleranz. Psychologische Grundlagen und Anwendungsperspektiven. Wiesbaden, S. 113–133.

Rösch, Heidi (1997): Bilderbücher zum interkulturellen Lernen. Baltmannsweiler.

Rösch, Heidi (2000): Jim Knopf ist (nicht) schwarz. Anti-/Rassismus in der Kinder- und Jugendliteratur und ihrer Didaktik. Baltmannsweiler.

Sindelar, Brigitte (2007): Wodurch und in welchem Alter erwerben Kinder Vorurteile? In: Sir Peter Ustinov Institut (Hrsg.), Vorurteile in der Kindheit. Ursachen und Gegenstrategien. Wien, S. 7–17.

Stein, Margit (2012): Jugend und Migration: Förderung von interkultureller Kommunikation, Interkulturalität und Konfliktfähigkeit. In: Deutsche Jugend. Zeitschrift für Jugendarbeit, 60 (12), S. 511–518.

Trisch, Oliver /Winkelmann, Anne (2007): Vorurteile, Macht und Diskriminierung – die Bildungsarbeit der Anti-Bias-Werkstatt, Berlin. In: Sir Peter Ustinov Institut (Hrsg.), Vorurteile in der Kindheit. Ursachen und Gegenstrategien. Wien, S. 107–124.

Wagner, Petra (2003): „Anti-Bias-Arbeit ist eine lange Reise ..." Grundlagen vorurteilsbewusster Praxis in Kindertageseinrichtungen. In: Preissing, Christa/Wagner, Petra (Hrsg.), Kleine Kinder – keine Vorurteile? Interkulturelle und vorurteilsbewusste Arbeit in Kindertageseinrichtungen. Freiburg i. Br., S. 34–62.

Wagner, Petra (Hrsg.) (2008): Handbuch Kinderwelten. Vielfalt als Chance – Grundlagen einer vorurteilsbewussten Bildung und Erziehung. Freiburg i. Br.

Walker, Alice (1995): Im Tempel meines Herzens. Reinbek.

Forschungsstand zur christlichen Erziehung in der Familie

Albert Biesinger, Simone Hiller, Andreas Stehle

1 Empirische Bestandsaufnahme religiöser Erziehung in der Familie

1.1 Religiöse Erziehung als familiales Erziehungsziel

Religiöse Erziehung in der Familie ist ein relevantes Thema, liegt in der ihm zugeschriebenen Bedeutung aber deutlich hinter anderen, allgemeinen Erziehungszielen. Das zeigen die Ergebnisse einer im Jahr 2006 im Auftrag des Bundesministeriums für Familie, Senioren, Frauen und Jugend durchgeführten Studie, auf die auch im Folgenden in diesem Kapitel Bezug genommen wird.[1] Auf die Frage, was Kinder im Elternhaus lernen sollten, wählen 39 % der 16- bis 44-jährigen Befragten die Antwortmöglichkeit *„Interesse, Offenheit für Religions- und Glaubensfragen"*; 25 % geben *„festen Glauben, feste religiöse Bindung"* an. Im Vergleich dazu erreichen die Erziehungsziele *„Höflichkeit und gutes Benehmen"* (88 %), *„ihre Arbeit ordentlich und gewissenhaft tun"* (82 %), *„Hilfsbereit sein, sich für andere einsetzen"* (79 %) sowie *„Andersdenkende achten, tolerant sein"* (77 %) allerdings etwa doppelt so viel Zustimmung. Es sind die Spitzenwerte dieser Untersuchung. Gerade letzteres Ergebnis im Blick auf Toleranz ist für die Ergebnisse unserer Elternbefragung ebenso relevant wie die immerhin knapp 40 % der Befragten, die *„Interesse, Offenheit für Religion und Glaubensfragen"* angeben.

Verglichen mit anderen Erziehungszielen wird *Interesse an und Offenheit für Religions- und Glaubensfragen* und noch deutlicher *fester Glaube und feste religiöse Bindung* nur bedingt, nämlich nur von den genannten 39 bzw. 25 %, als Aufgabe der Erziehung im Elternhaus angesehen. Die Gründe hierfür wurden in der Befragung nicht ermittelt. Zu berücksichtigen ist, dass es sich bei den Erziehungszielen mit über 50 % Zustimmung fast durchweg um recht breit gefasste Einstellungen und Fähigkeiten handelt, während spezifischere Interessen wie *„Freude an Büchern"* (47 %), *„Interesse für Politik"* (45 %), *„technisches Verständnis, mit der modernen Technik umgehen können"* (38 %) oder eben *„Interesse, Offenheit für Religions- und Glaubensfragen"* weniger Zustimmung erfahren. Ebenso zu beachten ist, dass die beiden am dritt- und vierthäufigsten ausgewählten Erziehungsziele (von insgesamt 17 möglichen) *„hilfsbereit sein, sich für andere einsetzen"* und *„Andersdenkende achten, tolerant sein"* häufig einen religiösen Ursprung, auf jeden Fall eine christliche Konnotation haben, auch wenn drei von vier Eltern, die diese Erziehungsziele angeben, weniger Wert auf Religiosität legen. Ein entscheidender Grund dafür, dass nur knapp 40 % religiöse Erziehungsziele angeben, ist aus unserer Erfahrung und Studien in diesem Bereich jedoch in der Tendenz, „diese Aufgabe an die ‚Experten' der Kirche zu delegieren"[2] zu suchen. Viele Eltern überlassen die religiöse Erziehung ihrer Kinder gerne anderen Institutionen. Zahlreiche Eltern schreiben ‚professionellen' Glaubensvermittlern wie dem Pfarrer oder Religionslehrkräften entschieden mehr religiöse Kompetenz zu als ihren eigenen Müttern und noch deutlicher Vätern;[3] dies lässt Rückschlüsse auf die eigene Kompetenzzuschreibung zu. Zahlreiche Eltern sehen bei sich selbst zu wenig religiöse Fähigkeiten, manche fühlen sich regelrecht überfordert und so wird die religiöse Erziehung der Kinder häufig delegiert an Schulen, Sakramentenkatechese (z. B. für Erstkommunion, Firmung oder Konfirmation) oder kirchliche Jugendarbeit.

Betrachtet man den Sachverhalt von der anderen Seite aus, erachten in derselben Befragung 36 % der Eltern religiöse Erziehung als wichtig und lediglich 4 % geben an, religiöse Erziehung habe einen schlechten Einfluss (für 46 % macht es *„praktisch keinen Unterschied"*, 14 % sind unentschieden). *„Interesse, Offenheit für Religions- und Glaubensfragen"* wird dabei nicht nur von den Angehörigen einer christlichen Kirche vertreten, auch religiös weniger Gebundene halten Religiosität in der Erziehung für wichtig. Dieses Ergebnis ist auch für Ostdeutschland nicht uninteressant: Dort gibt es nicht etwas eine breite Ablehnung religiöser Erziehung. Negative Folgen sieht dort auch nur jeder Zwanzigste. Allerdings meint die absolute Mehrheit in Ostdeutschland, dass es keinen großen Unterschied mache, ob man religiös erzogen werde oder nicht.[4]

Die Einstellung zur religiösen Erziehung der Eltern korreliert mit deren Kinderzahl: Der Anteil der Eltern, die die religiöse Erziehung für wichtig halten, hat durchschnittlich drei oder mehr Kinder.

Für die Gruppe der Eltern von jungen Kindern ist auffällig, dass sie eher an religiöser Erziehung interessiert sind als die Eltern von älteren Kindern:

„40 % der Väter und Mütter von Klein- und Kindergartenkindern halten religiöse Erziehung für wichtig, von den Eltern älterer Kinder nur 29 %. Und während die Eltern der Vorschulkinder zu 32 % denken, dass man den Kleinen einen festen Glauben vermitteln sollte, teilen nur 21 % der Eltern größerer Kinder diese Überzeugung.[5] Schon bei der analogen Befragung 1991 zeigte sich ein ähnlicher Unterschied. Offensichtlich ist die Herausforderung, religiöse Fragen für wichtig zu halten, für Eltern mit kleinen Kindern intensiver als für Eltern mit älteren Kindern. Wie das zu erklären ist, lässt sich aus dieser Untersuchung nicht eindeutig erkennen. Es wäre zu klären, ob es die Kinder selbst sind, die durch ihre religiösen Fragen ihren Eltern den Eindruck vermitteln, dass religiöse Erziehung wichtig sei. Oder ob umgekehrt Eltern denken, dass gerade in dieser frühen Kindheitsphase Religion von besonderer Bedeutung sei. Dies müsste im Rahmen weiterer Untersuchung intensiver analysiert werden. „Hilfe, mein Kind ist fromm!"[6] – allein schon, dass es für einen WDR-Fernsehfilm einen solchen Titel gibt, lässt aufhorchen.

Festgehalten werden kann also, dass die Eltern kleinerer Kinder bereit sind, intensiv bei der religiösen Erziehung mitzuwirken bzw. dies zumindest für wichtig halten. Nicht überraschend ist, dass es vor allem die Mütter sind, die zu 42 % die Offenheit für Glaubensfragen für bedeutsam halten, gegenüber den Vätern mit nur 31 %. „28 % der Mütter wollen ihren Kindern eine feste religiöse Bindung mitgeben, aber nur 21 % der Väter: Die Mütter kleinerer Kinder sind folglich von besonderer Bedeutung für alles, was mit religiöser Erziehung zu tun hat."[7]

1.2 Zusammenhang von familialer religiöser Erziehung und Werteerziehung

Bemerkenswert in der genannten Studie ist, dass denjenigen Befragten, denen religiöse Erziehung wichtig ist, im Vergleich zu den übrigen Befragten auch die Werteerziehung signifikant wichtiger ist. Dies bezieht sich allerdings nur auf gemeinschaftsorientierte oder andere nicht negativ beeinträchtigende Werte, nämlich *„Höflichkeit und gutes Benehmen"*, *„hilfsbereit sein, sich für andere einsetzen"*, *„ihre Arbeit ordentlich und gewissenhaft tun"*, *„Andersdenkende achten, tolerant sein"*, *„Wissensdurst, den Wunsch seinen Horizont ständig zu erweitern"*. Lediglich der Antwortmöglichkeit *„sich durchsetzen, sich nicht so leicht unterkriegen lassen"* stimmen mehr

Befragte zu, denen religiöse Erziehung nicht wichtig ist. In diesen Ergebnissen wird eine ‚solidarische Relevanz von religiöser Erziehung in umgekehrter Weise' sichtbar. Diese Differenz bezüglich solidarisch orientierter Werte zwischen denjenigen, die angeben, dass ihnen religiöse Erziehung wichtig ist, und den übrigen Befragten wird besonders deutlich bei der Bewertung des für solidarische Einstellungen ebenfalls wichtigen Erziehungsziels *„Interesse für Politik, Verständnis für politische Zusammenhänge"*, dem 49 % der Religiosität als wichtig einschätzenden Befragten zustimmen, aber nur 34 % der übrigen Befragten.

Wenn man den Zusammenhang von religiöser Erziehung und Werteerziehung genauer analysiert, dann fällt bei denjenigen befragten Eltern, die religiöse Erziehung als wichtig erachten, auf, dass 82 % es für wichtig halten, *„Andersdenkende [zu] achten, tolerant [zu] sein"*, gegenüber nur 74 % der übrigen Befragten. Eine noch größere Differenz ergibt sich beim Erziehungsziel *„Hilfsbereit sein, sich für andere einsetzen"*. Dafür plädieren 86 % derjenigen Eltern, die religiöse Erziehung für wichtig halten, im Gegensatz zu lediglich 74 % der Eltern, denen religiöse Erziehung nicht wichtig ist.

[…]

2 Relevanz und Faktoren religiöser Erziehung in der Familie

2.1 Eltern als die wichtigsten Bezugspersonen religiöser Erziehung

Religiosität als Erziehungsziel der Eltern ist die eine Seite religiöser Erziehung in der Familie – von der anderen Seite her betrachtet stellt sich die Frage nach dem (auch unbewussten) Einfluss der Familie auf die Religiosität von Kindern.

Eines der Ergebnisse des Tübinger Forschungsprojektes über Bedingungsfaktoren und Wirkungen religiöser Familienerziehung[7] ist, dass religiöse Entwicklung nicht ohne maßgeblichen Einfluss der Familie stattfindet. Sozialisationstheoretisch ist davon auszugehen, dass die Primärsozialisation in den Familien konstitutiv die „Vermittlung und Aneignung von Weltbildern, Weltanschauungen, Werten, letzten Sinngebungen und Gewissheiten" verantwortet und „dass grundlegende Überzeugungen hinsichtlich einer verantwortlichen Lebensführung sowie die Unterscheidung zwischen Gut und Böse wichtige Wurzeln in den ersten Lebensjahren besitzen."[10] Dieses

Ergebnis entspricht verschiedenen internationalen Studien[11], die bestätigen, dass die „Familie, in der jemand heranwächst, […] trotz ihres sozialen Wandels in den letzten Jahrzehnten und trotz starker außerfamiliärer Einflüsse, entscheidend für den (ersten) Zugang zu religiösen Glaubensüberzeugungen, persönlicher Gebetspraxis und Teilnahme an Gottesdiensten und ähnlichen Veranstaltungen der Glaubensgemeinschaft“[12] ist.

Bemerkenswert ist die in verschiedenen Studien immer wieder zu Tage tretende bedeutsamere Rolle von Müttern in der familialen religiösen Sozialisation.[13]

Als Religionspsychologe beschreibt Bernhard Grom überzeugend die Mechanismen religiösen Lernens in der Familie.[14] Religiöse Lernprozesse finden statt am Modell (Beobachtungslernen), durch Unterweisung sowie durch Fremdverstärkung und soziale Bestätigung[15] – alle drei Lernformen finden in der Familie bewusst oder auch unbewusst statt. Kinder lernen am Modell ihrer Eltern, ob diese es intendieren und sich dessen bewusst sind oder nicht. Es geht nämlich nicht nur um bewusst vollzogene Rituale, sondern um Einstellungen oder Haltungen, die Kinder bei für sie ‚signifikanten Anderen' beobachten: „Entscheidend ist im ethisch-religiösen Bereich, dass der Beobachter beim Modell eine stellvertretende Selbstverstärkung erfahren kann. Dass er bei einer Person, die er achtet oder liebt und die darum seine Aufmerksamkeit erregt, wahrnehmen kann, wie befriedigend oder haltgebend eine bestimmte Einstellung oder Verhaltensweise zu sein vermag.“[16]

2.2 Kriterien gelingender religiöser Erziehung in der Familie

Hartmut Beile ergänzt diese Lernmodelle durch die dezidierte Frage nach Kriterien für gelingende religiöse Erziehung.[17] In einer eigenen Studie belegte er einen Zusammenhang zwischen Erziehungsstil – Bekräftigen die Eltern das Kind positiv oder bestrafen sie es eher? – und der Religiosität der Kinder. Dies wirkt sich, so Beile, bis in die mögliche Weiterentwicklung der Religiosität im Erwachsenenalter aus.[18] Als Kriterien für gelingende religiöse Erziehung in Familien können des Weiteren benannt werden: *Eine gegenseitige, in Gott gründende unbedingte Annahme und Liebe in der Eltern-Kind-Beziehung.* Dies ist nach christlicher Deutung die Erfahrung unbedingter Annahme. Mit Erik H. Erikson[19] lässt sich dies als eine grundlegende Erfahrung im in den ersten Lebensjahren ausgefochtenen Kampf zwischen Urvertrauen und Urmisstrauen deuten. Werden die Weichen schon in der frühen Kindheit gestellt, wirkt sich dies auch religiös in einer (auf Gott) vertrauenden Haltung aus. Ein weiteres Kriterium für eine gelingende religiöse Sozialisation sind *sichtbar werdende Deutungen und Rituale, in denen Kinder ihre Existenz als von Gott kommend und auf Gott hin bezogen wahrnehmen können.* Bernhard Grom weist auf diesen Zusammenhang hin[20] und Fulbert Steffensky bringt es folgendermaßen auf den Punkt: „Kinder lernen Religion zunächst nicht als Lehre, sie lernen sie von außen nach innen. Sie lernen sie von den Außenwelten, die sie erleben, von den Ritualen, Rhythmen und erfahrenen Orten."[21] Es kommt nicht darauf an, „dass ein Kind versteht, was der Sonntag ist, sondern dass es ihn erfährt im anderen Geruch, im anderen Geschmack, im anderen Verhalten und am anderen Ort. Bewusstheit und Verstehen folgen später, und sie bleiben schwach, wenn sie nicht vorbereitet sind durch sinnliche Erfahrungen. Es gibt ein tiefes Verstehen, das sich nicht über den Weg des Nachdenkens, der Sprache und der Argumente ereignet. Es kommt zustande auf dem Weg der Inszenierung und der Figurierung. Wenn also ein Kind vor allen Inhalten Religion über den Weg der Aufführung lernt und wenn es über die Aufführung zu einem ersten wortlosen Verstehen der Religion kommt, dann ist es nötig, liturgische Welten für unsere Kinder zu bauen; Welten, die aus Zeiten, aus bezeichneten Orten und aus Ritualen bestehen."[22]

Im Zusammenhang des in unserer 2013 beschriebenen Studie betrachteten Kontexts der Interaktion zwischen Erzieherinnen bzw. Erziehern, Kindern und Eltern sind diese Überlegungen gerade im Blick auf den Jahreszyklus mit seinen immer wieder hervorgehobenen Tagen und Zeiten und den darin resultierenden Anlässen eine wichtige Möglichkeit, religiöse, interreligiöse und damit interkulturelle Erziehung in der Kindertagesstätte zu unterstützen. Anlässe wie Ramadan, Jom Kippur oder Ostern bieten in diesem Sinne hervorragende Chancen, die alltägliche Routine zu unterbrechen und damit zu transzendieren.

Im Blick auf die Kommunikation zwischen Kita und Eltern ist außerdem folgender Aspekt von großer Relevanz: *Das Umfeld nimmt erheblichen Einfluss darauf, ob und in welcher Qualität religiöse Erziehung in einer Familie realisiert wird.* Ob die Familie in ihrem Umfeld – das können Großeltern, Bekannte, aber auch die Kita oder die Kirchengemeinde sein – Unterstützung findet oder ob sie allein gelassen wird, ist ein weiterer Faktor, der die Qualität religiöser Erziehung in der Familie beeinflusst.[23]

Im Blick auf die von einer großen Mehrheit von Eltern als wichtig eingestufte Werteerziehung[24] ist schließlich noch auf den Zusammenhang von religiöser Erziehung und Werteerziehung hinzuweisen: „Religiöse Erziehung in der Familie geht eng mit einer ausgeprägten, religiös begründeten und nachhaltig prägenden Werteerziehung einher. Selbst wenn die religiöse Begründung dafür später nicht mehr nachvollzogen wird, wird häufig eine Orientierung an den durch die Eltern vermittelten Werten beibehalten. Umgekehrt hat eine Untersuchung unter straffällig gewordenen Jugendlichen ergeben, dass sie in ihrer Kindheit kaum eine religiöse Erziehung erfahren haben."[25]

3 Familienreligiosität statt kirchlicher Sozialisation

[...] Von Erziehung im Bezug auf Religiosität abzugrenzen ist allerdings die Kirchennähe der Familie. Religiöse Erziehung geht nicht automatisch mit kirchlicher Sozialisation einher. Vielmehr stellen die Autoren des Kinder-Survey und andere eine aus der Familienkommunikation selbst heraus erwachsene Form von Religion fest, eine sogenannte ‚Familienreligiosität'.[28] Gründe für Distanz zu den Kirchen sind vielgestaltig und zwischen katholisch und evangelisch zu differenzieren. Die eigene Beziehung zur Kirche hängt eng mit den Erfahrungen im Blick auf das Verhältnis zur Kirche während des Aufwachsens im Elternhaus zusammen.[29] Eine Studie unter jungen Eltern in der Schweiz hat ergeben, dass Eltern bei der Erziehung ihrer Kinder „Werte wie Selbständigkeit, Offenheit, Konfliktfähigkeit, Toleranz, Kritischsein" für wichtig halten und bei der Kirche genau dazu gegenläufige Präferenzen, einen „Überhang" an Gehorsams- und Gemeinschaftswerten, vermuten mit einem „Übersoll an Akzeptanzforderungen und ein Defizit an Selbstverantwortung".[30] In diese kognitive Dissonanz hinein gehen Eltern vermutlich nicht. Darüber hinaus ist in Ehen oder Partnerschaften, die konfessionell oder religiös nicht homogen sind, die Thematik relevant, dass Religion nicht zu einem möglichen Streitthema in der familiären

Kommunikation werden kann und deshalb – sozusagen prophylaktisch – insgesamt ausgegrenzt wird. Daneben gibt es auch Modelle, wonach die Verantwortung für die religiöse Erziehung einem Elternteil übertragen wird und der andere das toleriert. Doch auch das kann zu einer Distanz zu religiöser Erziehung führen.[31]

[...] Grundsätzlich ist davon auszugehen, dass Familienreligiosität eine individualisierte und zum Teil auch privatisierte Form von Religion ist. Eltern und Kinder sind – in welcher Familienkonstellation auch immer – eine elementare Kommunikationsebene, die wesentlich Religion generiert oder ausschließt. „Denn wie kaum anderswo erleben in der Familie die Angehörigen das Leben in seinem ganzen Ausmaß, mit all den Höhen und Tiefen: Geburt und Tod, Gesundheit und Krankheit, Eros und Sexualität, Alltag und Feier, Abschied und Wiedersehen, Gelingen und Scheitern, Eintracht und Zwietracht, Freude und Trauer etc."[32] Hans Joas – im Anschluss an William James – nennt dies „Erfahrungen der Selbsttranszendenz:" Erfahrungen, in denen eine Person sich selbst übersteigt, nicht aber, zumindest zunächst nicht, im Sinne einer moralischen Überwindung ihrer selbst, sondern im Sinne eines Hinausgerissenwerdens über die Grenzen des eigenen Selbst, eines Ergriffenwerdnes von etwas, das jenseits meiner selbst liegt, einer Lockerung oder Befreiung von der Fixierung auf mich selbst."[33]

Weitere religiös beziehungsweise theologisch bedeutsame Vollzüge in der Eltern-Kind-Kommunikation sind: grundlegende Erfahrungen „wie Wärme und Schutz, Geborgenheit und Annahme, Streit und Versöhnung, Liebe und Haß, Teilen, Danken, Feiern, Staunen, Spielen, Pflege und Trost in Krankheit, Zusammengehörigkeit, geteilte Freude und Trauer, Mahl halten [...]."[34] Diese Erfahrungen sind in der Begleitung der Eltern im Kontext der Kitas zu thematisieren. Immerhin geht es um Grundkompetenzen für die religiöse Entwicklung und für die Persönlichkeitsentwicklung insgesamt. Christoph Morgenthaler kommt aufgrund eines großen Forschungsprojektes in der Schweiz zum Ergebnis: „Rituale stärken Familien".[35] Es ist erwiesen, „dass der familiäre Angstpegel sinkt und Konflikte in Familien abnehmen, wenn ein Gute-Nacht-Ritual eingeführt wird, das von beiden Eltern getragen wird und Musik oder Geschichten als Elemente enthält".[36] Wenn man religionspädagogisch weiterdenkt, dann ist auf der Basis dieser Überlegungen nicht nur von „Kindertheologie", sondern konsequenterweise auch von „Elterntheologie" – besser und konsequenter „Familientheologie" zu sprechen und diese entsprechend weiterzuentwickeln.[37] [...]

4 Unterstützung der Eltern

Eltern brauchen angesichts der auf sie zukommenden Herausforderungen spezielle Qualitäten der Begleitung. Für viele Eltern ist die vorherrschende Selbsteinschätzung, dass sie mit dem in ihrer eigenen Biografie erworbenen religiösen Wissen ihr Kind nicht religiös erziehen können. Umso mehr ist die „Könnens-Ebene" anzuzielen. Es kann nicht darum gehen, Kommunikationsprozesse zu entwickeln, die den Eltern (erneut) signalisieren, dass sie für religiöse Erziehung keine Kompetenzen haben. Die Mentalität, religiöse Bildung an die religionspädagogischen Fachkräfte wie die Erzieherinnen und Erzieher, zu delegieren, kann am besten dann unterbrochen werden, wenn es zu einer förderlichen, Schritt für Schritt die (vielleicht nur rudimentär) vorhandenen religiösen Erziehungskompetenzen der Eltern würdigenden Kommunikation kommt. In einem solchen Kommunikationsprozess sind auch die Zweifel, Ängste und Störungen zu thematisieren.[40]

Hilfreich kann hier beispielsweise sein, wenn um Kindertagesstätten herum Projekte der Elternbildung in verschiedensten Identitäten und Qualitäten entwickelt werden – auch mit den basisnahen örtlichen Vernetzungen der evangelischen, katholischen oder kommunalen Erwachsenenbildung. Elternforen werden auch durch Referentinnen und Referenten, die von Bildungsinstitutionen vorgeschlagen und finanziert werden, kompetent unterstützt. [...]

Auszug aus

Albert Biesinger
Anke Edelbrock
Friedrich Schweitzer
(Hrsg.)

Auf die Eltern kommt es an! Interreligiöse und Interkulturelle Bildung in der Kita

Interreligiöse und Interkulturelle Bildung im Kindesalter
Band 2

Waxmann Verlag GmbH 2011, Münster/New York/ München/ Berlin
ISSN 2191-2117
ISBN 978-3-8309-2571-2

Auszug: Teil 1: Forschungsstand zu religiöser Erziehung in Familien

Albert Biesinger, Simone Hiller, Andreas Stehle
Forschungsstand zur christlichen Erziehung in der Familie
S. 17–28

---

www.waxmann.com/buch2571

Anmerkungen

1 *Institut für Demoskopie*, Einstellungen zur Erziehung. Kurzbericht zu einer repräsentativen Bevölkerungsumfrage im Frühjahr 2006, Allensbach 2006, http://www.mediaculture-online.de/fileadmin/bibliothek/ifd_erziehung/ifd_erziehung.pdf (24.06.2011). Neben anderem enthält die repräsentative Befragung innerhalb der deutschen Bevölkerung von 16 bis 44 Jahren Fragen zu Erziehungszielen und der subjektiven Bedeutung religiöser Erziehung.

2 *M.N. Ebertz*, „Heilige Familie" – ein Auslaufmodell? Religiöse Kompetenz in der Familie in soziologischer Sicht. In: *A. Biesinger/H. Bendel* (Hrsg.): Gottesbeziehung in der Familie. Familienkatechetische Orientierung von der Kindertaufe bis ins Jugendalter, Ostfildern 2000, 38.

3 Vgl. *A. Biesinger/R. Gaus/H. Stroezel*, Erstkommunion als Familienkatechese. Fundierungen, Konkretionen und empirische Ergebnisse. In: *W. Kasper/A. Biesinger/A. Kothgasser*, Weil Sakramente Zukunft haben. Neue Wege der Initiation in Gemeinde, Ostfildern ²2008, 70–95, Grafik „Religiöses Wissen in der eigenen Kindheit im Vergleich", 89.

4 Institut für Demoskopie, Einstellungen zur Erziehung (vgl. Anm. 1), 11.

5 Institut für Demoskopie, Einstellungen zur Erziehung (vgl. Anm. 1), 14.

6 *H. Häcke*, Hilfe, mein Kind ist fromm (Dokumentarfilm, 30 Min.), WDR 1998.

7 *Institut für Demoskopie*, Einstellungen zur Erziehung (vgl. Anm. 1), 14.

8 Vgl. *F. Schweitzer*, Wirkungszusammenhänge religiöser Familienerziehung. In: *A. Biesinger/H.-J. Kerner/G. Klosinski/F. Schweitzer* (Hrsg.), Brauchen Kinder Religion? Neue Erkenntnisse – Praktische Perspektiven, Weinheim/Basel 2005. Die folgenden Beobachtungen und Hypothesen sind Grundlage unseres aktuellen interdisziplinären Forschungsprojekts, vgl. *A. Biesinger/D. Hermann/N. Mette*, Religiöse Sozialisation und Katechese – eine Evaluationsstudie: Antrag an die Deutsche Forschungsgemeinschaft, Tübingen/Heidelberg/Dortmund 2008 (unveröffentlicht); Projekthomepage: http://www.uni-heidelberg.de/institute/fak2/krimi/Werte; (28.06.2011).

10 *F. Schweitzer*, Wirkungszusammenhänge religiöser Familienerziehung (vgl. Anm. 9), 13.

11 *B. Grom* (Religionspsychologie, München ³2007, 263) verweist für eine Zusammenfassung dieser Studien auf B. Spilka/R.W. Hood, B. Hunsberger/R. Gorsuch, The psychology of religion. An empirical approach, New York 3200³.

12 *B. Grom*, Religionspsychologie, München ³2007, 263.

13 Vgl. exemplarisch *Institut für Demoskopie*, Einstellungen zur Erziehung (vgl. Anm. 1), 13: „Die Mütter kleinerer Kinder sind folglich von besonderer Bedeutung für alles, was mit religiöser Erziehung zu tun hat." Die größere Bedeutung der Mütter im Vergleich zu den Vätern zeigt sich auch in *A. Biesinger/R. Gaus/H. Stroezel*, Erstkommunion als Familienkatechese (vgl. Anm. 3), 83: Das religiöse Familiengespräch in der Erstkommunionkatechese als Familienkatechese wird in 61,4 % von der Mutter alleine geführt.

14 Vgl. neben *B. Grom*, Religionspsychologie (vgl. Anmerkung 12), 263–266, auch: *B. Grom*, Glauben-Lernen – Nicht ohne die Familie. Zur Bedeutung und Praxis religiöser Erziehung in der Familie. In: *A. Biesinger/B. Bendel* (Hrsg.), Gottesbeziehung in der Familie. Familienkatechetische Orientierungen von der Kindertaufe bis ins Jugendalter, Ostfildern 2000, 86-100.

15 Vgl. *B. Grom*, Glauben-Lernen (vgl. Anm. 14), 266–270.

16 Vgl. *B. Grom*, Religionspsychologie (vgl. Anm. 12), 267.

17 *H. Beile*, Kinder glauben anders. Religiosität in der Familie aus entwicklungspsychologischer Sicht. In: *A. Biesinger/H. Bendel*, Gottesbeziehung in der Familie (vgl. Anm. 14), 44–72.

18 Vgl. *H. Beile*, Kinder glauben anders (vgl. Anm. 17), 63.

19 *E. H. Erikson*, Kindheit und Gesellschaft, Stuttgart 1984 (Original: Childhood and society, New York 1950); E.H. Erikson, Der vollständige Lebenszyklus, Frankfurt a. M. [2]1992 (Original: The life cycle completed: a review, New York 1982).

20 *B. Grom* zeigt diesen Zusammenhang in Bezug auf die positive Wirkung von Religiosität auf den Selbstwert eines Menschen: „Religiosität kann die Selbstwertdispositionen eines Menschen günstig beeinflussen – allerdings nur unter anspruchsvollen Voraussetzungen, die alles andere als selbstverständlich sind: religiöse Überzeugungen müssen – um eine solche Wirkung auszuüben – von der Instruktion und Verkündigung als Anstoß zur Selbstannahme verdeutlicht werden, das heißt das Thema Selbstachtung muß innerhalb der religiösen Gewissensbildung als zentrale Aufgabe und als Kardinaltugend thematisiert werden. Ferner muß der Gläubige solche Anstöße in einem aktiven religiösen Leben, wie es heute nur noch ein Teil der Jugendlichen überhaupt kennenlernt, so verinnerlichen, daß der Gott der Liebe, an den er glaubt, zu einem für seine Selbstbewertung bedeutsamen ‚signifikanten anderen' und das Gebet zu einer entsprechenden regelmäßigen Praxis werden kann." (*B. Grom*, Religiosität und das Streben nach positivem Selbstwertgefühl. In: *G. Klosinski* [Hrsg.], Religion als Chance oder Risiko. Entwicklungsfördernde und entwicklungshemmende Aspekte religiöser Erziehung, Bern u. a. 1994, 108).

21 *F. Steffensky*, Bedeutsame Orte, bedeutsame Zeiten: Der Glaube wächst von außen nach innen. In: Publik-Forum Extra. Gepflanzt am Wasser des Lebens. Kinder brauchen Religion, November 2004, 19.

22 *F. Steffensky*, Bedeutsame Orte, bedeutsame Zeiten (vgl. Anm. 21).

23 Vgl. *A. Biesinger/K. Kießling:* Was gewinnen Kinder durch religiöse Erziehung? In: Wege zum Menschen 57 (2005) 3 (= Themenheft Wandel der religiösen Familienerziehung), 222–228. Fundierte Ergebnisse erwarten wir von unserem aktuellen Forschungsprojekt (vgl. Anm. 9).

24 Vgl. *Institut für Demoskopie*, Einstellungen zur Erziehung (vgl. Anm. 1), 2: „Die lebhafte öffentliche Debatte um Erziehungsmethoden, -inhalte und -ziele bewegt derzeit nicht nur die Medien, sondern auch die breite Bevölkerung."

25 *D. Hermann*, Christliche Religiosität und Kriminalität. Eine neue Antwort auf eine alte Frage. In: *H. J. Münk/M. Durst* (Hrsg.), Kirche, Theologie und Bildung (= Theologische Berichte 32), Freiburg, Schweiz 2009, 183–217.

28 Vgl. *M. Domsgen*, Familie und Religion: Grundlagen einer religionspädagogischen Theorie der Familie, Leipzig 2004.

29 Vgl. *A. Dubach*, Religiosität in der Dynamik der entfalteten Moderne. In: *A. Dubach/B. Fuchs* (Hrsg.), ein neues Modell von Religion. Zweite Schweizer Sonderfallstudie – Herausforderung für die Kirchen, Zürich 2005, 141–148.

30 *A. Dubach*, Wie denken junge Eltern über Religion und Kirche? In: *W. Simon/W. Delgado* (Hrsg.), Lernorte des Glaubens, Berlin 1991, 87–88.

31 *R. Froese*, Zwei Religionen – eine Familie: das Gottesverständnis und die religiöse Praxis von Kindern in christlich-muslimischen Familien, Freiburg i. Br./Gütersloh, 2005. *H. Lieboldt*, „In der Hinsicht lassen wir uns eigentlich ziemlich in Ruhe". Religiöse Erziehung in christlich-konfessionslosen Familien. Ein Beitrag aus Ostdeutschland. In: WzM 57 (2005), 239–253.

32 *A. Biesinger/S. Hiller/N. Mette*, Familien als Subjekte der Gottesbeziehung (vgl. Anm. 38), 55.

33 *H. Joas* (Hrsg.), Braucht Werteerziehung Religion?, Göttingen 2007, 17.

34 *M. Blasberg-Kuhnke*, Religiöse Erziehung in der Familie. In: *K. J. Lesch/E. Spiegel* (Hrsg.), Religionspädagogische Perspektiven, Kevelaer 2004, 66.

35 *Ch. Morgenthaler*, Rituale. Warum und wie sie Familien stärken, Tübingen 2005, 4 f.

36 Vgl. *Ch. Morgenthaler*, Rituale (vgl. Anm. 35). Zusammenfassend zu Ritualen in der Familie: *B. H. Fiese/T. J. Tomcho/M. Douglas u. a.*, A. Review of 50 Years of Research on Naturally Occurring Family Routines and Rituals. Cause for Celebration? In: Journal of Family Psychology 16 (2002) 4, 381–390; *Ch. Morgenthaler*, Rituale. Warum und wie sie Familien stärken, Tübingen 2005; *S. Zehnder/Ch. Morgenthaler/Ch. Käppler*, Religious Socialisation in The Family – A Multidimensional and Multi-level Perspective. In: *M. Robbins/J. Astley/L. Francis (Hrsg.)*, Qualitative, Quantitative and Comparative Perspectives in Empirical Theology, London 2008.

37 Vgl. *F. Schweitzer*, Was ist und wozu Kindertheologie? In: *A. Bucher u. a.* (Hrsg.), „Im Himmelreich ist keiner sauer". Kinder als Exegeten (= Jahrbuch für Kindertheologie 2), Stuttgart 2003, 9–18, 11. Der Begriff „Familientheologie" ist erstmals religionspädagogisch aufgekommen in: *A. Biesinger/S. Hiller/N. Mette*, Familien als Subjekte der Gottesbeziehung (vgl. Anm. 38), 56–57. Dort sind weitere Klärungen vermittelt.

40 Vgl. das Postulat in der TZI: „Störungen haben Vorrang!" – religionspädagogisch reflektiert. In: *M. Fiedler/R. Gaus/M. Gronover/C. Guggemos/J. Schmidt*, „Störung" als Normalfall gelingender Glaubenskommunikation. In: *R. Boschki/K. Kießling/H. Kohler-Spiegel/M. Scheidler/Th. Schreijäck* (Hrsg.), Religionspädagogische Grundoption: Elemente einer gelingenden Glaubenskommunikation, Freiburg i. B. 2008, 169–195.

Das Wertekonzept in der Psychologie und die Wertetheorie nach Shalom H. Schwartz

Tobias Gollan

Wie gelingt ein gutes Leben? Wie gelingt Erziehung? Wie gelingt ein gutes Miteinander in der Gesellschaft? Bei der Suche nach Antworten auf die großen Fragen im Leben kommen die Menschen zu mitunter grundverschiedenen Ergebnissen. Die einen sind der Auffassung, dass die eigenen Bedürfnisse und Ansprüche handlungsleitend sein sollten, andere, dass diese zugunsten einer Orientierung am Wohl der Gemeinschaft überwunden werden müssen. Manche betonen die Wichtigkeit, sich an Bewährtem und Etabliertem zu orientieren, wieder andere sehen den Schlüssel im Überschreiten alter Grenzen und dem Beschreiten neuer Wege. Die Verschiedenartigkeit der vorgeschlagenen Antworten auf die Grundfragen des Lebens spiegelt die Vielfalt der menschlichen Persönlichkeit und der Entwürfe sozialen Miteinanders wider. Auch wenn die Antworten auf ihrer inhaltlichen Ebene grundverschieden sein mögen, so beziehen sie sich unter formalen Gesichtspunkten auf dieselbe Begriffsklasse: auf Werte.

Der vorliegende Beitrag gliedert sich in zwei Abschnitte: Zunächst wird der Wertebegriff definiert und die Schwierigkeiten bei der Begriffsbestimmung werden erläutert. Im zweiten Teil wird die in den letzten 20 Jahren dominierende Theorie zu Werten in der psychologischen Werteforschung vorgestellt.

1 Die Konzeptualisierung des Wertebegriffs und ihre Schwierigkeiten

Werte sind *Leitlinien und Prinzipien, die Orientierung bei der Auswahl und Bewertung von Handlungen und Zielen geben.* Zentral für einen Wert ist, dass er auf eine abstrakte Ebene verweist und nicht direkt auf konkretes Verhalten in einer bestimmten Situation (auch wenn dieses möglicherweise von dem Wert abgeleitet werden kann). Wertbegriffe können damit übergreifend auf alle Bereiche des Lebens bezogen werden: Beispielsweise ist der Wert Freiheit sinnvoll sowohl in Politik und Gesellschaft (zum Beispiel Reisefreiheit, freie Wahlen, Meinungsfreiheit) als auch in der Erziehung von

Kindern (zum Beispiel wenig Einschränkungen, Ideal eines freigeistigen, sich selbst ausprobierenden jungen Menschen), beim Umgang mit den Nachbarn (zum Beispiel freie Gestaltung des Vorgartens) oder bei der Planung des nächsten Urlaubs (zum Beispiel Wohnmobilurlaub statt Pauschalreise). Werte sind damit das „Schweizer Taschenmesser" unter den sozialwissenschaftlichen Konstrukten: Sie stellen den kleinsten gemeinsamen Nenner von Zielformulierungen und Handlungsrichtlinien dar, der über sämtliche Bereiche des sozialen Lebens gültig ist. Ihre universelle Anwendbarkeit impliziert jedoch gleichzeitig eine Einschränkung: Damit aus ihnen Handlungsentscheidungen und -empfehlungen für einen bestimmten Kontext abgeleitet werden können, ist eine Interpretation und Konkretisierung erforderlich, die interindividuell sehr unterschiedlich ausfallen kann. In der Tat können aus demselben Wert für einen bestimmten Kontext völlig unterschiedliche Handlungsleitlinien abgeleitet werden (Gollan 2010). So schließt eine Person aus der Wichtigkeit des Wertes Selbstbestimmung, dass eine Frau das Recht haben müsse, eine Schwangerschaft abzubrechen, weil sie uneingeschränkt über ihren Körper bestimmen könne, eine andere dagegen erkennt in demselben Wert gerade die Begründung dafür, das ungeborene Leben zu schützen, da dessen Selbstbestimmung sein Recht auf Leben einschließe.

Auch wenn der Weg von einem allgemeinen Wert zu einer konkreten Verhaltensauswahl und -bewertung lang ist, macht die kontextübergreifende Sinnhaftigkeit von Werten sie zu einem höchst attraktiven Forschungsgebiet in den Sozialwissenschaften. Seit Mitte des letzten Jahrhunderts werden sie in der Kulturwissenschaft, Psychologie, Soziologie und Erziehungswissenschaft daher zunehmend mit empirischen Methoden erforscht.

Eine frühe Wertedefinition, die auch Einfluss auf die Werteforschung in der Psychologie hatte, stammt von dem Ethnologen Clyde Kluckhohn:

> A value is a conception, explicit or implicit, distinctive of an individual or characteristic of a group, of the desirable that influences the selection from available modes, means, and ends of action. (Kluckhohn 1951, 395)

Werte sind demnach Ideen bzw. Konzepte, die sowohl Merkmale von Individuen als auch von sozialen Gruppen sein können. Zentral ist, dass sie auf etwas Wünschenswertes, Anzustrebendes verweisen. Was dies genau ist, kommt in der Wertedefinition von Milton Rokeach zum Ausdruck, einem der wichtigsten Wegbereiter für die psychologische Werteforschung der Gegenwart:

> A value is an enduring belief that a specific mode of conduct or end-state of existence is personally or socially preferable to an opposite or converse mode of conduct or end-state of existence. (Rokeach 1973, 5)

Das Wünschenswerte können demnach sowohl bestimmte Verhaltensweisen als auch Zielzustände sein. Eine der differenziertesten Begriffsdefinitionen, die zusätzlich die Funktion und Struktur von Werten in den Blick nimmt, stammt von Shalom H. Schwartz (1992) und ist die derzeit in der Psychologie gängige:

> [Values are] concepts or beliefs, pertain to desirable end states or behaviors, transcend specific situations, guide selection or evaluation of behavior and events, and are ordered by relative importance. (Schwartz 1992, 4)

In Schwartz' Definition wird deutlich, dass Werte kontextübergreifend sind und dass sie die Informationsverarbeitung leiten. Zudem spezifiziert er das Kontinuum der Ausprägung von Werten, nämlich Werte-*Wichtigkeit*.

Obwohl die Begriffsbestimmungen im Laufe der Zeit immer differenzierter wurden, ist die Theoriebildung bislang nicht so weit fortgeschritten, dass ein Begriff trennscharf als Wert identifiziert und eindeutig von anderen, verwandten Konstrukten abgegrenzt werden könnte. Es erscheint sogar fraglich, ob eine solche Definition jemals gelingen kann, und dies aus mehreren Gründen:

- Werte verweisen auf Ziele und Verhaltensweisen auf einer abstrakten Ebene. Ab wann aber ist eine Ebene hinreichend abstrakt, dass von einem Wert (und nicht beispielsweise von einer Einstellung oder einer sozialen Norm) gesprochen werden kann? Ist Freiheit ein Wert? Freie Wahlen? Pressefreiheit? Sind Homosexuellenrechte ein Wert? Dass man selbst entscheiden kann, welche Kleidung man trägt? Wertebegriffe verschmelzen mit anderen Konstrukten, wenn die abstrakte Ebene in Richtung einer Verhaltenskonkretisierung verlassen wird, wobei die Grenze fließend und nicht eindeutig bestimmbar ist. Jagodzinski (2004) geht so weit zu behaupten, dass die Bestimmung eines Begriffs als Wert nur über das Mehrheitsurteil von Experten möglich ist. Der von Schwartz (1992) genannte Aspekt, dass Werte Situationen transzendieren, ist daher ein prototypisches, aber kein trennscharfes Merkmal von Werten.

- Fast alle Wertedefinitionen lassen beim Aspekt des Wünschenswerten offen, inwieweit das Wünschenswerte deskriptiv oder normativ aufgefasst wird. Bedeutet eine hohe Wichtigkeit beispielsweise des Wertes Hilfsbereitschaft, dass es wichtig gefunden wird, selbst hilfsbereit zu sein, oder dass man findet, dass Hilfsbereitschaft wichtig gefunden werden *soll*? Hofstede (1984) schlägt hierzu die Differenzierung „desired vs. desirable“ vor. Auch wenn es eingängig erscheint, dass Werte durchaus (auch) eine normative Konnotation haben, dominiert in der psychologischen Werteforschung ein deskriptives Verständnis von Werten (Braithwaite/Scott 1991). Werte werden weniger als Wertnormen verstanden, die einzuhalten sind, sondern vielmehr als Werthaltungen, Wertorientierungen oder Wertpräferenzen, die eine subjektive, aber nicht notwendigerweise intersubjektive Leitlinie darstellen.
- Schon Kluckhohn (1951) hat in seiner Wertedefinition festgehalten, dass Werte Merkmale sowohl eines Individuums als auch einer Gruppe sein können. Im erstgenannten Fall machen Werte einen Teil der Persönlichkeit eines Menschen aus, im zweiten Fall einen Teil der Kultur eines sozialen Systems (zum Beispiel einer Familie, einer Gruppe, einer Gesellschaft, der Menschheit). Beide Systemebenen müssen strikt getrennt betrachtet werden, weil die ihnen zugrunde liegenden Prozesse voneinander grundverschieden sind (Kognition/Affekt vs. soziale Interaktion). Wenn aber unter einem Wert das Merkmal eines Individuums verstanden wird: Ist ein Leitprinzip bereits dann ein Wert, wenn ein Mensch auf der Welt es als wichtig erachtet? Oder ist ein bestimmtes (aber welches?) Maß an Intersubjektivität notwendig, um von einem Wert sprechen zu können?

Die Schwierigkeiten bei der Konzeptualisierung des Wertebegriffs spiegeln seine Vielschichtigkeit wider. Abbildung 1 versucht, die verschiedenen Facetten des Wertebegriffs in eine Übersicht zu bringen. Grob kann man die sozialwissenschaftlichen Disziplinen, die sich mit Werten beschäftigen, in dem Würfel verorten. So fokussiert die psychologische Werteforschung hauptsächlich die Ebene des Individuums und geht praktisch durchgängig von einem deskriptiven Werteverständnis aus, was insgesamt einem persönlichkeitspsychologischen Ansatz entspricht. Auch entwicklungspsychologische Werteforschung wäre hier zu verorten, weil sie häufig von einem einfachen Wertetransmissionsmodell und quasi von „Vererbung" von Persönlichkeit ausgeht. Gruppen und Interaktion, also die Facetten der unteren Hälfte, werden in der Psychologie dagegen nur selten untersucht und sind die Domäne der Soziologie und der Kulturwissenschaft. Letztere schließen sowohl die deskriptive als auch die normative Facette mit ein, wobei in vielen Arbeiten beide Ebenen miteinander vermischt werden. Der Vollständigkeit halber könnte man die Perspektive der Philosophie in Form der „praktischen Philosophie" bzw. Ethik in der gesamten rechten Hälfte einordnen. Im Hinblick auf die Dimension „abstrakt vs. spezifisch" zeigt sich, dass Soziologie, Kulturwissenschaft und auch die Philosophie sich häufig damit befassen, wie allgemeine Werte in konkretes Handeln überführt werden (sollen), etwa in Wahlentscheidungen oder in kulturellen Praktiken, wohingegen die Psychologie erst damit beginnt, Verbindungen zu spezifischeren Konstrukten, wie zum Beispiel Einstellungen oder Verhalten, zu ziehen (vgl. etwa Blankenship/Wegener 2008).

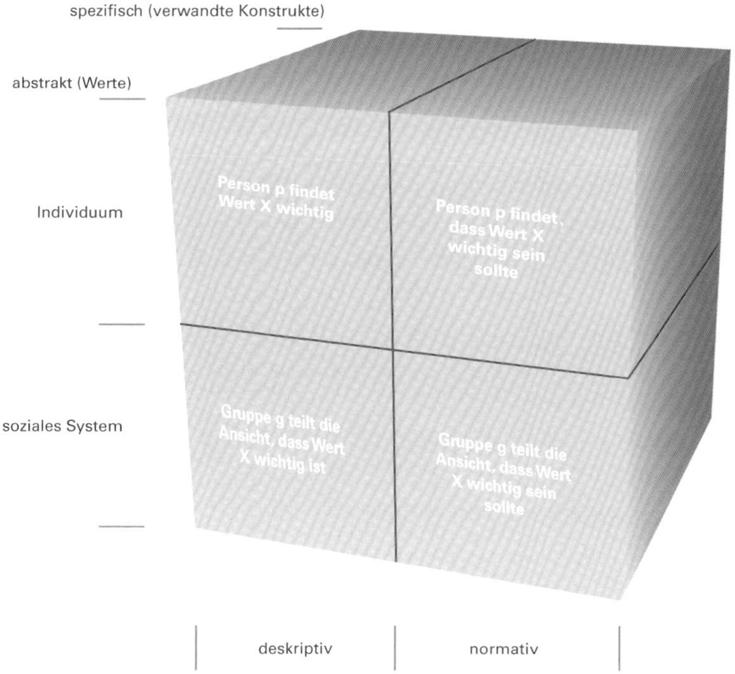

Abb. 1: Facetten des Wertebegriffs

Die Schwierigkeiten, den Wertebegriff in all seinen Facetten zu konzeptualisieren, zeigen sich auch darin, dass in empirischen Arbeiten häufig nicht deutlich gemacht wird, welche Facetten von Werten jeweils betrachtet werden (Rohan 2000). Klages kritisiert daher einen „Konsensmangel bezüglich der Definition und Operationalisierung des ‚Wert'-Begriffs" (Klages 2008, 24) und eine „Zersplitterung der Werte- und Wertewandelsforschung" (ebd., 27). Die *Begriffsbildung* ist in der sozialwissenschaftlichen Werteforschung somit noch wenig entwickelt. In einem anderen Bereich, bei der Kartierung von *Werteinhalten*, kann sie dagegen große Fortschritte vorweisen. Hofstede (1984, 19) stellt in seiner für die Werteforschung wegweisenden Monografie fest: „[V]alues have both intensity and direction." Während „intensity" beschreibt, wie wichtig ein Wert aus Sicht eines Individuums oder einer Gruppe ist oder sein sollte, verweist „direction" auf die inhaltliche Differenzierung der erwünschten Handlungsweisen und Ziele.

In den verschiedenen Disziplinen, die sich mit Werten befassen, wurden unterschiedliche Modelle vorgeschlagen, um diese Differenzierung abzubilden (vgl. Vinken/Soeters/Ester 2004): Hofstede (1984) unterscheidet fünf unabhängige Dimensionen, Triandis et al. (1986) zwei. Inglehart ging zunächst von einem ein- und später von einem zweidimensionalen Modell aus (Inglehart 1977; Inglehart/Baker 2000). Auch wenn die Komplexität der Strukturen und die Benennung der Dimensionen zwischen den Modellen verschieden sind, zeigen sich bemerkenswert deutliche inhaltliche Überlappungen zwischen ihnen (vgl. zum Beispiel Strack/Gennerich/Hopf 2008; Vinken/Soeters/Ester 2004). Zugleich basieren alle Modelle auf der theoretischen Erkenntnis, dass Werte in Strukturen organisiert sind, „an organized system of values wherein each value is ordered in priority with respect to other values" (Rokeach 1973, 11). Sie stehen also nicht unabhängig nebeneinander: Wenn Wert X als wichtig erachtet wird, hat dies Konsequenzen dafür, für wie wichtig Wert Y gehalten wird.

2 Die Theorie der Werte von Shalom H. Schwartz

Eines der differenziertesten Modelle und zugleich das in der psychologischen Werteforschung seit Mitte der 1990er-Jahre mit Abstand etablierteste Modell ist das Circumplex-Modell der Werte von Shalom H. Schwartz (1992). Basierend auf bestehenden Forschungsarbeiten (vor allem Rokeach 1973; Schwartz/Bilsky 1987; 1990) und Theorien aus verwandten Forschungsfeldern (etwa zu Motiven, Maslow 1954) entwickelte er zunächst ein theoretisches Modell von elf Wertegruppen (*„Werttypen"*), die er aufgrund von empirischen Ergebnissen auf zehn reduzierte. Die Werttypen unterscheiden sich im Hinblick auf die *motivationalen Ziele*, auf die sie sich beziehen.

Werttyp	Motivationaler Inhalt
Universalismus	Verständnis, Wertschätzung, Toleranz und Engagement für das Wohlergehen aller Menschen und der Natur (Gleichheit, soziale Gerechtigkeit, Weisheit, Toleranz, Umweltschutz, Einheit mit der Natur, Schönheit)
Selbstbestimmung	Unabhängiges Denken und Handeln, auswählen können, erfinden, erkunden (Kreativität, Freiheit, Unabhängigkeit, Eigenständigkeit von Lebenszielen, Neugierde)
Stimulation	Aufregung, Herausforderung, Neues im Leben (Wagemut, Abwechslung)
Hedonismus	Freude oder sinnliche Erfüllung für sich selbst (Vergnügen, Freude am Leben, sich selbst verwöhnen)
Leistung	Persönlicher Erfolg durch Demonstration von Kompetenz im Sinne sozialer Standards (Ehrgeiz, Erfolg, Einfluss, Kompetenz)
Macht	Sozialer Status und Prestige, Kontrolle oder Dominanz über Personen und Ressourcen (Autorität, soziale Macht, Reichtum, Wahrung des öffentlichen Ansehens)
Sicherheit	Sicherheit, Harmonie und Stabilität in der Gesellschaft, in Beziehungen und im eigenen Leben (familiäre Sicherheit, nationale Sicherheit, soziale Ordnung, Sauberkeit, Ausgleich von Gefälligkeiten)
Konformität	Zurückhaltung in Taten, Neigungen und Impulsen, die andere in Mitleidenschaft ziehen oder soziale Normen und Erwartungen verletzen (Selbstdisziplin, Höflichkeit, Respekt vor Eltern und älteren Menschen, Gehorsam)
Tradition	Respekt und Verpflichtung gegenüber bzw. Akzeptanz von Sitten und Gebräuchen traditioneller Kulturen und Religionen (Gläubigkeit, Respekt vor der Tradition, Demut, Mäßigung)
Güte/Wohlwollen	Erhaltung und Verbesserung des Wohlergehens von Personen, mit denen man regelmäßig in Kontakt steht (Hilfsbereitschaft, Ehrlichkeit, Vergebung, Loyalität, Verantwortlichkeit)

Tab. 1: Werttypen nach Schwartz (1992) und ihre motivationalen Inhalte (deutsche Zusammenfassung nach Boehnke/Welzel (2006))

Die Werttypen stehen nicht unverbunden nebeneinander, sondern sind bezüglich ihrer motivationalen Inhalte in unterschiedlichem Maße miteinander kompatibel. Diese Kompatibilitäten und Inkompatibilitäten lassen sich in einer zweidimensionalen, kreisförmigen Circumplex-Struktur veranschaulichen (vgl. Abbildung 2). Einander gegenüberliegende Werttypen repräsentieren Ziele, die nicht oder schwer miteinander vereinbar sind. Dagegen verweisen nebeneinanderliegende Werttypen auf ähnliche motivationale Ziele, die problemlos gemeinsam erreicht werden können bzw. deren Realisierung sich gegenseitig befördert. Beispielsweise sind die Ziele von Machtwerten inkompatibel mit den Zielen von Universalismuswerten, aber gut vereinbar mit Leistungswerten. Werttypen, die im rechten Winkel zueinander angeordnet sind, sind motivational unverbunden. So hat das Streben nach Selbstbestimmung keinerlei Implikation für die Erreichung von Zielen der Werttypen Leistung oder Güte/Wohlwollen. Die Werttypen Tradition und Konformität liegen innerhalb eines „Kuchenstücks", weil sie beide gleichermaßen kompatibel mit den benachbarten Werttypen Güte/Wohlwollen und Sicherheit sind. Da Konformitätswerte im Vergleich zu Traditionswerten insgesamt besser vereinbar sind mit den übrigen acht Werttypen, ist der Werttyp Konformität näher am Zentrum lokalisiert (weshalb die Struktur des Modells häufig auch als „*Quasi*-Circumplex" bezeichnet wird).

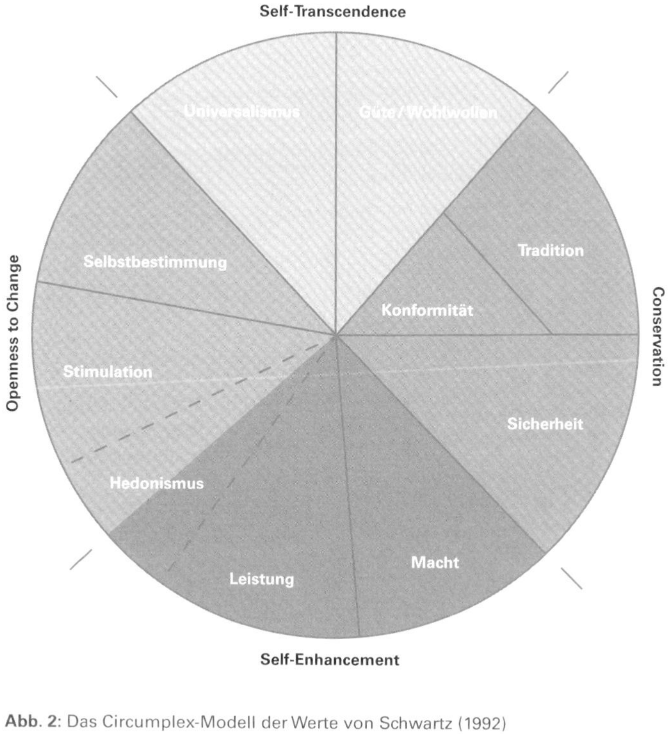

Abb. 2: Das Circumplex-Modell der Werte von Schwartz (1992)

Aus der Kreisstruktur des Modells ergibt sich, dass die motivationalen Unterschiede zwischen Werten auch durch Dimensionen beschrieben werden können. Indem bestimmte Werttypen zu „Higher-Order"-Werttypen aggregiert werden, entsteht ein Wertemodell mit zwei bipolaren Skalen: Eine Dimension unterscheidet, inwiefern die Werte auf das eigene (Self-Enhancement; Macht- und Leistungswerte) oder das Wohl anderer (Self-Transcendence; Universalismus und Güte/Wohlwollen) gerichtet sind; die andere Dimension differenziert Werte dahingehend, ob sie auf die Bewahrung des Bestehenden (Conservation; Sicherheit, Konformität, Tradition) oder auf Offenheit und Neuerung (Openness; Selbstbestimmung, Stimulation) abzielen. Die motivationalen Ziele des Werttyps Hedonismus reflektieren gleichermaßen Openness- und Self-Enhancement-Werte, sodass er beiden Polen zugeordnet ist. Die „Higher-Order"-Variante des Modells mit zwei Dimensionen ist letztlich eine sparsamere Darstellung der Circumplex-Struktur mit zehn Werttypen (vgl. Verkasalo et al. 2009).

Neuerdings wurde eine weitere, höher aufgelöste Differenzierung der zehn Werttypen vorgeschlagen. In der verfeinerten Variante der Theorie werden die motivationalen Ziele von sieben der zehn Werttypen weiter ausdifferenziert (vgl. Schwartz et al. 2012).

Allein bis zum Jahr 2001 überprüfte Schwartz seine theoretischen Annahmen in einer Serie von empirischen Studien (Schwartz 1992; Schwartz/Sagiv 1995), in denen über 200 Stichproben aus über 60 Nationen untersucht wurden (vgl. Schwartz et al. 2001). Mittlerweile dürfte die Datenbasis um ein Vielfaches gewachsen sein, unter anderem weil seit 1999 ein auf der Schwartz'schen Wertetheorie basierender Fragebogen im European Social Survey (ESS) verwendet wird (vgl. Bilsky/Janik/Schwartz 2011). In den Studien kamen unterschiedliche Fragebogeninstrumente (Schwartz Value Survey [SVS], Schwartz 1992; Portrait Values Questionnaire [PVQ], Schwartz et al. 2001) zum Einsatz, mit denen die individuellen Wichtigkeiten verschiedener Werte erhoben wurden (zum Beispiel „Wie wichtig ist für Sie Wert X?"), die dann zu zehn den Werttypen entsprechenden Skalen aggregiert wurden. Der überprüfte Grundgedanke war jeweils, dass sich die Circumplex-Struktur in der Interkorrelationsmatrix der Werte bzw. Werttypen widerspiegeln müsse, dass also miteinander kompatible, das heißt im Modell benachbarte Werte am stärksten positiv und inkompatible, das heißt im Modell einander gegenüberliegende Werte am stärksten negativ miteinander korreliert sind. Die Matrizen wurden mit strukturentdeckenden Verfahren (multidimensionale Skalierung, etwa in Schwartz 1992; Schwartz/Sagiv 1995; Schwartz et al. 2001) oder strukturtestenden Verfahren (konfirmatorische Faktorenanalyse, Schwartz/Boehnke 2004) dahingehend analysiert, ob sie mit dem theoretischen Modell konform sind. Die zahlreichen Ergebnisse waren durchgängig im Sinne einer Unterstützung der Theorie zu interpretieren. Die Interkorrelationen sind zwar in der Regel von geringer Stärke, aber in hohem Maße systematisch. Bei einigen Stichproben (vor allem bei afrikanischen) zeigen sich gelegentlich Abweichungen in Form von Vertauschungen der Reihenfolge der Werttypen gegenüber dem theoretischen Modell; diese finden sich in der Regel jedoch innerhalb und nur in seltenen Fällen zwischen Dimensionspolen, was die Validität der Dimensionsstruktur des Modells nicht infrage stellt. Tatsächlich lässt sich konstatieren, dass das Circumplex-Modell der Werte so gut empirisch fundiert worden ist wie kaum eine andere sozialwissenschaftliche Theorie – und dies über eine Vielzahl von Stichproben von allen bewohnten Kontinenten mit einer Vielzahl an Instrumenten (Döring et al. 2010; Lee/Soutar/Louviere 2008; Bilsky/Brocke/Gollan 2008; Oishi et al. 1998; Strack/Gennerich/Hopf 2008; Schwartz 1992; Schwartz et al. 2001). Auch die Verfeinerung der zehn Werttypen konnte empirisch validiert werden, auch wenn hierzu bislang nur eine Studie mit rund 6000 Versuchspersonen aus zehn Ländern vorliegt (Schwartz et al. 2012).

Gegenüber anderen Wertetheorien zeichnet sich Schwartz' Theorie der Werte durch mehrere Punkte aus:

- Entsprechend der guten Praxis eines theoriebasierten, hypothesentestenden Vorgehens wurde das Circumplex-Modell zunächst a priori auf der Basis theoretischer Erwägungen formuliert und erst anschließend anhand von abgeleiteten Hypothesen empirisch überprüft („top down"). Bei den meisten anderen großen Wertetheorien war das Vorgehen umgekehrt („bottom up"), es wurde also zunächst eine Vielzahl an Items aus Surveys zusammengestellt, und die spätere Theorie wurde nachträglich mittels strukturfindender statistischer Verfahren abgeleitet (vgl. Hofstede 1984; Inglehart/Baker 2000).

- Das Circumplex-Modell ist ein persönlichkeitspsychologisches Modell, dem ein deskriptives Werteverständnis zugrunde liegt (vgl. Abbildung 1 oben links). Allerdings liegen auch weitergehende Analysen vor, in denen die Individual-Antworten aggregiert und statt Individuen Gesellschaften als Fälle betrachtet wurden (Schwartz 1999; 2006). Damit werden Werte als Merkmale sozialer Systeme betrachtet (vgl. Abbildung 1 unten links). Diese „soziologische" Wertestruktur ist ebenfalls als Circumplex darstellbar (auch wenn die hier verwendeten Bezeichnungen für die Werttypen unterschiedlich sind). Eine aktuelle Arbeit von Fischer (2012) zeigt, dass das psychologische und das soziologische Modell bezüglich der Struktur der motivationalen Ziele weitgehend kongruent sind. Zentral bei Schwartz' Arbeiten ist jedoch, dass beide Analyseebenen (Individuum vs. Gesellschaft) sauber voneinander getrennt analysiert und interpretiert werden, was in den anderen wichtigen Theorien zu Wertestrukturen oftmals nicht der Fall ist.
- Schwartz' Theorie der Werte ist nicht die einzige empirisch gut unterstützte Theorie über Wertestrukturen. Daher überrascht es nicht, dass sich Wertekonzepte aus anderen Theorien auch im Circumplex-Modell wiederfinden, wenn auch unter anderen Bezeichnungen. Kollektivismus ist im Hinblick auf seine motivationale Zielrichtung verknüpft mit Conservation- und teilweise mit Self-Transcendence-Werten, Individualismus mit Openness- und teilweise mit Self-Enhancement-Werten (Vinken/Soeters/Ester 2004). Postmaterialismus und Materialismus (Inglehart 1977) finden sich in Form von Openness/Self-Transcendence bzw. Conservation/Self-Enhancement (Wilson 2005), und die zweidimensionale Wertestruktur aus dem World Values Survey (Inglehart/Baker 2000) ist in vielen Teilen deckungsgleich mit der Circumplex-Struktur (Strack/Gennerich/Hopf 2008). Mit Ausnahme der Kulturdimensionen bei Hofstede (1984) bietet das Modell von Schwartz im Vergleich allerdings den feinsten Grad der inhaltlichen Differenzierung.

- Die Circumplex-Struktur konnte bislang mit vielen verschiedenen Instrumenten (unter anderem auch mit bildbasierten, vgl. Döring et al. 2010) für verschiedene Einsatzmöglichkeiten (zum Beispiel computerbasiert, Bilsky/Brocke/Gollan 2008) unter Verwendung unterschiedlicher Messmodelle (Rating vs. Ranking, Bilsky/Brocke/Gollan 2008; Oishi et al. 1998) empirisch unterstützt werden. Die Methodenvielfalt lässt sich als besonderes Qualitätsmerkmal des Forschungsfeldes betrachten.

Bei allem Fortschritt, den Schwartz' Theorie der Werte für die Werteforschung bedeutet, bleiben auch mit ihr noch viele wichtige Fragen offen. So ist sie eine reine Theorie über Strukturen, nicht aber über Prozesse, die etwa die Veränderlichkeit von Werten (Bardi/Goodwin 2011; Gollan 2012) oder die Verknüpfung zu Einstellungen und Verhalten (zum Beispiel Bardi/Schwartz 2003; Blankenship/Wegener 2008; Maio et al. 2009) betreffen. Allerdings bereitet sie ein hervorragendes Fundament, von dem aus die offenen Fragen in Angriff genommen werden können. Darüber hinaus bietet sie eine eingängige Taxonomie der Werte, die auch für alle im Fortbildungs- und Erziehungsbereich Tätigen gut nutzbar ist.

Kurzbiografie

Dr. Tobias Gollan

Studium der Psychologie und Soziologie an der Westfälischen Wilhelms-Universität Münster und der University of Dundee, Abschluss: Diplompsychologe. Anschließend fünfjährige Tätigkeit als wissenschaftlicher Mitarbeiter am Arbeitsbereich Sozialpsychologie der Universität Hamburg, Schwerpunkt empirische Ethik- und Werteforschung und Computersimulation in den Sozialwissenschaften. Seit 2012 wissenschaftlicher Mitarbeiter am Institut für Qualität in Erziehungshilfen der Stiftung „Die Gute Hand" in Kürten-Biesfeld, Schwerpunkt Effektivität und Qualitätssicherung von Interventionen in der Kinder- und Jugendhilfe.
t.gollan@die-gute-hand.de

Literatur

Bardi, Anat/Goodwin, Robin (2011): The Dual Route to Value Change: Individual Processes and Cultural Moderators. In: Journal of Cross-Cultural Psychology, 42 (2), S. 271–287.

Bardi, Anat/Schwartz, Shalom H. (2003): Values and Behavior: Strength and Structure of Relations. In: Personality and Social Psychology Bulletin, 29 (10), S. 1207–1220.

Bilsky, Wolfgang/Brocke, Michaela/Gollan, Tobias (2008): Online Assessment of Value Preferences by Paired Comparisons. Berichte aus dem Psychologischen Institut IV. Münster.

Bilsky, Wolfgang/Janik, Michael/Schwartz, Shalom H. (2011): The Structural Organization of Human Values: Evidence from Three Rounds of the European Social Survey (ESS). In: Journal of Cross-Cultural Psychology, 42 (5), S. 759–776.

Blankenship, Kevin L./Wegener, Duane T. (2008): Opening the Mind to Close It: Considering a Message in Light of Important Values Increases Message Processing and Later Resistance to Change. In: Journal of Personality and Social Psychology, 94 (2), S. 196–213.

Boehnke, Klaus/Welzel, Christian (2006): Wertetransmission und Wertewandel: Eine explorative Drei-Generationen-Studie. In: Zeitschrift für Soziologie der Erziehung und Sozialisation, 26 (4), S. 341–360.

Braithwaite, Valerie A./Scott, William A. (1991): Values. In: Robinson, John P./Shaver, Phillip R./Wrightsman, Lawrence S. (Hrsg.), Measures of Personality and Social Psychological Attitudes. San Diego, S. 661–753.

Döring, Anna K. et al. (2010): Assessing values at an early age: The Picture-Based Value Survey for Children (PBVS–C). In: Journal of Personality Assessment, 92 (5), S. 439–448.

Fischer, Ronald (2012): Value Isomorphism in the European Social Survey: Exploration of Meaning Shifts in Values Across Levels. In: Journal of Cross Cultural Psychology, 43 (6), S. 883–898.

Gollan, Tobias (2010): Überbewerten wir Werte? In: Wissenswert. Werte, Wissenschaft, Medien, 1/2010, S. 6–9.

Gollan, Tobias (2012): Sozialer Einfluss auf Werte und seine Konsequenzen für kulturelle Diffusion. Hamburg.

Hofstede, Geert (1984): Culture's Consequences: International Differences in Work-Related Values (Abridged Edition). Thousand Oaks, CA.

Inglehart, Ronald (1977): The Silent Revolution: Changing Values and Political Styles Among Western Publics. Princeton, NJ.

Inglehart, Ronald/Baker, Wayne E. (2000): Modernization, Cultural Change, and the Persistence of Traditional Values. In: American Sociological Review, 65 (1), S. 19–51.

Jagodzinski, Wolfgang (2004): Methodological Problems of Value Research. In: Vinken, Henk/Soeters, Joseph/Ester, Peter (Hrsg.), Comparing Cultures: Dimensions of Culture in a Comparative Perspective. Leiden/Boston, S. 97–121.

Klages, Helmut (2008): Entstehung, Bedeutung und Zukunft der Werteforschung. In: Witte, Erich H. (Hrsg.), Sozialpsychologie und Werte. Lengerich, S. 11–29.

Kluckhohn, Clyde (1951): Values and value orientations in the theory of action. In: Parsons, Talcott/Shils, Edward (Hrsg.), Toward a General Theory of Action. Cambridge, MA, S. 388–433.

Lee, Julie A./Soutar, Geoffrey N./Louviere, Jordan (2008): The Best-Worst Scaling Approach: An Alternative to Schwartz's Values Survey. In: Journal of Personality Assessment, 90 (4), S. 335–347.

Maio, Gregory R. et al. (2009): Changing, priming, and acting on values: Effects via motivational relations in a circular model. In: Journal of Personality and Social Psychology, 97 (4), S. 699–715.

Maslow, Abraham H. (1954): Motivation and Personality. New York.

Oishi, Shigehiro et al. (1998): The Measurement of Values and Individualism-Collectivism. In: Personality and Social Psychology Bulletin, 24 (11), S. 1177–1189.

Rohan, Meg J. (2000): A Rose by Any Name? The Values Construct. In: Personality and Social Psychology Review, 4 (3), S. 255–277.

Rokeach, Milton (1973): The Nature of Human Values. New York.

Schwartz, Shalom H. (1992): Universals in the Content and Structure of Values: Theoretical Advances and Empirical Tests in 20 Countries. In: Zanna, Mark P. (Hrsg.), Advances in Experimental Social Psychology, Bd. 25. San Diego, CA, S. 1–65.

Schwartz, Shalom H. (1999): A Theory of Cultural Values and Some Implications for Work. In: Applied Psychology: An International Review, 48 (1), S. 23–47.

Schwartz, Shalom H. (2006): A Theory of Cultural Value Orientations: Explication and Applications. In: Comparative Sociology, 5 (2–3), S. 137–182.

Schwartz, Shalom H./Bilsky, Wolfgang (1987): Toward a Universal Psychological Structure of Human Values. In: Journal of Personality and Social Psychology, 53 (3), S. 550–562.

Schwartz, Shalom H./Bilsky, Wolfgang (1990): Toward a Theory of the Universal Content and Structure of Values: Extensions and Cross-cultural Replications. In: Journal of Personality and Social Psychology, 58 (5), S. 878–891.

Schwartz, Shalom H./Boehnke, Klaus (2004): Evaluating the structure of human values with confirmatory factor analysis. In: Journal of Research in Personality, 38 (3), S. 230–255.

Schwartz, Shalom H./Sagiv, Lilach (1995): Identifying Culture-Specifics in the Content and Structure of Values. In: Journal of Cross Cultural Psychology, 26 (1), S. 92–116.

Schwartz, Shalom H. et al. (2001): Extending the Cross-Cultural Validity of the Theory of Basic Human Values with a Different Method of Measurement. In: Journal of Cross Cultural Psychology, 32 (5), S. 519–542.

Schwartz, Shalom H. et al. (2012): Refining the theory of basic individual values: New concepts and measurements. In: Journal of Personality and Social Psychology, 103 (4), S. 663–688.

Strack, Micha/Gennerich, Carsten/Hopf, Norbert (2008): Warum Werte? In: Witte, Erich H. (Hrsg.), Sozialpsychologie und Werte. Lengerich, S. 90–130.

Triandis, Harry C. et al. (1986): The measurement of the etic aspects of individualism and collectivism across cultures. In: Australian Journal of Psychology, 38 (3), S. 257–267.

Verkasalo, Markku et al. (2009): European norms and equations for a two dimensional presentation of values as measured with Schwartz's 21-item portrait values questionnaire. In: European Journal of Social Psychology, 39 (5), S. 780–792.

Vinken, Henk/Soeters, Joseph/Ester, Peter (2004): Cultures and dimensions. Classic perspectives and new opportunities in 'dimensionalist' cross-cultural studies. In: Vinken, Henk/Soeters, Joseph/Ester, Peter (Hrsg.), Comparing Cultures: Dimensions of Culture in a Comparative Perspective. Leiden/Boston, S. 5–27.

Wilson, Marc S. (2005): A Social-Value Analysis of Postmaterialism. In: The Journal of Social Psychology, 145 (2), S. 209–224.

Die Rechtfertigung eigener Handlungen als gut und richtig

Erich H. Witte

1 Einführung

Grob kann man Handlungen danach unterscheiden, ob sie wertbehaftet sind oder neutral und ob sie willentlich herbeigeführt wurden oder sich einer bewussten willentlichen Steuerung entzogen haben. Wir konzentrieren uns in diesem Beitrag allein auf die Handlungen, die von Personen willentlich herbeigeführt wurden und die man als gut oder schlecht bzw. als moralisch oder unmoralisch bewerten kann. Für Handlungen, die man willentlich herbeigeführt hat, muss man die Verantwortung übernehmen. Diese persönliche Verantwortung für die Handlung führt dazu, dass man in vielen Fällen versucht, die Handlung als gut und richtig zu rechtfertigen, wenn man dazu veranlasst wird. Diese Rechtfertigung kann man ganz privat vor sich selber geben oder aber öffentlich – der Grad der Öffentlichkeit reicht bis hin zu politischen Ansprachen an die Bürger der eigenen Nation, etwa bei einem Kriegseintritt.

Im Folgenden werden wir ein Basiskonzept vorstellen, das als Grundlage für Rechtfertigungen im Alltag dient. Dann erörtern wir seine Erweiterungen bei negativ bewerteten und bei hochaggressiven Handlungen. Wir werden zwei Arten der Messung dieses Konzepts beschreiben und schließlich empirische Ergebnisse darstellen, die Art und Variation der Rechtfertigungen im Alltag aufzeigen.

2 Ein Konzept der ethischen Rechtfertigung bei positiv bewerteten Handlungen

Unter einer Rechtfertigung soll die Angabe von Gründen verstanden werden, die eine ausgeführte oder beabsichtigte wertbehaftete Handlung als gut und richtig erscheinen lassen. Die Gründe selber sind keine Ursachen wie bei einer Kausalbeschreibung eines Effektes aus Ursachen, sondern ethische Grundpositionen, ausgewählt nach ihrer Bedeutung für die Wahl einer Handlung durch den Handelnden (Witte/Doll 1995; Witte/Gollan [in Druck]). Will man das von uns entwickelte Forschungsprogramm in Anlehnung an die sozialpsychologische Forschung zur laienhaften Erklärung von Effekten durch Ursachen benennen, so könnte man es als eine *präskriptive Attributionsforschung* bezeichnen (Witte 2002; Witte/Doll 1995; Witte/Gollan [in Druck]). Hinter dieser Bezeichnung verbirgt sich die Idee, dass man vergleichbar einer Erklärung durch die Angabe von Ursachen und Gründen bei einer Rechtfertigung ethische Grundpositionen angibt, die die Handlung als gut oder als schlecht erscheinen lassen. Man kann nicht nur vollzogene Handlungen rechtfertigen, sondern auch zukünftige Handlungen empfehlen. Es lässt sich nun analog zur *Erklärung* oder *Vorhersage* in der klassischen deskriptiven Attributionsforschung die *Rechtfertigung* oder *Empfehlung* in der präskriptiven Attributionsforschung als Begriff einführen (Witte 2002; Witte/Doll 1995):

1. Es gibt Handlungen: H
2. Es gibt ethische Grundpositionen, die zur Bewertung einer Handlung herangezogen werden: E_i
3. Es gibt die Bewertung einer Handlung, die auf der Verbindung von ethischen Grundpositionen mit einer Handlung beruht: $R(H,E_i)$
4. Es gibt eine Differenzierung der Bewertung nach der Bedeutsamkeit der ethischen Grundpositionen für diese Handlungsbewertung: $B_i[R(H,E_i)]$
5. Es gibt die Rechtfertigung einer Handlung als gut oder böse, als richtig oder falsch: $RG(B_i[R(H,E_i)])$

Der Begriff der *präskriptiven Attribution* (PRÄTT) ist damit ein Komplex, der aus fünf Größen in einer festgelegten Reihenfolge besteht, ein sogenanntes Quintupel: PRÄTT = $\{H,E_i,R(H,E_i); B_i[R(H,E_i)]; RG(B_i[R(H,E_i)])\}$

Durch die Zerlegung des Begriffs präskriptive Attribution (PRÄTT) in seine Komponenten wird auf entsprechende Forschungsbedarfe hingewiesen. Die erste Frage betrifft die Handlungen (H): Wie kann man Handlungen unterscheiden? Die zweite Frage betrifft die ethischen Grundpositionen: Wie viele und welche lassen sich klassischerweise differenzieren? Die dritte Frage betrifft die Beziehung der ethischen Grundpositionen zu einer Handlung: Wie kann diese Beziehung empirisch überprüft werden? Die vierte Frage schließlich betrifft die empirische Differenzierung der Bewertung einer Handlung in Abhängigkeit von sozialen Einflussgrößen. Welche Aspekte haben nach empirischen Ergebnissen Einfluss auf die Rechtfertigungsmuster?

3 Die ethischen Grundpositionen der praktischen Philosophie

Neben der Attributionsforschung, die verschiedene Ursachenquellen unterscheidet, sollen die ethischen Grundpositionen der praktischen Philosophie als Differenzierung herangezogen werden (Tabelle 1).

	Beurteilungsgegenstand	**Beurteilungsgegenstand**
Beurteilungsbezug	*Zweck und Folgen*	*Pflicht und Regeln*
Individuell	*Hedonismus* Ich achte darauf, wie es mir persönlich ergeht.	*Intuitionismus* Ich bin mir sicher, dass diese Handlung angemessen ist.
Allgemein	*Utilitarismus* Man muss meiner Meinung nach die Konsequenzen einer Handlung für alle betrachten.	*Deontologie* Es kommt meiner Meinung nach auf allgemeine Prinzipien als Richtschnur für unsere Handlungen an.

Tab. 1: Unterscheidung der ethischen Grundpositionen und Angabe von Items zu einem Fragebogen als Beispiel für die Inhalte (siehe Abschnitt 6)

4 Die Erweiterung der Grundpositionen für negative Handlungen

Die Unterscheidung ethischer Grundpositionen in Verbindung mit der einfachen Differenzierung des Beurteilungsbezuges in individuell und allgemein genügt für positive Handlungen, etwa das Anbieten eines Sitzplatzes im Bus. Will man nun aber zum Beispiel Steuererhöhungen als gut und richtig rechtfertigen, dann braucht man als Beurteilungsbezug noch eine Kategorie zwischen individuell und allgemein, da man in einem gewissen Sinne von den Besserverdienenden als Gruppe mehr verlangt als von den Wenigerverdienenden. Man unterteilt die Allgemeinheit dann in Untergruppen, sodass man noch einen gruppenspezifischen Bezug einführen muss (Witte/Mölders 2010), wenn man die Rechtfertigungen erfassen will (Tabelle 2). Eine solche Differenzierung muss immer dann vorgenommen werden, wenn Handlungen für eine Gruppe positiv, aber für eine andere negativ sind.

	Zweck-Ethiken	Pflicht-Ethiken
Individueller Beurteilungsbezug	*Hedonismus* Der Redner betont, dass im Interesse und zum Wohle des Einzelnen gehandelt werden muss.	*Intuitionismus* Der Redner betont, davon überzeugt zu sein, dass die Handlung richtig und angemessen ist.
Gruppenspezifischer Beurteilungsbezug	*Partikulärer Utilitarismus* Der Redner verweist auf die positiven Konsequenzen der Handlung für eine Gruppe.	*Partikuläre Deontologie* Der Redner verweist auf gruppenspezifische Rechte und Pflichten, nach denen gehandelt werden muss.
Allgemeiner Beurteilungsbezug	*Utilitarismus* Der Redner verweist auf den großen Nutzen der Handlung für die Allgemeinheit.	*Deontologie* Der Redner spricht von allgemeingültigen Prinzipien, nach denen grundsätzlich gehandelt werden muss.

Tab. 2: Das erweiterte präskriptive Attributionsmodell

5 Die zusätzliche Erweiterung des präskriptiven Attributionsmodells für aggressive Handlungen

Besonders problematisch erscheint die Rechtfertigung von aggressiven Handlungen wie Krieg und Terrorismus (Halverscheid/Witte 2008). Wie kann es gelingen, solche Handlungen als gut und richtig zu rechtfertigen? Hier verwenden die Akteure eine indirekte Form der Rechtfertigung, indem sie ihre Handlung als Reaktion auf die Verletzung ethischer Grundpositionen anderer beschreiben. Es geht also um die Wiederherstellung eines ethisch positiven Zustands durch die Aggression, weil dieser von dem anderen verletzt worden ist, gegen den sich die aggressive Handlung richtet (Tabelle 3).

Verstoß des Gegners gegen Zweck-Ethiken	Verstoß des Gegners gegen Pflicht-Ethiken
Indirekter Hedonismus (H–) Der Redner verurteilt Aktionen des Gegners, die dem Wohlergehen und der Unversehrtheit Einzelner entgegenstehen.	*Indirekter Intuitionismus (I–)* Der Redner verurteilt den fehlenden „gesunden Menschenverstand" des Gegners.
Indirekt-partikulärer Utilitarismus (PU–) Der Redner verweist auf die (potenzielle) Gefahr der gegnerischen Handlung für eine bestimmte Gruppe.	*Indirekt-partikuläre Deontologie (PD–)* Der Redner betont, dass die speziellen Pflichten des Gegners nicht eingehalten wurden.
Indirekter Utilitarismus (U–) Der Redner betont die (potenzielle) Gefahr des gegnerischen Handelns für die Allgemeinheit.	*Indirekte Deontologie (D–)* Der Redner betont, dass der Gegner nicht entsprechend allgemein anerkannter Normen und Werte handelt.

Tab. 3: Indirekte Rechtfertigungen eigenen aggressiven Handelns

6 Die empirische Messung der verwendeten Rechtfertigungen

Wir haben zwei Arten von Messungen entwickelt. Die eine Art von Messung besteht aus einem Fragebogen, der jede der vier ethischen Grundpositionen durch fünf Items erfasst (Beispiele siehe Tabelle 1). Bei jedem Item soll der Befragte angeben, wie wichtig dieser Aspekt für die Wahl, Durchführung oder Empfehlung einer bestimmten Handlung gewesen ist (Witte/Doll 1995; Witte/Gollan 2008). Dieser Fragebogen wurde in mehreren sehr unterschiedlichen Bereichen eingesetzt. Die interne Konsistenz variiert zwischen 0.60 und 0.93 für die Skalen und die Untersuchungen. Die faktorielle Unabhängigkeit der Skalen ist gegeben, sodass man die *Selbstbeschreibung* bei der Rechtfertigung von Handlungen damit gut erfassen kann (zusammenfassend Witte/Gollan 2008; Witte/Gollan [in Druck]).

Will man nun aber *Fremdbeschreibungen* erfassen, dann braucht man ein inhaltsanalytisches Instrument, das Rechtfertigungen in Texten klassifizieren kann. Für die Anwendung eines solchen Instruments bedarf es der Schulung von „Ratern", die diese Einordnung vornehmen. Nur so ist eine ausreichende Interrater-Reliabilität zu erreichen, weil man mit diesen Konzepten im Alltag wenig vertraut ist (zusammenfassend Witte/Gollan 2008; Witte/Gollan [in Druck]).